한국
도로공사

통합기본서

시대에듀

2026 최신판 시대에듀 한국도로공사 통합기본서

Always **with you**

사람의 인연은 길에서 우연하게 만나거나 함께 살아가는 것만을 의미하지는 않습니다.
책을 펴내는 출판사와 그 책을 읽는 독자의 만남도 소중한 인연입니다.
시대에듀는 항상 독자의 마음을 헤아리기 위해 노력하고 있습니다. 늘 독자와 함께하겠습니다.

머리말 PREFACE

경부고속도로를 시작으로 국토의 대동맥을 건설해 오고 있는 한국도로공사는 2026년에 신입사원을 채용할 예정이다. 한국도로공사의 채용절차는 「원서접수 ➡ 서류전형 ➡ 필기전형 ➡ 온라인 검사 ➡ 1차 면접 ➡ 2차 면접 ➡ 최종합격」 순서로 이루어진다. 필기전형은 직업기초능력평가와 직무수행능력평가로 진행한다. 직업기초능력평가는 의사소통능력, 수리능력, 문제해결능력, 정보능력 총 4개의 영역을 평가하며, 직무수행능력평가는 채용분야별로 내용이 상이하므로 반드시 확정된 채용공고를 확인해야 한다. 또한, 필기전형 고득점자 순으로 채용예정인원의 1.8~5배수를 선발하여 온라인 검사 및 면접전형을 진행하므로 필기전형에서 고득점을 받기 위해 다양한 유형에 대한 폭넓은 학습과 문제풀이능력을 높이는 등 철저한 준비가 필요하다.

한국도로공사 필기전형 합격을 위해 시대에듀에서는 기업별 NCS 시리즈 누적 판매량 1위의 출간 경험을 토대로 다음과 같은 특징을 가진 도서를 출간하였다.

도서의 특징

❶ 기출복원문제를 통한 출제경향 확인!
- 2025년 상반기 주요 공기업 NCS 기출복원문제를 수록하여 공기업별 NCS 필기 유형을 파악할 수 있도록 하였다.
- 2025~2024년 주요 공기업 전공 기출복원문제를 수록하여 공기업별 전공 출제경향까지 파악할 수 있도록 하였다.

❷ 출제 영역 맞춤 문제를 통한 실력 상승!
- 직업기초능력평가 대표기출유형&기출응용문제를 수록하여 유형별로 학습할 수 있도록 하였다.
- 직무수행능력평가[행정(경영)·행정(법정)·토목(일반)] 적중예상문제를 수록하여 전공까지 대비할 수 있도록 하였다.

❸ 최종점검 모의고사를 통한 완벽한 실전 대비!
- 철저한 분석을 통해 실제 유형과 유사한 최종점검 모의고사를 수록하여 자신의 실력을 점검할 수 있도록 하였다.

❹ 다양한 콘텐츠로 최종 합격까지!
- 한국도로공사 채용 가이드와 면접 기출질문을 수록하여 채용 전반에 대비할 수 있도록 하였다.
- 온라인 모의고사를 무료로 제공하여 필기전형을 준비하는 데 부족함이 없도록 하였다.

끝으로 본 도서를 통해 한국도로공사 채용을 준비하는 모든 수험생 여러분이 합격의 기쁨을 누리기를 진심으로 기원한다.

SDC(Sidae Data Center) 씀

◇ **미션**

> 우리는 **길**을 열어 **사람**과 **문화**를 **연결**하고 **새로운 세상**을 넓혀간다

◇ **비전**

> 안전하고 편리한 **미래교통 플랫폼 기업**

◇ **핵심가치**

> **안전 / 혁신 / 공감 / 신뢰**

◇ **전략목표**

고품질의 스마트 고속도로 건설	**고속도로망 OECD TOP 7**
유지관리 최적화로 쾌적한 주행환경 제공	**시설물 관리 최고 수준 달성**
원활한 교통소통 및 교통안전 선진화	**교통사고 사망률 OECD TOP 5**
영업(휴게시설·통행요금) 서비스 혁신	**고객만족도 최고 등급 달성**
효율·공정의 경영혁신 및 지속성장	**청렴도 최고 등급 달성**

◇ **인재상 슬로건**

Expander, 길의 가치를 확장하는 융합형 인재

◇ **인재상 요인**

Responsibility

개인 역량의 확장
미래도로의 변화를 예측하고, 지식과 아이디어를
융합하여 새로운 해결책을 찾아낸다.

Open-mind

사고의 확장
다양성을 존중하고 나와 다른 생각을 포용한다.

Acceleration

변화와 가능성의 확장
문제를 다양한 시각에서 바라보며 창의적인 방법으로
상상을 실현한다.

Dedication

지속가능한 미래의 확장
협력과 상생을 통해 더 나은 세상이 되도록 노력한다.

◇ **인재상 역량**

책임 · 열정   공감 · 포용   혁신 · 도전   신뢰 · 헌신

◇ 지원자격(기본요건)

1. 학력 · 성별 · 연령 : 제한 없음(단, 공사 정년에 도달하는 자는 지원 불가)
2. 채용일로부터 근무가 가능한 자
3. 병역 : 남자의 경우 병역필 또는 면제자(단, 병역특례 근무 중인 자는 지원 불가하며, 채용일 이전 전역예정자는 지원 가능)
4. 한국도로공사 인사규정 제8조의 결격사유가 없는 자

◇ 필기전형

구분	채용분야		내용
직업기초능력평가	공통		의사소통능력, 수리능력, 문제해결능력, 정보능력
직무수행능력평가	행정직	행정(경영)	경영학원론, 회계학(중급회계), 경제학원론
		행정(법정)	행정학원론, 정책학, 헌법, 행정법
	기술직	토목(일반)	도로공학, 응용역학, 철근 및 P.S콘크리트공학, 토질 및 기초공학

※ 일부 채용분야의 전공내용은 생략하였음

◇ 면접전형

구분	대상	내용
1차 실무진 면접전형	필기전형 합격자	발표(PT)면접(50%) + 그룹토론(GD)면접(50%)
2차 경영진 면접전형	1차 실무진 면접전형 및 인성검사 합격자	인성 및 기본역량 전반(100%)

❖ 위 채용 안내는 2025년 채용공고를 기준으로 작성하였으므로 세부사항은 확정된 채용공고를 확인하기 바랍니다.

2025년 기출분석 ANALYSIS

총평

한국도로공사의 필기전형은 PSAT형 문제의 비중이 높은 피듈형이었으며, 난이도는 평이했다는 후기가 많았다. 의사소통능력의 경우 한자성어와 어휘에 대한 문제가 나왔으므로 자주 출제되는 한자성어와 어휘에 대한 학습을 하는 것이 좋다. 또한, 한국도로공사와 관련된 지문이나 자료가 출제되었으므로 한국도로공사의 사업에 대해 꾸준히 관심을 가질 필요가 있다. 60분 이내에 NCS 60문제를 풀어야 하여 시간이 부족했다는 의견이 있었으므로 시간 분배에 대한 연습을 해두면 합격에 도움이 될 것이라고 판단된다.

◆ 영역별 출제 비중

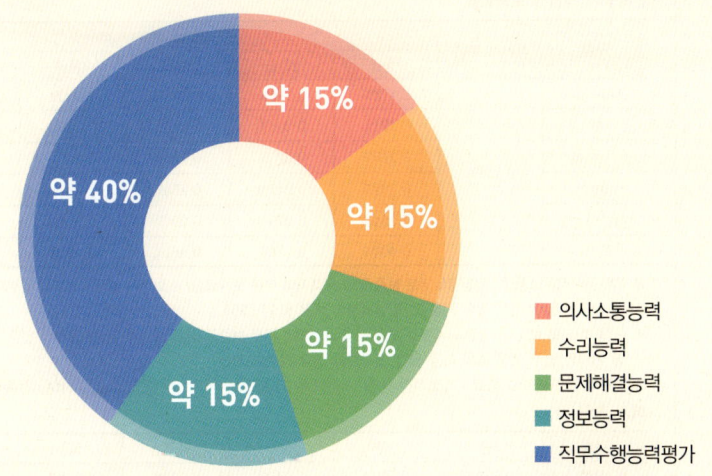

약 15% 의사소통능력
약 15% 수리능력
약 15% 문제해결능력
약 15% 정보능력
약 40% 직무수행능력평가

구분	출제 특징	출제 키워드
의사소통능력	• 어휘 문제가 출제됨 • 한자성어 문제가 출제됨 • 빈칸 삽입 문제가 출제됨	• 자율주행, 전기차, 한강, 차다, 보험, 드론 등
수리능력	• 응용 수리 문제가 출제됨 • 자료 이해 문제가 출제됨	• 달력, 확률, 합격자, 법인차, 도서관, 휴가, 일하는 순서 등
문제해결능력	• 명제 추론 문제가 출제됨 • 자료 해석 문제가 출제됨	• 부서 배치, 동아리, 층별 등
정보능력	• 정보 이해 문제가 출제됨 • 엑셀 함수 문제가 출제됨	• 규칙, 암호, 윈도우, 소프트웨어 등
행정(경영)	• 공정별 배치, 제품수명주기, 직무분석, 생산자, 지수평활법, 기펜재, 인플레이션, 무형자산, 투자부동산 등	
행정(법정)	• 행복추구권, 직업의 자유, 헌법재판소, 행정심판, 통치행위, 예산, 주민소환, 대표관료제 등	
토목(일반)	• 평면곡선, 시간비, 회전반지름, 푸아송 분포 등	

PSAT형

04 다음은 신용등급에 따른 아파트 보증률에 대한 사항이다. 자료와 상황에 근거할 때, 갑(甲)과 을(乙)의 보증료의 차이는 얼마인가?(단, 두 명 모두 대지비 보증금액은 5억 원, 건축비 보증금액은 3억 원이며, 보증서 발급일로부터 입주자 모집공고 안에 기재된 입주 예정 월의 다음 달 말일까지의 해당 일수는 365일이다)

- (신용등급별 보증료)=(대지비 부분 보증료)+(건축비 부분 보증료)
- 신용평가 등급별 보증료율

구분	대지비 부분	건축비 부분				
		1등급	2등급	3등급	4등급	5등급
AAA, AA	0.138%	0.178%	0.185%	0.192%	0.203%	0.221%
A$^+$		0.194%	0.208%	0.215%	0.226%	0.236%
A$^-$, BBB$^+$		0.216%	0.225%	0.231%	0.242%	0.261%
BBB$^-$		0.232%	0.247%	0.255%	0.267%	0.301%
BB$^+$ ~ CC		0.254%	0.276%	0.296%	0.314%	0.335%
C, D		0.404%	0.427%	0.461%	0.495%	0.531%

※ (대지비 부분 보증료)=(대지비 부분 보증금액)×(대지비 부분 보증료율)×(보증서 발급일로부터 입주자 모집공고 안에 기재된 입주 예정 월의 다음 달 말일까지의 해당 일수)÷365
※ (건축비 부분 보증료)=(건축비 부분 보증금액)×(건축비 부분 보증료율)×(보증서 발급일로부터 입주자 모집공고 안에 기재된 입주 예정 월의 다음 달 말일까지의 해당 일수)÷365
- 기여고객 할인율 : 보증료, 거래기간 등을 기준으로 기여도에 따라 6개 군으로 분류하며, 건축비 부분 요율에서 할인 가능

구분	1군	2군	3군	4군	5군	6군
차감률	0.058%	0.050%	0.042%	0.033%	0.025%	0.017%

〈상황〉

- 갑 : 신용등급은 A$^+$이며, 3등급 아파트 보증금을 내야 한다. 기여고객 할인율에서는 2군으로 선정되었다.
- 을 : 신용등급은 C이며, 1등급 아파트 보증금을 내야 한다. 기여고객 할인율은 3군으로 선정되었다.

① 554,000원
③ 582,000원
⑤ 623,000원
② 566,000원
④ 591,000원

특징 ▶ 대부분 의사소통능력, 수리능력, 문제해결능력을 중심으로 출제(일부 기업의 경우 자원관리능력, 조직이해능력을 출제)
▶ 자료에 대한 추론 및 해석 능력을 요구

대행사 ▶ 엑스퍼트컨설팅, 커리어넷, 태드솔루션, 한국행동과학연구소(행과연), 휴노 등

모듈형

| 문제해결능력

41 문제해결절차의 문제 도출 단계는 (가)와 (나)의 절차를 거쳐 수행된다. 다음 중 (가)에 대한 설명으로 적절하지 않은 것은?

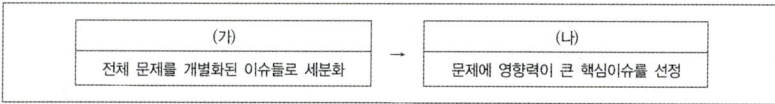

(가)	→	(나)
전체 문제를 개별화된 이슈들로 세분화		문제에 영향력이 큰 핵심이슈를 선정

① 문제의 내용 및 영향 등을 파악하여 문제의 구조를 도출한다.
② 본래 문제가 발생한 배경이나 문제를 일으키는 메커니즘을 분명히 해야 한다.
③ 현상에 얽매이지 말고 문제의 본질과 실제를 봐야 한다.
④ 눈앞의 결과를 중심으로 문제를 바라봐야 한다.
⑤ 문제 구조 파악을 위해서 Logic Tree 방법이 주로 사용된다.

특징
▶ 이론 및 개념을 활용하여 푸는 유형
▶ 채용 기업 및 직무에 따라 NCS 직업기초능력평가 10개 영역 중 선발하여 출제
▶ 기업의 특성을 고려한 직무 관련 문제를 출제
▶ 주어진 상황에 대한 판단 및 이론 적용을 요구

대행사
▶ 인트로맨, 휴스테이션, ORP연구소 등

피듈형(PSAT형 + 모듈형)

| 자원관리능력

07 다음 자료를 근거로 판단할 때, 연구모임 A ~ E 중 세 번째로 많은 지원금을 받는 모임은?

〈지원계획〉

• 지원을 받기 위해서는 한 모임당 5명 이상 9명 미만으로 구성되어야 한다.
• 기본지원금은 모임당 1,500천 원을 기본으로 지원한다. 단, 상품개발을 위한 모임의 경우는 2,000천 원을 지원한다.
• 추가지원금

등급	상	중	하
추가지원금(천 원/명)	120	100	70

※ 추가지원금은 연구 계획 사전평가결과에 따라 달라진다.
• 협업 장려를 위해 협업이 인정되는 모임에는 위의 두 지원금을 합한 금액의 30%를 별도로 지원한다.

〈연구모임 현황 및 평가결과〉

특징
▶ 기초 및 응용 모듈을 구분하여 푸는 유형
▶ 기초인지모듈과 응용업무모듈로 구분하여 출제
▶ PSAT형보다 난도가 낮은 편
▶ 유형이 정형화되어 있고, 유사한 유형의 문제를 세트로 출제

대행사
▶ 사람인, 스카우트, 인크루트, 커리어케어, 트리피, 한국사회능력개발원 등

한국도로공사

문단 나열 ▶ 유형

※ 다음 문단을 논리적 순서대로 바르게 나열한 것을 고르시오. [1~2]

01

(가) 또 그는 현대 건축 이론 중 하나인 '도미노 이론'을 만들었는데, 도미노란 집을 뜻하는 라틴어 '도무스(Domus)'와 혁신을 뜻하는 '이노베이션(Innovation)'을 결합한 단어다.

(나) 그는 이 이론의 원칙을 통해 인간이 효율적으로 살 수 있는 집을 꾸준히 연구해왔으며, 그가 제안한 건축방식 중 필로티와 옥상정원 등이 최근 우리나라 주택에 많이 쓰이고 있다.

(다) 최소한의 철근콘크리트 기둥들이 모서리를 지지하고 평면의 한쪽에서 각 층으로 갈 수 있게 계단을 만든 개방적 구조가 이 이론의 핵심이다. 건물을 돌이나 벽돌을 쌓아 올리는 조적식 공법으로만 지었던 당시에 이와 같은 구조는 많은 이들에게 적지 않은 충격을 주었다.

(라) 스위스 출신의 프랑스 건축가 르 코르뷔지에(Le Corbusier)는 근대주택의 기본형을 추구했다는 점에서 현대 건축의 거장으로 불린다. 그는 현대 건축에서의 집의 개념을 '거주 공간'에서 '더 많은 사람이 효율적으로 살 수 있는 공간'으로 바꿨다.

① (다) – (나) – (가) – (라)　　② (다) – (라) – (가) – (나)
③ (라) – (가) – (다) – (나)　　④ (라) – (나) – (다) – (가)

어휘 ▶ 유형

15 다음 중 빈칸에 들어갈 단어로 적절한 것은?

• 그 분교의 학생은 다섯 명에 ㉠ 불과 / 불가했다.
• 이 나라는 선진국 대열에 ㉡ 진척 / 진입했다.
• 교육 문제를 경제 문제에 ㉢ 연관 / 간구해서 생각해야 한다.

	㉠	㉡	㉢
①	불가	진입	연관
②	불과	진입	연관
③	불가	진척	연관
④	불가	진척	간구

코레일 한국철도공사

교통사고 ▶ 키워드

2025년 적중

※ 다음은 K국의 교통사고 사상자 2,500명에 대해 조사한 자료이다. 이어지는 질문에 답하시오. [3~4]

〈교통사고 현황〉

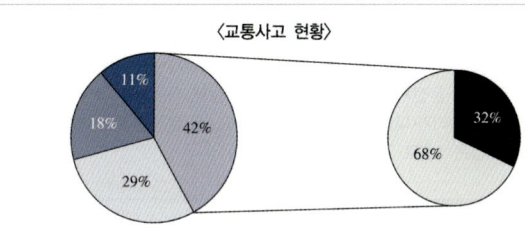

- 사륜차와 사륜차
- 사륜차와 이륜차
- 사망자
- 부상자
- 사륜차와 보행자
- 이륜차와 보행자

※ 사상자 수와 가해자 수는 같다.

〈교통사고 가해자 연령〉

구분	20대	30대	40대	50대	60대 이상
비율	38%	21%	11%	8%	( )

※ 교통사고 가해자 연령 비율의 합은 100%이다.

지하철 요금 ▶ 키워드

2025년 적중

※ 수원에 사는 H대리는 가족들과 가평으로 여행을 가기로 하였다. 다음은 가평을 가기 위한 대중교통 수단별 운행요금 및 소요시간과 자가용 이용 시 현황에 대한 자료이다. 이어지는 질문에 답하시오. [26~28]

〈대중교통수단별 운행요금 및 소요시간〉

구분	운행요금			소요시간		
	수원역 ~ 서울역	서울역 ~ 청량리역	청량리역 ~ 가평역	수원역 ~ 서울역	서울역 ~ 청량리역	청량리역 ~ 가평역
기차	2,700원	–	4,800원	32분	–	38분
버스	2,500원	1,200원	3,000원	1시간 16분	40분	2시간 44분
지하철	1,850원	1,250원	2,150원	1시간 03분	18분	1시간 17분

※ 운행요금은 어른 편도 요금이다.

〈자가용 이용 시 현황〉

구분	통행료	소요시간	거리
A길	4,500원	1시간 49분	98.28km
B길	4,400원	1시간 50분	97.08km
C길	6,600원	1시간 49분	102.35km

※ 거리에 따른 주유비는 124원/km이다.

조건
• H대리 가족은 어른 2명, 아이 2명이다.

주요 공기업 적중 문제 TEST CHECK

거리 ▶ 키워드

02 자동차의 정지 거리는 공주거리와 제동거리의 합이다. 공주거리는 공주시간 동안 이동한 거리이며, 공주시간은 주행 중 운전자가 브레이크를 밟아서 실제 제동이 시작될 때까지 걸리는 시간이다. 자동차의 평균제동거리가 다음과 같을 때, 시속 72km로 달리는 자동차의 평균정지거리는 몇 m인가?(단, 공주시간은 1초로 가정한다)

속도(km/h)	12	24	36	48	60	72
평균제동거리(m)	1	4	9	16	25	36

① 50m
② 52m
③ 54m
④ 56m
⑤ 58m

참 / 거짓 ▶ 유형

02 A대리는 사내 체육대회의 추첨에서 당첨된 직원들에게 나누어줄 경품을 선정하고 있다. 〈조건〉이 모두 참일 때, 다음 중 반드시 참인 것은?

조건
• A대리는 펜, 노트, 가습기, 머그컵, 태블릿PC, 컵받침 중 3종류의 경품을 선정한다.
• 머그컵을 선정하면 노트는 경품에 포함하지 않는다.
• 노트는 반드시 경품에 포함된다.
• 태블릿PC를 선정하면, 머그컵을 선정한다.
• 태블릿PC를 선정하지 않으면, 가습기는 선정되고 컵받침은 선정되지 않는다.

① 가습기는 경품으로 선정되지 않는다.
② 머그컵과 가습기 모두 경품으로 선정된다.
③ 컵받침은 경품으로 선정된다.
④ 태블릿PC는 경품으로 선정된다.
⑤ 펜은 경품으로 선정된다.

국가철도공단

브레인스토밍 ▶ 키워드

※ 다음 글을 읽고 이어지는 질문에 답하시오. [3~4]

이혜민 사원은 급하게 ⊙ 상사와 통화를 원하는 외부전화를 받았다. 상사는 현재 사내 상품개발팀과 신제품개발 아이디어 수집에 대해 전화회의를 하고 있다. 상대방의 양해를 얻어 전화를 대기시키고 ⓒ 메모지에 내용을 적어 통화 중인 상사에게 전하고 잠시 기다렸다. 통화 중인 상사는 이혜민 사원에게 전화를 ⓒ 받을 수 없다는 손짓을 하고, 메모지에 ② '나중에 통화'라고 적었다. 이혜민 사원은 상사의 뜻을 전하고 ⓜ 전화번호를 물어보았다. 잠시 후 상품개발팀장과 통화를 끝낸 상사는 이혜민 사원에게 다음과 같이 지시하였다. "ⓑ 다음 주에 약 12명이 모여 신상품 아이디어에 대한 브레인스토밍 회의를 할 겁니다. 화요일을 제외하고 날짜를 잡아 팀장과 의논해서 준비하세요."

03 의사전달 매체를 말, 글, 비언어적 수단 등으로 구분할 때, 다음 중 밑줄 친 ⊙ ~ ⓜ에서 같은 매체로 짝지어진 것은?

① ⊙, ⓒ
② ⓒ, ②
③ ⓒ, ⓜ
④ ⓒ, ②

경청 ▶ 유형

01 A씨 부부는 대화를 하다 보면 사소한 다툼으로 이어지곤 한다. A씨의 아내는 A씨가 자신의 이야기를 제대로 들어주지 않기 때문이라고 생각한다. 다음 사례에 나타난 A씨의 경청을 방해하는 습관은 무엇인가?

A씨의 아내가 남편에게 직장에서 업무 실수로 상사에게 혼난 일을 이야기하자 A씨는 "항상 일을 진행하면서 꼼꼼하게 확인하라고 했잖아요. 당신이 일을 처리하는 방법이 잘못됐어요. 다음부터는 일을 하기 전에 미리 계획을 세우고 체크리스트를 작성해보세요."라고 이야기했다. A씨의 아내는 이런 대답을 듣자고 이야기한 것이 아니라며 더 이상 이야기하고 싶지 않다고 말하며 밖으로 나가 버렸다.

① 짐작하기
② 걸러내기
③ 판단하기
④ 조언하기

도서 200% 활용하기 STRUCTURES

1 기출복원문제로 출제경향 파악

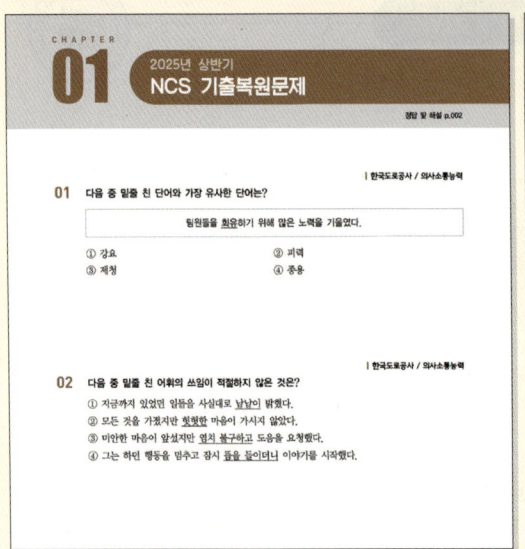

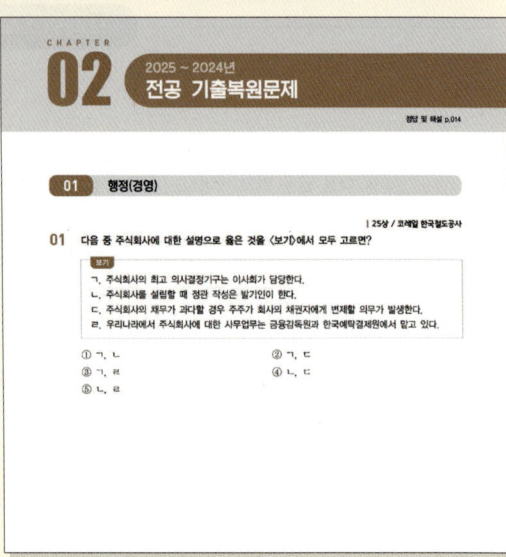

▶ 2025년 상반기 주요 공기업 NCS 기출복원문제를 수록하여 공기업별 NCS 필기 유형을 파악할 수 있도록 하였다.

▶ 2025~2024년 주요 공기업 전공 기출복원문제를 수록하여 공기업별 전공 출제경향까지 파악할 수 있도록 하였다.

2 출제 영역 맞춤 문제로 필기전형 완벽 대비

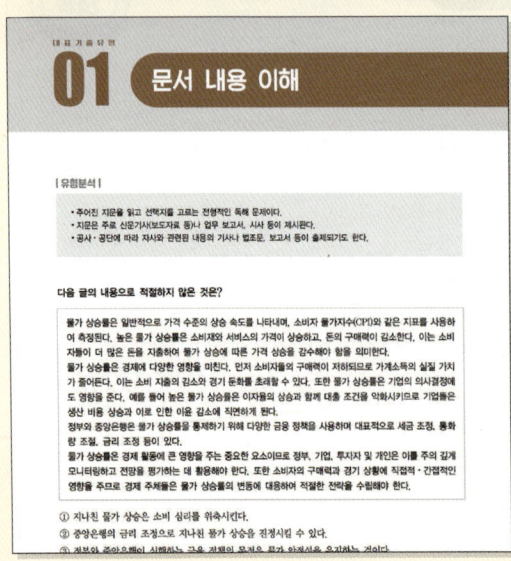

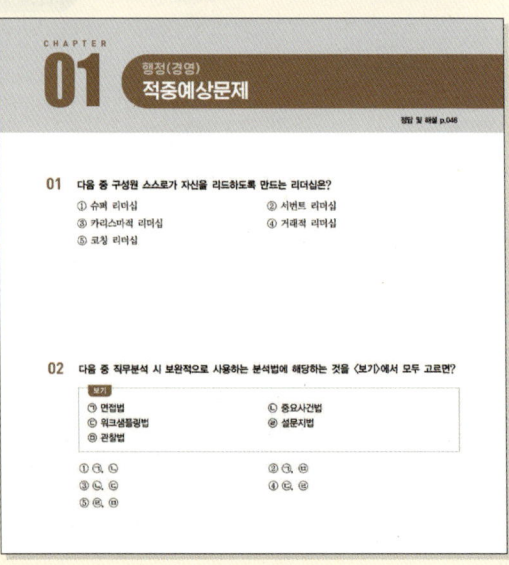

▶ 직업기초능력평가 대표기출유형&기출응용문제를 수록하여 유형별로 학습할 수 있도록 하였다.

▶ 직무수행능력평가[행정(경영)·행정(법정)·토목(일반)] 적중예상문제를 수록하여 전공까지 대비할 수 있도록 하였다.

3 최종점검 모의고사 + OMR을 활용한 실전 연습

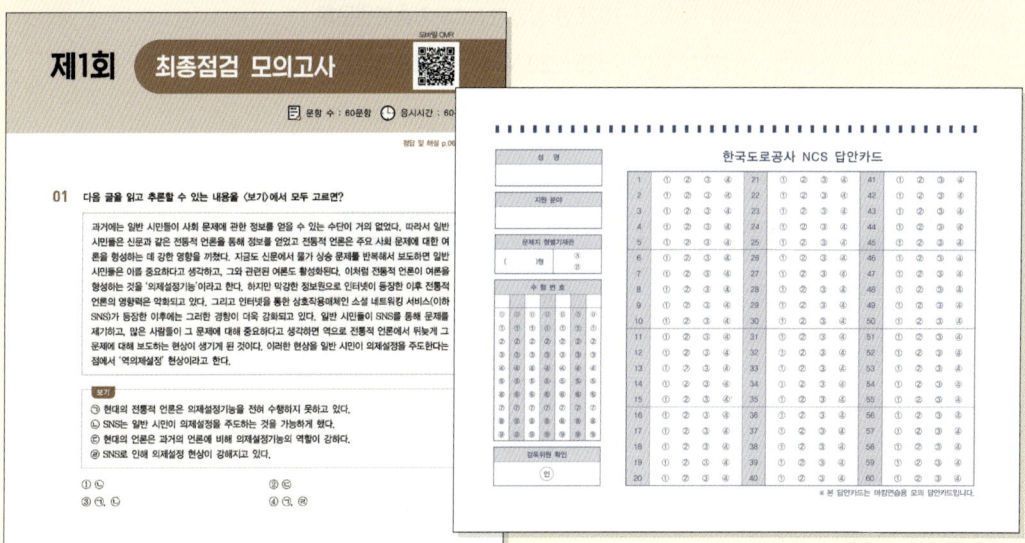

▶ 철저한 분석을 통해 실제 유형과 유사한 최종점검 모의고사를 수록하여 실제로 시험을 보는 것처럼 마무리 연습을 할 수 있도록 하였다.
▶ 모바일 OMR 답안채점/성적분석 서비스를 통해 자동으로 점수를 채점하고 확인할 수 있도록 하였다.

4 인성검사부터 면접까지 한 권으로 최종 마무리

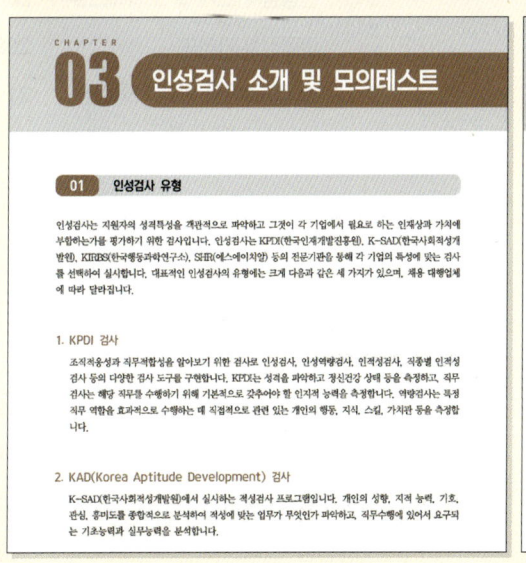

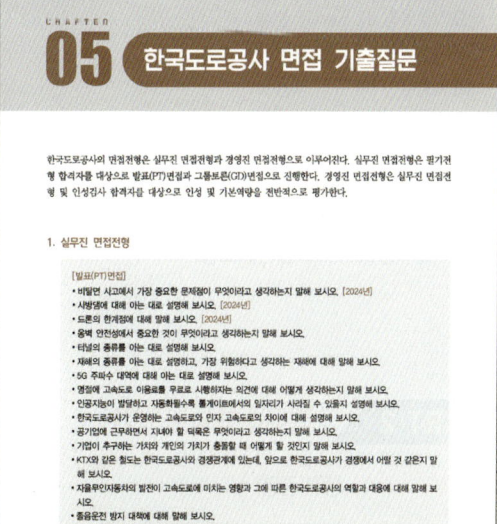

▶ 인성검사 모의테스트를 수록하여 인성검사 유형 및 문항을 확인할 수 있도록 하였다.
▶ 한국도로공사 면접 기출질문을 통해 실제 면접에서 나오는 질문을 미리 파악하고 연습할 수 있도록 하였다.

이 책의 차례 CONTENTS

Add+

주요 공기업
기출복원문제

┃ 한국도로공사 / 의사소통능력

01 다음 중 밑줄 친 단어와 가장 유사한 단어는?

> 팀원들을 <u>회유</u>하기 위해 많은 노력을 기울였다.

① 강요
② 피력
③ 제청
④ 종용

┃ 한국도로공사 / 의사소통능력

02 다음 중 밑줄 친 어휘의 쓰임이 적절하지 않은 것은?

① 지금까지 있었던 일들을 사실대로 <u>낱낱이</u> 밝혔다.
② 모든 것을 가졌지만 <u>헛헛한</u> 마음이 가시지 않았다.
③ 미안한 마음이 앞섰지만 <u>염치 불구</u>하고 도움을 요청했다.
④ 그는 하던 행동을 멈추고 잠시 <u>뜸을 들이더니</u> 이야기를 시작했다.

┃ 한국도로공사 / 의사소통능력

03 다음 중 빈칸에 들어갈 어휘로 가장 적절한 것은?

> 한강의 소설은 인간이 겪는 폭력과 상처를 직시하면서도, 단순한 고통의 기록을 넘어 독자에게 깊은 성찰을 불러일으킨다. 『소년이 온다』와 같은 작품은 역사적 비극 속에서 희생된 이들의 목소리를 복원하며, 읽는 이로 하여금 타인의 아픔을 외면하지 못하게 만든다. 그래서 한강 작가의 글쓰기는 차갑고 어두운 현실을 자세하고 간곡하게 묘사하면서도, 독자에게 묵직한 울림을 전한다. 이처럼 작가 특유의 인간 사회, 인류 보편의 '추위'는 독자로 하여금 _____ 공감을 불러일으켜 고통을 응시하는 데에서 그치지 않고, 인간에 대한 깊은 이해와 연대의 가능성을 보여준다.

① 곡진한
② 강퍅한
③ 미진한
④ 인색한

04 다음 중 밑줄 친 단어와 같은 의미로 사용된 것은?

> 확신에 <u>차다</u>.

① 기쁨에 <u>차다</u>.　　　　　　　　② 목구멍까지 <u>차다</u>.
③ 들어오는 복을 <u>차다</u>.　　　　　④ 팔목에 수갑을 <u>차다</u>.

05 D공사 채용시험은 1차 시험과 2차 시험으로 진행한다. 올해 채용시험에서 1차 시험 합격자의 남녀 비율이 1 : 2이고, 2차 시험 합격자의 남녀 비율이 2 : 3이며, 2차 시험 불합격자의 남녀 비율은 2 : 5였다. 이때 2차 시험에서 불합격한 남성의 수가 20명이라면, 1차 시험에 합격한 여성의 수는?(단, 1차 시험에 합격한 사람은 전원 2차 시험에 응시하였다)

① 70명　　　　　　　　② 80명
③ 90명　　　　　　　　④ 100명

06 D팀은 11명의 직원에게 1번부터 11번까지 직원 번호를 부여하여 업무 순서를 정하고 있다. D팀의 직원들은 직원 번호 순서내로 매일 3명씩 순환 근무를 한다(1, 2, 3 → 4, 5, 6 → … → 10, 11, 1). 어느 날에 2번, 3번, 4번 직원이 같이 일했다면, 100일 후 같이 일하는 직원끼리 바르게 짝지은 것은?

① 1번, 2번, 3번　　　　　　② 5번, 6번, 7번
③ 8번, 9번, 10번　　　　　　④ 9번, 10번, 11번

07 D공사 직원은 모두 70명이고, 남직원은 45명이다. 어느 날 직원 중 휴가를 간 직원이 27명이고, 그중 여직원이 15명이었다. D공사 직원 중 한 명을 뽑을 때 휴가를 간 남직원일 확률은?

① $\dfrac{1}{10}$　　　　　　　　② $\dfrac{7}{30}$
③ $\dfrac{6}{35}$　　　　　　　　④ $\dfrac{11}{70}$

08 다음 글의 내용으로 적절하지 않은 것은?

민족의 대명절인 설날과 추석은 가족과 친지를 만나기 위해 전국 각지로 이동하는 사람들이 급증하는 시기다. 이때 코레일의 기차 이용률은 평소보다 훨씬 높아진다. 예매가 시작되면 몇 분 만에 전 노선의 승차권이 매진되고, 예매 경쟁률이 수십 배에 달하는 경우도 흔하다. 그만큼 명절 기간 기차는 국민들의 중요한 이동 수단으로 자리 잡았지만, 최근에는 '노쇼' 문제로 인해 심각한 어려움을 겪고 있다. 이 문제는 명절 기간에 더욱 두드러지며, 해마다 노쇼 비율이 증가하는 추세이다.

2024년 설 연휴 기간 코레일이 판매한 승차권은 약 408만 매에 이른다. 추석 연휴 역시 약 120만 매가 판매되어 명절에 기차 이용 수요가 얼마나 폭발적인지 알 수 있다. 하지만 이 중 상당수가 실제 탑승하지 않아 공석으로 남는 일이 반복되고 있다. 2024년 설날 노쇼 비율은 무려 46%에 달했으며, 이 중 약 19만 매 이상의 좌석이 재판매되지 못해 빈 좌석으로 운행되었다. 추석 연휴에도 비슷한 수준의 노쇼와 공석 운행 문제가 발생했다. 이는 단순히 좌석이 비어 있는 것 이상의 심각한 문제를 야기한다.

공석 운행은 여러 측면에서 부정적인 영향을 끼친다. 우선, 실제로 기차를 타고자 하는 실수요자들이 좌석을 구하지 못하는 상황이 발생한다. 예매 경쟁이 매우 치열한 명절 기간에 노쇼로 인해 좌석이 비어 있음에도 불구하고, 다른 승객들이 그 좌석을 이용하지 못하는 것은 매우 불합리하다. 결국 노쇼는 국민들의 이동권을 제한하는 결과를 낳는다. 두 번째로, 공석 운행은 철도 운영의 효율성을 떨어뜨린다. 빈 좌석을 채우지 못한 채 열차를 운행하는 것은 불필요한 에너지와 인력, 비용 낭비로 이어진다. 이는 코레일뿐 아니라 국가적으로도 큰 손실이다. 세 번째로, 노쇼 문제는 사회적 비용 증가로 연결된다. 노쇼를 줄이기 위한 정책 마련과 시스템 개선에 투입되는 비용, 그리고 이에 따른 환불 정책 변경 등은 모두 국민의 부담으로 돌아올 수밖에 없다.

이러한 문제를 해결하기 위해 코레일은 다양한 대책을 시행하고 있다. 2025년부터 명절 특별수송기간에 출발 후 20분까지의 위약금을 기존 15%에서 30%로 상향 조정하는 등 노쇼 억제에 나서고 있으며, 취소·반환 기준 시점을 앞당겨 승객들이 불필요한 예약을 조기에 취소할 수 있도록 유도하고 있다. 이와 함께 좌석 재판매율을 높이기 위한 시스템 개선 작업도 진행 중이다.

하지만 노쇼 문제는 단순히 코레일의 노력만으로 해결되기 어렵다. 근본적인 제도 개선과 국민 인식 변화가 함께 이루어져야 한다. 예매 시스템의 투명성 강화, 노쇼에 대한 법적 제재 강화, 그리고 국민들의 책임감 있는 예약 문화 정착이 필요하다. 또한 실수요자 중심의 예약 정책과 더불어, 노쇼 발생 시 불이익을 명확히 하는 제도적 장치도 마련되어야 한다. 이러한 종합적인 접근이 이루어질 때 비로소 명절 노쇼 문제를 효과적으로 줄이고, 국민 모두가 편리하고 공정하게 기차를 이용할 수 있을 것이다.

① 명절에는 승차권 예매 경쟁이 평소보다 수십 배에 달한다.
② 노쇼로 인해 발생하는 비용은 결국 국민의 부담으로 돌아온다.
③ 2024년 설날에 판매된 승차권 중 46%는 노쇼로 인해 공석으로 운행되었다.
④ 2025년부터 명절 특별수송기간에는 승차권 취소 위약금이 평소보다 높아진다.
⑤ 노쇼 문제를 해결하기 위해서는 코레일의 노력뿐만 아니라 국민 의식 변화와 정부의 제도 개선이 필요하다.

09 K시의 전철 요금은 1회 탑승 시 1,500원이며, 오전 6시 30분 이전에 탑승할 경우 20%의 할인이 적용된다. K시에 사는 A씨는 전철을 이용하여 한 달간 총 22일의 출근과 퇴근을 할 예정이다. 한 달 전철 요금을 62,000원 이하로 유지하려면 A씨가 할인을 받아야 하는 날은 최소 며칠이어야 하는가?(단, A씨는 오후 6시에 회사에서 퇴근한다)

① 12일   ② 13일
③ 14일   ④ 15일
⑤ 16일

10 K공사의 사내 보안시스템은 숫자 1부터 6까지를 사용해 4자리 비밀번호를 설정할 수 있다. 이때, 다음 〈조건〉을 만족하는 4자리 비밀번호는 모두 몇 가지인가?

> **조건**
> • 각 자릿수에는 1부터 6까지의 숫자 중 하나가 들어간다.
> • 같은 숫자는 최대 2번까지만 사용할 수 있다.
> 예 1123, 2331, 4455 가능 / 1112, 2122, 4444 불가능

① 1,170가지   ② 1,196가지
③ 1,236가지   ④ 1,241가지
⑤ 1,296가지

11 다음은 K쇼핑몰에서 판매된 상품에 대한 월별 리뷰 수와 반품 및 환불률을 조사한 자료이다. 상품을 구매한 사람이 모두 1건씩 리뷰를 작성하였다고 가정할 때, 조사기간 동안 발생한 반품 건수와 환불 건수를 모두 합하면?

〈K쇼핑몰 월별 리뷰 수 및 반품·환불 비율〉

(단위 : 건, %)

구분	리뷰 수	반품률	환불률
1월	1,000	3	2
2월	1,200	2	3
3월	1,500	4	1
4월	1,300	3	2

① 240건

② 246건

③ 248건

④ 250건

⑤ 252건

12 다음은 서울시 전철 3개 주요 역사에서 시간대별 탑승 및 하차 인원수를 정리한 자료이다. 이에 대한 설명으로 옳은 것은?

〈서울시 전철 3개 주요 역사 시간대별 탑승 및 하차 인원수〉

(단위 : 명)

구분	역삼역		시청역		구로디지털단지역	
	탑승	하차	탑승	하차	탑승	하차
07:00 ~ 09:00 (출근시간)	1,150	350	620	870	2,300	400
12:00 ~ 14:00 (점심시간)	480	520	530	500	900	950
17:00 ~ 19:00 (퇴근시간)	390	1,250	420	1,480	280	2,150

① 역삼역은 모든 시간대에서 탑승 인원이 하차 인원보다 많다.

② 시청역은 점심시간대보다 퇴근시간대에 탑승 인원이 더 많다.

③ 역삼역은 전 시간대를 통틀어 탑승 인원보다 하차 인원이 많은 유일한 역이다.

④ 시청역은 출근시간대 대비 퇴근시간대 하차 인원의 증가 폭이 역삼역보다 크다.

⑤ 구로디지털단지역은 퇴근시간대 하차 인원이 출근시간대 하차 인원의 5배 이상이다.

13 다음 사례에서 나타나는 창의적 사고 개발방법으로 가장 적절한 것은?

> 3개의 노선이 교차하는 환승역인 K역은 복잡한 역사 구조로 인해 승객들이 길을 헤매는 문제가 있다. A주임은 이러한 문제를 창의적으로 해결하기 위해 지하철역과 비슷하게 사람이 많고 구조가 복잡한 쇼핑센터의 사례를 탐색하였다. 탐색 결과 쇼핑센터에서 입점 가게 위치를 스마트폰 증강현실 지도로 보여주는 기술이 있음을 확인하고, 이를 바탕으로 K역에 적용하여 QR코드를 찍고, 환승구역이나 나가는 곳을 입력하면, 그 위치를 스마트폰 증강현실을 통해 안내하는 서비스를 기획하였다.

① NM법   ② Synectics
③ 체크리스트   ④ SCAMPER
⑤ 브레인스토밍

14 다음은 철도사업을 수행하는 K공사에 대한 SWOT 분석 결과이다. 기회(Opportunity)요인에 해당하는 사례를 〈보기〉에서 모두 고르면?

> **보기**
>
> ㄱ. 신재생 관련 법안 개정으로 인한 철도 이용객 수 증가
> ㄴ. 높은 국내 철도망 운영 노하우
> ㄷ. 도시철도에 대한 민간투자의 확대
> ㄹ. 정부의 교통요금 동결 정책 지속
> ㅁ. 직원 수 부족으로 인해 저조한 고객 만족도
> ㅂ. 글로벌 공동 철도 프로젝트 참여

① ㄱ, ㄴ, ㅁ   ② ㄱ, ㄷ, ㅂ
③ ㄴ, ㄷ, ㄹ   ④ ㄴ, ㅁ, ㅂ
⑤ ㄷ, ㅁ, ㅂ

15 다음은 한국철도공사의 문제해결 사례이다. 〈보기〉의 사례와 문제해결 방법을 바르게 연결한 것은?

> **보기**
>
> ㄱ. 한국철도공사는 65세 이상의 노인을 위한 복지 정책으로 노인 무임승차제도를 실시하고 있다. 그러나 한국철도공사의 재정문제와 더불어 이용자 세대별 형평성 문제로 인해 무임승차 혜택에 대해 이용자들의 갈등이 첨예해졌다. 이 문제를 해결하기 위해 A차장은 노인 이용자 대표를 한국철도공사에 초청하여 노인 무임승차제도 혜택 축소를 목적으로 합의점을 찾기 위한 토론회를 개최하였다.
>
> ㄴ. 최근 한국철도공사의 고객센터에는 노인들이 매표 키오스크를 사용하기 불편하다는 불만이 자주 들어오고 있다. A센터장은 직원들에게 이 사실을 알리고, 노인 이용자가 편하게 키오스크를 사용할 수 있는 방법을 모색하기 위해 노인 역할극 및 브레인스토밍을 통해 아이디어를 모으도록 유도하였다. 그 결과 직원들의 아이디어를 결합하여 키오스크를 조작하는 동안 잠시 기대어 앉을 수 있는 간이 의자와 주요 기능을 크게 강조하는 방안이 채택되어 노인 이용자들이 편하게 이용할 수 있게 되었다.
>
> ㄷ. 신입사원 B는 철도회사 업무에 익숙하지 않아 발생하는 실수로 팀 내부에서 갈등을 일으키고 있다. 이를 해결하기 위해 A팀장은 B사원에게 철도업무에서 실수가 있을 때, 어떤 상황이 일어날 수 있는지 넌지시 이야기하며 헷갈리는 일이 있을 때는 팀원들의 도움을 받는 것이 좋다고 조언하였고, 다른 팀원들에게는 신입사원 시절에는 모두가 실수가 많았다며 B사원이 업무에 빨리 적응할 수 있도록 도와달라고 격려하였다. 이후 B사원과 다른 팀원들의 노력으로 B사원은 빠르게 업무에 적응하게 되었다.

	ㄱ	ㄴ	ㄷ
①	소프트 어프로치	하드 어프로치	퍼실리테이션
②	소프트 어프로치	퍼실리테이션	하드 어프로치
③	하드 어프로치	소프트 어프로치	퍼실리테이션
④	하드 어프로치	퍼실리테이션	소프트 어프로치
⑤	퍼실리테이션	소프트 어프로치	하드 어프로치

16 다음 중 제시된 단어와 가장 비슷한 어휘는?

된서리

① 타계(他界) 　　　　② 타격(打擊)

③ 타점(打點) 　　　　④ 타락(墮落)

⑤ 타산(打算)

17 다음 중 빈칸에 들어갈 단어로 가장 적절한 것은?

> 정조는 애민주의를 _____하며 백성들을 위한 정책을 펼쳤다.

① 표징(表徵) 　　　　　　② 표집(標集)
③ 표방(標榜) 　　　　　　④ 표류(漂流)
⑤ 표리(表裏)

18 다음 글의 주제로 가장 적절한 것은?

> 온실가스를 적게 배출하면서도 높은 경제성을 가진 원자력 발전소는 원전에서 나오는 방사성 물질의 차단이나, 외부 오염물질의 유입을 방지하기 위한 강력한 공기조화시스템(공조시스템)이 필요하다. 특히 공기 중으로 떠다닐 수 있는 에어로졸 형태의 방사성 물질 크기는 $1 \sim 10\mu m$ 정도의 아주 작은 물질이지만, 높은 밀도의 방사성 기체는 인체에 치명적일 수 있으며, 환경 오염문제 또한 발생할 수 있다. 따라서 원자력 발전소의 공조시스템에는 이러한 미립자를 걸러내기 위하여 헤파필터(HEPA Filter)를 사용하고 있다.
>
> 헤파필터는 'High Efficiency Particulate Air Filter'의 약자로, 공기 중의 아주 미세한 입자까지 효과적으로 걸러내는 고성능 필터이다. 일상 생활에서는 주로 공기청정기, 진공청소기, 에어컨 등에 사용되며, $0.3\mu m$ 크기의 입자(MPPS; Most Penetrating Particle Size)를 99.97% 이상 포획할 수 있는 고성능 필터이다. 헤파필터는 주로 유리섬유나 폴리프로필렌 같은 합성섬유로 만들어지는데, $0.5 \sim 2.0\mu m$의 섬유가 불규칙하게 얽혀 있는 거미줄 구조로 구성되어 있다. 오염물질이 포함된 공기가 헤파필터를 통과할 때, 헤파필터의 간격보다 큰 오염물질은 걸러지고 그보다 작은 오염물질은 공기 흐름을 따라 진행하다 섬유에 닿아 달라붙게 된다. 헤파필터는 등급에 따라 E10(85%), E11(95%), E12(99.5%), H13(99.75%), H14(99.975%) 등으로 나뉘며, 등급이 높을수록 더 작은 입자까지 더 많이 걸러낼 수 있다. 특히 H13 이상을 트루 헤파필터라고 부르며 원자력 발전소의 경우 H13 이상의 트루 헤파필터를 사용하는 등 일반적인 산업용 필터보다 더욱 엄격한 기준을 충족해야 한다.
>
> 이처럼 헤파필터는 원자력 발전소의 안전을 지키는 핵심 장치로, 방사성 입자와 미세먼지, 바이러스까지도 효과적으로 제거하는 중요한 역할을 한다. 특히 헤파필터의 정화 성능을 보장하기 위하여 ASME AG-1이나 KEPIC-MH 등 국내외에서 기술기준을 정해 시설, 유지, 보수 등 관리법의 기준을 제시하고 있으며, 엄격한 안전관리가 필요한 원자력 발전소 특성상 없어서는 안 될 중요한 안전설비이다.

① 헤파필터의 여과 원리
② 헤파필터의 등급별 성능
③ 방사성 물질의 위험과 대처 방법
④ 원자력 발전소에서의 헤파필터의 역할
⑤ 원자력 발전소의 발전 효율과 미래 전망

19 다음은 J식당의 메뉴에 따른 판매가격과 재료비 및 고정비용에 대한 정보이다. 손익분기점을 넘기 위해 필요한 판매량이 가장 많은 메뉴는?

〈J식당 메뉴의 판매가격 · 재료비 · 고정비용〉

(단위 : 원)

구분	판매가격	재료비	고정비용
제육볶음	10,000	2,000	2,800,000
오징어볶음	12,000	2,000	3,300,000
돈가스	9,000	1,500	2,600,000
라면	6,000	800	1,800,000
고등어구이	11,000	2,000	3,100,000

※ 판매가격과 재료비는 1인분당 비용임
※ 손익분기점을 넘기기 위해서는 순이익[(판매가격)-(재료비)]이 고정비용을 초과해야 함

① 제육볶음
② 오징어볶음
③ 돈가스
④ 라면
⑤ 고등어구이

20 K주임이 다음 〈조건〉에 따라 출장을 갈 때, K주임이 C지점에 도착한 시각과 A지점에서 C지점까지 이동할 때의 평균 속력이 바르게 연결된 것은?(단, 평균 속력에는 B지점에서의 업무 시간을 포함하지 않으며, 가속·정차 등 제시된 조건 이외의 사항은 고려하지 않는다)

> **조건**
> • K주임은 A지점에서 정오에 회사 차량을 이용하여 출장을 간다.
> • K주임의 이동 경로는 A지점 → B지점 → C지점 순서이다.
> • A지점에서 B지점까지 시속 100km로 이동하였다.
> • B지점에서 C까지는 시속 80km로 이동하였다.
> • A지점에서 C지점까지의 거리는 190km이다.
> • A지점에서 B지점까지의 거리는 B지점에서 C지점까지의 거리보다 110km 길다.
> • K주임은 B지점에 도착하여 1시간 동안 업무를 수행하였다.

	도착 시각	평균 속력
①	오후 2시	90km/h
②	오후 2시	92km/h
③	오후 2시	95km/h
④	오후 3시	90km/h
⑤	오후 3시	95km/h

21 다음 중 J공사 직원들이 본회의를 시작할 수 있는 가장 빠른 시각은?

> J공사의 직원들은 공사 프로젝트 회의를 1시간 동안 진행하려고 한다. 회의 시작 30분 전에는 반드시 회의실에서 회의 준비를 해야 하며, 본회의 이후 30분 동안 회의록을 작성해야 한다. 회의 준비, 본회의, 회의록 작성은 다음 조건에 따라 연속적으로 이루어져야 한다.
> • 회의실은 오전 9시부터 오후 6시 사이에 사용할 수 있다.
> • J공사의 점심시간은 12:00 ~ 13:00로 이 시간에는 회의 및 준비, 회의록 작성이 불가능하다.
> • 참석자 중 1명이 15:00 ~ 16:00에 외부 미팅이 있어 이 시간에는 회의 및 준비, 회의록 작성이 불가능하다.
> • 현재 회의실은 10:00 ~ 10:30, 14:00 ~ 14:30에 이미 예약되어 사용할 수 없다.

① 오전 9시 30분 ② 오전 11시
③ 오후 1시 ④ 오후 4시
⑤ 오후 4시 30분

22 다음은 J국가자격 필기시험 결과이다. 이를 토대로 할 때 합격한 사람은 모두 몇 명인가?

〈J국가자격 필기시험 결과〉

(단위 : 점)

구분	필기시험				가점
	객관식 1과목	객관식 2과목	논술형	약술형	
A	85	52	61	57	6
B	75	71	67	81	−
C	67	81	72	54	2
D	87	72	57	48	5
E	66	82	58	78	−

※ 한 과목이라도 50점 이하 득점 시 과락 처리
※ 전체 평균 점수에 가점을 합하여 70점 이상 득점 시 합격

① 1명 ② 2명
③ 3명 ④ 4명
⑤ 5명

23 다음 중 SSD와 비교했을 때 HDD의 특징으로 옳은 것은?

① 무게가 가볍다.

② 전력 소모가 적다.

③ 가격이 저렴하다.

④ 데이터 접근 속도가 빠르다.

⑤ 외부 충격에 대한 내구력이 높다.

24 다음 중 점수(참조 대상)가 90점 이상이면 '합격'을, 그렇지 않으면 '불합격'을 출력하는 엑셀 함수 식으로 옳은 것은?

① =IF(참조 대상>90, "합격", "불합격")

② =IF(참조 대상>=90, "불합격", "합격")

③ =IF(참조 대상>=90, "합격", "불합격")

④ =CHOOSE(참조 대상<=90, "불합격", "합격")

⑤ =CHOOSE(참조 대상>=90, "합격", "불합격")

25 다음 글의 주제로 가장 적절한 것은?

일생에 한 번쯤 누구나 경험할 수 있는 건강 문제인 허리 통증은 다양한 원인으로 인해 발생한다. 허리 통증은 나이 증가에 따른 허리 근력 약화, 허리에 무리를 주는 취미생활, 임신과 출산을 경험한 여성 등 개인적 요인으로 인해 발생할 수 있지만, 가장 큰 원인은 바로 직업적 요인이다.

첫 번째 직업적 요인은 중량물 취급이다. 중량물을 한 번만 들어도 급성 요통이나 추간판탈출증이 발생할 수 있으며, 이러한 작업을 반복하면 허리 통증의 위험이 더욱 높아질 뿐 아니라 척추와 추간판의 퇴행성 변화가 촉진되어 추간판탈출증과 척추협착증의 위험도 증가한다. 특히 10kg 이상의 물건을 들어야 할 때는 허리를 구부려 드는 것이 아니라, 물건을 몸에 밀착시키고 다리의 힘으로 들어 올려야 한다는 점에 유의해야 한다.

두 번째 직업적 요인은 허리의 자세이다. 허리를 앞으로 혹은 옆으로 구부리거나 비트는 동작은 허리가 구부러지는 각도가 커질수록 추간판에 가해지는 압력이 증가해 허리 부상의 위험이 높아진다. 특히 구부린 자세로 장시간 작업할 경우 허리 통증과 추간판탈출증이 유발될 수 있다. 실제로 건설 노동자나 조선업 노동자처럼 허리 구부림이 많은 업종에서 타 업종보다 허리 통증 관련 산재 신청률과 승인율이 높은 것으로 알려져 있다.

마지막 직업적 요인은 전신 진동이다. 전신 진동은 몸 전체가 상하로 흔들리는 상태로, 주로 버스, 트럭, 건설용 차량 운전자가 경험한다. 이러한 진동은 척추와 추간판에 자극을 가해 퇴행성 변화를 일으키고, 결국 추간판탈출증과 척추협착증의 위험을 높인다. 최근 도로 노면이 개선되고 버스 운전석 의자에 진동 흡수 기능이 도입되면서 위험성이 줄었으나, 트럭이나 건설장비 운전자는 여전히 허리 질환에 노출되어 있다.

① 허리 통증의 직업적 요인
② 허리 질환별 통증 관리 방법
③ 직업에 따라 다르게 유발되는 허리 질환
④ 직업 환경에 따라 다른 허리 통증 관련 산재 신청 빈도

26 다음은 보건의료 빅데이터 심포지엄의 발표 순서이다. 이를 참고할 때, 각 발표자의 자료 준비로 적절하지 않은 것은?

〈2024년 보건의료 빅데이터 활용 성과공유 심포지엄〉

1부 : 빅데이터・AI 기반 건강보험 서비스 혁신

1. 인공지능(AI) 기술을 통해 공단이 어떻게 데이터 기반의 가입자 맞춤형 서비스를 제공하고, 보험자의 역할을 보다 강화할 수 있을지에 대한 비전
   − ○○대병원 A교수
2. 'sLLM(소형 언어 모델)을 활용한 건강보험 내・외부 서비스 향상'을 주제로 인공지능(AI) 기술을 통한 고객 서비스와 업무 효율성 증대 사례
   − ○○대 B교수
3. 공단이 보유한 방대한 건강보험 데이터를 어떻게 인공지능(AI)을 통해 분석하고 활용할 수 있는지에 대한 방안
   − 공단 C실장(빅데이터연구개발실)

2부 : 건강보험 빅데이터를 활용한 우수 연구 성과

1. 야간 인공조명이 인간의 건강에 미치는 영향에 대한 분석 결과
   − ○○대 D교수
2. 결핵 빅데이터인 국가결핵통합자료원(K−TB−N Cohort) 구축을 통해 국가 결핵 관리 정책・사업의 효과를 평가, 정책을 수립・보완할 근거를 생산
   − ○○청 E과장
3. 병원 내에서 발생하는 폐렴 데이터의 분석을 통해, 이를 예방하기 위한 실효성 있는 병원 내 감염관리 체계 마련 필요성 제시
   − 공단 F팀장(빅데이터연구개발실)

---

① A교수 : 사람과의 직접 대면이 아닌 인공시능 기술로 대체할 수 있는 공단의 서비스에 대한 자료가 필요하겠군.

② B교수 : 인공지능 기술을 활용해 긴강보험 서비스를 이용한 고객과 공단 근로자에게 편리성 및 효율성에 대한 설문조사를 진행해야겠군.

③ D교수 : 자연광에만 주로 노출된 사람과 자연광과 더불어 인공조명에 많이 노출된 사람의 건강 상태를 비교할 수 있는 자료가 필요하겠군.

④ F팀장 : 병원 내 병동별 폐렴 발생 현황과 주로 발병하는 연령대에 대한 조사가 필요하겠군.

27 다음 글을 읽고 추론한 내용으로 적절하지 않은 것은?

만성질환이란 증상이 극심하지는 않지만 오래 지속되는 질환인 탓에 삶의 질을 저하시키고, 관리를 소홀히 할 경우 합병증의 발생으로 사망까지 이를 수 있어, 운동이나 식이 등 꾸준한 관리가 필요한 질환을 말한다.

만성질환에는 당뇨·천식·심장병·허리 통증 등이 있으며, 만성질환이라 하더라도 모든 운동이 좋은 것은 아니며, 질환별로 또 환자의 상태에 따라 맞는 운동 방법과 강도는 천차만별이다.

당뇨병의 경우 인슐린 분비량이 없거나 또는 적어 인슐린이 혈당을 낮추는 기능을 정상적으로 수행할 수 없는 상태를 말한다. 따라서 혈당 조절에 효과적인 유산소 운동을 통해 인슐린이 더 효율적으로 사용되도록 하여 혈당 수치를 낮출 수 있다. 또한 규칙적인 유산소 운동은 심혈관계를 향상시켜 심장 건강을 개선시킬 수 있다.

운동 중 또는 운동 후에 호흡곤란과 반복적이고 발작적인 기침이 나타날 수 있는 천식의 경우 운동 시 각별히 주의하여야 한다. 특히 건조하거나 찬 공기가 있는 환경에서 운동하거나, 갑작스레 격렬한 운동을 할 경우 천식 발작이 일어날 수 있다. 따라서 수영과 같이 건조하지 않고, 심장 박동이나 호흡수가 급격히 증가하지 않는 환경에서 운동하는 것이 도움이 될 수 있다.

허리 통증의 경우는 유산소 운동보다는 코어 운동이 도움이 된다. 코어 운동을 통해 척추 주위의 근육이 강화되면서 척추를 지지하는 힘이 늘어나 허리 통증이 감소되는 것이다.

---

① 당뇨 환자는 달리기나 등산, 수영과 같은 운동을 하는 것이 혈당 개선에 도움이 된다.

② 규칙적인 걷기 운동은 당뇨 환자와 심장병 환자의 질환을 개선시킬 수 있다.

③ 천식 환자는 심장박동 및 호흡수를 증가시키는 달리기나 줄넘기보다는 등산이 좋다.

④ 허리 통증을 가진 환자에게는 허리의 중심 부위를 강화시키는 플랭크나 브릿지와 같은 운동이 좋다.

28 다음 제시된 서론에 이어질 문단을 논리적 순서대로 바르게 나열한 것은?

> 국민건강보험공단은 담배 소송 제12차 변론에서 직접 손해배상 청구권을 포함해 지금까지의 주요 쟁점에 관련한 전반적 입장을 적극적으로 표명했다.
>
> (가) 또한 흡연과 암 발생의 인과관계를 과학적 근거에 따라 분명히 하기 위해 대상 암종을 소세포 암과 편평세포암으로 흡연 기간이 30년 이상이고, 하루 한 갑의 담배를 20년 이상 흡연한 대상 자로 구분하였기에 이번 변론에서는 흡연과 암 발생의 인과관계를 의학적으로 또 국민 상식에 부합하도록 인정하여야 한다고 강조했다.
>
> (나) 공단은 담배 회사들이 담배라는 제품에 대한 중독성과 건강 위해성을 인지하고 있음에도 수십 년 동안 이를 소비자에게 정확히 알리지 않고 막대한 이득을 취한 것은 소비자를 기만한 것이 자 기업의 사회적 책임을 다하지 않은 중대한 문제임을 지적하며, 특히 담배 회사가 흡연 중독 피해를 개인의 선택으로 치부한 것은 소비자를 두 번 기만한 것이라며 비판했다.
>
> (다) 마지막으로 공단은 이번 변론을 준비하면서 국민들의 보험료가 주요 재원인 건강보험 재정이 담배로 인해 발생되는 질병으로 재산상 손해가 발생한 점에 대해 당연히 담배 회사에 법적으로 책임을 물어야 한다고 주장하며, 이에 대한 국민들의 관심과 지지가 필요하다고 호소했다.
>
> (라) 아울러 공단은 이 주장을 입증하기 위한 뒷받침 자료로 대한폐암학회와 호흡기내과 전문의 의 견서, 담배 중독에 대한 한국중독정신의학회와 정신건강의학과 전문의 의견서, 대한금연학회 에서 실시한 담배 중독 감정서와 이들 중 일부에 대한 흡연 경험 심층 사례 분석 결과, 공단 내부 연구 결과 등을 추가 증거로 제출하였다.

① (가) – (나) – (라) – (다)
② (가) – (라) – (나) – (다)
③ (나) – (가) – (라) – (다)
④ (나) – (라) – (가) – (다)

※ 다음은 K국의 연도별 7대 주요 범죄 발생 현황과 교도소별 복역자 현황에 대한 자료이다. 이어지는 질문에 답하시오. [29~30]

〈K국의 연도별 7대 주요 범죄 발생 현황〉

(단위 : 건)

구분	살인	사기	폭행	강도	절도	성범죄	방화
1989년	500	2,000	5,000	4,000	25,000	3,000	500
1990년	600	2,500	7,000	8,000	20,000	2,500	600
1991년	700	3,000	10,000	5,000	23,000	2,000	800
1992년	800	2,000	15,000	8,000	18,000	2,500	700
1993년	900	3,000	10,000	10,000	20,000	3,000	1,000
1994년	1,000	2,000	20,000	10,000	27,000	5,000	900
1995년	1,100	3,500	17,000	9,000	34,000	2,000	1,100

※ 현 시점은 2025년임

〈K국 교도소의 잔여 형량별 복역자 수〉

(단위 : 명)

구분	A교도소	B교도소	C교도소	D교도소	E교도소	F교도소
1년 미만	3,000	4,000	5,000	6,000	7,000	8,000
1년 이상 3년 미만	1,500	1,000	2,000	3,000	2,000	2,500
3년 이상 5년 미만	400	400	500	600	800	1,000
5년 이상 10년 미만	350	250	250	300	400	50
10년 이상 20년 미만	30	35	40	60	55	35
20년 이상	20	15	10	40	45	15
합계	5,300	5,700	7,800	10,000	10,300	11,600

※ K국의 교도소는 A ~ F 6개만 존재함

29 다음 중 자료에 대한 설명으로 옳지 않은 것은?

① 살인이 가장 많이 발생한 해에는 절도 역시 가장 많이 발생하였다.

② 모든 교도소에서 잔여 형량이 많을수록 복역자 수는 감소한다.

③ 범죄가 가장 많이 발생한 해는 폭행도 가장 많이 발생하였다.

④ 잔여 형량이 1년 미만인 경우가 가장 많은 교도소는 전체 복역자 수가 가장 많다.

30 다음 중 자료를 계산하여 해석한 내용으로 옳지 않은 것은?

① 1990년부터 1995년까지 전년 대비 살인 사건 발생 변화율은 매년 감소한다.

② K국 전체 교도소 복역자 수 중 D교도소 복역자 수의 비율은 20% 이하이다.

③ 1993년부터 1995년까지 7대 주요 범죄 중 절도가 차지하는 비율은 45% 이하이다.

④ 교도소별 잔여 형량이 1년 미만인 복역자 수 대비 3년 이상 5년 미만인 복역자 수의 비율은 F교도소가 가장 높다.

※ 다음은 2025년 2월 10일 기준 국내 월평균 식재료 가격이다. 이어지는 질문에 답하시오. [31~32]

〈월평균 식재료 가격(2025.02.10 기준)〉

구분	세부항목	2024년						2025년
		7월	8월	9월	10월	11월	12월	1월
곡류	쌀 (원/kg)	1,992	1,083	1,970	1,895	1,850	1,809	1,805
채소류	양파 (원/kg)	1,385	1,409	1,437	1,476	1,504	1,548	1,759
	배추 (원/포기)	2,967	4,556	7,401	4,793	3,108	3,546	3,634
	무 (원/개)	1,653	1,829	2,761	3,166	2,245	2,474	2,543
수산물	물오징어 (원/마리)	2,286	2,207	2,267	2,375	2,678	2,784	2,796
	건멸치 (원/kg)	23,760	23,760	24,100	24,140	24,870	25,320	25,200
축산물	계란 (원/30개)	5,272	5,332	5,590	5,581	5,545	6,621	9,096
	닭 (원/kg)	5,436	5,337	5,582	5,716	5,579	5,266	5,062
	돼지 (원/kg)	16,200	15,485	15,695	15,260	15,105	15,090	15,025
	소_국산 (원/kg)	52,004	52,220	52,608	52,396	51,918	51,632	51,668
	소_미국산 (원/kg)	21,828	22,500	23,216	21,726	23,747	22,697	21,432
	소_호주산 (원/kg)	23,760	23,777	24,122	23,570	23,047	23,815	24,227

※ 주요 식재료 소매가격 : 물오징어는 냉동과 생물의 평균 가격, 계란은 특란의 평균 가격, 돼지는 국내 냉장과 수입 냉동의 평균 가격, 국산 소고기는 갈비, 등심, 불고기의 평균 가격, 미국산 소고기는 갈비, 갈빗살, 불고기의 평균 가격, 호주산 소고기는 갈비, 등심, 불고기의 평균 가격
※ 표시 가격은 주요 재료의 월평균 가격이며, 조사 주기는 일별로 조사함

31 다음 중 자료를 이해한 내용으로 옳지 않은 것은?

① 2024년 8월 대비 9월 쌀 가격의 증가율은 2024년 11월 대비 12월 무 가격의 증가율보다 크다.

② 소의 가격은 국산, 미국산, 호주산 모두 2024년 7월부터 9월까지 증가하다가 10월에 감소한다.

③ 계란 가격은 2024년 7월부터 2025년 1월까지 꾸준히 증가하고 있다.

④ 쌀 가격은 2024년 8월에 감소했다가 9월에 증가한 후 그 후로 계속 감소하고 있다.

32 K식품회사에 재직 중인 A사원은 국내 농수산물의 동향과 관련한 보고서를 쓰기 위해 자료를 토대로 2024년 12월 대비 2025년 1월 식재료별 가격의 증감률을 구하고 있으며, 다음은 A사원이 작성한 보고서의 일부이다. 다음 중 증감률이 가장 큰 재료는?(단, 소수점 셋째 자리에서 버림한다)

〈국내 농수산물 가격 동향에 따른 보고서〉

식품개발팀 A사원

저희 개발팀에서 올해 기획하고 있는 신제품 출시를 위하여 국내 농수산물 가격 동향을 조사하였습니다. 하단에 월평균 식재료 증감률을 첨부하였으니 신제품 개발 일정을 수립하는 데 참고하시면 될 것 같습니다. 자세한 사항은 식품개발팀 B과장님께 문의하십시오.

〈월평균 식재료 증감률(2025.02.10 기준)〉

구분	세부항목	2024년 12월	2025년 1월	증감률(%)
곡류	쌀(원/kg)	1,809	1,805	
채소류	양파(원/kg)	1,548	1,759	
	무(원/개)	2,474	2,543	
수산물	건멸치(원/kg)	25,320	25,200	
… 생략 …				

① 쌀

② 양파

③ 무

④ 건멸치

33 다음은 K사의 신입사원 선발 조건이다. 〈보기〉의 지원자 중 최고득점자와 최저득점자를 바르게 연결한 것은?

〈K사 신입사원 선발 조건〉

• 다음과 같은 항목에 따른 점수를 합산하여 최종점수(100점 만점)를 산정하고 점수가 가장 높은 지원자 2명을 신입사원으로 선발한다.

– 학위점수(30점 만점)

학위	학사	석사	박사
점수(점)	18	25	30

– 어학점수(20점 만점)

어학시험점수 (300점 만점)	0점 이상 50점 미만	50점 이상 150점 미만	150점 이상 220점 미만	220점 이상
점수(점)	8	14	17	20

– 면접점수(30점 만점)

면접	미흡	보통	우수
점수(점)	18	24	30

– 실무경험점수(20점 만점)

총 인턴근무 기간	4개월 미만	4개월 이상 8개월 미만	8개월 이상 12개월 미만	12개월 이상
점수(점)	12	16	18	20

보기

구분	학위	어학시험점수	면접	총 인턴근무 기간
A	학사	228	우수	8개월
B	석사	204	보통	11개월
C	학사	198	보통	9개월
D	박사	124	미흡	3개월

	최고득점자	최저득점자
①	A	B
②	A	D
③	B	C
④	C	D

34 다음 글과 가장 관련 있는 한자성어는?

> A씨는 대학 졸업 후 창업에 도전하기로 결심했다. 그는 자신의 아이디어에 확신을 가지고 작은 카페를 열었지만, 예상치 못한 문제들이 끊임없이 발생했다. 위치 선정이 잘못되었고, 경쟁이 치열했으며, 운영 경험 부족으로 인해 손님을 끌어들이지 못했다. 결국 1년 만에 카페는 문을 닫아야 했고, A씨는 큰 빚과 좌절감 속에서 실패를 받아들여야 했다.
>
> 하지만 A씨는 실패를 통해 얻은 교훈을 놓치지 않았다. 그는 자신이 부족했던 점들을 분석하며 경영과 마케팅에 대해 더 깊이 공부하기 시작했다. 또한 카페를 운영하며 쌓은 고객 관리 경험과 식음료 산업에 대한 이해를 바탕으로 새로운 방향을 모색했다. 그러던 중, 그는 소규모 카페 운영자들이 겪는 어려움 해소를 돕기 위해 전문 컨설팅 서비스를 제공하는 사업 아이디어를 떠올렸다.
>
> A씨는 이전의 실패를 발판 삼아 철저히 준비한 끝에 컨설팅 회사를 설립했다. 그의 서비스는 소규모 카페 운영자들에게 실질적인 도움을 제공하며 빠르게 입소문을 탔고, 사업은 성공적으로 성장했다.

① 전화위복(轉禍爲福)
② 사필귀정(事必歸正)
③ 일취월장(日就月將)
④ 우공이산(愚公移山)

35 다음 중 밑줄 친 단어의 의미가 다른 것은?

① 인간은 네 번째 <u>차원</u>인 시간을 인식하며 살아간다.
② 그의 능력은 취미의 <u>차원</u>을 넘어 예술의 경지로 나아갔다.
③ 과도한 사탕발림이 예의의 <u>차원</u>을 넘어 불편하게 다가왔다.
④ 독창적인 아이디어가 한 <u>차원</u> 높은 수준의 품질을 이끌어 내었다.

36 다음 글에 대한 설명으로 적절하지 않은 것은?

큐비트(Qubit)는 양자 컴퓨터에서 정보를 저장하고 처리하는 기본 단위다. 기존의 컴퓨터가 정보를 0과 1로 이루어진 비트(Bit)로 표현하는 것과 달리, 큐비트는 양자역학의 특성을 활용해 더 복잡하고 강력한 방식으로 정보를 다룬다.

큐비트는 0과 1의 상태를 동시에 가질 수 있는 양자 중첩 특성을 가지고 있다. 양자 중첩이란 빛이 입자와 파동 2가지 상태를 가진 것과 마찬가지로 미시적 세계에서 여러 양자 상태가 동시에 존재할 수 있는 현상을 뜻하며, 측정하기 전까지는 양자 상태를 정확히 파악할 수 없고 관측과 동시에 상태가 결정되는 것을 의미한다. 이처럼 큐비트 또한 측정하기 전까지 0과 1의 상태를 동시에 가진 중첩 상태가 유지되며 측정 시에는 0 또는 1 중 하나의 값으로 확정된다. 이를 통해 큐비트는 병렬 계산을 가능하게 만들어 복잡한 문제를 빠르게 해결할 수 있다.

또한 두 개 이상의 큐비트가 양자 얽힘 상태에 있으면, 한 큐비트의 상태가 다른 큐비트의 상태와 즉각적으로 연결된다. 이에 따라 한 큐비트가 측정되면 얽혀 있는 다른 큐비트의 상태 또한 자동으로 결정되므로 큐비트 간의 빠른 정보 전달과 협력 계산을 가능하게 한다.

양자 컴퓨터에 사용되는 큐비트는 다양한 방식으로 개발되고 있으며 대표적인 방식은 초전도 회로, 이온 트랩, 광자, 스핀 등이 있다. 초전도 회로는 전기적 초전도체를 활용해 양자 상태를 생성하고, 이온 트랩은 전기장으로 이온을 가두고 조작한다. 광자는 빛 입자를 이용한 정보 저장 및 전송에 사용되며, 스핀은 전자의 스핀 상태를 활용한다.

큐비트는 기존 컴퓨터보다 훨씬 더 많은 정보를 처리할 수 있다. 예를 들어, 20개의 큐비트를 활용하면 2^{20}, 즉 약 100만 개의 상태를 동시에 표현할 수 있다. 이는 암호 해독이나 복잡한 시뮬레이션 같은 문제에서 기존 컴퓨터보다 월등히 빠른 성능을 발휘한다. 하지만 현재 기술로는 큐비트를 안정적으로 유지하고 제어하는 데 한계가 있다. 환경적 요인으로 인해 양자 상태가 쉽게 붕괴되기 때문에 이를 극복하기 위한 연구가 활발히 진행 중이다.

큐비트는 양자역학의 원리를 기반으로 기존 컴퓨터와는 완전히 다른 방식으로 정보를 처리한다. 중첩과 얽힘 같은 특성 덕분에 복잡한 계산 문제를 해결하는 데 강력한 도구가 될 수 있지만, 기술적 도전 과제도 많다. 앞으로 양자 컴퓨팅 기술이 발전하면 큐비트를 활용한 혁신적인 응용이 더욱 확대될 것으로 기대된다.

① 큐비트의 값은 측정과 동시에 정해진다.
② 큐비트는 정보를 0와 1의 2진수로 나타내는 것이다.
③ 큐비트는 측정하기 전까지는 양자 중첩 상태로 존재한다.
④ 4개의 큐비트를 활용하면 16번의 상태를 동시에 표현할 수 있다.

37 다음 글에 대한 설명으로 가장 적절한 것은?

소형 모듈 원전(SMR; Small Modular Reactor)은 기존 대형 원자로와는 다른 설계와 운영 방식을 가진 차세대 원자력 발전 기술이다. SMR은 전기 출력이 300MWe 이하로 소형화된 원자로를 의미하며, 크기가 작고 유연한 설계 덕분에 다양한 환경에서 활용 가능하다. 주요 특징 중 하나는 모듈화된 설계로, 주요 기기를 모듈화하여 공장에서 제작한 뒤 현장으로 운송해 조립한다. 이로 인해 건설 기간이 단축되고 초기 투자 비용을 줄일 수 있다.

SMR은 기존 원전에 비해 안정성 또한 높다. 자연 순환 냉각 방식을 채택해 전력 공급 없이도 중력과 밀도 차, 자연 대류를 활용해 원자로를 냉각할 수 있다. 이는 사고 발생 시 노심 용융 가능성을 낮추며, 방사성 물질의 저장 및 관리 측면에서도 유리하다. 또한 다양한 입지 조건에서 설치가 가능하여 전력망이 없는 지역이나 해상에서도 활용할 수 있다. 이는 탄소 배출이 적은 에너지원으로서 기후 변화 대응에도 기여할 수 있다.

SMR의 경제성도 강점이다. 공장에서 미리 제작된 모듈을 현장에서 조립하는 방식은 전통적인 대형 원전보다 건설 비용과 기간을 줄인다. 그러나 단위 출력당 건설 비용이 높아질 수 있어 대량 생산과 표준화를 통해 비용을 절감해야 한다. 기술적 검증도 중요한 과제로, 안정성과 경제성을 동시에 만족시켜야 한다. 기후 변화에 따른 환경적 취약성도 고려해야 하며, 이를 극복하기 위해 각국 정부와 민간 기업들은 협력하여 연구 개발에 투자하고 있다.

SMR은 탄소 중립 시대를 맞아 중요한 에너지원으로 주목받고 있으며, 다양한 분야에서 활용 가능성이 높다. 한국을 포함한 여러 국가가 SMR 개발에 적극적으로 나서고 있으며, 이를 통해 글로벌 에너지 시장에서 새로운 패러다임을 제시할 것으로 보인다. SMR은 단순히 기존 원전을 대체하는 것을 넘어 안전하고 지속 가능한 에너지 시스템 구축에 기여할 핵심 기술로 자리 잡아가고 있다.

① SMR은 방사성 폐기물이 발생하지 않는다.
② SMR은 기존의 원전보다 다양한 환경에서 건설이 가능하다.
③ SMR은 원전 부지에서 모듈을 생산하여 조립하는 방식으로 건설된다.
④ 선진국에서는 기존 원전 대부분이 SMR로 전환되어 탄소 중립을 실천하고 있다.

38 다음은 J공사의 컴퓨터 비밀번호 규칙에 대한 글이다. 〈보기〉 중 J공사 비밀번호 규칙에 맞지 않는 것은 모두 몇 개인가?

J공사의 직원들은 업무를 시작하기 위해 컴퓨터에 직원별 비밀번호를 입력해야 한다. 직원들의 비밀번호는 9자리의 숫자와 문자로 구성되어 있다. 첫 번째 자리는 직원 종류별 코드로 정직원은 1, 계약직은 2, 파견직은 3이 부여된다. 두 번째 자리부터는 직원별 입사일이 YYMMDD 방식으로 부여된다. 이후 데이터의 진위 여부를 확인하기 위해 체크데이터로 앞의 숫자를 모두 더한 뒤, 2를 뺀 값에 해당하는 알파벳이 대문자로 부여된다. 마지막으로 비밀번호 식별의 용이성을 위해 첫 번째 자리의 숫자와 동일한 숫자가 부여된다.

> **보기**
> - 3011210F3
> - 2981111U2
> - 3051231M3
> - 1241215N2
> - 4200817T4
> - 1942131S1
> - 1840624W1
> - 1211014H1
> - 2210830P2
> - 2191229Z2

① 2개   ② 3개
③ 4개   ④ 5개

39 다음 사례에서 나타나는 논리적 오류로 가장 적절한 것은?

A씨는 오랜만에 고향 친구를 만났다. 약속 장소에서 A씨는 고향 친구가 말끔한 정장을 입고 나온 것을 보고, 그가 부자일 확률보다 부자이면서 좋은 차를 끌고 다닐 확률이 높다고 생각하였다.

① 결합의 오류   ② 무지의 오류
③ 연역법의 오류   ④ 과대해석의 오류

※ 다음은 J기업의 본사와 부속 공장 간의 도로에 대한 자료이다. 이어지는 질문에 답하시오. [40~41]

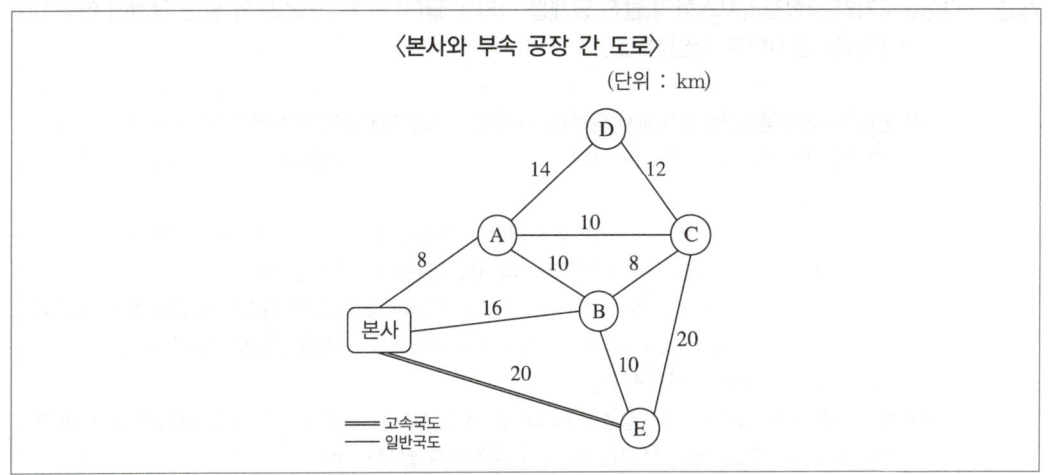

〈본사와 부속 공장 간 도로〉

(단위 : km)

┃ 한국중부발전 / 자원관리능력

40 S대리는 본사에서 출발하여 모든 부속 공장을 방문한 뒤, 본사로 복귀하려고 한다. S대리가 일반국도만을 이용한다면, 최단거리는 몇 km인가?(단, 한 번 방문한 공장은 다시 방문하지 않는다)

① 72km
② 76km
③ 80km
④ 84km

┃ 한국중부발전 / 자원관리능력

41 S대리는 회사로부터 교통비를 지원받아 고속국도를 이용할 수 있게 되었다. S대리가 고속국도를 이용하여 모든 부속 공장을 방문한 뒤, 본사로 복귀할 때의 최단거리는 고속국도를 이용하지 않을 때의 최단거리와 몇 km 차이가 나는가?(단, 한 번 방문한 공장은 다시 방문하지 않는다)

① 6km
② 8km
③ 10km
④ 12km

42 다음은 J기업 종합관리시스템의 발전 단계를 나타낸 글이다. 기술시스템의 발전 단계에 따라 (가) ~ (라) 문단을 순서대로 나열한 것은?

> (가) 종합관리시스템 납품 경쟁에서 승리한 J기업의 종합관리시스템은 정부기관에서도 사용하게 되었으며, 기술표준으로 확립되어 여러 산업 기술이 J기업의 종합관리시스템에 맞춰져 개발되기에 이르렀다.
>
> (나) J기업이 개발한 종합관리시스템은 탄소배출권 거래에서 실무적 안정성을 인정받아 J기업 내 다른 부서뿐만 아니라 다른 분야의 회사에서도 차용하기 시작하였다.
>
> (다) 정부의 탄소중립 정책 강화로 인해 탄소배출권 거래에 대한 국책 사업이 활발해졌고, 국가적 관리시스템이 필요해지자, J기업을 비롯한 여러 탄소배출권 거래 기업이 자사의 종합관리시스템을 납품하기 위해 경쟁하였다.
>
> (라) 탄소배출권을 거래하는 J기업은 거래 내역을 일괄적으로 관리하는 종합관리시스템을 자체 개발하여 사용하였고, 실무적 여건에 따라 유연하게 발전시켰다.

① (다) – (가) – (나) – (라)　　　　② (다) – (라) – (나) – (가)
③ (라) – (나) – (다) – (가)　　　　④ (라) – (다) – (나) – (가)

43 다음은 A주임의 상사가 평소 엑셀을 능숙하게 다루는 A주임에게 요청한 내용이다. A주임이 상사의 요청을 수행하면서 사용한 엑셀 단축키가 아닌 것은?

> A주임. 지금 회사 거래 내역이 담긴 엑셀 파일을 수정해야 하는데, 제 컴퓨터의 마우스가 고장이 나서 단축키로만 작업을 해야 합니다. A주임이 엑셀을 능숙하게 쓴다고 들어서 도와주셨으면 합니다. [F12] 셀에서 왼쪽에 있는 값을 모두 선택하여 차트를 만들고, [F13] 셀에는 오늘 날짜를 입력해 주세요.

① 〈Ctrl〉+〈1〉　　　　② 〈Ctrl〉+〈;〉
③ 〈Alt〉+〈F1〉　　　　④ 〈Shift〉+〈Home〉

44 다음 중 단어의 뜻이 나머지와 다른 것은?

① 호도(糊塗)   ② 맹아(萌芽)

③ 무마(撫摩)   ④ 은폐(隱蔽)

45 다음 중 밑줄 친 어휘가 나머지와 다른 의미로 사용된 것은?

① 건조한 환경으로 인해 쉽게 <u>불이 붙었다</u>.

② 새로운 소재로 <u>불이 붙는</u> 것을 방지하였다.

③ 토론은 양측이 첨예하게 대립해 <u>불이 붙었다</u>.

④ 들판에 <u>불이 붙자</u> 걷잡을 수 없이 퍼져 나갔다.

46 K고등학교의 운동장은 윗변이 20m, 밑변이 50m, 높이가 20m인 등변 사다리꼴 형태이다. 운동장의 가장자리에 2m마다 의자를 놓고 학생을 앉힐 때, 의자에 앉을 수 있는 학생의 수로 옳은 것은?

① 59명   ② 60명

③ 61명   ④ 62명

47 다음 중 제시된 자료를 그래프로 바르게 변환한 것은?

〈K-water 한강유역 대수력 발전소 연간 발전량〉

(단위 : GWh)

구분	2019년	2020년	2021년	2022년	2023년	2024년
소양강댐	347	551	314	600	430	490
충주댐	484	769	574	680	706	759

①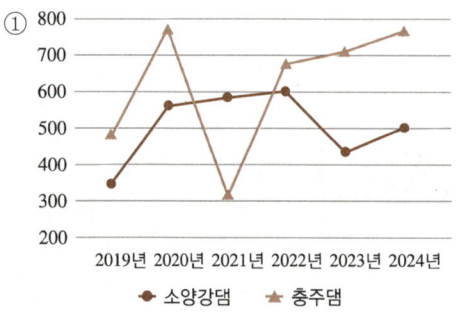

②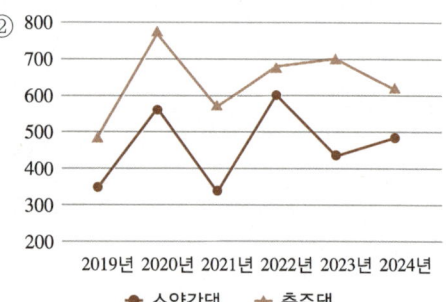

③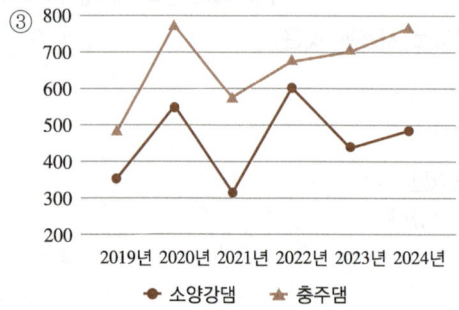

④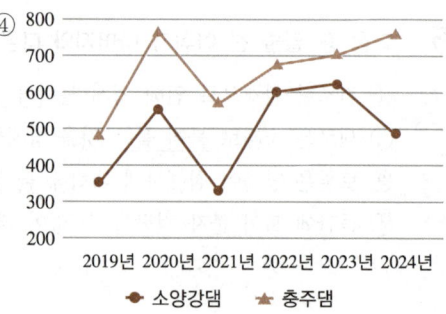

48 다음 중 효과적인 시간관리를 통하여 빠르고 효율적인 생산으로 작업 소요 시간을 단축시켰을 때, 기업의 입장에서 나타나는 효과로 옳지 않은 것은?

① 가격 인상   ② 위험 감소
③ 정확한 예산 분배   ④ 시장 점유율 증가

49 다음 중 효율적이고 합리적인 인사관리 원칙 중 해당 직무 수행에 가장 적합한 인재를 배치해야 한다는 원칙으로 옳은 것은?

① 단결의 원칙   ② 공정 인사의 원칙
③ 종업원 안정의 원칙   ④ 적재적소 배치의 원칙

50 다음 사례에서 나타나는 물적자원관리의 원칙으로 옳은 것은?

> 편의점 점장인 A씨는 상품의 판매량과 입고량을 파악하여 많이 팔리고, 많이 들어오는 상품은 출입구에 가깝게 위치시켰으며, 적게 팔려서 주문할 양이 적은 상품은 매장 안쪽에 배치하여 상품의 입·출하가 원활하게 이루어지도록 하였다.

① 동일성의 원칙   ② 유사성의 원칙
③ 회전대응의 원칙   ④ 기호화의 원칙

01   행정(경영)

❚ 25상 / 코레일 한국철도공사

01   다음 중 주식회사에 대한 설명으로 옳은 것을 〈보기〉에서 모두 고르면?

> **보기**
>
> ㄱ. 주식회사의 최고 의사결정기구는 이사회가 담당한다.
> ㄴ. 주식회사를 설립할 때 정관 작성은 발기인이 한다.
> ㄷ. 주식회사의 채무가 과다할 경우 주주가 회사의 채권자에게 변제할 의무가 발생한다.
> ㄹ. 우리나라에서 주식회사에 대한 사무업무는 금융감독원과 한국예탁결제원에서 맡고 있다.

① ㄱ, ㄴ   ② ㄱ, ㄷ
③ ㄱ, ㄹ   ④ ㄴ, ㄷ
⑤ ㄴ, ㄹ

❚ 25상 / 코레일 한국철도공사

02   다음 경영관리 순환 과정에 대한 설명으로 옳지 않은 것은?

① 계획 : 미래에 기업에 발생할 문제를 사전에 예측하여 해결 방안을 결정하는 과정이다.
② 조직 : 수립된 계획을 실천하는 데 필요한 자원들을 필요에 맞게 배분하는 과정이다.
③ 지휘 : 구체적인 업무 수행을 위해 지시하는 과정이다.
④ 조정 : 지휘가 잘 이뤄질 수 있도록 업무, 조직 등을 수정하는 과정이다.
⑤ 통제 : 계획과 결과를 비교하여 발생한 차이를 수정하고 다음 계획에 반영하는 과정이다.

03 다음 중 고객 페르소나에 대한 설명으로 옳지 않은 것은?

① 기업의 제품 또는 서비스를 구매할 가능성이 높은 고객을 가상의 인물로 설정한다.

② 유사한 특징을 가진 고객을 그룹으로 분류한다.

③ 인구 통계, 행동 패턴, 라이프스타일 등 다양한 데이터로 전략을 수립한다.

④ 설문조사, 인터뷰 등을 통해 고객 정보를 파악한다.

⑤ 설정된 고객 페르소나와 실제 고객이 얼마나 일치하는지 검증이 필요하다.

04 다음 중 매슬로의 욕구 단계 중 관계 욕구 이하에 해당하는 것은?

① 자아실현 욕구, 존경 욕구

② 자아실현 욕구, 안전 욕구

③ 자아실현 욕구, 생리적 욕구

④ 생리적 욕구, 존경 욕구

⑤ 생리적 욕구, 안전 욕구

05 다음 중 명목집단법에 대한 설명으로 옳지 않은 것은?

① 참여자들이 서로 문제나 이슈 등을 분석하고 순위를 정하는 가중서열화 방법이다.

② 참여자 간 대화를 통한 의사소통을 금지하고 서면으로 아이디어를 작성한다.

③ 참여자의 다양한 생각을 제약조건 없이 짧은 시간에 이끌어 낼 수 있다.

④ 최종 아이디어 선정은 투표를 통하여 결정한다.

⑤ 자유분방하게 다양한 아이디어를 비판 없이 제시하는 자유연상법이다.

06 다음 중 확정기여형 퇴직연금에 대한 설명으로 옳지 않은 것은?

① 사용자는 매년 근로자의 연간 임금총액의 1/12 이상을 납입하여야 한다.

② 적립금의 운용주체는 근로자이다.

③ 적립금과 운용수익을 합한 금액을 일시금 또는 연금으로 받을 수 있다.

④ 가입자 추가 부담금에 대하여 연간 900만 원의 세액공제 한도를 부여한다.

⑤ 중도인출이 불가능하다.

07 다음 중 무형자산에 해당하지 않는 것은?

① 인적 자원   ② 영업권
③ 토지   ④ 저작권
⑤ 라이선스

08 다음 중 협동조합에 대한 설명으로 옳지 않은 것은?

① 비슷한 목적을 가진 생산자 또는 소비자로 구성된다.
② 협동조합에 가입하려면 출자금이 필요하다.
③ 조합의 이윤추구를 최우선 목표로 한다.
④ 조합원은 주식회사의 주주와 동일하게 유한책임만 진다.
⑤ 발기인은 최소 5명 이상이어야 한다.

09 다음 중 복리후생에 대한 설명으로 옳지 않은 것은?

① 기업이 직원과 직원가족 등의 생활 및 건강관리 등을 지원하는 제도이다.
② 복리후생은 임금에 포함하지 않고 별도로 운영된다.
③ 상여금은 법정 복리후생에 해당한다.
④ 복리후생 중에는 기업이 의무적으로 실시해야 하는 복리후생도 있다.
⑤ 퇴직자의 재취업을 지원하는 것도 복리후생에 해당한다.

10 다음 설명에 해당하는 의사결정 방법은?

> • 사회자만 주제를 알고 나머지 참가자들은 토론 주제를 알지 못한다.
> • 고정관념이나 습관적인 사고에서 벗어나 창의적인 아이디어가 제시될 수 있다.
> • 다양한 아이디어를 토론 주제와 연결시켜야 하기 때문에 사회자의 능력이 중요하다.

① 고든법   ② 롤스토밍법
③ 직관상기법   ④ 집단토론법

11 다음 중 전방통합에 대한 설명으로 옳지 않은 것은?

① 소비자의 접근성을 높이고, 시장지배력을 강화하기 위한 목적을 갖는다.

② 소비자 방향으로 기업통합을 시도하는 것이다.

③ 자동차 생산업체가 철강공장을 구입하는 사례가 해당된다.

④ 제품 판매 및 유통 부문에 대한 소유권을 확보하는 전략이다.

12 다음 설명에 해당하는 민츠버그의 조직 유형은?

- 전문화된 명확한 역할을 토대로 정해진 절차를 준수하는 것을 중요시한다.
- 사회적 변화, 상품 변화 등 외부 환경요인에 대한 적응력이 떨어질 수 있다.
- 의사결정 프로세스가 간소화되어 효율성이 높으나, 수평적인 의사결정은 제한적이다.

① 단순 구조   ② 사업부제 구조

③ 임시조직 구조   ④ 기계적 관료제 구조

13 다음 설명에 해당하는 면접법은?

- 면접관마다 각각 다른 평가요소를 중심으로 질문 및 평가를 한다.
- 다수의 면접관이 한 명이나 소수의 지원자를 면접한다.
- 한 명의 면접관에게 질문을 받아도 답변은 전체 면접관에게 하듯이 하는 것이 좋다.

① 집단 면접   ② 스트레스 면접

③ 상황 면접   ④ 패널 면접

14 다음 중 귀인오류에 해당하지 않는 것은?

① 근본적 귀인오류   ② 외부요인 귀인

③ 자존적 편견   ④ 행위자 – 관찰자 편견

15   다음 설명에 해당하는 노동조합 숍 제도는?

> • 노동조합 가입을 고용의 조건으로 삼아 모든 노동자를 노동조합에 가입시킨다.
> • 노사 간 단체협약 조항으로 노동조합 측에 가장 유리한 제도이다.
> • 기업별 노동조합을 단위로 하는 우리나라에서는 활성화되어 있지 않은 제도이다.

① 에이전시 숍   ② 유니언 숍
③ 오픈 숍   ④ 클로즈드 숍

16   다음 중 ISO 26000에 대한 설명으로 옳지 않은 것은?

① 국제표준화기구(ISO)에서 개발한 기업의 사회적 책임의 국제표준이다.
② 2010년에 제정 및 발표되었다.
③ 책임성, 투명성, 윤리적 행동 등 총 7개의 기본원칙으로 구성된다.
④ 기업의 사회적 책임을 위한 기존 방법이나 계획을 대체하는 역할을 한다.

17   다음 중 진입장벽이 높은 경우가 아닌 것은?

① 초기 투자가 많이 필요한 경우
② 제품 차별화가 낮은 경우
③ 법적 규제가 있는 경우
④ 기존 경쟁업체가 많은 경우

18   다음 중 포터의 가치사슬에서 지원적 활동에 해당하는 것은?

① 인적자원관리   ② 생산운영
③ 마케팅   ④ 외부물류

19 다음 중 카르텔에 대한 설명으로 옳지 않은 것은?

① 기업들이 서로 협력하여 경쟁을 제한하거나 시장을 조작하는 형태의 비합법적인 협력을 일컫는다.

② 카르텔로 인해 구성원들의 위험은 더욱 커지게 된다.

③ 경쟁기업과 소비자 모두에게 불이익을 초래할 수 있다.

④ OPEC의 경우 석유 생산 국가 간 공식적인 카르텔로 볼 수 있다.

20 다음 중 매트릭스 조직의 단점으로 옳지 않은 것은?

① 책임, 목표, 평가 등에 대한 갈등이 유발되어 혼란을 줄 수 있다.

② 관리자 및 구성원 모두에게 역할과 관련하여 스트레스를 유발할 수 있다.

③ 힘의 균형을 유지하기 어려워 경영자의 개입이 빈번하게 일어날 수 있다.

④ 구성원의 창의력을 저해하고, 문제해결에 필요한 전문지식이 부족할 수 있다.

21 다음 중 BCG 매트릭스에 대한 설명으로 옳지 않은 것은?

① X축은 상대적 시장 점유율, Y축은 성장률을 의미한다.

② 1970년대 미국 보스턴컨설팅그룹에 의해 개발된 경영전략 분석 기법이다.

③ 수익이 많고 안정적이어서 현상을 유지하는 것이 필요한 사업은 스타(Star)이다.

④ 물음표(Question), 스타(Star), 현금젖소(Cash Cow), 개(Dog)의 4개 영역으로 구성된다.

22 다음 중 근로자가 직무능력 평가를 위해 개인능력평가표를 활용하는 제도는 무엇인가?

① 자기신고 제도

② 직능자격 제도

③ 평가센터 제도

④ 직무순환 제도

⑤ 기능목록 제도

23 다음 중 데이터베이스 마케팅에 대한 설명으로 옳지 않은 것은?

① 기업 규모와 관계없이 모든 기업에서 활용이 가능하다.

② 기존 고객의 재구매를 유도하며, 장기적인 마케팅 전략 수립이 가능하다.

③ 인구통계, 심리적 특성, 지리적 특성 등을 파악하여 고객별 맞춤 서비스가 가능하다.

④ 단방향 의사소통으로 고객과 1 : 1 관계를 구축하여 즉각적으로 반응을 확인할 수 있다.

⑤ 고객 자료를 바탕으로 고객 및 매출 증대에 대한 마케팅 전략을 실행하는 데 목적이 있다.

24 다음 중 공정성 이론에서 절차적 공정성에 해당하지 않는 것은?

① 접근성　　　　　　　　　　② 반응 속도

③ 형평성　　　　　　　　　　④ 유연성

⑤ 적정성

25 다음 중 e-비즈니스 기업의 장점으로 옳지 않은 것은?

① 빠른 의사결정을 진행할 수 있다.

② 양질의 고객서비스를 제공할 수 있다.

③ 배송, 물류비 등 각종 비용을 절감할 수 있다.

④ 소비자에게 더 많은 선택권을 부여할 수 있다.

⑤ 기업이 더 높은 가격으로 제품을 판매할 수 있다.

26 다음 자료를 바탕으로 국내총생산을 구하면?

• 소비 : 1,200조 원	• 투자 : 400조 원
• 정부지출 : 600조 원	• 순수출 : −50조 원
• 정부저축 : 100조 원	• 국민저축 : 200조 원

① 1,750조 원

② 2,050조 원

③ 2,150조 원

④ 2,200조 원

⑤ 2,300조 원

27 다음 중 본원통화에 대한 설명으로 옳지 않은 것은?

① 중앙은행이 금융기관에 대출을 할 경우 본원통화는 증가한다.

② 본원통화는 화폐발행액과 금융기관 지급 준비예치금의 합이다.

③ 통화승수 효과를 통해 실제 통화량보다 더 큰 규모의 통화를 만들 수 있다.

④ 본원통화를 조절하여 물가안정, 경기조절 등 경제 건전성을 확보할 수 있다.

⑤ 본원통화는 정부가 중앙은행에 대출을 하거나 중앙은행이 정부에서 예금을 인출하는 화폐를 말한다.

28 다음 중 소비자 물가지수에 대한 설명으로 옳지 않은 것은?

① 한 국가의 소비자가 구입하는 재화 및 용역의 평균가격을 측정한 지수이다.

② 명목 GDP를 실질 GDP로 나눈 값에 100을 곱하여 계산할 수 있다.

③ 소비자 물가지수의 변동률로 인플레이션을 측정할 수 있다.

④ 국가데이터처에서 작성한다.

29 다음 중 테일러 준칙에 대한 설명으로 옳지 않은 것은?

① 중앙은행이 금리를 결정할 때 경제성장률과 물가상승률을 고려한다는 원칙이다.

② 실제 인플레이션율이 목표치보다 높은 경우 금리를 인상한다.

③ 실제 성장률이 잠재 성장률보다 낮은 경우 금리를 인하한다.

④ 인플레이션율이 1% 상승한 경우 중앙은행은 실질이자율을 1% 이상 상승시켜야 한다.

30 다음 중 IS-LM 모형에 대한 설명으로 옳지 않은 것은?

① 거시경제에서 이자율과 국민소득 간의 관계를 나타내는 모형이다.

② IS 곡선의 IS는 투자와 화폐 공급을 의미한다.

③ IS 곡선과 LM 곡선이 만나는 교차점에서는 모든 시장이 균형이 된다.

④ 유동성 선호 이론은 LM 곡선의 이론적 기반이라 할 수 있다.

31 다음 중 GDP를 구하는 공식으로 옳은 것은?

① (소비)＋(투자)＋(수출)＋(수입)

② (소비)－(투자)＋(수출)＋(수입)

③ (소비)＋(투자)－(수출)－(수입)

④ (소비)＋(투자)＋(수출)－(수입)

32 다음 중 종량세에 대한 설명으로 옳지 않은 것은?

① 종량세는 과세단위 기준을 금액에 둔다.

② 종량세를 생산자에게 부과할 경우 공급곡선은 왼쪽으로 이동한다.

③ 종량세를 부과할 경우 수요공급곡선은 평행이동하게 된다.

④ 세액 산정이 비교적 간편하여 행정 능률을 높일 수 있는 장점이 있다.

⑤ 현재 우리나라 주류 과세체계는 종가세 방식을 채택하고 있다.

33 다음 중 독점적 경쟁시장의 특징에 대한 설명으로 옳지 않은 것은?

① 독점시장과 완전경쟁시장의 성격이 혼합된 시장이다.
② 독점적 경쟁시장의 수요곡선은 우하향한다.
③ 기업마다 판매하는 재화의 속성을 차별화하여 다른 기업들과 경쟁하는 시장이다.
④ 시장에 새로 진출하는 신규 기업을 차단하는 진입장벽이 낮다.
⑤ 독점적 경쟁시장에서 기업은 완전한 시장 지배력을 가질 수 있다.

34 다음 중 유위험 이자율 평가설의 기본 가정으로 옳지 않은 것은?

① 비대칭 정보가 존재하지 않는다.
② 국가 간 자산이 완전대체재 성격을 갖는다.
③ 거래비용이 없다.
④ 자본이동에 대한 제약사항이 없다.
⑤ 투자자가 위험회피 성향을 갖는다.

35 다음 중 먼델 – 플레밍 모형의 기본 가정으로 옳지 않은 것은?

① 현물 환율과 선물 환율은 동일하다.
② 국내 물가 수준이 일정하게 유지되고, 국내 생산량의 공급은 탄력적이다.
③ 소득에 따라 세금과 저축이 증가한다.
④ 국가 규모가 매우 작아 해외 국가소득이나 국제 이자율 수준에 영향을 미칠 수 없다.
⑤ 화폐에 대한 수요는 이자율에 의존하며, 투자는 소득과 이자율에 의존한다.

36 다음 중 보완재의 관계로 볼 수 있는 것은?

① 천연가스 – 석탄
② 소고기 – 돼지고기
③ 빵 – 잼
④ 보리 – 쌀
⑤ 기차 – 버스

37 다음 중 실업의 종류에 해당하지 않는 것은?

① 경기적 실업   ② 마찰적 실업

③ 구조적 실업   ④ 계절적 실업

⑤ 생산적 실업

38 다음 중 과점시장의 특징으로 옳지 않은 것은?

① 시장 내 기업 간 밀접한 의존관계를 갖는다.

② 비가격경쟁을 통해 가격의 경직성이 나타난다.

③ 시장에서 판매되는 제품의 차별화가 나타난다.

④ 담합 등과 같은 비경쟁행위가 나타난다.

⑤ 독점시장보다는 약하지만 비교적 높은 진입장벽을 갖는다.

39 다음 중 수요·공급의 가격탄력성에 대한 설명으로 옳지 않은 것은?

① 수요가 탄력적일수록 수요의 가격탄력성은 1보다 커진다.

② 수요곡선이 비탄력적일수록 기울기는 더 가파르게 된다.

③ 대체재가 존재하는 경우 수요의 가격탄력성이 커지게 된다.

④ 장기공급의 가격탄력성이 단기공급의 가격탄력성보다 작다.

40 다음 중 국내 총수요를 계산하는 산식으로 옳은 것은?

① (소비)+(투자)-(정부지출)-(수출)-(수입)

② (소비)+(투자)-(정부지출)-(수출)+(수입)

③ (소비)+(투자)+(정부지출)+(수출)+(수입)

④ (소비)+(투자)+(정부지출)+(수출)-(수입)

| 25상 / 서울교통공사

01 다음 중 채무인수 등에 대한 설명으로 옳지 않은 것은?(단, 다툼이 있는 경우 판례에 따른다)

① 중첩적 채무인수는 채무자의 의사에 반해서도 할 수 있다.

② 채무인수가 있으면 계약관계로부터 생기는 취소권·해제권은 인수인에게 이전된다.

③ 전(前) 채무자의 채무에 대한 보증이나 제삼자가 제공한 담보는 원칙적으로 채무인수로 인하여 소멸한다.

④ 채무자가 채권자에 대하여 부담하는 채무를 인수인이 이행하기로 하는 채무자와 인수인 사이의 계약은 이행인수이다.

⑤ 부동산의 매수인이 매매목적물에 대한 근저당권의 피담보채무를 인수하면서 그 채무액을 매매대금에서 공제하기로 약정한 경우, 특별한 사정이 없는 한 이행인수이다.

| 25상 / K-water 한국수자원공사

02 다음 중 이행불능과 위험부담에 대한 설명으로 옳지 않은 것은?(단, 다툼이 있는 경우 판례에 따른다)

① 채무자의 책임 없는 사유로 후발적 불능이 된 경우에도 채권자는 대상청구권을 행사할 수 있다.

② 채무자의 책임 있는 사유로 이행불능이 되면 채권자는 이행의 최고 없이 전보배상을 청구할 수 있다.

③ 이행지체 중에 이행보조자의 과실로 이행불능으로 된 경우, 채무자는 자신의 책임 없는 사유를 증명하여 채무불이행책임을 면할 수 있다.

④ 매매계약을 체결한 경우, 매도인이 매매목적물에 관하여 다시 제3자와 매매계약을 체결하였다는 사실만으로는 매매계약이 법률상 이행불능이라고 할 수 없다.

| 24상 / 서울교통공사

03 다음 중 행정상 실효성 확보 수단에 대한 설명으로 옳지 않은 것은?(단, 다툼이 있는 경우 판례에 따른다)

① 가산세를 부과함에 있어 고의·과실은 고려되지 않는다.

② 국세기본법상에는 고액체납자의 명단공개 제도에 대하여 규정하고 있다.

③ 국세징수법상 공매통지 자체는 원칙적으로 항고소송의 대상이 되는 행정처분이다.

④ 질서위반행위규제법의 적용을 받는 과태료 부과처분은 행정청을 피고로 하는 행정소송의 대상이 되는 행정처분이라고 볼 수 없다.

⑤ 구 건축법상 이행강제금은 일신전속적인 성질의 것이므로 이행강제금을 부과받은 사람이 재판절차가 개시된 이후에 사망한 경우, 절차가 종료된다.

04 다음 중 민법에서 규정하는 법률행위의 취소권자로 옳지 않은 것은?

① 미성년자
② 피특정후견인
③ 피성년후견인
④ 사기·강박에 의하여 의사표시를 한 자

05 다음 〈보기〉 중 행정소송법상 당사자소송이 아닌 것은?

> **보기**
>
> ㄱ. 비위사실로 인해 면직을 당한 공무원이 면직이 무효라고 주장하면서 국가를 상대로 공무원의
>   지위확인을 구하는 소송
> ㄴ. 국가를 상대로 국가유공자 확인을 구하는 소송
> ㄷ. 공무원이 미지급된 봉급에 대한 지급을 청구하는 소송
> ㄹ. 선거의 관리 및 집행이 규정을 위반하였다고 주장하면서 해당 선거의 불법성을 다투는 소송

① ㄱ
② ㄴ
③ ㄷ
④ ㄹ

06 다음 중 정부실패의 원인으로 옳지 않은 것은?

① 파생적 외부 효과
② 정부조직의 내부성
③ 비용과 편익의 괴리
④ 점증적 정책결정의 불확실성
⑤ 권력으로 인한 분배적 불공정성

07 다음 중 엽관주의에 대한 설명으로 옳은 것은?

① 관료제 조직 내의 민주화에 기여한다.
② 실적주의에 비해 부정부패 방지에 유리하다.
③ 직업공무원제에 비해 대의민주주의의 가치 실현에 적절하다.
④ 관료조직이 전문성을 바탕으로 정치세력화가 이루어지기 쉽다.

08 다음은 동기부여 이론가들과 그 주장에 바탕을 둔 관리 방식을 연결한 것이다. 이들 중 동기부여 효과가 가장 낮다고 판단되는 것은?

① 매슬로(Maslow) – 근로자의 자아실현 욕구를 일깨워 준다.

② 허즈버그(Herzberg) – 근로 환경 가운데 위생요인을 제거해 준다.

③ 맥그리거(McGregor)의 Y 이론 – 근로자들은 작업을 놀이처럼 즐기고 스스로 통제할 줄 아는 존 재이므로 자율성을 부여한다.

④ 앨더퍼(Alderfer) – 개인의 능력개발과 창의적 성취감을 북돋운다.

09 추가경정예산을 통한 재정의 방만한 운영 가능성을 줄이기 위해 국가재정법 제89조에서는 추가경 정예산안을 편성할 수 있는 경우를 제한하고 있다. 다음 중 위 법 조항에 명시된 추가경정예산안을 편성할 수 있는 경우가 아닌 것은?

① 부동산 경기 등 경기부양을 위하여 기획재정부장관이 필요하다고 판단하는 경우

② 전쟁이나 대규모 자연재해가 발생한 경우

③ 경기침체, 대량실업, 남북관계의 변화, 경제협력 같은 대내외 여건에 중대한 변화가 발생하였거 나 발생할 우려가 있는 경우

④ 법령에 따라 국가가 지급하여야 하는 지출이 발생하거나 증가하는 경우

10 다음 중 계획예산 제도(PPBS)에 대한 설명으로 옳지 않은 것은?

① PPBS는 집권화를 강화시킨다.

② 계량적인 기법인 체제 분석, 비용편익 분석 등을 사용한다.

③ 품목별 예산은 하향식 예산 과정을 수반하나, PPBS는 상향식 접근이 원칙이다.

④ 품목별 예산과는 달리 부서별로 예산을 배정하지 않고 정책별로 예산을 배분한다.

| 24하 / 한국도로공사

01 길이가 L인 단순보에 등분포하중 w가 작용할 때, 중앙점의 최대처짐량(δ)은 $k\dfrac{wL^4}{EI}$ 이다. 이때 k의 값은?

① $\dfrac{2}{384}$

② $\dfrac{5}{384}$

③ $\dfrac{8}{384}$

④ $\dfrac{11}{384}$

⑤ $\dfrac{14}{384}$

| 24하 / 한국도로공사

02 다음 중 평면선형의 구성요소가 아닌 것은?

① 직선

② 복합곡선

③ 배향곡선

④ 완화곡선

⑤ 오목곡선

| 24하 / 한국도로공사

03 길이가 $l$mm이고 단순 지지된 1방향 슬래브의 처짐을 고려하지 않을 때 최소 두께는?

① $\dfrac{l}{10}$

② $\dfrac{l}{16}$

③ $\dfrac{l}{20}$

④ $\dfrac{l}{24}$

⑤ $\dfrac{l}{28}$

04 기초형상이 정사각형일 때, Terzaghi 지지력을 구하는 식 $q_u = \alpha c N_c + \beta \gamma_1 B N_r + \gamma_2 D_f N_q$에서 α, β의 값을 바르게 구한 것은?

	α	β
①	1	0.5
②	1	0.4
③	1.3	0.5
④	1.3	0.4
⑤	1.3	0.3

05 직경이 5cm인 강봉에 10kN의 축방향 하중을 가하자 75mm가 늘어났다. 이 강봉의 늘어나기 전 처음 길이는?(단, 강봉의 탄성계수는 170MPa이다)

① 약 1m
② 약 1.8m
③ 약 2.2m
④ 약 2.5m
⑤ 약 3m

06 다음 글에서 설명하는 이론으로 옳은 것은?

- $P = \dfrac{\partial U}{\partial \delta_i}$: 하중(P)은 변형에너지(U)의 변위(δ_i)에 대한 도함수이다.

- $\theta = \dfrac{\partial U}{\partial u_i}$: 처짐각(θ)은 변형에너지(U)의 휨모멘트(u_i)에 대한 도함수이다.

- $\delta = \dfrac{\partial U}{\partial P_i}$: 처짐량(δ)은 변형에너지(U)의 하중(P_i)에 대한 도함수이다.

---

① 베르누이의 정리
② 에너지 보존의 법칙
③ 카스틸리아노의 정리
④ 중첩의 원리
⑤ 최소 작용의 원리

07 다음 중 트랜싯의 망원경에 그어진 선을 이용하여 두 지점 간의 수평거리와 고저차를 간접적으로 구하는 측량은?

① 삼각측량 ② 수준측량

③ 측지측량 ④ 평면측량

⑤ 스타디아측량

08 표고가 1,000m, 해발이 3,000m인 상공에서 초점거리가 200mm인 사진기를 이용하여 사진측량을 실시하였다. 사진 매수가 180매이고 사진 크기가 20cm×20cm일 때, 실제 측정한 면적은?(단, 안전율은 20%이며, 종중복도는 50%, 횡중복도는 40%이다)

① 180km^2 ② 210km^2

③ 240km^2 ④ 270km^2

⑤ 300km^2

09 다음 그림과 같이 일단고정 타단지지보에 등분포하중과 집중하중이 동시에 작용하였을 때, 전단력이 0인 지점은 A로부터 얼마나 떨어져 있는가?

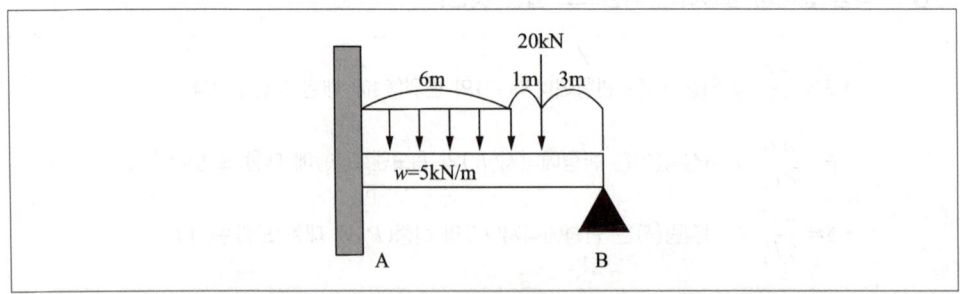

① 4.8m ② 5.4m

③ 6m ④ 6.6m

⑤ 7.2m

10 다음 중 홍수의 위험이 있거나 철도 등 통행에 제약이 있는 곳에 적용할 수 있고 단면형상 변화에 대한 적응성이 양호한 공법은?

① FCM 공법
② FSM 공법
③ ILM 공법
④ MSS 공법
⑤ PSM 공법

11 다음 중 모래다짐말뚝 공법의 장점으로 옳지 않은 것은?

① 지반이 균질화된다.
② 압밀침하량이 적다.
③ 진동 및 소음이 적다.
④ 지반의 전단강도가 증가한다.
⑤ 지반의 액상화 현상을 방지할 수 있다.

12 다음 중 지중연속벽에 대한 설명으로 옳지 않은 것은?

① 굴착면의 붕괴 및 지하수의 유입을 방지하기 위해 벤토나이트를 공급한다.
② 지하시설물에 적용할 수 있는 구조물이다.
③ 작업 시 발생하는 소음이 적다.
④ 시공비가 저렴하다.
⑤ 암반층을 최소 1m 굴착하여야 한다.

13 다음 중 기둥을 단주와 장주로 나눌 때, 장주의 기준이 되는 세장비의 최솟값은?

① 25

② 50

③ 75

④ 100

⑤ 500

14 다음 중 설계기준압축강도(f_{ck})가 60MPa인 콘크리트 부재의 극한변형률은?

① 0.0031

② 0.0032

③ 0.0033

④ 0.0034

⑤ 0.0035

15 다음 중 포장된 아스팔트의 파손 원인으로 옳은 것을 〈보기〉에서 모두 고르면?

> **보기**
>
> ㄱ. 과적 차량의 잦은 통행으로 인한 피로 파괴
> ㄴ. 아스팔트 배합설계 불량
> ㄷ. 우천 시 우수의 배수 불량
> ㄹ. 혼합물의 다짐온도 불량

① ㄱ, ㄴ

② ㄴ, ㄹ

③ ㄱ, ㄴ, ㄹ

④ ㄴ, ㄷ, ㄹ

⑤ ㄱ, ㄴ, ㄷ, ㄹ

PART 1

직업기초능력평가

CHAPTER 01
의사소통능력

합격 CHEAT KEY

의사소통능력은 평가하지 않는 공사·공단이 없을 만큼 필기시험에서 중요도가 높은 영역으로, 세부 유형은 문서 이해, 문서 작성, 의사 표현, 경청, 기초 외국어로 나눌 수 있다. 문서 이해·문서 작성과 같은 지문에 대한 주제 찾기, 내용 일치 문제의 출제 비중이 높으며, 문서의 특성을 파악하는 문제도 출제되고 있다.

01 문제에서 요구하는 바를 먼저 파악하라!

의사소통능력에서 가장 중요한 것은 제한된 시간 안에 빠르고 정확하게 답을 찾아내는 것이다. 의사소통능력에서는 지문이 아니라 문제가 주인공이므로 지문을 보기 전에 문제를 먼저 파악해야 하며, 문제에 따라 전략적으로 빠르게 풀어내는 연습을 해야 한다.

02 잠재되어 있는 언어 능력을 발휘하라!

세상에 글은 많고 우리가 학습할 수 있는 시간은 한정적이다. 이를 극복할 수 있는 방법은 다양한 글을 접하는 것이다. 실제 시험장에서 어떤 내용의 지문이 나올지 아무도 예측할 수 없으므로 평소에 신문, 소설, 보고서 등 여러 글을 접하는 것이 필요하다.

03 상황을 가정하라!

업무 수행에 있어 상황에 따른 언어 표현은 중요하다. 같은 말이라도 상황에 따라 다르게 해석될 수 있기 때문이다. 그런 의미에서 자신의 의견을 효과적으로 전달할 수 있는 능력을 평가하는 것이다. 업무를 수행하면서 발생할 수 있는 여러 상황을 가정하고 그에 따른 올바른 언어표현을 정리하는 것이 필요하다.

04 말하는 이의 입장에서 생각하라!

잘 듣는 것 또한 하나의 능력이다. 상대방의 이야기에 귀 기울이고 공감하는 태도는 업무를 수행하는 관계 속에서 필요한 요소이다. 그런 의미에서 다양한 상황에서 듣는 능력을 평가하는 것이다. 말하는 이가 요구하는 듣는 이의 태도를 파악하고, 이에 따른 판단을 할 수 있도록 언제나 말하는 사람의 입장이 되는 연습이 필요하다.

01 문서 내용 이해

| 유형분석 |

- 주어진 지문을 읽고 선택지를 고르는 전형적인 독해 문제이다.
- 지문은 주로 신문기사(보도자료 등)나 업무 보고서, 시사 등이 제시된다.
- 공사·공단에 따라 자사와 관련된 내용의 기사나 법조문, 보고서 등이 출제되기도 한다.

다음 글의 내용으로 적절하지 않은 것은?

> 물가 상승률은 일반적으로 가격 수준의 상승 속도를 나타내며, 소비자 물가지수(CPI)와 같은 지표를 사용하여 측정된다. 높은 물가 상승률은 소비재와 서비스의 가격이 상승하고, 돈의 구매력이 감소한다. 이는 소비자들이 더 많은 돈을 지출하여 물가 상승에 따른 가격 상승을 감수해야 함을 의미한다.
>
> 물가 상승률은 경제에 다양한 영향을 미친다. 먼저 소비자들의 구매력이 저하되므로 가계소득의 실질 가치가 줄어든다. 이는 소비 지출의 감소와 경기 둔화를 초래할 수 있다. 또한 물가 상승률은 기업의 의사결정에도 영향을 준다. 예를 들어 높은 물가 상승률은 이자율의 상승과 함께 대출 조건을 악화시키므로 기업들은 생산 비용 상승과 이로 인한 이윤 감소에 직면하게 된다.
>
> 정부와 중앙은행은 물가 상승률을 통제하기 위해 다양한 금융 정책을 사용하며 대표적으로 세금 조정, 통화량 조절, 금리 조정 등이 있다.
>
> 물가 상승률은 경제 활동에 큰 영향을 주는 중요한 요소이므로 정부, 기업, 투자자 및 개인은 이를 주의 깊게 모니터링하고 전망을 평가하는 데 활용해야 한다. 또한 소비자의 구매력과 경기 상황에 직접적·간접적인 영향을 주므로 경제 주체들은 물가 상승률의 변동에 대응하여 적절한 전략을 수립해야 한다.

① 지나친 물가 상승은 소비 심리를 위축시킨다.

② 중앙은행의 금리 조정으로 지나친 물가 상승을 진정시킬 수 있다.

③ 정부와 중앙은행이 실행하는 금융 정책의 목적은 물가 안정성을 유지하는 것이다.

④ 소비재와 서비스의 가격이 상승하므로 기업의 입장에서는 물가 상승률이 커질수록 이득이다.

정답 ④

높은 물가 상승률은 이자율의 상승과 함께 대출 조건을 악화시키므로 기업들은 생산 비용 상승과 이로 인한 이윤 감소에 직면하게 된다.

풀이 전략!

주어진 선택지에서 키워드를 체크한 후, 지문의 내용과 비교해 가면서 내용의 일치 유무를 빠르게 판단한다.

01 다음 글의 내용으로 가장 적절한 것은?

> 인공 지능을 면접에 활용하는 것은 바람직하지 않다. 인공 지능 앞에서 면접을 보느라 진땀을 흘리는 인간의 모습을 생각하면 너무 안타깝다. 미래에 인공 지능이 인간의 고유한 영역까지 대신할 것이라고 사람들은 말하는데, 인공 지능이 인간을 대신할 수 있을까? 인간과 인공 지능의 관계는 어떠해야 할까?
>
> 인공 지능은 인간의 삶을 편리하게 돕는 도구일 뿐이다. 인간이 만든 도구인 인공 지능이 인간을 평가할 수 있는지에 대해 생각해 볼 필요가 있다. 도구일 뿐인 기계가 인간을 평가하는 것은 정당하지 않다. 인간이 개발한 인공 지능이 인간을 판단한다면 주체와 객체가 뒤바뀌는 상황이 발생할 것이다.
>
> 인공 지능이 발전하더라도 인간과 같은 사고는 불가능하다. 인공 지능은 겉으로 드러난 인간의 말과 행동을 분석하지만 인간은 말과 행동 이면의 의미까지 고려하여 사고한다. 인공 지능은 빅데이터를 바탕으로 결과를 도출해 내는 기계에 불과하므로, 통계적 분석을 할 뿐 타당한 판단을 할 수 없다. 기계가 타당한 판단을 할 것이라는 막연한 기대를 한다면 머지않아 인간이 기계에 예속되는 상황이 벌어질지도 모른다.
>
> 인공 지능은 사회적 관계를 맺을 수 없다. 반면 인간은 사회에서 의사소통을 통해 관계를 형성한다. 이 과정에서 축적된 인간의 경험이 바탕이 되어야 타인의 잠재력을 발견할 수 있다.

① 미래에는 인공 지능이 인간을 대체할 것이다.
② 인공 지능이 인간을 평가하는 것은 정당하지 않다.
③ 인공 지능은 의사소통을 통해 사회적 관계를 형성한다.
④ 인공 지능은 빅데이터를 바탕으로 타당한 판단을 할 수 있다.

02 다음 글의 내용으로 적절하지 않은 것은?

스마트 팜은 사물인터넷이나 빅데이터 등의 정보통신기술을 활용해 농업시설의 생육환경을 원격 또는 자동으로 제어할 수 있는 농장으로, 노동력과 생산비 절감효과가 커 네덜란드와 같은 농업 선진국에서도 적극적으로 활용되고 있다. 관련 핵심 직업으로는 농장의 설계·구축·운영 등을 조언하고 지도하는 '스마트 팜 컨설턴트'와 농업인을 대상으로 스마트 팜을 설치하고 소프트웨어를 개발하는 '스마트 팜 구축가'가 있다.

바이오헬스는 바이오기술과 정보를 활용해 질병 예방·진단·치료·건강증진에 필요한 제품과 서비스를 생산하는 의약·의료산업이다. 국내 바이오헬스의 전체 기술력은 최고 기술국인 미국 대비 78% 수준으로 약 3.8년의 기술격차가 있다. 해외에서는 미국뿐만 아니라 영국·중국·일본 등이 글로벌 시장 선점을 위해 경쟁적으로 투자를 늘리고 있다. 관련 핵심 직업으로는 생물학·의약 등의 이론 연구로 다양한 생명현상을 탐구하는 '생명과학연구원', IT 건강관리 서비스를 기획하는 '스마트헬스케어 전문가' 등이 있다. 자연·의약학 계열의 전문 지식이 필요한 생명과학연구원은 향후 10년간 고용이 증가할 것으로 예측되며, 의료·IT·빅데이터의 지식이 필요한 스마트헬스케어 전문가도 연평균 20%씩 증가할 것으로 전망되는 시장규모에 따라 성장 가능성이 높을 것으로 보인다.

한편, 스마트시티는 건설과 정보통신 신기술을 활용해 다양한 서비스를 제공하는 도시로, 국내에서는 15개 지자체를 대상으로 U-City 사업이 추진되는 등 민간과 지자체의 아이디어를 도입하고 있다. 관련 직업으로는 토지 이용계획을 수립하고 설계하는 '도시계획가', 교통상황 및 영향요인을 분석하는 '교통전문가' 등이 있으며, 도시공학·교통공학 등의 지식이 필요하다.

① 현재 국내 15개 지자체에서 U-City 사업이 추진되고 있다.
② 미국은 우리나라보다 3년 이상 앞서 바이오헬스 산업에 투자하기 시작했다.
③ 정보통신기술을 활용한 스마트 팜을 통해 노동력과 생산비를 절감할 수 있다.
④ 스마트시티와 관련된 직업을 갖기 위해서는 도시공학·교통공학 등의 지식이 필요하다.

03 다음은 D공사에서 발표한 교통사고 시 응급처치 요령이다. 이에 대한 설명으로 적절하지 않은 것을 〈보기〉에서 모두 고르면?

〈교통사고 시 응급처치 요령〉

• 응급처치의 의의
 – 적절한 응급처치는 상처의 악화나 위험을 줄일 수 있고 심하게 병들거나 다친 사람의 생명을 보호해 주며, 병원에서 치료받는 기간을 길게 하거나 짧게 하는 것을 결정하게 된다.
• 응급처치 시 주의사항
 – 조그마한 부상까지 모든 부상 부위를 찾는다.
 – 꼭 필요한 경우가 아니면 함부로 부상자를 움직이지 않는다.
 – 부상 정도에 대하여 부상자에게 이야기하지 않는다. 부상자가 물으면 '괜찮다, 별일 아니다.'라고 안심시킨다.
 – 부상자의 신원을 미리 파악해 둔다.
 – 부상자가 의식이 없으면 옷을 헐렁하게 하고, 음료수 등을 먹일 때에는 코로 들어가지 않도록 주의한다.
• 응급처치의 순서
 – 먼저 부상자를 구출하여 안전한 장소로 이동시킨다.
 – 부상자를 조심스럽게 눕힌다.
 – 병원에 신속하게 연락한다.
 – 부상 부위에 대하여 응급처치를 한다.

보기

ㄱ. 부상자의 정확한 상태 인지를 위해 부상자에게 부상 정도에 대해 상세히 설명해 준다.
ㄴ. 시간지체에 따른 응급처치 효과의 감소가 우려되므로, 사고 직후 사고현장에서 응급처치를 먼저 실시한 후 상태를 보아 안전한 장소로 이동시키도록 한다.
ㄷ. 부상자의 신원 및 모든 부상 상태를 파악하기 위하여 노력하여야 한다.

① ㄴ　　　　　　　　　　　　　　② ㄷ
③ ㄱ, ㄴ　　　　　　　　　　　　④ ㄴ, ㄷ

02 글의 주제·제목

| 유형분석 |

- 주어진 지문을 파악하여 전달하고자 하는 핵심 주제를 고르는 문제이다.
- 정보를 종합하고 중요한 내용을 구별하는 능력이 필요하다.
- 설명문부터 주장, 반박문까지 다양한 성격의 지문이 제시되므로 글의 성격별 특징을 알아두는 것이 좋다.

다음 글의 주제로 가장 적절한 것은?

> 멸균이란 곰팡이, 세균, 박테리아, 바이러스 등 모든 미생물을 사멸시켜 무균 상태로 만드는 것을 의미한다. 멸균 방법에는 물리적, 화학적 방법이 있으며, 멸균 대상의 특성에 따라 적절한 멸균 방법을 선택하여 실시할 수 있다. 먼저 물리적 멸균법에는 열이나 화학약품을 사용하지 않고 여과기를 이용하여 세균을 제거하는 여과법, 병원체를 불에 태워 없애는 소각법, 100℃에서 10 ~ 20분간 물품을 끓이는 자비소독법, 미생물을 자외선에 직접 노출시키는 자외선 소독법, 160 ~ 170℃의 열에서 1 ~ 2시간 동안 건열 멸균기를 사용하는 건열법, 포화된 고압증기 형태의 습열로 미생물을 파괴시키는 고압증기 멸균법 등이 있다. 다음으로 화학적 멸균법은 화학약품이나 가스를 사용하여 미생물을 파괴하거나 성장을 억제하는 방법으로, E.O 가스, 알코올, 염소 등 여러 가지 화학약품이 사용된다.

① 멸균의 중요성
② 뛰어난 멸균 효과
③ 다양한 멸균 방법
④ 멸균 시 발생할 수 있는 부작용

정답 ③

제시문에서는 멸균에 대해 언급하며, 멸균 방법을 물리적·화학적으로 구분하여 다양한 멸균 방법에 대해 설명하고 있다. 따라서 글의 주제로 ③이 가장 적절하다.

풀이 전략!

- 선택지 중 세부적인 내용을 다루고 있는 것은 정답에서 제외시킨다.
- 주제가 되는 글 또는 문단의 앞과 뒤에 핵심어가 오는 경우가 있으므로 먼저 글을 읽어 핵심어를 잡아낸 뒤 중심 내용을 파악할 수 있도록 한다.
- 글의 전체적인 진행 중에 반전이 되는 내용이나 '그런데', '그러나' 등의 접속어가 나온다면 그 다음 내용이 중심 내용인 경우가 많다. 따라서 글의 분위기가 반전되는 경우 이에 집중하여 독해한다.

※ 다음 글의 주제로 가장 적절한 것을 고르시오. [1~2]

01

발전된 산업 사회는 인간을 단순한 수단으로 지배하기 위해 새로운 수단을 발전시키고 있다. 여러 사회 과학과 심층 심리학이 이를 위해 동원되고 있다. 목적이나 이념의 문제를 배제하고 가치 판단으로부터의 중립을 표방하는 사회 과학들은 인간 조종을 위한 기술적·합리적인 수단을 개발해 대중 지배에 이바지한다. 마르쿠제는 이런 발전된 산업 사회에서의 도구화된 지성을 비판하면서 이것을 '현대인의 일차원적 사유'라고 불렀다. 비판과 초월을 모르는 도구화된 사유라는 것이다.

발전된 산업 사회는 이처럼 사회 과학과 도구화된 지성을 동원해 인간을 조종하고 대중을 지배할 뿐만 아니라 향상된 생산력을 통해 인간을 매우 효율적으로 거의 완전하게 지배한다. 즉, 발전된 산업 사회는 높은 생산력을 통해 늘 새로운 수요들을 창조하고, 모든 선전 수단을 동원하여 이러한 새로운 수요들을 인간의 삶을 위해 불가결한 것으로 만든다. 그리하여 인간이 새로운 수요들을 지향하지 않을 수 없게 한다. 이렇게 산업 사회는 늘 새로운 수요의 창조와 공급을 통해 인간의 삶을 지배하고 그의 인격을 사로잡아 버리는 것이다.

① 산업 사회의 대중 지배 양상　　　② 산업 사회의 발전과 경제력 향상
③ 산업 사회의 특징과 문제점　　　④ 산업 사회에서 도구화된 지성의 문제점

02

싱가포르에서는 1982년부터 자동차에 대한 정기 검사 제도가 시행되었는데, 그 체계가 우리나라의 검사 제도와 매우 유사하다. 단, 국내와는 다르게 재검사에 대해 수수료를 부과하고 있고 금액은 처음 검사 수수료의 절반이다.

자동차 검사에서 특이한 점은 2007년 1월 1일부터 디젤 자동차에 대한 배출가스 정밀 검사가 시행되고 있다는 점이다. 안전도 검사의 방법 및 기준은 교통부에서 주관하고, 배출가스 검사의 방법 및 기준은 환경부에서 주관하고 있다.

싱가포르는 사실상 자동차 등록 총량제에 의해 관리되고 있다. 우리나라와는 다르게 자동차를 운행할 수 있는 권리증을 자동차 구매와 별도로 구매하여야 하며 그 가격이 매우 높다. 또한 일정 구간(혼잡구역)에 대한 도로세를 우리나라의 하이패스 시스템과 유사한 시스템인 ERP시스템을 통하여 징수하고 있다.

강력한 자동차 안전도 규제, 이륜차에 대한 체계적인 검사와 ERP를 이용한 관리를 통해 검사 진로 내에서 사진 촬영보다 유용한 시스템을 적용한다. 그리고 분기별 기기 정밀도 검사를 시행하여 국민에게 신뢰받을 수 있는 정기 검사 제도를 시행하고 국민의 신고에 의한 수시 검사 제도를 통하여 불법자동차 근절에 앞장서고 있다.

① 싱가포르의 자동차 관리 시스템　　② 싱가포르의 불법자동차 근절방법
③ 싱가포르의 자동차 정기 검사 제도　④ 싱가포르와 우리나라의 교통 규제 시스템

다음 글의 중심 내용으로 가장 적절한 것은?

전국의 많은 근대건축물은 그동안 제도적 지원과 보호로부터 배제되고 대중과 소유주의 무관심 등으로 방치되어 왔다. 일부를 제외한 다수의 근대건축물이 철거와 멸실의 위기에 처해 있는 것이 사실이다.

국민이 이용하기 편리한 공간으로 용도를 바꾸면서도, 물리적인 본 모습은 유지하려는 노력을 일반적으로 '보전 가치'로 규정한다. 근대건축물의 보전 가치를 높이기 위해서는 자산의 상태를 합리적으로 진단하고, 소유자 및 이용자가 건물을 효율적으로 활용할 수 있도록 지원하는 관리체계가 필수적이다.

하지만 지금까지 건축자산의 등록, 진흥계획 수립 등을 통해 관리주체를 공공화하려는 노력은 있었으나 구체적인 관리 기법이나 모니터링에 대한 고민은 부족했다. 즉, 기초조사를 통해 현황을 파악하고 기본적인 관리를 하는 수준에만 그치고 있었던 것이다. 그중에는 오랜 시간이 지나 기록도 없이 건물만 존재하는 경우가 많다.

근대건축물은 현대 건물과는 다른 건축양식과 특성을 지니고 있어 단순 정보의 수집으로는 건물의 현황을 제대로 관리하기가 어렵다. 그렇다면 보전 가치를 높이기 위해서는 어떤 대책이 필요할까? 먼저 일반인이 개별 소유하고 있는 건축물의 현황정보를 통합하여 관리하기 위해서는 중립적이고 객관적인 공공의 참여와 지속적인 지원이 전제되어야 한다. 특히, 근대건축물은 현행 건축·도시 관련 법률 등과 관련되어 다양한 민원과 행정업무가 수반되므로, 법률 위반과 재정 지원 여부 등을 판단하는 데 있어 객관성과 중립성이 요구된다. 또한 근대건축물 관리는 도시재생, 문화관광 등의 분야에서 개별 사업으로 추진될 가능성이 높아 일원화된 관리기준도 필요하다. 만약 그렇지 못하면 사업이 일회성으로 전개될 우려가 크기 때문이다. 근대건축물이 그 정체성을 유지하고 가치를 증진하기 위해서 공공이 주축이 된 체계화·선진화된 관리방법론이 요구되는 이유이다.

① 근대건축물의 정의와 종류
② 근대건축물을 공공에 의해 체계적으로 관리해야 하는 이유
③ 근대건축물의 가치와 중요성
④ 현대 시민에게 요구되는 근대건축물에 대한 태도

04 다음 기사의 제목으로 적절하지 않은 것은?

> 대·중소기업 간 동반성장을 위한 '상생'이 산업계의 화두로 조명 받고 있다. 4차 산업혁명 시대 도래 등 글로벌 시장에서의 경쟁이 날로 치열해지는 상황에서 대기업과 중소기업이 힘을 합쳐야 살아남을 수 있다는 위기감이 상생의 중요성을 부각하고 있다고 분석된다. 재계 관계자는 "그동안 반도체, 자동차 등 제조업에서 세계적인 경쟁력을 갖출 수 있었던 배경에는 대기업과 협력업체 간 상생의 역할이 컸다."라며 "고속 성장기를 지나 지속 가능한 구조로 한 단계 더 도약하기 위해 상생경영이 중요하다."라고 강조했다.
> 우리 기업들은 협력사의 경쟁력 향상이 곧 기업의 성장으로 이어질 것으로 보고 2·3차 중소 협력업체들과의 상생경영에 힘쓰고 있다. 단순히 갑을 관계에서 대기업을 서포트 해야 하는 존재가 아니라 상호 발전을 위한 동반자라는 인식이 자리 잡고 있다는 분석이다. 이에 따라 협력사들에 대한 지원도 거래대금 현금 지급 등 1차원적인 지원 방식에서 벗어나 경영 노하우 전수, 기술 이전 등을 통한 '상생 생태계' 구축에 도움을 주는 방향으로 초점이 맞춰지는 추세이다.
> 특히 최근에는 상생 협력이 대기업이 중소기업에 주는 일시적인 시혜 차원의 문제가 아니라 경쟁에서 살아남기 위한 생존 문제와 직결된다는 인식이 강하다. 협약을 통해 협력업체를 지원해 준 대기업이 업체의 기술력 향상으로 더 큰 이득으로 보상받고 이를 통해 우리 산업의 경쟁력이 강화된다는 것이다.
> 경제 전문가는 "대·중소기업 간의 상생 협력이 강제 수단이 아니라 문화적으로 자리 잡아야 할 시기"라며 "대기업, 특히 오너 중심의 대기업들도 단기적인 수익이 아닌 장기적인 시각에서 질적 평가를 통해 협력업체의 경쟁력을 키울 방안을 고민해야 한다."라고 강조했다.
> 이와 관련해 국내 주요 기업들은 대기업보다 연구개발(R&D) 인력과 관련 노하우가 부족한 협력사들을 위해 각종 노하우를 전수하는 프로그램을 운영 중이다. S전자는 협력사들에 기술 노하우를 전수하기 위해 경영관리 제조 개발 품질 등 해당 전문 분야에서 20년 이상 노하우를 가진 S전자 임원과 부장급 100여 명으로 '상생컨설팅팀'을 구성했다. 지난해부터는 해외에 진출한 국내 협력사에도 노하우를 전수하고 있다.

① 지속 가능한 구조를 위한 상생 협력의 중요성
② 상생경영, 함께 가야 멀리 간다.
③ 대기업과 중소기업, 상호 발전을 위한 동반자로
④ 시혜적 차원에서의 대기업 지원의 **중요성**

03 문단 나열

| 유형분석 |

- 각 문단의 내용을 파악하고 논리적 순서에 맞게 배열하는 복합적인 문제이다.
- 전체적인 글의 흐름을 이해하는 것이 중요하며, 각 문장의 지시어나 접속어에 주의한다.

다음 문단을 논리적 순서대로 바르게 나열한 것은?

> (가) 이와 같이 임베디드 금융의 개선을 위해서는 효과적인 보안 시스템과 프라이버시 보호 방안을 도입하여 사용자의 개인정보를 안전하게 관리하는 것이 필요하다. 또한 디지털 기기의 접근성을 개선하고 사용자들이 편리하게 이용할 수 있는 환경을 조성해야 한다.
>
> (나) 임베디드 금융은 기업과 소비자 모두에게 이점을 제공한다. 기업은 제품과 서비스에 금융 기능을 통합함으로써 자사 플랫폼 의존도를 높이고, 수집한 고객의 정보를 통해 매출을 증대시킬 수 있으며, 고객들에게 편리한 금융 서비스를 제공할 수 있다. 소비자의 경우는 모바일 앱을 통해 간편하게 금융 거래를 할 수 있고, 스마트 기기 하나만으로 다양한 금융 상품에 접근할 수 있어 편의성과 접근성이 크게 향상된다.
>
> (다) 그러나 임베디드 금융은 개인정보 보호와 안전성에 대한 관리가 필요하다. 사용자의 금융 데이터와 개인정보가 디지털 플랫폼이나 기기에 저장되므로 해킹이나 데이터 유출과 같은 사고가 발생할 수 있다. 이는 사용자의 프라이버시 침해와 금융 거래 안전성에 대한 심각한 위협이 될 수 있다. 또한 모든 사람들이 안정적인 인터넷 연결과 임베디드 금융이 포함된 최신 기기를 보유하고 있지는 않기 때문에 디지털 기기에 익숙하지 않은 사람들은 임베디드 금융 서비스를 제공받는 데 제한을 받을 수 있다.
>
> (라) 임베디드 금융은 비금융 기업이 자신의 플랫폼이나 디지털 기기에 금융 서비스를 탑재하는 것을 뜻한다. S페이나 A페이 같은 결제 서비스부터 대출이나 보험까지 임베디드 금융은 제품과 서비스에 금융 기능을 통합하여 사용자에게 편의성과 접근성을 높여준다.

① (가) – (다) – (라) – (나)
② (나) – (가) – (다) – (라)
③ (라) – (나) – (가) – (다)
④ (라) – (나) – (다) – (가)

정답 ④

제시문은 임베디드 금융에 대한 정의와 장점 및 단점 그리고 이에 대한 개선 방안을 설명하는 글이다. 따라서 (라) 임베디드 금융의 정의 – (나) 임베디드 금융의 장점 – (다) 임베디드 금융의 단점 – (가) 단점에 대한 개선 방안의 순서로 나열해야 한다.

풀이 전략!

- 각 문단에 위치한 지시어와 접속어를 살펴본다. 문두에 접속어가 오거나 문장 중간에 지시어가 나오는 경우 첫 번째 문단이 될 수 없다.
- 각 문단의 첫 문장과 마지막 문장에 집중하면서 글의 순서를 하나씩 맞춰 나간다.
- 선택지를 참고하여 문단의 순서를 생각해 보는 것도 시간을 단축하는 좋은 방법이 될 수 있다.

대표기출유형 03 기출응용문제

※ 다음 문단을 논리적 순서대로 바르게 나열한 것을 고르시오. [1~2]

01

(가) 이때 보험금에 대한 기댓값은 사고가 발생할 확률에 사고 발생 시 받을 보험금을 곱한 값이다. 보험금에 대한 보험료의 비율을 보험료율이라 하는데, 보험료율이 사고 발생 확률보다 높으면 구성원 전체의 보험료 총액이 보험금 총액보다 더 많고, 그 반대의 경우에는 구성원 전체의 보험료 총액이 보험금 총액보다 더 적게 된다. 따라서 공정한 보험에서는 보험료율과 사고 발생 확률이 같아야 한다.

(나) 위험 공동체의 구성원이 내는 보험료와 지급받는 보험금은 그 위험 공동체의 사고 발생 확률을 근거로 산정된다. 특정 사고가 발생할 확률은 정확히 알 수 없지만, 그동안 발생한 사고를 바탕으로 그 확률을 예측한다면 관찰 대상이 많아짐에 따라 실제 사고 발생 확률에 근접하게 된다.

(다) 본래 보험 가입의 목적은 금전적 이득을 취하는 데 있는 것이 아니라 장래의 경제적 손실을 보상받는 데 있으므로, 위험 공동체의 구성원은 자신이 속한 위험 공동체의 위험에 상응하는 보험료를 내는 것이 공정할 것이다.

(라) 따라서 공정한 보험에서는 구성원 각자가 내는 보험료와 그가 지급받을 보험금에 대한 기댓값이 일치해야 하며 구성원 전체의 보험료 총액과 보험금 총액이 일치해야 한다.

① (나) - (가) - (다) - (라) ② (나) - (다) - (가) - (라)
③ (나) - (다) - (라) - (가) ④ (나) - (라) - (가) - (다)

02

(가) 그런데 음악이 대량으로 복제되는 현상에 대한 비판적인 시각도 생겨났다. 대량 생산된 복제품이 예술 작품의 유일무이(唯一無二)한 가치를 상실케 하고 예술적 전통을 훼손한다는 것이다.

(나) 복제 기술이 어떻게 발전할 것이며 그에 따라 음악은 어떤 변화를 겪을지, 우리가 누릴 수 있는 새로운 전통이 우리 삶을 어떻게 변화시킬지 생각해 보는 것은 매우 흥미로운 일이다.

(다) 근래에는 음악을 컴퓨터 파일의 형태로 바꾸는 기술이 개발되어 작품을 나누고 섞고 변화시키는 것이 훨씬 자유로워졌다. 이에 따라 낯선 곡은 반복을 통해 친숙한 음악으로, 친숙한 곡은 디지털 조작을 통해 낯선 음악으로 변모시킬 수 있게 되었다.

(라) 그러나 복제품은 자신이 생겨난 환경에 매여 있지 않기 때문에, 새로운 환경에서 새로운 예술적 전통을 만들어 낸다. 최근 음악 환경은 IT 기술의 발달과 보급에 따라 매우 빠르게 변화하고 있다.

① (나) - (가) - (라) - (다) ② (다) - (가) - (라) - (나)
③ (다) - (라) - (가) - (나) ④ (라) - (가) - (나) - (다)

04 내용 추론

| 유형분석 |

- 주어진 지문을 바탕으로 도출할 수 있는 내용을 찾는 문제이다.
- 선택지의 내용을 정확하게 확인하고 지문의 정보와 비교하여 추론하는 능력이 필요하다.

다음 글을 읽고 추론한 내용으로 적절하지 않은 것은?

> 1977년 개관한 퐁피두 센터의 정식명칭은 국립 조르주 퐁피두 예술문화 센터로, 공공정보기관(BPI), 공업창작센터(CCI), 음악·음향의 탐구와 조정연구소(IRCAM), 파리 국립 근현대 미술관(MNAM) 등이 있는 종합문화예술 공간이다. 퐁피두라는 이름은 이 센터의 창설에 힘을 기울인 조르주 퐁피두 대통령의 이름을 딴 것이다.
>
> 1969년 당시 대통령이었던 퐁피두는 파리의 중심지에 미술관이면서 동시에 조형예술과 음악, 영화, 서적 그리고 모든 창조적 활동의 중심이 될 수 있는 문화 복합센터를 지어 프랑스 미술을 더욱 발전시키고자 했다. 요즘 미술관들은 미술관의 이러한 복합적인 기능과 역할을 인식하고 변화를 시도하는 곳이 많다. 미술관은 더 이상 전시만 보는 곳이 아니라 식사도 하고 영화도 보고 강연도 들을 수 있는 곳으로, 대중과의 거리 좁히기를 시도하고 있는 것도 그리 특별한 일은 아니다. 그러나 이미 40년 전에 21세기 미술관의 기능과 역할을 미리 내다볼 줄 아는 혜안을 가지고 설립된 퐁피두 미술관은 프랑스가 왜 문화강국이라 불리는지를 알 수 있게 해준다.

① 퐁피두 미술관을 찾는 사람들의 목적은 다양할 것이다.
② 퐁피두 미술관은 전통적인 예술작품들을 선호할 것이다.
③ 퐁피두 미술관의 모습은 기존 미술관의 모습과 다를 것이다.
④ 퐁피두 미술관은 파격적인 예술작품들을 배척하지 않을 것이다.

정답 ②

제시문에 따르면 퐁피두 미술관은 모든 창조적 활동을 위한 공간이므로 퐁피두가 전통적인 예술작품을 선호할 것이라는 내용은 추론할 수 없다.

풀이 전략!

주어진 지문이 어떠한 내용을 다루고 있는지 파악한 후 선택지의 키워드를 확실하게 체크하고, 지문의 정보에서 도출할 수 있는 내용을 찾는다.

01 다음 글을 읽은 독자의 반응으로 적절하지 않은 것은?

우주로 쏘아진 인공위성들은 지구 주위를 돌며 저마다의 임무를 충실히 수행한다. 이들의 수명은 얼마나 될까? 인공위성들은 태양전지판으로 햇빛을 받아 전기를 발생시키는 태양전지와 재충전용 배터리를 장착하여 지구와의 통신은 물론 인공위성의 온도를 유지하고 자세와 궤도를 조정하는데, 이러한 태양전지와 재충전용 배터리의 수명은 평균 15년 정도이다.

방송 통신 위성의 경우 원활한 통신을 위해 안테나가 늘 지구의 특정 위치를 향해 있어야 하는데, 안테나 자세 조정을 위해 추력기라는 작은 로켓에서 추진제를 소모한다. 자세 제어용 추진제가 모두 소진되면 인공위성은 자세를 유지할 수 없기 때문에 더 이상의 임무 수행이 불가능해지고 자연스럽게 수명을 다하게 된다.

첩보 위성의 경우는 임무의 특성상 아주 낮은 궤도를 비행한다. 하지만 낮은 궤도로 비행하게 될 경우 공기의 저항 때문에 인공위성의 마모가 훨씬 빨라지므로 수명이 몇 개월에서 몇 주일까지 짧아진다. 게다가 운석과의 충돌 등 예기치 못한 사고로 인하여 부품이 훼손되어 수명이 다하는 경우도 있다.

① 수명이 다 된 인공위성들은 어떻게 되는 걸까?

② 첩보 위성을 높은 궤도로 비행시키면 더욱 오래 임무를 수행할 수 있을 거야.

③ 아무런 사고 없이 임무를 수행한 인공위성이라도 15년 정도만 사용할 수 있겠구나.

④ 별도의 충전 없이 오래가는 배터리를 사용한다면 인공위성의 수명을 더 늘릴 수 있지 않을까?

02 다음 글을 읽고 추론할 수 있는 내용으로 적절한 것을 〈보기〉에서 모두 고르면?

우리는 사람의 인상에 대해서 "선하게 생겼다." 또는 "독하게 생겼다."라는 판단을 할 뿐만 아니라 사람의 인상을 중요시한다. 오래전부터 사람의 얼굴을 보고 그 사람의 길흉을 판단하는 관상의 원리가 있었다. 관상의 원리를 어떻게 받아들여야 할까?

관상의 원리가 받아들일 만하다면, 얼굴이 검붉은 사람은 육체적 고생을 하기 마련이다. 그런데 우리는 주위에서 얼굴이 검붉지만 육체적 고생을 하지 않고 편하게 살아가는 사람을 얼마든지 볼 수 있다.

그리고 관상의 원리가 받아들일 만하다면, 우리가 사람의 얼굴에 대해서 갖는 인상이란 한낱 선입견에 불과한 것이 아니다. 사람의 인상이 평생에 걸쳐 고정되어 있다고 할 수 있는 경우에만 관상의 원리는 받아들일 만하다.

또한 관상의 원리가 받아들일 만하지 않다면, 관상의 원리에 대한 과학적 근거를 찾으려는 노력은 헛된 것이다. 실제로 많은 사람들이 관상의 원리가 과학적 근거를 가질 것이라고 기대한다. 그런데 우리는 자주 관상가의 판단이 받아들일 만하다고 느끼고, 그런 느낌 때문에 관상의 원리가 과학적 근거를 가질 것이라고 기대하는 것이다. 관상의 원리가 실제로 과학적 근거를 갖는지의 여부는 논외로 하더라도, 관상의 원리에 대하여 과학적 근거가 있을 것이라고 기대하는 사람은 관상의 원리에 의존하는 것이 우리의 삶에 위안을 주는 필요조건 중의 하나라고 믿는다.

보기
ㄱ. 관상의 원리는 받아들일 만한 것이 아니다.
ㄴ. 우리가 사람의 얼굴에 대해서 갖는 인상이란 선입견에 불과하다.
ㄷ. 관상의 원리에 대한 과학적 근거를 찾으려는 노력은 헛된 것이다.

① ㄱ
② ㄱ, ㄴ
③ ㄱ, ㄷ
④ ㄴ, ㄷ

03 다음 글의 뒤에 이어질 내용으로 가장 적절한 것은?

최근 화제가 되고 있는 무인항공기 즉, 드론은 카메라, 센서, 통신시스템 등이 탑재되어 있고 무선 전파로 조종이 가능하며, 그 무게는 25g부터 1,200㎏까지 다양하다. 처음에는 군사용으로 만들어 졌지만 최근에는 고공 촬영이나 배달에도 활용되며, 키덜트 제품으로도 사랑받고 있다.

군사용 무인항공기로 개발된 드론은 2000년대 초반에 등장했다. 초창기에는 공군의 미사일폭격 연습 대상으로 쓰였는데, 점차 정찰기와 공격기로 용도가 확장됐다. 조종사가 탑승하지 않아도 운행이 가능하여 2000년대 중반부터 미국에서는 드론이 폭격 등을 위한 군사용 무기로 적극 활용되었다. 군 외에도 전 세계의 여러 기업들이 최근 드론 기술 개발에 심혈을 기울이고 있다. 아마존은 2013년 12월 택배직원이 하던 일을 드론이 대신하는 배송 시스템 '프라임 에어'를 공개했으며, 이를 위해 드론을 개발하는 연구원을 대거 고용했다. 또한, 글로벌 기업 외에 신문·방송업계나 영화제작사 등에서도 드론에 많은 관심을 보이고 있다. 언론사에서는 이른바 '드론 저널리즘'을 표방하며 스포츠 중계부터 재해 현장 촬영, 탐사보도까지 드론을 활발히 사용하고 있다. 드론에 카메라를 탑재하여 그동안 지리적인 한계나 안전상의 이유로 가지 못했던 장소를 생생하게 렌즈에 담을 수 있고, 과거에 활용하던 항공촬영에 비해 비용을 아낄 수 있다는 장점이 있다.

드론에 대한 관심은 배달 업계에서도 나타나고 있다. 영국 도미노피자는 2014년 6월 드론을 이용해 피자를 배달하는 모습을 유튜브에 공개했다. 도미노피자는 법적 규제가 완화되면, 몇 년 안에 드론을 실제 배달 서비스에 쓸 계획이라고 한다.

개인을 겨냥한 드론도 나오고 있다. RC마니아나 키덜트족을 공략한 제품이 주로 출시되고 있으며, 셀카를 찍을 수 있는 드론도 등장하고 있다. 이처럼 일반 소비자층을 겨냥한 드론은 앞으로 꾸준히 늘어날 것으로 보인다. 국내에서도 방위산업체나 중소기업, 택배업체 등 최근 드론에 관심을 보이고 있는 이들이 많지만 아직까지는 드론이 항공기로 분류되어 있고, 법도 기존 군사용이나 공적인 업무로 사용하던 것 중심으로 제정되어 있어 여러 가지로 제약이 따른다. 따라서 드론을 상업용으로 확장하여 사용하려면 관련 규정 및 법이 개정되어야 할 필요가 있다. 이러한 상황은 비단 한국뿐 아니라 북미나 유럽 지역에서도 비슷하게 나타나고 있다.

드론은 유용한 것은 사실이나 장점만 있는 것은 아니다. 드론에 위험물질을 넣어 테러에 악용할 수도 있고, 해킹을 당할 수도 있다. 또한, 촬영용 드론이 많아질수록 사생활 침해 위협도 늘어난다.

① 일상생활에서 사용되는 드론의 사례
② 국내 드론의 개발 진척 상황
③ 드론의 군사적 활용 사례
④ 드론 사용과 관련한 법적 제한의 필요성

05 빈칸 삽입

| 유형분석 |

- 주어진 지문을 바탕으로 빈칸에 들어갈 내용을 찾는 문제이다.
- 선택지의 내용을 정확하게 확인하고 빈칸 앞뒤 문맥을 파악하는 능력이 필요하다.

다음 글의 빈칸에 들어갈 내용으로 가장 적절한 것은?

과학을 이야기할 때 꼭 언급하고 지나가야 할 문제는 과학적인 방법으로 얻어진 결과를 어느 정도 신뢰할 수 있느냐 하는 문제이다. 과학은 인간의 이성으로 진리를 추구해 가는 가장 합리적인 방법이다. 따라서 과학적인 방법으로 도출해 낸 결론은 우리가 얻을 수 있는 가장 신뢰할 수 있는 결론이라고 해야 할 것이다. 그러나 인간의 이성으로 얻은 결론이므로 인간이라는 한계를 뛰어넘을 수는 없다. 인간의 지식이나 이성이 완벽하지 못하다는 것은 누구나 인정하고 있는 사실이다. 그러므로 _____

① 과학에 대하여 보다 더 적극적인 관심을 가질 필요가 있다.
② 과학적인 방법으로 얻어진 결론도 완벽하다고 할 수는 없다.
③ 과학으로써 인간의 지식이나 이성의 한계를 넘어서야 한다.
④ 과학 탐구에 있어서도 결국 그 주체는 인간임을 잊어서는 안 된다.

정답 ②
'그러나 인간의 이성으로 얻은~' 이하는 그 앞의 진술에 대한 반론으로, 이를 통해 인간에게 한계가 있는 이상 인간에 의해 얻어진 과학적 지식 역시 완벽하다고는 할 수 없음을 추론할 수 있다. 따라서 빈칸에 들어갈 내용으로 ②가 가장 적절하다.

풀이 전략!

- 제시문의 전체적인 내용을 우선적으로 판단하고 글의 흐름과 맞지 않는 선택지를 먼저 제거한다.
- 빈칸의 앞뒤 문장에 있는 키워드와 지시어, 접속어 사이의 관계를 판단한다.

01 다음 빈칸 (가) ~ (다)에 들어갈 문장을 〈보기〉에서 골라 바르게 연결한 것은?

> 소리를 내는 것, 즉 음원의 위치를 판단하는 일은 복잡한 과정을 거친다. 사람의 청각은 '청자의 머리와 두 귀가 소리와 상호작용하는 방식'을 단서로 음원의 위치를 파악한다.
>
> 음원의 위치가 정중앙이 아니라 어느 한쪽으로 치우쳐 있으면, 소리가 두 귀 중에서 어느 한쪽에 먼저 도달한다. _____(가)_____ 따라서 소리가 두 귀에 도달하는 데 걸리는 시간차를 이용하면 소리가 오는 방향을 알아낼 수 있다. 소리가 두 귀에 도달하는 시간의 차이는 음원이 정중앙에서 한쪽으로 치우칠수록 커진다.
>
> 양 귀를 이용해 음원의 위치를 알 수 있는 또 다른 단서는 두 귀에 도달하는 소리의 크기 차이이다. 왼쪽에서 나는 소리는 왼쪽 귀에 더 크게 들리고, 오른쪽에서 나는 소리는 오른쪽 귀에 더 크게 들린다. 이런 차이는 머리가 소리 전달을 막는 장애물로 작용하기 때문이다. _____(나)_____ 따라서 소리가 저주파로만 구성되어 있는 경우 소리의 크기 차이를 이용한 위치 추적은 효과적이지 않다.
>
> 또 다른 단서는 음색의 차이이다. 고막에 도달하기 전에 소리는 머리와 귓바퀴를 지나는데 이때 머리와 귓바퀴의 굴곡은 소리를 변형시키는 필터 역할을 한다. _____(다)_____ 이러한 차이를 통해 음원의 위치를 파악할 수 있다.

보기

> ㉠ 이 때문에 두 고막에 도달하는 소리의 음색 차이가 생겨난다.
> ㉡ 하지만 이런 차이는 소리에 섞여 있는 여러 음파들 중 고주파에서만 일어나고 저주파에서는 일어나지 않는다.
> ㉢ 왼쪽에서 나는 소리는 왼쪽 귀가 먼저 듣고, 오른쪽에서 나는 소리는 오른쪽 귀가 먼저 듣는다.

	(가)	(나)	(다)		(가)	(나)	(다)
①	㉠	㉡	㉢	②	㉡	㉠	㉢
③	㉡	㉢	㉠	④	㉢	㉡	㉠

02

글은 회사에서 쓰는 보고서, 제안서, 품의서, 기획안, 발표문, 홍보문과 학창시절 써야 하는 자기소개서, 과제 리포트, 그리고 서평, 기행문 등 종류가 많다.

글을 쓸 때는 독자가 무엇을 기대하는지 파악하는 것이 가장 중요하다. 따라서 글에서 무엇을 알고 싶어 하는지, 무엇을 줘야 독자가 만족할 것인지를 파악하는 것이 중요하다. "독자가 무엇을 원하는지 안다는 것은 글을 어떻게 써야 하는지 아는 것이다." 그러나 대부분 이를 소홀히 한다. 글에 있어서 무게중심은 읽는 사람이 아니라, 쓰는 사람에게 있다. '내가 많이 알고 있는 것처럼 보여야겠다, 내가 글을 잘 쓰는 것처럼 보여야겠다.' 라는 생각이 앞설수록 중언부언하게 되고, 불필요한 수식어와 수사법을 남발한다. 이때 독자는 헷갈리고 화가 나게 된다.

독자에게 필요한 것은 글이 자신에게 전하고자 하는 내용이 무엇인가 하는 것이다. 그리고 그 전하고자 하는 내용이 자신에게 어떤 도움을 주는가 하는 것이다. 모르던 것을 알게 해주는지, 새로운 관점과 해석을 제공해 주는지, 통찰을 주는지, 감동을 주는지, 하다못해 웃음을 주는지 하는 것이다. 예를 들어 자기소개서를 읽었는데, 그 사람이 어떤 사람인지 확연히 그려지면 합격이다. 제안서를 읽고 제안한 내용에 대해 확신이 들면 성공이다.

그렇다면 글은 어떻게 써야 할까? 방법은 간단하다. 먼저 구어체로 쓰는 것이다. 그래야 읽는 사람이 말을 듣듯이 편하게 읽는다. 눈으로 읽는 것 같지만 독자는 스스로 소리 내 귀로 듣는다. 구어체로 쓰기 위해서는 누군가를 만나 먼저 말해보는 것이 중요하다. "내가 무슨 글을 써야 하는데, 주로 이런 내용이야." 이렇게 말하다 쓸거리가 정리될 뿐만 아니라 없던 생각도 새롭게 생겨난다. 그리고 말할 때의 느낌이 글에서 살아난다.

글을 쓸 때도 독자를 앞에 앉혀놓고 써야 한다. 독자는 구체적으로 한 사람을 정해놓고 쓰는 게 좋다. 연애편지를 쓰는 것처럼. 그러면 그 사람의 목소리를 들으며 쓸 수 있다. '아, 됐고 결론이 뭐야?' 또는 '다짜고짜 무슨 말이야, 좀 쉽게 설명해봐.'와 같은 말이다. _____ 대상이 막연하지 않기 때문에 읽는 사람이 공감할 확률이 높아진다. 나를 위해 무언가를 전해주려고 노력한다는 것을 느끼면서 고마워한다. 말을 심하게 더듬는 사람이 내게 무엇인가를 전해주려고 노력하는 모습을 상상해 보라. 그런 진심이 전해지면 된다. 글을 유려하게 잘 쓰고 박식한 것보다 더 독자의 심금을 울린다. 글에도 표정과 느낌이 있다. 독자를 위하는 마음으로 쓰면 그 마음이 전해진다.

① 무엇이 틀렸는지 알고 잘 고쳐 쓰면 된다.
② 독자를 정해놓고 쓰면 진정성이 살아난다.
③ 독자에게 주는 것이 없으면 백전백패다.
④ 글을 일정한 시간에 일정한 장소에서 습관적으로 쓰라.

탁월함은 어떻게 습득되는가, 그것을 가르칠 수 있는가? 이 물음에 대하여 아리스토텔레스는 지성의 탁월함은 가르칠 수 있지만, 성품의 탁월함은 비이성적인 것이어서 가르칠 수 없고, 훈련을 통해서 얻을 수 있다고 대답한다.

그는 좋은 성품을 얻는 것을 기술을 습득하는 것에 비유한다. 그에 따르면, 리라(Lyra)를 켬으로써 리라를 켜는 법을 배우며 말을 탐으로써 말을 타는 법을 배운다. 어떤 기술을 얻고자 할 때 처음에는 교사의 지시대로 행동한다. 그리고 반복 연습을 통하여 그 행동이 점점 더 하기 쉽게 되고 마침내 제2의 천성이 된다. 이와 마찬가지로 어린아이는 어떤 상황에서 어떻게 행동해야 진실되고 관대하며 예의를 차리게 되는지 일일이 배워야 한다. 훈련과 반복을 통하여 그런 행위들을 연마하다 보면 그것들을 점점 더 쉽게 하게 되고, 결국에는 스스로 판단할 수 있게 된다.

그는 올바른 훈련이란 강제가 아니고 그 자체가 즐거움이 되어야 한다고 지적한다. 또한 그렇게 훈련받은 사람은 일을 바르게 처리하는 것을 즐기게 되고, 일을 바르게 처리하고 싶어하게 되며, 올바른 일을 하는 것을 어려워하지 않게 된다. 이처럼 성품의 탁월함이란 사람들이 '하는 것'만이 아니라 사람들이 '하고 싶어 하는 것'과도 관련된다. 그리고 한두 번 관대한 행동을 한 것으로 충분하지 않으며, 늘 관대한 행동을 하고 그런 행동에 감정적으로 끌리는 성향을 갖고 있어야 비로소 관대함에 대하여 성품의 탁월함을 갖고 있다고 할 수 있다.

다음과 같은 예를 통해 아리스토텔레스의 견해를 생각해 보자. 갑돌이는 성품이 곧고 자신감이 충만하다. 그가 한 모임에 참석하였는데, 거기서 다수의 사람들이 옳지 않은 행동을 한다고 생각했을 때, 그는 다수의 행동에 대하여 비판의 목소리를 낼 것이며 그렇게 하는 데 별 어려움을 느끼지 않을 것이다. 한편, 수줍어하고 우유부단한 병식이도 한 모임에 참석하였는데, 그 역시 다수의 행동이 잘못되었다는 판단을 했다고 하자. 이런 경우에 병식이는 일어나서 다수의 행동이 잘못되었다고 말할 수 있겠지만, 그렇게 하려면 엄청난 의지를 발휘해야 할 것이고 자신과 힘든 싸움도 해야 할 것이다. 그런데도 병식이가 그렇게 행동했다면 우리는 병식이가 용기 있게 행동하였다고 칭찬할 것이다. 그러나 아리스토텔레스의 입장에서 성품의 탁월함을 가진 사람은 갑돌이다. 왜냐하면 _____ 우리가 어떠한 사람을 존경할 것인가가 아니라, 우리 아이를 어떤 사람으로 키우고 싶은가라는 질문을 받는다면 우리는 아리스토텔레스의 견해에 가까워질 것이다. 왜냐하면 우리는 우리 아이들을 갑돌이와 같은 사람으로 키우고 싶어 할 것이기 때문이다.

① 그는 옳은 일을 하는 천성을 타고났기 때문이다.
② 그는 내적인 갈등 없이 옳은 일을 하기 때문이다.
③ 그는 주체적 판단에 따라 옳은 일을 하기 때문이다.
④ 그는 자신이 옳다는 확신을 가지고 옳은 일을 하기 때문이다.

06 맞춤법 · 어휘

| 유형분석 |

- 맞춤법에 맞는 단어를 찾거나 주어진 지문의 내용에 어울리는 단어를 찾는 문제가 주로 출제된다.
- 단어 사이의 관계에 대한 문제가 출제되므로 뜻이 비슷하거나 반대되는 단어를 함께 학습하는 것이 좋다.
- 자주 출제되는 단어나 헷갈리는 단어에 대한 학습을 꾸준히 하는 것이 좋다.

다음 중 밑줄 친 부분의 맞춤법이 옳지 않은 것은?

① <u>쉬이</u> 넘어갈 문제가 아니다.

② 가정을 <u>소홀히</u> 해서는 안 된다.

③ 소파에 <u>깊숙이</u> 기대어 앉았다.

④ 헛기침이 <u>간간히</u> 섞여 나왔다.

정답 ④

'시간적인 사이를 두고서 가끔씩'이라는 의미의 부사는 '간간이'이다.

- 간간히[1] : 간질간질하고 재미있는 마음으로
- 간간히[2] : 입맛 당기게 약간 짠 듯이
- 간간히[3] : 꼿꼿하고 굳센 성품으로
- 간간히[4] : 기쁘고 즐거운 마음으로
- 간간히[5] : 매우 간절하게

오답분석

① 쉬이 : 어렵거나 힘들지 아니하게

② 소홀히 : 대수롭지 아니하고 예사롭게 또는 탐탁하지 아니하고 데면데면하게

③ 깊숙이 : 위에서 밑바닥까지 또는 겉에서 속까지의 거리가 멀고 으슥하게

풀이 전략!

문제에서 물어보는 단어를 정확히 확인해야 하고, 문제에서 다루고 있는 단어의 앞뒤 내용을 읽고 글의 전체적 흐름을 생각하며 문제에 접근해야 한다.

01 다음은 회사의 급여규정 중 일부이다. 잘못 쓰인 단어는 모두 몇 개인가?(단, 띄어쓰기는 무시한다)

〈퇴직금 중간정산 규정〉

정산요청(제13조)
① 대상자의 명시적 반대의사가 없는 한 연봉제 적용대상자의 퇴직금은 연봉 개정 시 중간정산함을 원칙으로 한다.
② 퇴직금 중간정산의 대상이 되는 직원은 연봉 개정 전 소적 신청양식에 의거, 퇴직금 중간정산 신청서를 제출하여야 한다.

정산결정(제14조)
① 회사는 연봉제 적용대상자의 정산요청에 대하여 중간정산 심의회의의 심의를 거쳐 그 지금을 결정한다.
② 이때 퇴직금 중간정산의 수요 여부는 회사의 고유권으로 한다.

① 없음
② 1개
③ 2개
④ 3개

02 다음 ㉠ ~ ㉣ 중 단어의 쓰임이 적절하지 않은 것은?

현행 수입화물의 프로세스는 ㉠ 적하(積荷) 목록 제출, 입항, 하선, 보세운송, 보세구역 반입, 수입신고, 수입신고 수리, ㉡ 반출(搬出)의 절차를 이행하고 있다. 입항 전 수입신고는 5% 내외에 머무르고, 대부분의 수입신고가 보세구역 반입 후에 행해짐에 따라 보세운송 절차와 보세구역 반입 절차가 반드시 ㉢ 인도(引導)되어야 했다. 하지만 새로운 제도가 도입되면 해상화물의 적하 목록 제출 시기가 ㉣ 적재(積載) 24시간 전(근거리 출항 전)으로 앞당겨져 입항 전 수입신고가 일반화될 수 있는 여건이 조성될 것이다. 따라서 수입화물 프로세스가 적하 목록 제출, 수입신고, 수입신고 수리, 입항, 반출의 절차를 거침에 따라 화물반출을 위한 세관 절차가 입항 전에 종료되므로 보세운송, 보세구역 반입이 생략되어 수입화물을 신속하게 화주에게 인도할 수 있게 된다.

① ㉠ 적하(積荷)
② ㉡ 반출(搬出)
③ ㉢ 인도(引導)
④ ㉣ 적재(積載)

03 다음 글의 밑줄 친 단어와 같은 의미로 쓰인 것은?

> 그러던 어느 날 저녁때였다. 영신의 신변을 노상 주목하고 다니던 순사가 나와서, 다짜고짜 "주임이 당신을 보자는데, 내일 아침까지 주재소로 출두를 하시오."하고 한 마디를 이르고는 말대답을 들을 사이도 없이 자전거를 되짚어 타고 가 버렸다. '무슨 일로 호출을 할까? 강습소 기부금을 오백 원까지 모금해도 좋다고 허가를 해 주지 않았는가?'

① 그는 친구들 사이에 인기가 많아.
② 영주와 세영이 사이가 좋다고?
③ 서연아, 하루 사이에 많이 여위었구나!
④ 나는 너무 바빠서 잠시 앉아 쉴 사이도 없다.

04 다음 중 단어와 그 뜻이 바르게 연결되지 않은 것은?

① 당위(當爲) : 마땅히 그렇게 하거나 되어야 하는 것
② 구상(求償) : 자연적인 재해나 사회적인 피해를 당하여 어려운 처지에 있는 사람을 도와줌
③ 명문(明文) : 글로 명백히 기록된 문구 또는 그런 조문
④ 유기(遺棄) : 어떤 사람이 종래의 보호를 거부하여 그를 보호받지 못하는 상태에 두는 일

05 다음 중 밑줄 친 단어의 맞춤법이 옳지 않은 것은?

① 우리는 첨단산업을 개발하고 육성해야 한다.
② 기술자가 없어서 고가의 장비를 썩이고 있다.
③ 생선 장수들이 좌판을 벌이고 손님을 맞아들였다.
④ 메모지를 벽에 덕지덕지 붙여 놓아 지저분해 보인다.

06 다음 중 밑줄 친 단어를 바꾸어 사용할 수 없는 것은?

- 그가 하는 이야기는 ⊙ 당착이 심하여 도무지 이해할 수가 없었다.
- 용하다고 소문난 점쟁이는 눈빛부터 ⓒ 용인과 달랐다.
- 마산만은 숱한 ⓒ 매립으로 인해 대부분의 해변이 사라졌다.
- 앞으로 국내에 6개월 이상 ② 체류하는 외국인은 건강보험에 가입해야 한다.

① ⊙ - 모순   ② ⓒ - 범인

③ ⓒ - 굴착   ④ ② - 체재

07 다음 중 밑줄 친 단어와 같은 의미로 쓰인 것은?

할아버지의 수레를 뒤에서 밀었다.

① 밖에서 오랫동안 고민하던 그는 문을 밀고 들어왔다.

② 오랫동안 기른 머리를 짧게 밀었다.

③ 오늘 일을 보면 김차장을 누가 뒤에서 밀고 있는 것 같아.

④ 송판을 대패로 밀었다.

07 한자성어 · 속담

| 유형분석 |

- 실생활에서 활용되는 한자성어 또는 속담을 이해할 수 있는지 평가한다.
- 제시된 상황과 일치하는 한자성어 또는 속담을 고르거나 한자의 훈음·독음을 맞히는 등 다양한 유형이 출제된다.

다음 상황과 가장 관련 있는 한자성어는?

대규모 댐 건설 사업 공모에 D건설회사가 참여하였다. 해당 사업은 막대한 자금과 고도의 건설 기술이 필요했기에 D건설회사가 감당하기 어려운 것이었다. 많은 사람들은 무리하게 공모에 참여한 D건설회사에 대해 무모하다고 여겼다.

① 각골난망(刻骨難忘)　　　　　　② 난공불락(難攻不落)
③ 빈천지교(貧賤之交)　　　　　　④ 당랑거철(螳螂拒轍)

정답 ④

'당랑거철(螳螂拒轍)'은 '제 역량을 생각하지 않고 강한 상대나 되지 않을 일에 덤벼드는 무모한 행동거지'를 비유하는 말로, 댐 건설 사업 공모에 무리하게 참여한 D건설회사의 상황에 가장 적절한 한자성어이다.

오답분석

① 각골난망(刻骨難忘) : '은혜를 입은 고마움이 뼈에 깊이 새겨져 잊히지 않음'을 뜻한다.
② 난공불락(難攻不落) : '공격하기에 어려울 뿐 아니라 결코 함락되지 않음'을 뜻한다.
③ 빈천지교(貧賤之交) : '가난하고 어려울 때 사귄 사이 또는 벗'을 일컫는 말이다.

풀이 전략!

- 한자성어 또는 속담 관련 문제의 경우 일정 수준 이상의 사전지식을 요구하므로, 지원하고자 하는 기업 관련 기사 및 이슈를 틈틈이 찾아보며 한자성어 또는 속담에 대입하는 연습을 하면 효과적으로 대처할 수 있다.
- 문제에 제시된 한자성어의 의미를 파악하기 어렵다면, 먼저 알고 있는 한자가 있는지 확인한 후 글의 문맥과 상황에 대입하며 선택지를 하나씩 소거해 나가는 것이 효율적이다.

01 다음 상황과 가장 관련 있는 한자성어는?

> 사회 초년생인 A씨는 최근 많은 뉴스에서 주식으로 돈을 벌었다는 소식을 듣고 자신도 주식을 하면 돈을 벌 수 있다는 확신을 가졌다. 아무런 지식도 없지만 남들이 다 샀다는 주식을 산 이후 오르기만을 기다렸다. 하지만 주식가격은 점점 내려갔고, 주변에서도 그 주식은 처분해야 된다는 말을 들었지만 A씨는 오를 거라 확신하며 기다렸다. 하지만 이후에도 주가는 오르지 않고 계속 내려갔으며, A씨는 그래도 오를 거라 믿으면서 주변의 만류에도 불구하고 그 주식만 쳐다보고 있다.

① 사필귀정(事必歸正)   ② 조삼모사(朝三暮四)
③ 수주대토(守株待兎)   ④ 새옹지마(塞翁之馬)

02 다음 상황과 가장 관련 있는 속담은?

> 한국을 방문한 외국인들을 대상으로 한 설문조사에서 인상 깊은 한국의 '빨리빨리' 문화로 '자판기에 손 넣고 기다리기, 웹사이트가 3초 안에 안 나오면 창 닫기, 엘리베이터 닫힘 버튼 계속 누르기' 등이 뽑혔다. 외국인들에게 가장 큰 충격을 준 것은 바로 '가게 주인의 대리 서명'이었다. 외국인들은 가게 주인이 카드 모서리로 대충 사인을 하는 것을 보고 큰 충격을 받았다고 하였다. 외국에서는 서명을 대조하여 확인하기 때문에 대리 서명은 상상도 할 수 없다는 것이다.

① 가재는 게 편이다.   ② 우물에 가 숭늉 찾는다.
③ 하나를 듣고 열을 안다.   ④ 낙숫물이 댓돌을 뚫는다.

03 다음 중 '일이 잘못된 후 후회한다.'의 의미를 가진 한자성어가 아닌 것은?
① 만시지탄(晚時之歎)   ② 망양보뢰(亡羊補牢)
③ 서제막급(噬臍莫及)   ④ 고성낙일(孤城落日)

CHAPTER 02
수리능력

합격 CHEAT KEY

수리능력은 사칙 연산·통계·확률의 의미를 정확하게 이해하고 이를 업무에 적용하는 능력으로, 기초 연산과 기초 통계, 도표 분석 및 작성의 문제 유형으로 출제된다. 수리능력 역시 채택하지 않는 공사·공단이 거의 없을 만큼 필기시험에서 중요도가 높은 영역이다.

특히, 난이도가 높은 공사·공단의 시험에서는 도표 분석, 즉 자료 해석 유형의 문제가 많이 출제되고 있고, 응용 수리 역시 꾸준히 출제하는 공사·공단이 많기 때문에 기초 연산과 기초 통계에 대한 공식의 암기와 자료 해석 능력을 기를 수 있는 꾸준한 연습이 필요하다.

01 응용 수리의 공식은 반드시 암기하라!

응용 수리는 공사·공단마다 출제되는 문제는 다르지만, 사용되는 공식은 비슷한 경우가 많으므로 자주 출제되는 공식을 반드시 암기하여야 한다. 문제에서 묻는 것을 정확하게 파악하여 그에 맞는 공식을 적절하게 적용하는 꾸준한 노력과 공식을 암기하는 연습이 필요하다.

02 자료의 해석은 자료에서 즉시 확인할 수 있는 지문부터 확인하라!

수리능력 중 도표 분석, 즉 자료 해석 능력은 많은 시간을 필요로 하는 문제가 출제되므로, 증가·감소 추이와 같이 눈으로 확인이 가능한 지문을 먼저 확인한 후 복잡한 계산이 필요한 지문을 확인하는 방법으로 문제를 풀이한다면 시간을 조금이라도 아낄 수 있다. 또한, 여러 가지 보기가 주어진 문제 역시 지문을 잘 확인하고 문제를 풀이한다면 불필요한 계산을 생략할 수 있으므로 항상 지문부터 확인하는 습관을 들여야 한다.

03 도표 작성에서 지문에 작성된 도표의 제목을 반드시 확인하라!

도표 작성은 하나의 자료 혹은 보고서와 같은 수치가 표현된 자료를 도표로 작성하는 형식으로 출제되는데, 대체로 표보다는 그래프를 작성하는 형태로 많이 출제된다. 지문을 살펴보면 각 지문에서 주어진 도표에도 소제목이 있는 경우가 대부분이다. 이때, 자료의 수치와 도표의 제목이 일치하지 않는 경우 함정이 존재하는 문제일 가능성이 높으므로 도표의 제목을 반드시 확인하는 것이 중요하다.

응용 수리

| 유형분석 |

- 문제에서 제공하는 정보를 파악한 뒤, 사칙연산을 활용하여 계산하는 전형적인 수리문제이다.
- 문제를 풀기 위한 정보가 산재되어 있는 경우가 많으므로 주어진 조건 등을 꼼꼼히 확인해야 한다.

세희네 가족의 올해 휴가비용은 작년 대비 교통비는 15%, 숙박비는 24% 증가하였고, 전체 휴가비용은 20% 증가하였다. 작년 전체 휴가비용이 36만 원일 때, 올해 숙박비는?(단, 전체 휴가비는 교통비와 숙박비의 합이다)

① 160,000원 　　　　　　　　　　　② 184,000원
③ 200,000원 　　　　　　　　　　　④ 248,000원

정답 ④

작년 교통비를 x만 원, 숙박비를 y만 원이라 하면 다음과 같은 식이 성립한다.
$1.15x + 1.24y = 1.2(x+y)$ ··· ㉠
$x + y = 36$ ··· ㉡
㉠과 ㉡을 연립하면 $x=16$, $y=20$이다.
따라서 올해 숙박비는 $20 \times 1.24 = 24.8$만 원이다.

풀이 전략!

문제에서 묻는 바를 정확하게 확인한 후, 필요한 조건 또는 정보를 구분하여 신속하게 풀어 나간다. 단, 계산에 착오가 생기지 않도록 유의한다.

01 한 연예인에 대한 선호도 조사를 실시한 결과 A사이트에서는 평균 4.5점을, B사이트에서는 평균 6.5점을 기록하였다. 전체 평균점수는 5.1점이고 설문에 참여한 총인원이 2,100명일 때, A사이트에서 조사에 참여한 인원은?(단, A, B사이트의 참여자 중 중복 참여자는 없다)

① 1,320명   ② 1,370명
③ 1,420명   ④ 1,470명

02 A ~ C 세 사람은 주기적으로 집 청소를 한다. A는 6일마다, B는 8일마다, C는 9일마다 청소할 때, 세 명이 9월 10일에 모두 같이 청소를 했다면 다음에 같이 청소하는 날은 언제인가?

① 11월 5일   ② 11월 12일
③ 11월 16일   ④ 11월 21일

03 농도가 8%인 소금물 200g에서 한 컵의 소금물을 퍼내고 퍼낸 양만큼 물을 부었다. 그리고 다시 농도가 2%인 소금물을 더 넣었더니 농도가 3%인 소금물 320g이 되었다고 할 때, 퍼낸 소금물의 양은?

① 100g   ② 110g
③ 120g   ④ 130g

04 수민이가 혼자 하면 8시간, 현정이가 혼자 하면 5시간 걸리는 일이 있다. 오후 6시부터 야근을 시작하여 수민이와 현정이가 함께 일하다가, 중간에 현정이가 퇴근하고 수민이 혼자 나머지 일을 끝낸 후 시계를 봤더니 오후 10시 48분이었다. 현정이가 퇴근한 시각은?

① 오후 7시   ② 오후 7시 30분

③ 오후 8시   ④ 오후 8시 30분

05 철수는 다음과 같은 길을 따라 A에서 C까지 최단 거리로 이동하려고 한다. 최단 거리로 이동하는 동안 B를 거쳐서 이동하는 경우의 수는?

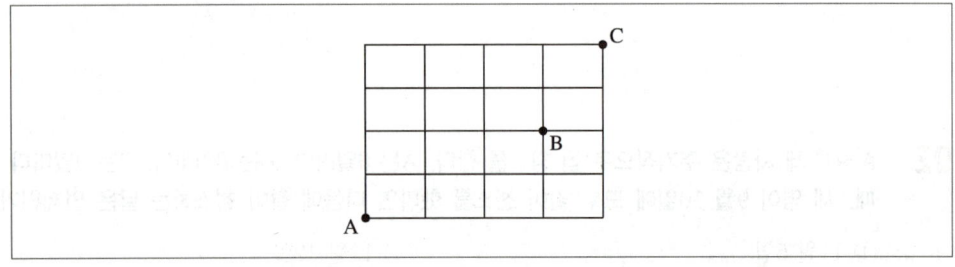

① 15가지   ② 24가지

③ 28가지   ④ 30가지

06 30명의 남학생 중에서 16명, 20명의 여학생 중에서 14명이 수학여행으로 국외를 선호하였다. 전체 50명의 학생 중 임의로 선택한 한 명이 국내 여행을 선호하는 학생일 때, 이 학생이 남학생일 확률은?(단, 모든 학생은 국내와 국외 중 하나를 선호한다)

① $\dfrac{3}{5}$ ② $\dfrac{7}{10}$

③ $\dfrac{4}{5}$ ④ $\dfrac{9}{10}$

07 A씨가 집에서 1.5km 떨어진 학원을 가는 데 15분 안에 도착해야 한다. 처음에는 분속 40m로 걷다가 지각하지 않기 위해 남은 거리는 분속 160m로 달렸다. A씨가 걸어간 거리는 몇 m인가?

① 280m

② 290m

③ 300m

④ 310m

08 D공사의 해외사업부, 온라인 영업부, 영업지원부에서 각각 2명, 2명, 3명이 대표로 회의에 참석하기로 하였다. 원탁 테이블에 같은 부서 사람이 옆자리에 앉는다고 할 때, 7명이 앉을 수 있는 경우의 수는?

① 48가지

② 42가지

③ 36가지

④ 30가지

09 D고등학교는 도서관에 컴퓨터를 설치하려고 한다. 컴퓨터 구매 가격을 알아보니, 한 대당 100만 원이고 4대 이상 구매 시 3대까지는 한 대당 100만 원, 4대 이상부터는 한 대당 80만 원에 판매가 되고 있었다. 컴퓨터 구매에 배정된 예산이 2,750만 원일 때, 최대 몇 대의 컴퓨터를 구매할 수 있는가?

① 33대

② 34대

③ 35대

④ 36대

02 자료 계산

| 유형분석 |

- 제시된 자료를 통해 문제에서 주어진 특정한 값을 계산하거나 자료의 변동량을 구할 수 있는지 평가하는 유형이다.
- 자료상에 주어진 공식을 활용하는 계산문제와 증감률, 비율, 합, 차 등을 활용한 문제가 출제된다.
- 출제 비중은 낮지만, 숫자가 큰 경우가 많으므로 제시된 수치와 조건을 꼼꼼히 확인하여 정확하게 계산하는 것이 중요하다.

다음은 D국의 부양인구비를 나타낸 자료이다. 2024년 15세 미만 인구 대비 65세 이상 인구의 비율은 얼마인가?(단, 비율은 소수점 둘째 자리에서 반올림한다)

<부양인구비>

구분	2020년	2021년	2022년	2023년	2024년
부양비	37.3	36.9	36.8	36.8	36.9
유소년부양비	22.2	21.4	20.7	20.1	19.5
노년부양비	15.2	15.6	16.1	16.7	17.3

※ (유소년부양비)$=\dfrac{(15세\ 미만\ 인구)}{(15\sim64세\ 인구)}\times100$

※ (노년부양비)$=\dfrac{(65세\ 이상\ 인구)}{(15\sim64세\ 인구)}\times100$

① 72.4%

② 77.6%

③ 81.5%

④ 88.7%

정답 ④

2024년 15세 미만 인구를 x명, 65세 이상 인구를 y명, 15~64세 인구를 a명이라 하자.

15세 미만 인구 대비 65세 이상 인구 비율은 $\dfrac{y}{x}\times100$이므로 다음과 같은 식이 성립한다.

(2024년 유소년부양비)$=\dfrac{x}{a}\times100=19.5 \rightarrow a=\dfrac{x}{19.5}\times100 \cdots$ ㉠

(2024년 노년부양비)$=\dfrac{y}{a}\times100=17.3 \rightarrow a=\dfrac{y}{17.3}\times100 \cdots$ ㉡

㉠, ㉡을 연립하면 $\dfrac{x}{19.5}=\dfrac{y}{17.3} \rightarrow \dfrac{y}{x}=\dfrac{17.3}{19.5}$ 이므로, 15세 미만 인구 대비 65세 이상 인구의 비율은 $\dfrac{17.3}{19.5}\times100 \fallingdotseq 88.7\%$이다.

풀이 전략!

계산을 위해 필요한 정보를 자료에서 확인하도록 하며, 복잡한 계산을 하기 전에 조건을 꼼꼼하게 확인하여 실수를 줄일 수 있도록 한다.

01 2025년 상반기 D공사 상품기획팀 입사자 수는 2024년 하반기에 비해 20% 감소하였으며, 2025년 상반기 인사팀 입사자 수는 2024년 하반기 마케팅팀 입사자 수의 2배이다. 또한, 2025년 상반기 영업팀 입사자는 2024년 하반기보다 30명이 늘었으며, 2025년 상반기 마케팅팀의 입사자 수는 2025년 상반기 인사팀의 입사자 수와 같다. 2025년 상반기 전체 입사자가 2024년 하반기 대비 25% 증가했을 때, 2024년 하반기 대비 2025년 상반기 인사팀 입사자 수의 증감률은?

〈D공사 입사자 수〉

(단위 : 명)

구분	마케팅팀	영업팀	상품기획팀	인사팀	합계
2024년 하반기 입사자 수	50		100		320

① −15%

② 0%

③ 15%

④ 25%

02 다음은 D공사에서 발표한 최근 2개년 1/4분기 산업단지별 수출현황을 나타낸 자료이다. 빈칸에 들어갈 수치가 바르게 연결된 것은?(단, 전년 대비 수치는 소수점 둘째 자리에서 반올림한다)

〈최근 2개년 1/4분기 산업단지별 수출현황〉

(단위 : 백만 달러)

구분	2025년 1/4분기	2024년 1/4분기	전년 대비
국가	66,652	58,809	13.3% 상승
일반	34,273	29,094	(가)% 상승
농공	2,729	3,172	14.0% 하락
합계	(나)	91,075	(다)% 상승

	(가)	(나)	(다)
①	15.8	103,654	13.8
②	15.8	104,654	11.8
③	17.8	103,654	11.8
④	17.8	103,654	13.8

PART 1

03 다음은 A ~ D시의 인구, 도로연장 및 인구 1,000명당 자동차 대수를 나타낸 자료이다. D시의 도로 1km당 자동차 대수는?(단, 일의 자리에서 반올림한다)

〈도시별 도로 및 자동차 관련 정보〉

도시	인구(만 명)	도로연장(km)	1,000명당 자동차 대수(대)
A시	108	198	205
B시	75	148	130
C시	53	315	410
D시	40	103	350

① 1,039대
② 1,163대
③ 1,294대
④ 1,360대

04 D회사는 신년을 맞이하여 달력을 주문하려고 한다. A업체와 B업체를 고려하고 있다고 할 때, 달력을 최소 몇 권 이상 주문해야 A업체에서 주문하는 것이 B업체에서 주문하는 것보다 유리해지는가?

〈달력 가격 정보〉

구분	권당 가격(원)	배송비(원)
A업체	1,650	3,000
B업체	1,800	무료

① 19권
② 20권
③ 21권
④ 22권

05 다음은 D기업의 매출액과 분기별 매출액의 영업팀 구성비를 나타낸 자료이다. 연간 영업팀의 매출 순위와 1위 팀이 기록한 연 매출액을 차례대로 나열한 것은?

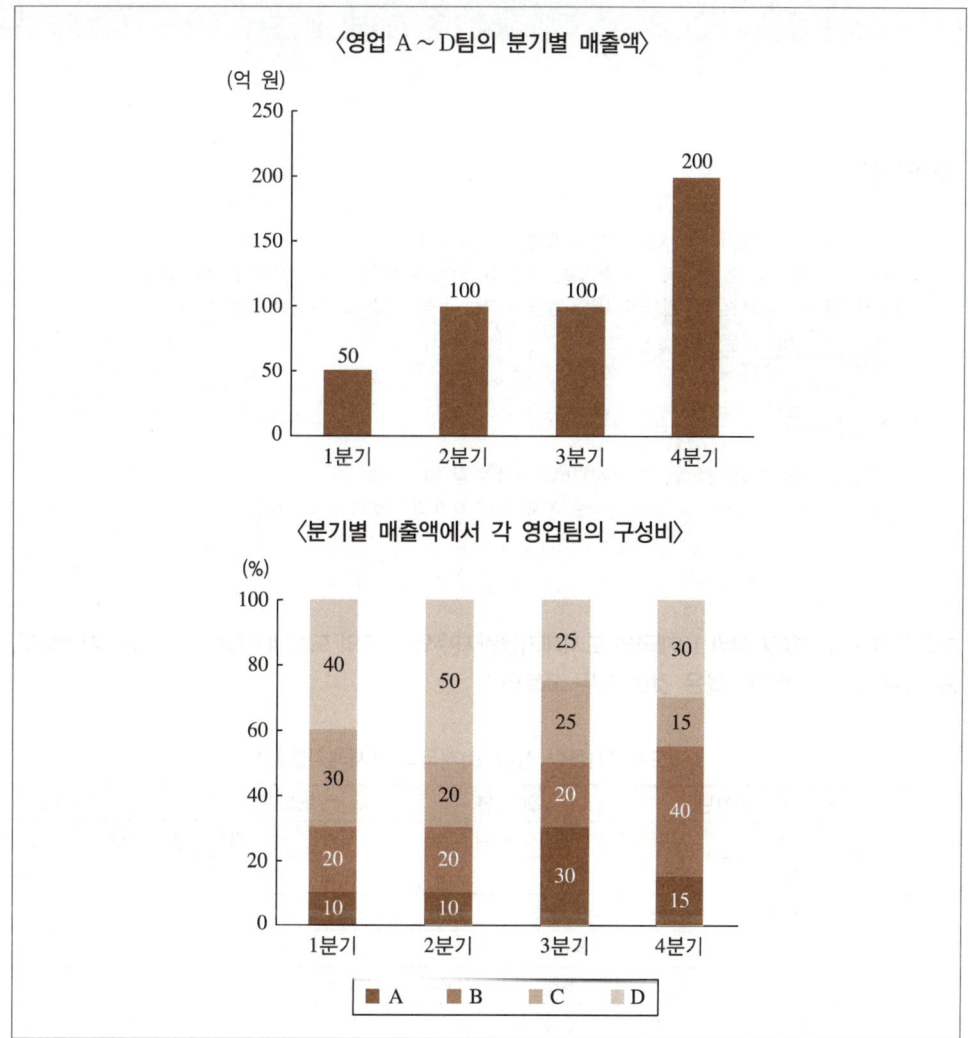

① B-A-C-D, 120억 원   ② B-A-D-C, 155억 원

③ D-B-A-C, 120억 원   ④ D-B-C-A, 155억 원

| 유형분석 |

- 제시된 자료를 분석하여 선택지의 정답 유무를 판단하는 문제이다.
- 자료의 수치 등을 통해 변화량이나 증감률, 비중 등을 비교하여 판단하는 문제가 자주 출제된다.
  따라서 백분율이나 증감률, 변화량, 비중 등을 구하는 공식은 필수로 알아두어야 한다.
  - $\text{(백분율)} = \dfrac{\text{(비교하는 양)}}{\text{(기준량)}} \times 100$

  - $\text{(증감률)} = \dfrac{\text{(비교대상의 값)} - \text{(기준값)}}{\text{(기준값)}} \times 100$

  - $\text{(증감량)} = \text{(비교대상 값 A)} - \text{(또 다른 비교대상의 값 B)}$
- 지원하고자 하는 기업이나 산업과 관련된 자료 등이 문제의 자료로 많이 다뤄진다.

다음은 도시폐기물량 상위 10개국의 도시폐기물량지수와 한국의 도시폐기물량을 나타낸 자료이다. 〈보기〉 중 이에 대한 설명으로 옳은 것을 모두 고르면?

〈도시폐기물량 상위 10개국의 도시폐기물량지수〉

순위	2021년		2022년		2023년		2024년	
	국가	지수	국가	지수	국가	지수	국가	지수
1	미국	12.05	미국	11.94	미국	12.72	미국	12.73
2	러시아	3.40	러시아	3.60	러시아	3.87	러시아	4.51
3	독일	2.54	브라질	2.85	브라질	2.97	브라질	3.24
4	일본	2.53	독일	2.61	독일	2.81	독일	2.78
5	멕시코	1.98	일본	2.49	일본	2.54	일본	2.53
6	프랑스	1.83	멕시코	2.06	멕시코	2.30	멕시코	2.35
7	영국	1.76	프랑스	1.86	프랑스	1.96	프랑스	1.91
8	이탈리아	1.71	영국	1.75	이탈리아	1.76	튀르키예	1.72
9	튀르키예	1.50	이탈리아	1.73	영국	1.74	영국	1.70
10	스페인	1.33	튀르키예	1.63	튀르키예	1.73	이탈리아	1.40

※ $\text{(도시폐기물량지수)} = \dfrac{\text{(해당 연도 해당 국가의 도시폐기물량)}}{\text{(해당 연도 한국의 도시폐기물량)}}$

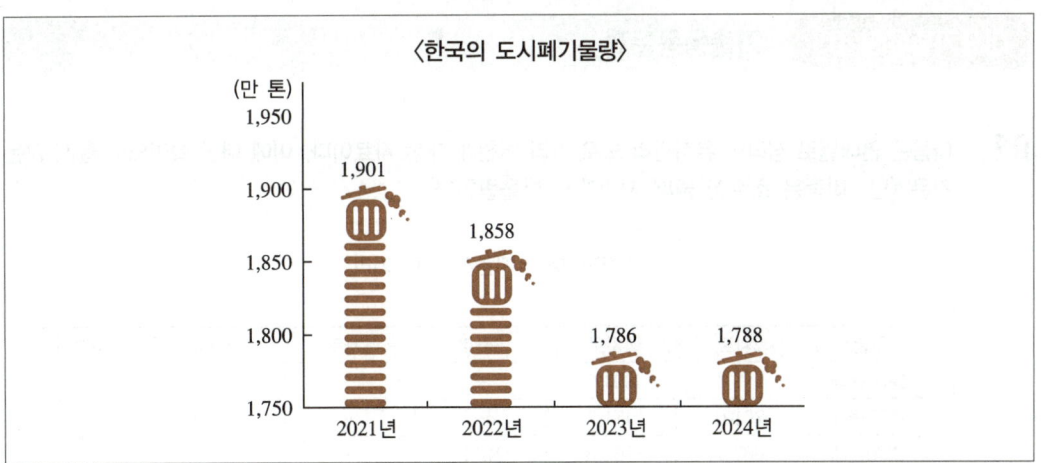

〈한국의 도시폐기물량〉

(만 톤)

- 2021년: 1,901
- 2022년: 1,858
- 2023년: 1,786
- 2024년: 1,788

보기

㉠ 2024년 도시폐기물량은 미국이 일본의 4배 이상이다.
㉡ 2023년 러시아의 도시폐기물량은 8,000만 톤 이상이다.
㉢ 2024년 스페인의 도시폐기물량은 2021년에 비해 감소하였다.
㉣ 영국의 도시폐기물량은 튀르키예의 도시폐기물량보다 매년 많다.

① ㉠, ㉢
② ㉠, ㉣
③ ㉡, ㉢
④ ㉢, ㉣

정답 ①

㉠ 제시된 자료의 각주에 의해 같은 해의 각국의 도시폐기물량지수는 그해 한국의 도시폐기물량을 기준해 도출된다. 즉, 같은 해의 여러 국가의 도시폐기물량을 비교할 때 도시폐기물량지수로도 비교가 가능하다. 2024년 미국과 일본의 도시폐기물량지수는 각각 12.73, 2.53이며, 2.53×4=10.12<12.73이므로 옳은 설명이다.

㉢ 2021년 한국의 도시폐기물량은 1,901만 톤이므로 2021년 스페인의 도시폐기물량은 1,901×1.33=2,528.33만 톤이다. 도시폐기물량 상위 10개국의 도시폐기물량지수 자료를 보면 2024년 스페인의 도시폐기물량지수는 상위 10개국에 포함되지 않았음을 확인할 수 있다. 즉, 스페인의 도시폐기물량은 도시폐기물량지수 10위인 이탈리아의 도시폐기물량보다 적다. 2024년 한국의 도시폐기물량은 1,788만 톤이므로 이탈리아의 도시폐기물량은 1,788×1.40=2,503.2만 톤이다. 즉, 2024년 이탈리아의 도시폐기물량은 2021년 스페인의 도시폐기물량보다 적다. 따라서 2024년 스페인의 도시폐기물량은 2021년에 비해 감소하였음을 알 수 있다.

오답분석

㉡ 2023년 한국의 도시폐기물량은 1,786만 톤이므로 2023년 러시아의 도시폐기물량은 1,786×3.87=6,911.82만 톤이다.
㉣ 2024년의 경우 튀르키예의 도시폐기물량지수는 영국보다 높다. 따라서 2024년 영국의 도시폐기물량은 튀르키예의 도시폐기물량보다 적다.

풀이 전략!

자료의 항목이 합계를 나타내는지, 증감률을 나타내는지, 평균을 나타내는지를 우선적으로 확인하고, 단순 계산으로 해결할 수 있으면 계산이 단순한 항목부터 먼저 계산한다.

예 ㉣과 같이 수치만 확인하는 문제이거나 제시된 수치의 증감 추이를 판단하는 문제는 가장 먼저 풀이가 가능하다.

01 다음은 연대별로 정리한 유지관리 도로 거리 변천에 대한 자료이다. 이에 대한 설명으로 옳지 않은 것은?(단, 비중은 소수점 둘째 자리에서 반올림한다)

〈연대별 유지관리 도로 거리〉

(단위 : km)

구분	2차로	4차로	6차로	8차로	10차로	비고
1960년대	–	304.7	–	–	–	–
1970년대	761.0	471.8	–	–	–	–
1980년대	667.7	869.5	21.7	–	–	–
1990년대	367.5	1,322.6	194.5	175.7	–	–
2000년대	155.0		450.0	342.0	–	27개 노선
현재	–	3,130.0	508.0	434.0	41.0	29개 노선

〈연대별 유지관리 도로 총거리〉

(단위 : km)

① 1960년대부터 유지관리하는 4차로 도로의 거리는 현재까지 계속 증가했다.
② 현재 유지관리하는 도로 한 노선의 평균거리는 120km 이상이다.
③ 현재 유지관리하는 도로의 총거리는 1990년대보다 1,950km 미만으로 길어졌다.
④ 차선이 만들어진 순서는 4차로 – 2차로 – 6차로 – 8차로 – 10차로이다.

02 다음은 A시와 B시의 연도별 회계 예산액에 대한 자료이다. 이에 대한 설명으로 옳지 않은 것은?

<A시와 B시의 연도별 회계 예산액 현황>

(단위 : 백만 원)

구분	A시			B시		
	합계	일반회계	특별회계	합계	일반회계	특별회계
2020년	1,951,003	1,523,038	427,965	1,249,666	984,446	265,220
2021년	2,174,723	1,688,922	485,801	1,375,349	1,094,510	280,839
2022년	2,259,412	1,772,835	486,577	1,398,565	1,134,229	264,336
2023년	2,355,574	1,874,484	481,090	1,410,393	1,085,386	325,007
2024년	2,486,125	2,187,790	298,335	1,510,951	1,222,957	287,994

① A시의 전체 회계 예산액이 증가한 시기에는 B시의 전체 회계 예산액도 증가했다.
② A시의 일반회계 예산액은 항상 B시의 일반회계 예산액보다 1.5배 이상 더 많다.
③ 2022년 B시 특별회계 예산액의 A시 특별회계 예산액 대비 비중은 50% 이상이다.
④ 2023년 B시 전체 회계 예산액에서 특별회계 예산액의 비중은 25% 이상이다.

03 다음은 D도서관에서 특정 시점에 구입한 도서 10,000권에 대한 5년간의 대출 현황을 조사한 자료이다. 이에 대한 설명으로 옳지 않은 것은?

<도서 10,000권의 5년간 대출 현황>

(단위 : 권)

구분	구입~1년	구입~3년	구입~5년
0회	5,302	4,021	3,041
1회	2,912	3,450	3,921
2회	970	1,279	1,401
3회	419	672	888
4회	288	401	519
5회	109	177	230
합계	10,000	10,000	10,000

① 구입 후 1년 동안 도서의 절반 이상이 대출됐다.
② 구입 후 1년 동안 1회 이상 대출된 도서의 60% 이상이 단 1회 대출됐다.
③ 구입 후 1년 동안 도서의 평균 대출횟수는 약 0.78회이다.
④ 도서의 약 40%가 구입 후 3년 동안 대출되지 않았으며, 도서의 약 30%가 구입 후 5년 동안 대출되지 않았다.

04 다음은 연령별 선물환거래 금액 비율을 나타낸 자료이다. 이에 대한 설명으로 옳은 것은?

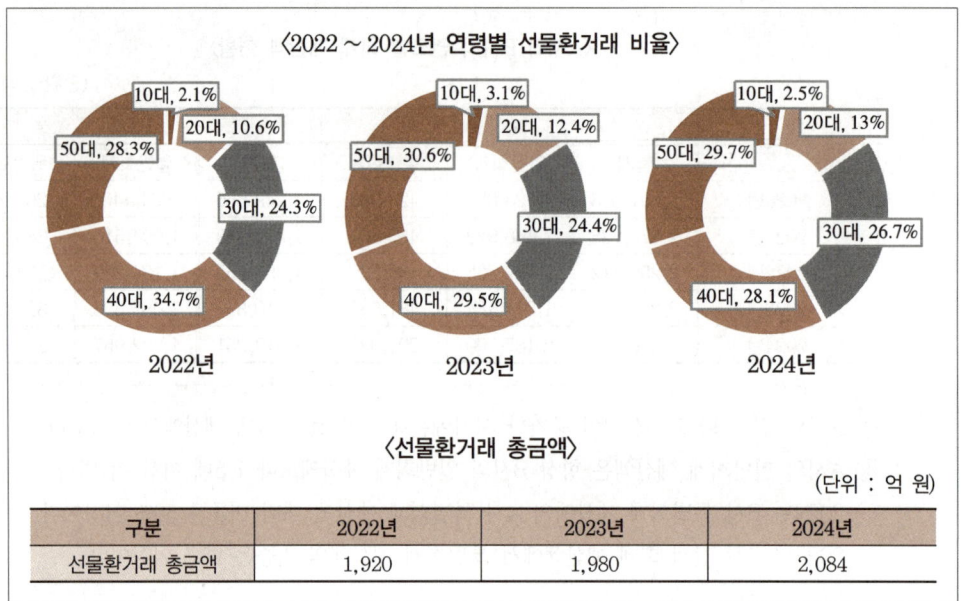

〈선물환거래 총금액〉

(단위 : 억 원)

구분	2022년	2023년	2024년
선물환거래 총금액	1,920	1,980	2,084

① 2023 ~ 2024년의 전년 대비 10대와 20대의 선물환거래 금액 비율의 증감 추이는 같다.
② 2023년 대비 2024년의 50대의 선물환거래 금액 증가량은 13억 원 이상이다.
③ 2023 ~ 2024년 동안 전년 대비 매년 40대의 선물환거래 금액은 지속적으로 감소하고 있다.
④ 2024년 10 ~ 40대의 선물환거래 금액 총비율은 2023년 50대의 비율의 2.5배 이상이다.

05 다음은 청년층 고용동향에 대한 자료이다. 이에 대한 설명으로 옳지 않은 것은?

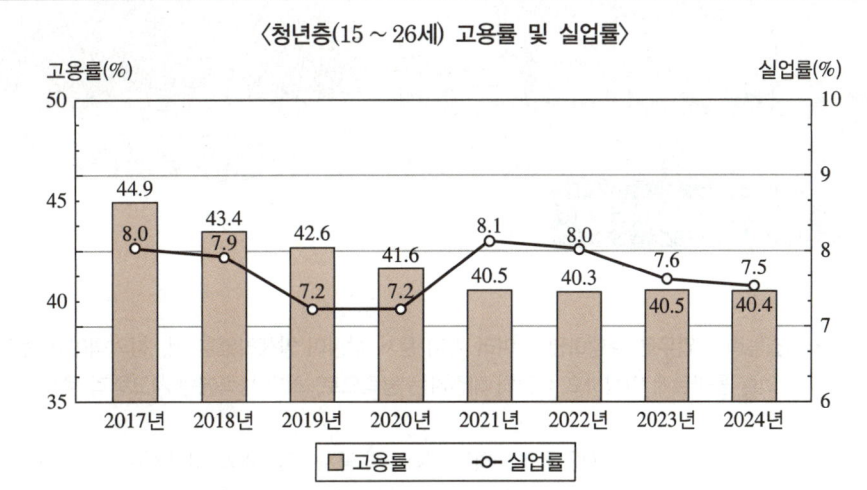

〈청년층(15 ~ 26세) 고용률 및 실업률〉

※ 실업률 : [(실업자수)÷(경제활동인구)]×100
※ 고용률 : [(취업자수)÷(생산가능인구)]×100

〈청년층(15 ~ 26세) 고용동향〉

(단위 : 천 명, %)

구분	2017년	2018년	2019년	2020년	2021년	2022년	2023년	2024년
생산가능인구	9,920	9,843	9,855	9,822	9,780	9,705	9,589	9,517
경제활동인구	4,836	4,634	4,530	4,398	4,304	4,254	4,199	4,156
경제활동참가율	48.8	47.1	46.0	44.8	44.0	43.8	43.8	43.7

※ 생산가능인구 : 만 15세 이상 인구
※ 경제활동인구 : 만 15세 이상 인구 중 취업자와 실업자
※ 경제활동참가율 : [(경제활동인구)÷(생산가능인구)]×100

① 2017년부터 2019년까지 청년층 고용률과 실업률의 증감 추이는 동일하다.
② 전년과 비교했을 때, 2018년에 경제활동인구가 가장 많이 감소했다.
③ 생산가능인구는 매년 감소하고 있다.
④ 고용률 대비 실업률 비율이 가장 높았던 해는 2021년이다.

CHAPTER 03

문제해결능력

문제해결능력은 업무를 수행하면서 여러 가지 문제 상황이 발생하였을 때, 창의적이고 논리적인 사고를 통하여 이를 올바르게 인식하고 적절히 해결하는 능력으로, 하위 능력에는 사고력과 문제처리능력이 있다.

문제해결능력은 NCS 기반 채용을 진행하는 대다수의 공사·공단에서 채택하고 있으며, 다양한 자료와 함께 출제되는 경우가 많아 어렵게 느껴질 수 있다. 특히, 난이도가 높은 문제로 자주 출제되기 때문에 다른 영역보다 더 많은 노력이 필요할 수는 있지만 그렇기에 차별화를 할 수 있는 득점 영역이므로 포기하지 말고 꾸준하게 노력해야 한다.

01 질문의 의도를 정확하게 파악하라!

문제해결능력은 문제에서 무엇을 묻고 있는지 정확하게 파악하여 먼저 풀이 방향을 설정하는 것이 가장 효율적인 방법이다. 특히, 조건이 주어지고 답을 찾는 창의적·분석적인 문제가 주로 출제되고 있기 때문에 처음에 정확한 풀이 방향이 설정되지 않는다면 문제를 제대로 풀지 못하게 되므로 첫 번째로 출제 의도 파악에 집중해야 한다.

02 중요한 정보는 반드시 표시하라!

출제 의도를 정확히 파악하기 위해서는 문제의 중요한 정보를 반드시 표시하거나 메모하여 하나의 조건, 단서도 잊고 넘어가는 일이 없도록 해야 한다. 실제 시험에서는 시간의 압박과 긴장감으로 정보를 잘못 적용하거나 잊어버리는 실수가 많이 발생하므로 사전에 충분한 연습이 필요하다.

03 반복 풀이를 통해 취약 유형을 파악하라!

문제해결능력은 특히 시간관리가 중요한 영역이다. 따라서 정해진 시간 안에 고득점을 할 수 있는 효율적인 문제 풀이 방법을 찾아야 한다. 이때, 반복적인 문제 풀이를 통해 자신이 취약한 유형을 파악하는 것이 중요하다. 정확하게 풀 수 있는 문제부터 빠르게 풀고 취약한 유형은 나중에 푸는 효율적인 문제 풀이를 통해 최대한 고득점을 맞는 것이 중요하다.

01 명제 추론

| 유형분석 |

- 주어진 조건을 토대로 논리적으로 추론하여 참 또는 거짓을 구분하는 문제이다.
- 자료를 제시하고 새로운 결과나 자료에 주어지지 않은 내용을 추론해 가는 형식의 문제가 출제된다.

D공사는 공휴일 세미나 진행을 위해 인근의 가게 A ~ F에서 필요한 물품을 구매하고자 한다. 다음 〈조건〉을 참고할 때, 공휴일에 영업하는 가게의 수는?

조건

- C는 공휴일에 영업하지 않는다.
- B가 공휴일에 영업하지 않으면, C와 E는 공휴일에 영업한다.
- E 또는 F가 영업하지 않는 날이면, D는 영업한다.
- B가 공휴일에 영업하면, A와 E는 공휴일에 영업하지 않는다.
- B와 F 중 1곳만 공휴일에 영업한다.

① 2곳
③ 4곳
② 3곳
④ 5곳

정답 ①

주어진 조건을 순서대로 논리 기호화하면 다음과 같다.
- 첫 번째 조건 : ~C
- 두 번째 조건 : ~B → (C∧E)
- 세 번째 조건 : (~E∨~F) → D
- 네 번째 조건 : B → (~A∧~E)

첫 번째 조건이 참이므로 두 번째 조건의 대우 (~C∨~E) → B에 따라 B는 공휴일에 영업한다. 이때 네 번째 조건에 따라 A와 E는 영업하지 않고, 다섯 번째 조건에 따라 F도 영업하지 않는다. 마지막으로 세 번째 조건에 따라 D는 영업한다. 따라서 공휴일에 영업하는 가게는 B와 D 2곳이다.

풀이 전략!

명제와 관련한 기본적인 논법에 대해서는 미리 학습해 두며, 이를 바탕으로 각 문장에 있는 핵심단어 또는 문구를 기호화하여 정리한 후, 선택지와 비교하여 참 또는 거짓을 판단한다.

01 A ~ D사원은 각각 홍보부, 총무부, 영업부, 기획부 소속으로 3 ~ 6층의 서로 다른 층에서 근무하고 있다. 이들 중 한 명이 거짓말을 하고 있을 때, 다음 중 바르게 추론한 것은?(단, 각 팀은 서로 다른 층에 위치한다)

> A사원 : 저는 홍보부와 총무부 소속이 아니며, 3층에서 근무하고 있지 않습니다.
> B사원 : 저는 영업부 소속이며, 4층에서 근무하고 있습니다.
> C사원 : 저는 홍보부 소속이며, 5층에서 근무하고 있습니다.
> D사원 : 저는 기획부 소속이며, 3층에서 근무하고 있습니다.

① A사원은 홍보부 소속이다.
② B사원은 영업부 소속이다.
③ 기획부는 3층에 위치한다.
④ 홍보부는 4층에 위치한다.

02 취업준비생 A ~ E가 지원한 회사는 서로 다른 가 ~ 마 회사 중 한 곳이며, 다섯 회사는 서로 다른 곳에 위치하고 있다. 다섯 사람이 모두 서류전형에 합격하여 면접을 보기 위해 〈조건〉에 따라 지하철, 버스, 택시 중 하나를 이용하여 회사에 가려고 할 때, 다음 중 옳지 않은 것은?(단, 한 가지 교통수단은 최대 두 명까지 이용할 수 있으며, 한 사람도 이용하지 않는 교통수단은 없다)

> **조건**
> • 택시를 타면 가, 나, 마 회사에 갈 수 있다.
> • A는 다 회사에 지원했다.
> • E는 어떤 교통수단을 선택해도 지원한 회사에 갈 수 있다.
> • 지하철에는 D를 포함한 두 사람이 타며, 둘 중 한 사람은 라 회사에 지원했다.
> • B가 탈 수 있는 교통수단은 지하철뿐이다.
> • 버스와 택시로 갈 수 있는 회사는 가 회사를 제외하면 서로 겹치지 않는다.

① B와 D는 함께 지하철을 이용한다.   ② C는 택시를 이용한다.
③ A는 버스를 이용한다.   ④ E는 라 회사에 지원했다.

03 다음 〈조건〉이 모두 참일 때 항상 옳은 것은?

조건

- 수학 수업을 듣지 않는 학생들은 국어 수업을 듣지 않는다.
- 모든 학생들은 국어 수업을 듣는다.
- 수학 수업을 듣는 어떤 학생들은 영어 수업을 듣는다.

① 모든 학생들은 영어 수업을 듣는다.
② 모든 학생들은 국어, 수학, 영어 수업을 듣는다.
③ 어떤 학생들은 국어와 영어 수업만 듣는다.
④ 어떤 학생들은 국어, 수학, 영어 수업을 듣는다.

04 다음 〈조건〉을 토대로 할 때 〈보기〉에 대한 판단으로 옳은 것은?

조건

- 영업을 잘하면 기획을 못한다.
- 편집을 잘하면 영업을 잘한다.
- 디자인을 잘하면 편집을 잘한다.

보기

A : 디자인을 잘하면 기획을 못한다.
B : 편집을 잘하면 기획을 잘한다.

① A만 옳다.
② B만 옳다.
③ A, B 모두 옳다.
④ A, B 모두 틀리다.

05 D공사 기획팀은 새해 사업계획과 관련해 회의를 하고자 한다. 회의 참석자들에 대한 정보가 다음 〈조건〉과 같을 때, 회의에 참석할 사람을 모두 고르면?

> **조건**
> • 기획팀에는 A사원, B사원, C주임, D주임, E대리, F팀장이 있다.
> • 새해 사업계획 관련 회의는 화요일 오전 10시부터 11시 30분 사이에 열린다.
> • C주임은 같은 주 월요일부터 수요일까지 대구로 출장을 간다.
> • 담당 업무 관련 연락 유지를 위해 B사원과 D주임 중 한 명만 회의에 참석 가능하다.
> • F팀장은 반드시 회의에 참석한다.
> • 새해 사업계획 관련 회의에는 주임 이상만 참석 가능하다.
> • 회의에는 가능한 모든 인원이 참석한다.

① A사원, C주임, E대리   ② A사원, E대리, F팀장

③ B사원, C주임, F팀장   ④ D주임, E대리, F팀장

06 다음 〈조건〉이 참일 때, 〈보기〉에서 반드시 참인 것을 모두 고르면?

> **조건**
> • A, B, C, D 중 한 명의 근무지는 서울이다.
> • A, B, C, D는 각기 다른 한 도시에서 근무한다.
> • 갑, 을, 병 각각의 두 진술 중 하나는 참이고 다른 하나는 거짓이다.
> • 갑은 "A의 근무지는 광주이다."와 "D의 근무지는 서울이다."라고 진술했다.
> • 을은 "B의 근무지는 광주이다."와 "C의 근무지는 세종이다."라고 진술했다.
> • 병은 "C의 근무지는 광주이다."와 "D의 근무지는 부산이다."라고 진술했다.

> **보기**
> ㄱ. A의 근무지는 광주이다.
> ㄴ. B의 근무지는 서울이다.
> ㄷ. C의 근무지는 세종이다.

① ㄱ, ㄴ   ② ㄱ, ㄷ

③ ㄴ, ㄷ   ④ ㄱ, ㄴ, ㄷ

02 SWOT 분석

| 유형분석 |

- 상황에 대한 환경 분석 결과를 통해 주요 과제를 도출하는 문제이다.
- 주로 3C 분석 또는 SWOT 분석을 활용한 문제들이 출제되고 있으므로 해당 분석도구에 대한 사전 학습이 요구된다.

다음 SWOT 분석 결과를 바탕으로 섬유 산업이 발전할 수 있는 방안으로 적절한 것을 〈보기〉에서 모두 고르면?

〈SWOT 분석 결과〉

강점(Strength)	약점(Weakness)
• 빠른 제품 개발 시스템	• 기능 인력 부족 심화 • 인건비 상승
기회(Opportunity)	**위협(Threat)**
• 한류의 영향으로 한국 제품 선호 • 국내 기업의 첨단 소재 개발 성공	• 외국산 저가 제품 공세 강화 • 선진국의 기술 보호주의

> **조건**
>
> ㄱ. 한류 배우를 모델로 브랜드 홍보 전략을 추진한다.
> ㄴ. 단순 노동 집약적인 소품종 대량 생산 체제를 갖춘다.
> ㄷ. 소비자 기호를 빠르게 분석하여 제품 생산에 반영한다.
> ㄹ. 선진국의 원천 기술을 이용한 기능성 섬유를 생산한다.

① ㄱ, ㄴ   ② ㄱ, ㄷ
③ ㄴ, ㄹ   ④ ㄷ, ㄹ

정답 ②

ㄱ. 한류의 영향으로 한국 제품을 선호하므로 한류 배우를 모델로 하여 적극적인 홍보 전략을 추진한다.
ㄷ. 빠른 제품 개발 시스템이 있으므로 소비자 기호를 빠르게 분석하여 제품 생산에 반영한다.

오답분석

ㄴ. 인건비 상승과 외국산 저가 제품 공세 강화로 인해 적절한 대응이라고 볼 수 없다.
ㄹ. 선진국은 기술 보호주의를 강화하고 있으므로 적절한 대응이라고 볼 수 없다.

풀이 전략!

문제에 제시된 분석도구를 확인한 후, 분석 결과를 종합적으로 판단하여 각 선택지의 전략 과제와 일치 여부를 판단한다.

01 D공사의 기획팀 B팀장은 C사원에게 D공사에 대한 마케팅 전략 보고서를 요청하였다. C사원이 B팀장에게 제출한 SWOT 분석 결과가 다음과 같을 때, ㉠~㉣ 중 적절하지 않은 것은?

〈D공사 SWOT 분석 결과〉	
강점(Strength)	• 새롭고 혁신적인 서비스 • ㉠ 직원들에게 가치를 더하는 공사의 다양한 측면 • 특화된 마케팅 전문 지식
약점(Weakness)	• 낮은 품질의 서비스 • ㉡ 경쟁사의 시장 철수로 인한 시장 진입 가능성
기회(Opportunity)	• ㉢ 합작회사를 통한 전략적 협력 구축 가능성 • 글로벌 시장으로의 접근성 향상
위협(Threat)	• ㉣ 주력 시장에 나타난 신규 경쟁사 • 경쟁사의 혁신적 서비스 개발 • 경쟁사와의 가격 전쟁

① ㉠ 　　　　　　　　　　② ㉡

③ ㉢ 　　　　　　　　　　④ ㉣

02 다음은 국내 화장품 제조 회사에 대한 SWOT 분석 자료이다. 〈보기〉 중 분석에 따른 대응 전략으로 옳은 것을 모두 고르면?

〈SWOT 분석 결과〉	
강점(Strength)	약점(Weakness)
• 신속한 제품 개발 시스템 • 차별화된 제조 기술 보유	• 신규 생산 설비 투자 미흡 • 낮은 브랜드 인지도
기회(Opportunity)	위협(Threat)
• 해외시장에서의 한국 제품 선호 증가 • 새로운 해외시장의 출현	• 해외 저가 제품의 공격적 마케팅 • 저임금의 개발도상국과 경쟁 심화

> **보기**
>
> ㄱ. 새로운 해외시장의 소비자 기호를 반영한 제품을 개발하여 출시한다.
> ㄴ. 국내에 화장품 생산 공장을 추가로 건설하여 제품 생산량을 획기적으로 증가시킨다.
> ㄷ. 차별화된 제조 기술을 통해 품질 향상과 고급화 전략을 추구한다.
> ㄹ. 브랜드 인지도가 낮으므로 해외 현지 기업과의 인수·합병을 통해 해당 회사의 브랜드로 제품 을 출시한다.

① ㄱ, ㄴ 　　　　　　　　② ㄱ, ㄷ

③ ㄴ, ㄷ 　　　　　　　　④ ㄷ, ㄹ

| 유형분석 |

- 주어진 자료를 해석하고 활용하여 풀어가는 문제이다.
- 꼼꼼하고 분석적인 접근이 필요한 다양한 자료들이 출제된다.

다음 중 정수장 수질검사 현황에 대해 바르게 설명한 사람은?

〈정수장 수질검사 현황〉

급수 지역	항목						검사결과	
	일반세균 100 이하 (CFU/mL)	대장균 불검출 (수/100mL)	NH3-N 0.5 이하 (mg/L)	잔류염소 4.0 이하 (mg/L)	구리 1 이하 (mg/L)	망간 0.05 이하 (mg/L)	적합 여부	기준 초과
함평읍	0	불검출	불검출	0.14	0.045	불검출	적합	없음
이삼읍	0	불검출	불검출	0.27	불검출	불검출	적합	없음
학교면	0	불검출	불검출	0.13	0.028	불검출	적합	없음
엄다면	0	불검출	불검출	0.16	0.011	불검출	적합	없음
나산면	0	불검출	불검출	0.12	불검출	불검출	적합	없음

① A사원 : 함평읍의 잔류염소는 가장 낮은 수치를 보였고, 기준치에 적합하네.
② B사원 : 모든 급수지역에서 일반세균이 나오지 않았어.
③ C사원 : 기준치를 초과한 곳은 없었지만 적합하지 않은 지역은 있어.
④ D사원 : 대장균과 구리가 검출되면 부적합 판정을 받는구나.

정답 ②

오답분석
① 잔류염소에서 가장 낮은 수치를 보인 지역은 나산면(0.12mg/L)이고, 함평읍(0.14mg/L)은 세 번째로 낮다.
③ 기준치를 초과한 곳도 없고, 모두 적합 판정을 받았다.
④ 함평읍과 학교면, 엄다면은 구리가 검출되었지만 적합 판정을 받았다.

풀이 전략!
문제 해결을 위해 필요한 정보가 무엇인지 먼저 파악한 후, 제시된 자료를 분석적으로 읽고 해석한다.

01 A ~ D부서는 내일 있을 부서별 회의에서 필요한 사항을 충족하도록 회의실을 예약하고자 한다. 회의실 현황과 부서별 회의 정보가 다음과 같을 때, 부서별로 예약할 회의실이 바르게 연결되지 않은 것은?

<회의실 현황>

회의실	최대수용인원	화이트보드	빔 프로젝터	화상회의 시스템	이용가능시간
가	9명	×	○	×	09:00 ~ 16:00
나	6명	○	×	○	10:00 ~ 14:30
다	8명	○	×	×	10:00 ~ 17:00
라	8명	×	×	○	11:30 ~ 19:00
마	10명	×	○	×	08:30 ~ 12:00

<부서별 회의 정보>

- 각 부서는 서로 다른 회의실을 예약한다.
- A부서는 총 8명이며, 전원 회의에 참석할 예정이다. 빔 프로젝터를 이용할 예정이며, 오전과 오후로 세션을 나누어 동일한 회의실을 각 2시간씩 사용하고자 한다.
- B부서는 총 7명이며, 전원이 회의에 참석하여 오후 4시부터 2시간 동안 싱가폴 지부와 화상회의를 진행할 예정이다.
- C부서는 총 10명이며, 3명은 출장으로 인해 불참할 예정이다. 회의는 오전 11시부터 2시간 동안 진행될 예정이며, 회의 시 화이트보드를 사용하고자 한다.
- D부서는 총 4명이며, 전원이 회의에 참석할 예정이다. 빔 프로젝터를 이용하며, 오전 중 3시간 반 동안 신상품 사전협의 회의를 진행하고자 한다.

	부서	회의실
①	A	가
②	B	라
③	C	나
④	D	마

02 D공사는 본사 근무환경개선을 위해 공사를 시행할 업체를 선정하고자 한다. 다음 선정방식에 따라 시행업체를 선정할 때, 최종 선정될 업체는?

〈공사 시행업체 선정방식〉

- 평가점수는 적합성 점수와 실적점수, 입찰점수를 1 : 2 : 1의 비율로 합산하여 도출한다.
- 평가점수가 가장 높은 업체 한 곳을 최종 선정한다.
- 적합성 점수는 각 세부항목의 점수를 합산하여 도출한다.
- 입찰점수는 입찰가격이 가장 낮은 곳부터 10점, 8점, 6점, 4점을 부여한다.
- 평가점수가 동일한 경우, 실적점수가 우수한 업체에 우선순위를 부여한다.

〈업체별 입찰정보 및 점수〉

평가항목	업체	A	B	C	D
적합성 점수 (30점)	운영 건전성(8점)	8	6	8	7
	근무 효율성 개선(10점)	8	9	6	8
	환경친화설계(5점)	2	3	4	4
	미적 만족도(7점)	4	6	5	7
실적점수 (10점)	최근 2년 시공실적(10점)	6	9	7	7
입찰점수 (10점)	입찰가격(억 원)	7	10	11	9

※ 미적 만족도 항목은 지난달에 시행한 내부 설문조사 결과에 기반함

① A업체 　　　　　　　　　 ② B업체
③ C업체 　　　　　　　　　 ④ D업체

03 다음은 D공사가 공개한 부패공직자 사건 및 징계에 대한 자료이다. 〈보기〉 중 이에 대한 설명으로 옳지 않은 것을 모두 고르면?

〈부패공직자 사건 및 징계 현황〉

구분	부패행위 유형	부패금액	징계종류	처분일	고발 여부
1	이권개입 및 직위의 사적 사용	23만 원	감봉 1월	2019. 06. 19.	미고발
2	직무관련자로부터 금품 및 향응수수	75만 원	해임	2020. 05. 20.	미고발
3	직무관련자로부터 향응수수	6만 원	견책	2021. 12. 22.	미고발
4	직무관련자로부터 금품 및 향응수수	11만 원	감봉 1월	2022. 02. 04.	미고발
5	직무관련자로부터 금품수수	40만 원가량	경고 (무혐의 처분, 징계시효 말소)	2023. 03. 06.	미고발
6	직권남용(직위의 사적이용)	–	해임	2023. 05. 24.	고발
7	직무관련자로부터 금품수수	526만 원	해임	2023. 09. 17.	고발
8	직무관련자로부터 금품수수 등	300만 원	해임	2024. 05. 18.	고발

보기

ㄱ. D공사는 해당 사건의 부패금액이 일정 수준 이상인 경우에만 고발한 것으로 해석할 수 있다.
ㄴ. 해임당한 공직자들은 모두 고발되었다.
ㄷ. 직무관련자로부터 금품을 수수한 사건은 총 5건 있었다.
ㄹ. 동일한 부패행위 유형에 해당하더라도 다른 징계처분을 받을 수 있다.

① ㄱ, ㄴ
② ㄱ, ㄷ
③ ㄴ, ㄷ
④ ㄷ, ㄹ

04 규칙 적용

| 유형분석 |

- 주어진 상황과 규칙을 종합적으로 활용하여 풀어 가는 문제이다.
- 일정, 비용, 순서 등 다양한 내용을 다루고 있어 유형을 한 가지로 단일화하기 어렵다.

A팀과 B팀은 보안등급 상에 해당하는 문서를 나누어 보관하고 있다. 이에 따라 두 팀은 보안을 위해 아래와 같은 규칙에 따라 각 팀의 비밀번호를 지정하였다. 다음 중 A팀과 B팀에 들어갈 수 있는 암호배열은?

〈규칙〉

- 1 ~ 9까지의 숫자로 (한 자릿수)×(두 자릿수)=(세 자릿수)=(두 자릿수)×(한 자릿수) 형식의 비밀번호로 구성한다.
- 가운데에 들어갈 세 자릿수의 숫자는 156이며 숫자는 중복 사용할 수 없다. 즉, 각 팀의 비밀번호에 1, 5, 6이란 숫자가 들어가지 않는다.

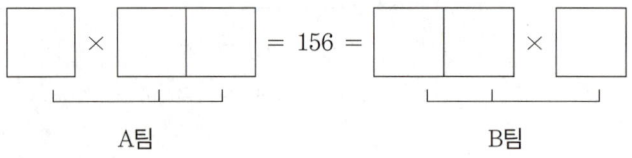

① 23   ② 27

③ 29   ④ 39

정답 ④

규칙에 따라 사용할 수 있는 숫자는 1, 5, 6을 제외한 나머지 2, 3, 4, 7, 8, 9의 총 6개이다. (한 자릿수)×(두 자릿수)=156이 되는 수를 알기 위해서는 156의 소인수를 구해보면 된다. 156의 소인수는 3, 2^2, 13으로 여기서 156이 되는 수의 곱 중에 조건을 만족하는 것은 2×78과 4×39이다. 따라서 선택지 중 A팀 또는 B팀에 들어갈 수 있는 암호배열은 39이다.

풀이 전략!

문제에 제시된 조건이나 규칙을 정확히 파악한 후, 선택지나 상황에 적용하여 문제를 풀어 나간다.

01 다음 자료를 참고할 때, 〈보기〉의 주민등록번호 빈칸에 해당하는 숫자로 옳은 것은?

우리나라에서 국민에게 발급하는 주민등록번호는 각각의 번호가 고유한 번호로, 13자리 숫자로 구성된다. 13자리 숫자는 생년, 월, 일, 성별, 출생신고지역, 접수번호, 검증번호로 구분된다.

여기서 13번째 숫자인 검증번호는 주민등록번호의 정확성 여부를 검사하는 번호로, 앞의 12자리 숫자를 이용해서 구해지는데 계산법은 다음과 같다.
- 1단계 : 주민등록번호의 앞 12자리 숫자에 가중치 2, 3, 4, 5, 6, 7, 8, 9, 2, 3, 4, 5를 곱한다.
- 2단계 : 가중치를 곱한 값의 합을 계산한다.
- 3단계 : 가중치의 합을 11로 나눈 나머지를 구한다.
- 4단계 : 11에서 나머지를 뺀 수를 10으로 나눈 나머지가 검증번호가 된다.

> **보기**
>
> $$2 \ 4 \ 0 \ 2 \ 0 \ 2 - 8 \ 0 \ 3 \ 7 \ 0 \ 1 \ (\quad)$$

① 4　　　　　　　　　　　　　　　② 5
③ 6　　　　　　　　　　　　　　　④ 7

02 D회사는 신제품의 품번을 다음 규칙에 따라 정한다고 한다. 제품에 설정된 임의의 영단어가 'INTELLECTUAL'이라면 이 제품의 품번으로 옳은 것은?

〈규칙〉
- 1단계 : 알파벳 A ~ Z를 숫자 1, 2, 3, …으로 변환하여 계산한다.
- 2단계 : 제품에 설정된 임의의 영단어를 숫자로 변환한 값의 합을 구한다.
- 3단계 : 임의의 영단어 속 자음의 합에서 모음의 합을 뺀 값의 절댓값을 구한다.
- 4단계 : 2단계와 3단계의 값을 더한 다음 4로 나누어 2단계의 값에 더한다.
- 5단계 : 4단계의 값이 정수가 아닐 경우에는 소수점 첫째 자리에서 버림한다.

① 120　　　　　　　　　　　　　　② 140
③ 160　　　　　　　　　　　　　　④ 180

CHAPTER 04
정보능력

정보능력은 업무를 수행함에 있어 기본적인 컴퓨터를 활용하여 필요한 정보를 수집, 분석, 활용하는 능력을 의미한다. 또한 업무와 관련된 정보를 수집하고, 이를 분석하여 의미 있는 정보를 얻는 능력이다. 국가직무능력표준에 따르면 정보능력의 세부 유형은 컴퓨터 활용·정보 처리로 나눌 수 있다.

01 평소에 컴퓨터 활용 스킬을 틈틈이 익혀라!

윈도우(OS)에서 어떠한 설정을 할 수 있는지, 응용프로그램(엑셀 등)에서 어떠한 기능을 활용할 수 있는지를 평소에 직접 사용해 본다면 문제를 보다 수월하게 해결할 수 있다. 여건이 된다면 컴퓨터 활용 능력에 관련된 자격증 공부를 하는 것도 이론과 실무를 익히는 데 도움이 될 것이다.

02 문제의 규칙을 찾는 연습을 하라!

일반적으로 코드체계나 시스템 논리체계를 제공하고 이를 분석하여 문제를 해결하는 유형이 출제된다. 이러한 문제는 문제해결능력과 같은 맥락으로 규칙을 파악하여 접근하는 방식으로 연습이 필요하다.

03 현재 보고 있는 그 문제에 집중하라!

정보능력의 모든 것을 공부하려고 한다면 양이 너무나 방대하다. 그렇기 때문에 수험서에서 본인이 현재 보고 있는 문제들을 집중적으로 공부하고 기억하려고 해야 한다. 그러나 엑셀의 함수수식, 연산자 등 암기를 필요로 하는 부분들은 필수적으로 암기를 해서 출제가 되었을 때 오답률을 낮출 수 있도록 한다.

04 사진·그림을 기억하라!

컴퓨터 활용 능력을 파악하는 영역이다 보니 컴퓨터 속 옵션, 기능, 설정 등의 사진·그림이 문제에 같이 나오는 경우들이 있다. 그런 부분들은 직접 컴퓨터를 통해서 하나하나 확인을 하면서 공부한다면 더 기억에 잘 남게 된다. 조금 귀찮더라도 한 번씩 클릭하면서 확인을 해보도록 한다.

01 정보 이해

| 유형분석 |

- 정보능력 전반에 대한 이해를 확인하는 문제이다.
- 정보능력 이론이나 새로운 정보 기술에 대한 문제가 자주 출제된다.

다음 중 정보처리 절차에 대한 설명으로 옳지 않은 것은?

① 정보의 기획은 정보의 입수대상, 주제, 목적 등을 고려하여 전략적으로 이루어져야 한다.

② 정보처리는 기획 – 수집 – 활용 – 관리의 순서로 이루어진다.

③ 다양한 정보원으로부터 목적에 적합한 정보를 수집해야 한다.

④ 정보 관리 시에 고려하여야 할 3요소는 목적성, 용이성, 유용성이다.

정답 ②

정보처리는 기획 – 수집 – 관리 – 활용의 순서로 이루어진다.

풀이 전략!

자주 출제되는 정보능력 이론을 확인하고, 확실하게 암기해야 한다. 특히 새로운 정보 기술이나 컴퓨터 전반에 대해 관심을 가지는 것이 좋다.

01 다음은 데이터베이스에 대한 설명이다. 데이터베이스의 특징으로 적절하지 않은 것은?

> 데이터베이스란 대량의 자료를 관리하고 내용을 구조화하여 검색이나 자료 관리 작업을 효과적으로 실행하는 프로그램으로, 삽입, 삭제, 수정, 갱신 등을 통하여 항상 최신의 데이터를 유동적으로 유지할 수 있으며, 이와 같은 다량의 데이터는 사용자의 질의에 대한 신속한 응답 처리를 가능하게 한다. 또한 이러한 데이터를 여러 명의 사용자가 동시에 공유할 수 있고, 각 데이터를 참조할 때는 사용자가 요구하는 내용에 따라 참조가 가능함은 물론 응용프로그램과 데이터베이스를 독립시킴으로써 데이터를 변경시키더라도 응용프로그램은 변경되지 않는다.

① 실시간 접근성
② 계속적인 진화
③ 동시 공유
④ 데이터의 논리적 의존성

02 다음 중 정보에 대한 설명으로 옳지 않은 것은?

> 우리가 필요로 하는 정보의 가치는 여러 가지 상황에 따라서 천차만별로 달라질 수 있다. 다시 말해 정보의 가치를 평가하는 절대적인 기준은 없다는 것이다. 즉, 정보의 가치는 우리의 요구, 사용 목적, 그것이 활용되는 시기와 장소에 따라서 다르게 평가된다.
> 적시성과 독점성은 정보의 핵심적인 특성이다. 따라서 정보는 우리가 원하는 시간에 제공되어야 하며, 원하는 시간에 제공되지 못하는 정보는 정보로서의 가치가 없어지게 될 것이다. 또한 정보는 아무리 중요한 내용이라도 공개가 되고 나면, 그 가치가 급격하게 떨어지는 것이 보통이다. 따라서 정보는 공개 정보보다는 반공개 정보가, 반공개 정보보다는 비공개 정보가 더 큰 가치를 가질 수 있다. 그러나 비공개 정보는 정보의 활용이라는 면에서 경제성이 떨어지고, 공개 정보는 경쟁성이 떨어지게 된다. 따라서 정보는 공개 정보와 비공개 정보를 적절히 구성함으로써 경제성과 경쟁성을 동시에 추구해야 한다.

① 정보는 시의성이 있어야 높은 가치를 갖는다.
② 정보는 일반적으로 독점성이라는 핵심적 특징을 갖는다.
③ 비공개 정보는 반공개 정보에 비해 정보의 활용 측면에서 경제성이 더 높다.
④ 공개 정보는 반공개 정보에 비해 경쟁성이 떨어진다.

03 다음 중 바이오스(BIOS; Basic Input Output System)에 대한 설명으로 옳은 것은?

① 한번 기록한 데이터를 빠른 속도로 읽을 수 있지만, 다시 기록할 수 없는 메모리이다.

② 기억된 정보를 읽어내기도 하고, 다른 정보를 기억시킬 수도 있는 메모리이다.

③ 컴퓨터에서 전원을 켜면 맨 처음 컴퓨터의 제어를 맡아 가장 기본적인 기능을 처리해 주는 프로그램이다.

④ 주변 장치와 컴퓨터 처리 장치 간에 데이터를 전송할 때 처리 지연을 단축하기 위해 보조 기억 장치를 완충 기억 장치로 사용하는 것이다.

04 다음은 기획안을 제출하기 위한 정보수집 전에 어떠한 정보를 어떻게 수집할지에 대한 '정보의 전략적 기획'의 사례이다. S사원이 필요한 정보로 적절하지 않은 것은?

> D전자의 S사원은 상사로부터 세탁기 신상품에 대한 기획안을 제출하라는 업무를 받았다. 먼저 S사원은 기획안을 작성하기 위해 자신에게 어떠한 정보가 필요한지를 생각해 보았다. 개발하려는 세탁기 신상품의 컨셉은 중년층을 대상으로 한 실용적이고 경제적이며 조작하기 쉬운 것을 대표적인 특징으로 삼고 있다.

① 기존에 세탁기를 구매한 고객들의 데이터베이스로부터 정보가 필요할 수도 있다.

② 현재 세탁기를 사용하면서 불편한 점은 무엇인지에 대한 정보가 필요하다.

③ 데이터베이스로부터 성별로 세탁기 선호 디자인에 대한 정보가 필요하다.

④ 고객들이 세탁기에 대해 부담 가능한 금액은 얼마인지에 대한 정보도 필요할 것이다.

05 다음 중 컴퓨터 바이러스에 대한 설명으로 옳지 않은 것은?

① 보통 소프트웨어 형태로 감염되나 메일이나 첨부파일은 감염의 확률이 매우 낮다.

② 인터넷의 공개 자료실에 있는 파일을 다운로드하여 설치할 때 감염될 수 있다.

③ 온라인 채팅이나 인스턴트 메신저 프로그램을 통해서 전파되기도 한다.

④ 소프트웨어뿐만 아니라 하드웨어의 성능에도 영향을 미칠 수 있다.

06 다음 글의 빈칸에 공통으로 들어갈 단어로 가상 적절한 것은?

> _____은/는 '언제 어디에나 존재한다.'는 뜻의 라틴어로, 사용자가 컴퓨터나 네트워크를 의식하지 않고 장소에 상관없이 자유롭게 네트워크에 접속할 수 있는 환경을 말한다. 그리고 컴퓨터 관련 기술이 생활 구석구석에 스며들어 있음을 뜻하는 '퍼베이시브 컴퓨팅(Pervasive Computing)'과 같은 개념이다.
> _____화가 이루어지면 가정·자동차는 물론, 심지어 산 꼭대기에서도 정보기술을 활용할 수 있고, 네트워크에 연결되는 컴퓨터 사용자의 수도 늘어나 정보기술산업의 규모와 범위도 그만큼 커지게 된다. 그러나 _____ 네트워크가 이루어지기 위해서는 광대역통신과 컨버전스 기술의 일반화, 정보기술 기기의 저가격화 등 정보기술의 고도화가 전제되어야 한다. 그러나 _____은/는 휴대성과 편의성뿐 아니라 시간과 장소에 구애받지 않고도 네트워크에 접속할 수 있다는 장점 때문에 현재 세계적인 개발 경쟁이 일고 있다.

① 유비쿼터스(Ubiquitous) ② AI(Artificial Intelligence)

③ 딥 러닝(Deep Learning) ④ 블록체인(Block Chain)

02 엑셀 함수

| 유형분석 |

- 컴퓨터 활용과 관련된 상황에서 문제를 해결하기 위한 행동이 무엇인지 묻는 문제이다.
- 주로 업무수행 중에 많이 활용되는 대표적인 엑셀 함수(COUNTIF, ROUND, MAX, SUM, COUNT, AVERAGE …)가 출제된다.
- 종종 엑셀시트를 제시하여 각 셀에 들어갈 함수식이 무엇인지 고르는 문제가 출제되기도 한다.

다음 시트의 [B9] 셀에 「=DSUM(A1:C7,C1,A9:A10)」 함수를 입력했을 때, 결괏값으로 옳은 것은?

	A	B	C
1	이름	직급	상여금
2	장기동	과장	1,200,000
3	이승연	대리	900,000
4	김영신	차장	1,300,000
5	공경호	대리	850,000
6	표나리	사원	750,000
7	한미연	과장	950,000
8			
9	상여금		
10	>=1,000,000		

① 1,950,000
② 2,500,000
③ 3,000,000
④ 3,450,000

정답 ②

DSUM 함수는 지정한 조건에 맞는 데이터베이스에서 필드 값들의 합을 구하는 함수이다. 따라서 [A1:C7]에서 상여금이 100만 원 이상인 값의 합계를 구하므로 2,500,000이 도출된다.

풀이 전략!

제시된 상황에서 사용할 엑셀 함수가 무엇인지 파악한 후, 선택지에서 적절한 함수식을 골라 식을 만들어야 한다. 평소 대표적으로 문제에 자주 출제되는 몇몇 엑셀 함수를 익혀두면 풀이시간을 단축할 수 있다.

PART 1

01 D공사는 구입한 비품에 '등록순서 – 제조국가 – 구입일'의 형식으로 관리번호를 부여한다. 다음 엑셀 시트에서 [F2] 셀과 같이 제조국가의 약자를 기입하고자 할 때, [F2] 셀에 들어갈 함수식으로 옳은 것은?

	A	B	C	D	E	F
1	등록순서	제품명	관리번호	구입일	가격	제조국가
2	1	A	1–US–0123	1월 23일	12,000	US
3	2	B	2–KR–0130	1월 30일	11,400	
4	3	C	3–US–0211	2월 11일	21,700	
5	4	D	4–JP–0216	2월 16일	34,800	
6	5	E	5–UK–0317	3월 17일	21,000	
7	6	F	6–UK–0321	3월 21일	61,100	
8	7	G	7–KR–0330	3월 30일	20,000	
9	8	H	8–US–0412	4월 12일	16,000	

① =SEARCH(C2,3,2)

② =SEARCH(C2,3,3)

③ =MID(C2,2,2)

④ =MID(C2,3,2)

02 다음 시트를 참조하여 작성한 함수식 「=VLOOKUP(SMALL(A2:A10,3),A2:E10,4,0)」의 결괏값으로 옳은 것은?

	A	B	C	D	E
1	번호	억양	발표	시간	자료준비
2	1	80	84	91	90
3	2	89	92	86	74
4	3	72	88	82	100
5	4	81	74	89	93
6	5	84	95	90	88
7	6	83	87	72	85
8	7	76	86	83	87
9	8	87	85	97	94
10	9	98	78	96	81

① 82

② 83

③ 86

④ 87

D중학교에서 근무하는 P교사는 반 학생들의 과목별 수행평가 제출 여부를 확인하기 위해 다음과 같이 자료를 정리하였다. P교사가 [D11]~[D13] 셀에 〈보기〉와 같이 함수를 입력하였을 때, [D11]~[D13] 셀에 나타날 결괏값이 바르게 연결된 것은?

	A	B	C	D
1				(제출했을 경우 '1'로 표시)
2	이름	A과목	B과목	C과목
3	김혜진	1	1	1
4	이방숙	1		
5	정영교	재제출 요망	1	
6	정혜운		재제출 요망	1
7	이승준		1	
8	이혜진			1
9	정영남	1		1
10				
11				
12				
13				

보기

- [D11] 셀에 입력한 함수 → =COUNTA(B3:D9)
- [D12] 셀에 입력한 함수 → =COUNT(B3:D9)
- [D13] 셀에 입력한 함수 → =COUNTBLANK(B3:D9)

	[D11]	[D12]	[D13]
①	12	10	11
②	12	10	9
③	10	12	11
④	10	12	9

※ 병원에서 근무하는 D씨는 건강검진 관리 현황을 정리하고 있다. 이어지는 질문에 답하시오. **[4~5]**

	A	B	C	D	E	F
1	〈건강검진 관리 현황〉					
2	이름	검사구분	주민등록번호	검진일	검사항목 수	성별
3	강민희	종합검진	960809-2******	2024-11-12	18	
4	김범민	종합검진	010323-3******	2024-03-13	17	
5	조현진	기본검진	020519-3******	2024-09-07	10	
6	최진석	추가검진	871205-1******	2024-11-06	6	
7	한기욱	추가검진	980232-1******	2024-04-22	3	
8	정소희	종합검진	001015-4******	2024-02-19	17	
9	김은정	기본검진	891025-2******	2024-10-14	10	
10	박미옥	추가검진	011002-4******	2024-07-21	5	

04 다음 중 2024년 하반기에 검진 받은 사람의 수를 확인하고자 할 때 사용해야 할 함수는?

① COUNT ② COUNTA

③ SUMIF ④ COUNTIF

05 다음 중 주민등록번호를 통해 성별을 구분하려고 할 때, 각 셀에 필요한 함수식으로 옳은 것은?

① [F3] : =IF(AND(MID(C3,8,1)="2",MID(C3,8,1)="4"),"여자","남자")

② [F4] : =IF(AND(MID(C4,8,1)="2",MID(C4,8,1)="4"),"여자","남자")

③ [F7] : =IF(OR(MID(C7,8,1)="2",MID(C7,8,1)="4"),"여자","남자")

④ [F9] : =IF(OR(MID(C9,8,1)="1",MID(C9,8,1)="3"),"여자","남자")

| 유형분석 |

- 프로그램의 실행 결과를 코딩을 통해 파악하여 이를 풀이하는 문제이다.
- 출력되는 값이나 배열 순서를 묻는 문제가 자주 출제된다.

다음 C 프로그램의 실행 결과에서 p의 값으로 옳은 것은?

```c
#include 〈stdio.h〉
int main( )
{
    int x, y, p;
    x=3;
    y=x++;
    printf("x=%d y=%d\n", x, y);
    x=10;
    y=++x;
    printf("x=%d y=%d\n", x, y);
    p=++x++y++;
    printf("x=%d y=%d\n", x, y);
    printf("p=%d\n", p);
    return 0;
}
```

① 22   ② 23
③ 24   ④ 25

정답 ②

x값을 1 증가하여 x에 저장하고, 변경된 x값과 y값을 덧셈한 결과를 p에 저장한 후 y값을 1 증가하여 y에 저장한다.
따라서 x=10+1=11, y=x+1=12 → p=x+y=23이다.

풀이 전략!

문제에서 실행 프로그램 내용이 주어지면 핵심 키워드를 확인한다. 코딩 프로그램을 통해 요구되는 내용을 알아맞혀 정답 유무를 판단한다.

※ 다음 프로그램의 실행 결과로 옳은 것을 고르시오. **[1~2]**

01

```
#include <stdio.h>
void main(){
    char *arr[ ]={"AAA","BBB","CCC"};
    printf("%s", *(arr+1));
}
```

① AAA　　　　　　　　　② AAB

③ BBB　　　　　　　　　④ CCC

02

```
#include <stdio.h>
void main( ) {
    int arr[10]={1, 2, 3, 4, 5};
    int num=10;
    int i;

    for (i=0; i<10; i++) {
      num+=arr[i];
    }
    printf("%d\n", num);
}
```

① 15　　　　　　　　　② 20

③ 25　　　　　　　　　④ 30

PART 2

직무수행능력평가

01 다음 중 구성원 스스로가 자신을 리드하도록 만드는 리더십은?

① 슈퍼 리더십   ② 서번트 리더십

③ 카리스마적 리더십   ④ 거래적 리더십

⑤ 코칭 리더십

02 다음 중 직무분석 시 보완적으로 사용하는 분석법에 해당하는 것을 〈보기〉에서 모두 고르면?

> **보기**
> ㉠ 면접법   ㉡ 중요사건법
> ㉢ 워크샘플링법   ㉣ 설문지법
> ㉤ 관찰법

① ㉠, ㉡   ② ㉠, ㉤

③ ㉡, ㉢   ④ ㉢, ㉣

⑤ ㉣, ㉤

03 다음 중 내용이론에 해당하는 동기부여 이론으로 옳지 않은 것은?

① 매슬로(Maslow) 욕구단계 이론

② 허즈버그(Herzberg) 2요인 이론

③ 앨더퍼(Alderfer)의 ERG 이론

④ 애덤스(Adams)의 공정성 이론

⑤ 맥클리랜드(Meclelland)의 성취동기 이론

04 다음은 마이클 포터(Michael E. Porter)의 산업구조분석모델(5F; Five Force Model)이다. 빈칸 (A)에 들어갈 용어로 옳은 것은?

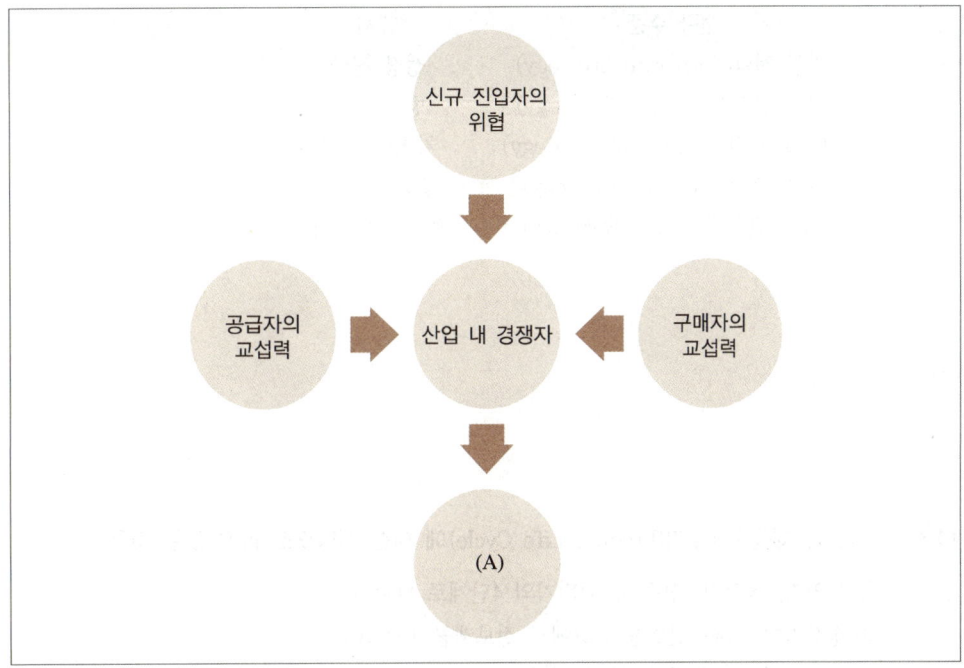

① 정부의 규제 완화
② 고객 충성도
③ 공급 업체 규모
④ 가격의 탄력성
⑤ 대체재의 위협

05 다음 〈조건〉을 토대로 자본자산가격결정모형($CAPM$)을 이용하여 A주식의 기대수익률을 바르게 구한 것은?

> **조건**
> • 시장무위험수익률 : 5%
> • 시장기대수익률 : 18%
> • 베타 : 0.5

① 9.35%
② 10.25%
③ 10.45%
④ 11.5%
⑤ 12.45%

06 경영 전략의 수준에 따라 전략을 구분할 때, 다음 중 해당 전략과 그에 해당하는 예시가 옳지 않은 것은?

	전략 수준	예시
①	기업 전략(Corporate Strategy)	성장 전략
②	기업 전략(Corporate Strategy)	방어 전략
③	기능별 전략(Functional Strategy)	차별화 전략
④	사업 전략(Business Strategy)	집중화 전략
⑤	사업 전략(Business Strategy)	원가우위 전략

07 다음 중 제품수명주기(Product Life Cycle)에 대한 설명으로 옳지 않은 것은?

① 도입기, 성장기, 성숙기, 쇠퇴기의 4단계로 나누어진다.
② 성장기에는 제품선호형 광고에서 정보제공형 광고로 전환한다.
③ 도입기에는 제품인지도를 높이기 위해 광고비가 많이 소요된다.
④ 성숙기에는 제품의 매출성장률이 점차적으로 둔화되기 시작한다.
⑤ 쇠퇴기에는 매출이 떨어지고 순이익이 감소하기 시작한다.

08 다음 중 피들러(Fiedler)의 리더십 상황이론에 대한 설명으로 옳지 않은 것을 〈보기〉에서 모두 고르면?

> **보기**
> ㉠ 과업지향적 리더십과 관계지향적 리더십을 모두 갖춘 리더가 가장 높은 성과를 달성한다.
> ㉡ 리더의 특성을 LPC 설문에 의해 측정하였다.
> ㉢ 상황변수로서 리더 – 구성원 관계, 과업구조, 부하의 성숙도를 고려하였다.
> ㉣ 리더가 처한 상황이 호의적인 경우에는 관계지향적 리더십이 적합하다.
> ㉤ 리더가 처한 상황이 비호의적인 경우에는 과업지향적 리더십이 적합하다.

① ㉠, ㉢   ② ㉠, ㉣
③ ㉡, ㉣   ④ ㉠, ㉢, ㉣
⑤ ㉢, ㉣, ㉤

09 다음 중 인간의 감각이 느끼지 못할 정도의 자극을 주어 잠재의식에 호소하는 광고는?

① 애드버커시 광고 ② 서브리미널 광고
③ 리스폰스 광고 ④ 키치 광고
⑤ 티저 광고

10 인사평가제도는 평가목적을 어디에 두느냐에 따라 상대평가와 절대평가로 구분된다. 다음 중 상대 평가에 해당하는 기법은?

① 평정척도법 ② 체크리스트법
③ 중요사건기술법 ④ 연공형 승진제도
⑤ 강제할당법

11 다음 중 확률 표본추출법에 해당하는 것을 〈보기〉에서 모두 고르면?

> **보기**
> ㄱ. 단순무작위 표본추출법   ㄴ. 체계적 표본추출법
> ㄷ. 편의 표본추출법   ㄹ. 판단 표본추출법
> ㅁ. 할당 표본추출법   ㅂ. 층화 표본추출법
> ㅅ. 군집 표본추출법   ㅇ. 눈덩이 표본추출법

① ㄱ, ㄴ, ㅂ, ㅅ ② ㄱ, ㄴ, ㅅ, ㅇ
③ ㄷ, ㄹ, ㅁ, ㅂ ④ ㄷ, ㄹ, ㅁ, ㅇ
⑤ ㅁ, ㅂ, ㅅ, ㅇ

12 다음 중 작업성과의 고저에 따라 임금을 적용하는 단순 복률 성과급 방식과 달리 예정된 성과를 올리지 못하여도 미숙련 근로자들에게 최저 생활을 보장하는 방식은?

① 테일러식 복률성과급 ② 맨체스터 플랜
③ 메리크식 복률성과급 ④ 할증성과급
⑤ 표준시간급

13 D주식회사의 2024년도 매입액이 ₩150,000이었고, 부가가치율이 25%였다면 해당 연도의 매출액은 얼마인가?

① ₩180,000

② ₩200,000

③ ₩220,000

④ ₩240,000

⑤ ₩260,000

14 다음 중 가격책정 방법에 대한 설명으로 옳은 것을 〈보기〉에서 모두 고르면?

> **보기**
> ㉠ 준거가격이란 구매자가 어떤 상품에 대해 지불할 용의가 있는 최고가격을 의미한다.
> ㉡ 명성가격이란 가격 – 품질 연상관계를 이용한 가격책정 방법이다.
> ㉢ 단수가격이란 판매 가격을 단수로 표시하여 가격이 저렴한 인상을 소비자에게 심어주어 판매를 증대시키는 방법이다.
> ㉣ 최저수용가격이란 심리적으로 적당하다고 생각하는 가격 수준을 의미한다.

① ㉠, ㉡

② ㉠, ㉢

③ ㉡, ㉢

④ ㉡, ㉣

⑤ ㉢, ㉣

15 다음 자료를 이용하여 당기순이익을 구하면?(단, 회계기간은 1월 1일부터 12월 31일까지이다)

• 영업이익	300,000원
• 이자비용	10,000원
• 영업외 수익	50,000원
• 법인세비용	15,000원

① 275,000원

② 290,000원

③ 325,000원

④ 335,000원

⑤ 340,000원

16 복식부기는 하나의 거래를 대차평균의 원리에 따라 차변과 대변에 이중 기록하는 방식이다. 다음 중 차변에 기입되는 항목으로 옳지 않은 것은?

① 자산의 증가   ② 자본의 감소
③ 부채의 감소   ④ 비용의 발생
⑤ 수익의 발생

17 다음 중 제품별 배치에 대한 설명으로 옳지 않은 것은?

① 높은 설비이용률을 가진다.
② 낮은 제품단위당 원가로 경쟁우위를 점할 수 있다.
③ 수요 변화에 적응하기 어렵다.
④ 설비고장에 큰 영향을 받는다.
⑤ 다품종 생산이 가능하다.

18 다음 중 재무제표의 표시와 작성에 대한 설명으로 옳은 것을 〈보기〉에서 모두 고르면?

> **보기**
>
> 가. 재무상태표에 표시되는 자산과 부채는 반드시 유동자산과 비유동자산, 유동부채와 비유동부채로 구분하여 표시한다.
> 나. 영업활동을 위한 자산의 취득시점부터 그 자산이 현금이나 현금성자산으로 실현되는 시점까지 소요되는 기간이 영업주기이다.
> 다. 비용의 기능에 대한 정보가 미래현금흐름을 예측하는 데 유용하기 때문에 비용을 성격별로 분류하는 경우에는 비용의 기능에 대한 추가 정보를 공시하는 것이 필요하다.
> 라. 자본의 구성요소인 기타포괄손익누계액과 자본잉여금은 포괄손익계산서와 재무상태표를 연결시키는 역할을 한다.
> 마. 현금흐름표는 기업의 활동을 영업활동, 투자활동, 재무활동으로 구분한다.

① 가, 나   ② 가, 라
③ 나, 다   ④ 나, 마
⑤ 다, 마

19 D주식회사의 2024년도 총매출액과 이에 대한 총변동원가는 각각 ₩200,000과 ₩150,000이다. D주식회사의 손익분기점 매출액이 ₩120,000일 때, 총고정원가는 얼마인가?

① ₩15,000   ② ₩20,000
③ ₩25,000   ④ ₩30,000
⑤ ₩35,000

20 다음 중 투자부동산에 대한 설명으로 옳지 않은 것은?

① 투자부동산은 임대수익이나 시세차익을 얻기 위하여 보유하는 부동산을 말한다.
② 본사 사옥으로 사용하고 있는 건물은 투자부동산이 아니다.
③ 운용리스로 제공하기 위하여 보유하는 미사용건물은 투자부동산이다.
④ 투자부동산에 대해 공정가치모형을 적용할 경우 공정가치 변동으로 발생하는 손익은 발생한 기간의 기타 포괄손익에 반영한다.
⑤ 최초 인식 후 예외적인 경우를 제외하고 원가모형과 공정가치모형 중 하나를 선택하여 모든 투자부동산에 적용한다.

21 다음 글은 비합리적 소비에 대한 설명이다. 빈칸 ㉠, ㉡에 들어갈 효과를 바르게 연결한 것은?

- ____㉠____ 효과는 유행에 따라 상품을 구입하는 소비현상으로, 특정 상품에 대한 어떤 사람의 수요가 다른 사람들의 수요에 의해 영향을 받는다.
- ____㉡____ 효과는 다른 보통사람과 자신을 차별하고 싶은 욕망으로 나타나는데, 가격이 아닌 다른 사람의 소비에 직접 영향을 받는다.

	㉠	㉡
①	외부불경제	베블런(Veblen)
②	외부불경제	밴드왜건(Bandwagon)
③	베블런(Veblen)	외부불경제
④	밴드왜건(Bandwagon)	외부불경제
⑤	밴드왜건(Bandwagon)	베블런(Veblen)

22 다음 중 일반적인 형태의 수요곡선과 공급곡선을 가지는 재화 X의 가격이 상승하고 생산량이 감소하였을 때, 그 원인으로 옳은 것은?(단, 다른 조건은 동일하다고 가정한다)

① 수요곡선이 하방이동하였다.

② 공급곡선이 하방이동하였다.

③ 수요곡선이 상방이동하였다.

④ 공급곡선이 상방이동하였다.

⑤ 수요곡선과 공급곡선이 동시에 하방이동하였다.

23 D기업의 생산함수는 $Q=L^2K^2$이다. 단위당 임금과 단위당 자본비용은 각각 4원과 6원으로 주어져 있다. D기업의 총 사업자금이 120원으로 주어져 있을 때, 노동의 최적 투입량은?(단, Q는 생산량, L은 노동투입량, K는 자본투입량이며, 두 투입요소 모두 가변투입요소이다)

① 13

② 14

③ 15

④ 16

⑤ 17

24 A근로자의 연봉이 올해 1,500만 원에서 1,650만 원으로 150만 원 인상되었다. 이 기간에 인플레이션율이 12%일 때, A근로자의 임금변동에 대한 설명으로 옳은 것은?

① 2% 명목임금 증가

② 2% 명목임금 감소

③ 2% 실질임금 증가

④ 2% 실질임금 감소

⑤ 4% 명목임금 증가

25 다음은 D국의 국내총생산(GDP), 소비지출, 투자, 정부지출, 수입에 대한 자료이다. 이를 참고하여 균형국민소득식을 통해 계산한 D국의 수출은 얼마인가?

• 국내총생산 : 900조 원	• 소비지출 : 200조 원
• 투자 : 50조 원	• 정부지출 : 300조 원
• 수입 : 100조 원	

① 100조 원

② 250조 원

③ 300조 원

④ 450조 원

⑤ 550조 원

26 어느 폐쇄경제의 국가가 있다. 한계소비성향(MPC)이 0.5일 때 투자가 1조 원 증가하고, 조세가 0.5조 원 증가할 경우, 균형국민소득의 변화분은 얼마인가?

① −0.5조 원   ② 0원

③ 0.5조 원   ④ 1조 원

⑤ 1.5조 원

27 다음 중 케인스의 유동성 선호설에 대한 설명으로 옳은 것을 〈보기〉에서 모두 고르면?

> 보기
> ㉠ 케인스의 유동성 선호설에 따르면 자산은 화폐와 채권 두 가지만 존재한다.
> ㉡ 케인스에 따르면 화폐공급곡선이 수평인 구간을 유동성함정이라고 한다.
> ㉢ 유동성함정구간에서는 화폐수요의 이자율탄력성은 무한대(∞)이다.
> ㉣ 케인스의 유동성 선호설에 따른 투기적 동기의 화폐수요(hr)는 화폐수요함수$\left(\dfrac{M^d}{P}\right)$와 비례관계에 있다.

① ㉠, ㉡   ② ㉠, ㉢

③ ㉡, ㉢   ④ ㉡, ㉣

⑤ ㉢, ㉣

28 D국의 통화량은 현금통화 150, 예금통화 450이며, 지급준비금은 90이라고 할 때, 통화승수는? (단, 현금통화비율과 지급준비율은 일정하다)

① 2.5   ② 3

③ 3.5   ④ 4

⑤ 4.5

29 다음 중 고정환율제도에 대한 설명으로 옳지 않은 것은?(단, 자본의 이동은 완전히 자유롭다)

① 환율이 안정적이므로 국제무역과 투자가 활발히 일어나는 장점이 있다.

② 고정환율제도하에서 확대금융정책을 실시할 경우, 최종적으로 이자율은 변하지 않는다.

③ 고정환율제도하에서 확대금융정책의 경우 중앙은행의 외환매입으로 통화량이 증가한다.

④ 고정환율제도하에서 확대재정정책를 실시할 경우 통화량이 증가하여, 국민소득이 증가한다.

⑤ 정부가 환율을 일정수준으로 정하여 지속적인 외환시장 개입을 통해 정해진 환율을 유지하는 제도이다.

30 다음 글에 대한 분석으로 옳은 것을 〈보기〉에서 모두 고르면?

> 우리나라에 거주 중인 광성이는 ㉠ 여름휴가를 앞두고 휴가 동안 발리로 서핑을 갈지, 빈 필하모닉 오케스트라의 3년 만의 내한 협주를 들으러 갈지 고민하다가 ㉡ 발리로 서핑을 갔다. 그러나 화산폭발의 위험이 있어 안전의 위협을 느끼고 ㉢ 환불이 불가능한 숙박비를 포기한 채 우리나라로 돌아왔다.

> **보기**
> ㄱ. ㉠의 고민은 광성이의 주관적 희소성 때문이다.
> ㄴ. ㉠의 고민을 할 때는 기회비용을 고려한다.
> ㄷ. ㉡의 기회비용은 빈 필하모닉 오케스트라 내한 협주이다.
> ㄹ. ㉡은 경제재이다.
> ㅁ. ㉢은 비합리적 선택 행위의 일면이다.

① ㄱ, ㄴ, ㅁ   ② ㄴ, ㄷ, ㄹ
③ ㄷ, ㄹ, ㅁ   ④ ㄱ, ㄴ, ㄷ, ㄹ
⑤ ㄱ, ㄴ, ㄷ, ㄹ, ㅁ

31 다음 중 거시경제의 총수요와 총공급에 대한 설명으로 옳은 것은?

① 명목임금 경직성에서 물가수준이 하락하면 기업이윤이 줄어들어서 기업들의 재화와 서비스 공급이 감소하므로 단기총공급곡선은 왼쪽으로 이동한다.

② 폐쇄경제에서 확장적 재정정책의 구축효과는 변동환율제도에서 동일한 정책의 구축효과보다 더 크게 나타날 수 있다.

③ 케인스의 유동성 선호설에 의하면 경제가 유동성함정에 빠지는 경우 추가적 화폐공급이 투자적 화폐수요로 모두 흡수된다.

④ 장기균형 상태에 있던 경제에 원유가격이 일시적으로 상승하면 장기적으로 물가는 상승하고 국민소득은 감소한다.

⑤ 단기 경기변동에서 소비와 투자는 모두 경기순응적이며, 소비의 변동성은 투자의 변동성보다 크다.

32 다음은 (가)국과 (나)국의 지니계수 추이를 나타낸 자료이다. 이에 대한 추론으로 옳지 않은 것은?

〈지니계수 추이〉

구분	2022년	2023년	2024년
(가)	0.310	0.302	0.295
(나)	0.405	0.412	0.464

① (가)국과 (나)국의 지니계수는 0과 1 사이의 값을 가진다.

② (가)국은 소득불평등도가 줄어드는 반면 (나)국은 소득불평등도가 심화되고 있다.

③ (나)국은 소득불평등도를 줄이기 위해 교육과 건강에 대한 보조금 정책을 도입할 필요가 있다.

④ (나)국의 로렌츠 곡선은 45도 대각선에 점차 가까워질 것이다.

⑤ 소득재분배를 위해 과도하게 누진세를 도입할 경우 저축과 근로 의욕을 저해할 수 있다.

33 다음은 D기업의 총비용곡선과 총가변비용곡선이다. 이에 대한 설명으로 옳지 않은 것은?

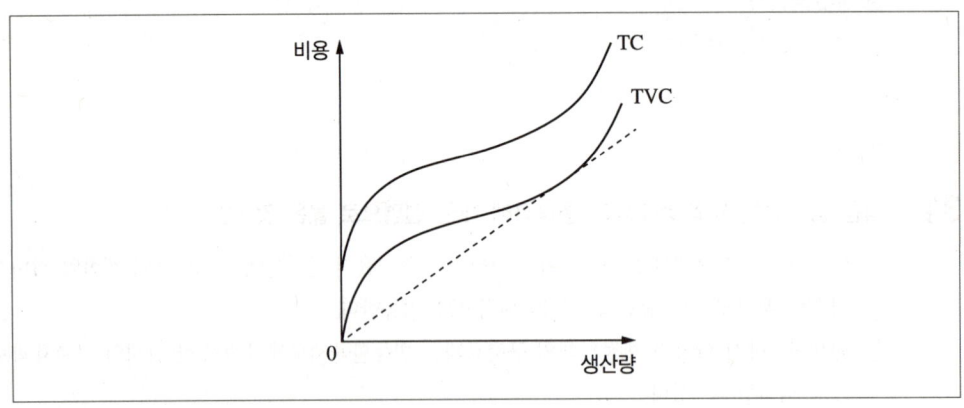

① 평균비용곡선은 평균가변비용곡선의 위에 위치한다.

② 평균비용곡선이 상승할 때 한계비용곡선은 평균비용곡선 아래에 있다.

③ 원점을 지나는 직선이 총비용곡선과 접하는 점에서 평균비용은 최소이다.

④ 원점을 지나는 직선이 총가변비용곡선과 접하는 점에서 평균가변비용은 최소이다.

⑤ 총비용곡선의 임의의 한 점에서 그은 접선의 기울기는 그 점에서의 한계비용을 나타낸다.

34 다음 중 정부지출 증가의 효과가 가장 크게 나타나게 되는 상황은 언제인가?

① 한계저축성향이 낮은 경우
② 한계소비성향이 낮은 경우
③ 정부지출의 증가로 물가가 상승한 경우
④ 정부지출의 증가로 이자율이 상승한 경우
⑤ 정부지출의 증가로 인해 구축효과가 나타난 경우

35 다음 중 조세정책에 대한 설명으로 옳지 않은 것은?

① 조세정책은 정부가 경제영역 중 분배영역에 개입할 수 있는 중요한 수단 중 하나이다.
② 정부는 기업의 고용 및 투자를 촉진하기 위한 수단으로 소득세, 법인세 감면 등을 시행한다.
③ 조세정책을 시행하는 곳은 한국은행이다.
④ 조세정의 실현을 위해 지하경제 양성화, 역외탈세 근절 등이 매우 중요하다.
⑤ 세율을 높이면 세수입이 늘어나지만 일정 수준 이상의 세율에서는 오히려 세금이 줄어드는 현상이 나타난다.

36 다음 중 수요의 탄력성에 대한 설명으로 옳은 것은?

① 수요곡선의 기울기가 −1인 직선일 경우 수요곡선상의 어느 점에서나 가격탄력성은 동일하다.
② 수요의 가격탄력성이 탄력적이라면 가격인하는 총수입을 증가시키는 좋은 전략이다.
③ 수요의 소득탄력성이 비탄력적인 재화는 열등재이다.
④ 가격이 올랐을 때 시간이 경과할수록 적응이 되기 때문에 수요의 가격탄력성은 작아진다.
⑤ X재의 가격이 5% 인상되자 Y재 수요가 10% 상승했다면, 수요의 교차탄력성은 $\frac{1}{2}$이고 두 재화는 보완재이다.

37 다음 〈보기〉 중 인플레이션에 대한 설명으로 옳지 않은 것을 모두 고르면?

> **보기**
>
> 가. 인플레이션이 예상되지 못한 경우, 채무자에게서 채권자에게로 부가 재분배된다.
> 나. 인플레이션이 예상된 경우, 메뉴비용이 발생하지 않는다.
> 다. 인플레이션이 발생하면 현금 보유의 기회비용이 증가한다.
> 라. 인플레이션이 발생하면 수출이 감소하고 경상수지가 악화된다.

① 가, 나   ② 가, 다
③ 나, 다   ④ 나, 라
⑤ 다, 라

38 효용을 극대화하는 A의 효용함수는 $U(x, y) = \min[x, y]$이다. 소득이 1,800이고, X재와 Y재의 가격이 각각 10이며, X재의 가격만 8로 하락할 때, 다음 〈보기〉에서 옳은 것을 모두 고르면? (단, x는 X재의 소비량, y는 Y재의 소비량이다)

> **보기**
>
> ㄱ. X재의 소비량 변화 중 대체효과는 0이다.
> ㄴ. X재의 소비량 변화 중 소득효과는 10이다.
> ㄷ. 한계대체율은 하락한다.
> ㄹ. X재 소비는 증가하고, Y재 소비는 감소한다.

① ㄱ, ㄴ   ② ㄱ, ㄷ
③ ㄴ, ㄷ   ④ ㄴ, ㄹ
⑤ ㄷ, ㄹ

39 다음은 완전경쟁시장에서 어느 기업의 단기비용곡선이다. 제품의 시장 가격이 90원으로 주어졌을 때, 이 기업의 생산 결정에 대한 설명으로 옳은 것은?

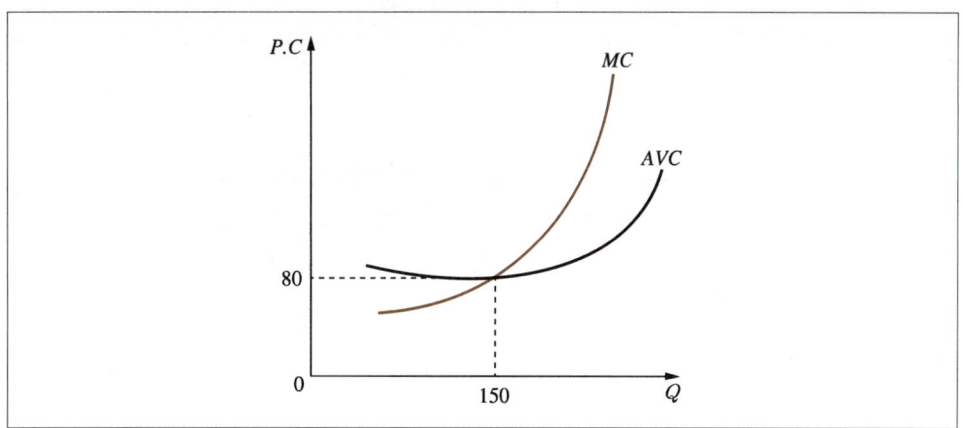

① 이 기업은 생산을 중단한다.
② 이 기업은 생산을 함으로써 초과 이윤을 얻을 수 있다.
③ 균형점에서 이 기업의 한계비용은 90원보다 작다.
④ 균형점에서 이 기업의 한계수입은 90원보다 크다.
⑤ 이 기업은 150개보다 많은 양을 생산한다.

40 A국과 B국의 상황이 다음과 같을 때 나타날 수 있는 경제현상이 아닌 것은?(단, 미 달러화로 결제하며, 각국의 환율은 달러 대비 자국 화폐의 가격으로 표시한다)

A국	• A국의 해외 유학생 수가 증가하고 있다. • 외국인 관광객이 증가하고 있다.
B국	• B국 기업의 해외 투자가 증가하고 있다. • 외국의 투자자들이 투자자금을 회수하고 있다.

① A국의 환율은 하락할 것이다.
② A국의 경상수지는 악화될 것이다.
③ B국이 생산하는 수출상품의 가격경쟁력이 높아질 것이다.
④ A국 국민이 B국으로 여행갈 경우 경비 부담이 증가할 것이다.
⑤ B국 국민들 중 환전하지 않은 환율 변동 전 달러를 보유하고 있는 사람은 이익을 얻게 될 것이다.

정답 및 해설 p.055

01 행정기관이 그 소관 사무의 범위에서 일정한 행정목적을 실현하기 위하여 특정인에게 일정한 행위를 하거나 하지 아니하도록 지도, 권고, 조언 등을 하는 행정작용은 무엇인가?

① 행정예고   ② 행정계획

③ 행정지도   ④ 의견제출

⑤ 행정소송

02 다음 중 현행 헌법상의 신체의 자유에 대한 설명으로 옳은 것은?

① 법률과 적법한 절차에 의하지 아니하고는 강제노역을 당하지 아니한다.

② 누구든지 체포·구속을 당할 때에는 그 적부의 심사를 법원에 청구할 수 없다.

③ 체포, 구속, 수색, 압수, 심문에는 검사의 신청에 의하여 법관이 발부한 영장이 제시되어야 한다.

④ 법관에 대한 영장신청은 검사 또는 사법경찰관이 한다.

⑤ 특별한 경우, 형사상 자기에게 불리한 진술을 강요받을 수 있다.

03 다음 중 행정처분에 대한 설명으로 옳지 않은 것은?

① 행정처분은 행정청이 행하는 공권력 작용이다.

② 경미한 하자가 있는 행정처분에는 공정력이 인정된다.

③ 행정처분에는 조건을 부가할 수 없다.

④ 행정처분에 대해서만 항고소송을 제기할 수 있다.

⑤ 법규를 위반하면 위법처분으로서 행정심판·행정소송의 대상이 된다.

04 다음 중 자유권적 기본권으로 옳지 않은 것은?

① 신체의 자유
② 종교의 자유
③ 직업선택의 자유
④ 청원권의 보장
⑤ 재산권의 보장

05 다음 중 행복추구권에 대한 설명으로 옳지 않은 것은?(단, 다툼이 있는 경우 판례에 따른다)

① '운전면허를 받은 사람이 자동차 등을 이용하여 범죄행위를 한 때'를 필요적 운전면허 취소사유로 규정하는 것은 일반적 행동자유권을 침해하여 헌법에 위반된다.
② 형사재판의 피고인으로 출석하는 수형자에 대하여 사복 착용을 허용하지 아니한 것은 행복추구권을 침해한다.
③ 한자 학습을 통하여 사고력·응용력·창의력을 기를 수 있고, 동아시아에서의 문화적 연대를 확산시킬 수 있으므로 공문서의 한글전용을 규정한 국어기본법은 공무원들의 행복추구권을 침해한다.
④ 기부금품의 모집행위도 행복추구권에서 파생하는 일반적인 행동자유권에 의하여 기본권으로 보장된다.
⑤ 금치기간 중 신문·도서·잡지 외 자비구매물품의 사용을 제한하는 '형의 집행 및 수용자의 처우에 관한 법률' 조항은 수용자의 일반적 행동의 자유를 침해하지 않는다.

06 다음 중 탄핵소추에 대한 설명으로 옳지 않은 것은?

① 대통령이 그 직무집행에 있어서 헌법이나 법률을 위배한 때에는 탄핵소추의 대상이 된다.
② 대통령에 대한 탄핵소추는 국회 재적의원 3분의 2 이상의 찬성이 있어야 의결된다.
③ 탄핵결정으로 공직으로부터 파면되면 민사상의 책임은 져야 하나, 형사상의 책임은 면제된다.
④ 대통령이 탄핵소추의 의결을 받은 때에는 국무총리, 법률이 정한 국무위원의 순서로 그 권한을 대행한다.
⑤ 탄핵소추의 의결을 받은 공무원은 헌법재판소에 의한 탄핵결정이 있을 때까지 그 권한행사가 정지된다.

07 다음 중 헌법재판에 대한 설명으로 옳은 것은?

① 헌법은 헌법재판소장의 임기를 5년으로 규정한다.

② 헌법재판의 전심절차로서 반드시 행정심판을 거쳐야 한다.

③ 헌법재판소는 지방자치단체 상호 간의 권한쟁의심판을 관장한다.

④ 탄핵 인용결정을 할 때에는 재판관 5인 이상의 찬성이 있어야 한다.

⑤ 헌법재판소 재판관은 연임할 수 없다.

08 다음 중 헌법개정에 대한 설명으로 옳지 않은 것은?

① 헌법의 파괴는 개정이 아니다.

② 헌법에 규정된 개정절차에 따라야 한다.

③ 헌법의 기본적 동일성이 변경되는 것이다.

④ 헌법의 형식이나 내용에 변경을 가하는 것이다.

⑤ 국민투표를 요구하는 방법, 특별헌법회의를 필요로 하는 방법 등을 볼 수 있다.

09 다음 중 통치행위에 해당하는 사항으로 옳지 않은 것은?(단, 다툼이 있는 경우 판례에 따른다)

① 남북정상회담의 개최   ② 대통령의 서훈취소

③ 대통령의 긴급재정·경제명령   ④ 대통령의 특별사면

⑤ 대통령의 외국으로의 국군의 파병결정

10 다음 중 국회의 권한으로 옳은 것은?

① 탄핵심판권

② 권한쟁의심판권

③ 긴급명령에 대한 승인권

④ 명령·규칙에 대한 최종심사권

⑤ 법률의 위헌여부 심판권

11 다음 중 법률효과가 처음부터 발생하지 않는 것은?

① 착오　　　　　　　　　　　② 취소
③ 무효　　　　　　　　　　　④ 사기
⑤ 강박

12 다음 중 신의칙과 거리가 먼 것은?

① 사적자치의 원칙　　　　　　② 권리남용금지의 원칙
③ 실효의 원리　　　　　　　　④ 금반언의 원칙(외형주의)
⑤ 사정변경의 원칙

13 권리와 의무는 서로 대응하는 것이 보통이나, 권리만 있고 그에 대응하는 의무가 없는 경우도 있다. 이와 같은 권리에는 무엇이 있는가?

① 친권　　　　　　　　　　　② 특허권
③ 채권　　　　　　　　　　　④ 취소권
⑤ 재산권

14 다음 중 행정심판에 의해 구제받지 못한 자가 위법한 행정행위에 대하여 최종적으로 법원에 구제를 청구하는 절차는?

① 헌법소원　　　　　　　　　② 손해배상청구
③ 손실보상청구　　　　　　　④ 행정소송
⑤ 경정청구

15 다음 중 현행 헌법상 정당설립과 활동의 자유에 대한 설명으로 옳지 않은 것은?

① 정당의 설립은 자유이며, 복수정당제는 보장된다.

② 정당은 그 목적·조직과 활동이 민주적이어야 한다.

③ 정당은 국민의 정치적 의사형성에 참여하는 데 필요한 조직을 가져야 한다.

④ 국가는 법률이 정하는 바에 의하여 정당의 운영에 필요한 자금을 보조할 수 있다.

⑤ 정당의 목적과 활동이 민주적 기본질서에 위배될 때에는 국회는 헌법재판소에 그 해산을 제소할 수 있다.

16 다음 중 행정기관에 대한 설명으로 옳은 것은?

① 행정청의 자문기관은 합의제이며, 그 구성원은 공무원으로 한정된다.

② 의결기관은 의사기관에 대하여 그 의결 또는 의사결정을 집행하는 기관이다.

③ 국무조정실, 각 부의 차관보·실장·국장 등은 행정조직의 보조기관이다.

④ 행정청은 행정주체의 의사를 결정하여 외부에 표시하는 권한을 가진 기관이다.

⑤ 보좌기관은 행정조직의 내부기관으로서 행정청의 권한 행사를 보조하는 것을 임무로 하는 행정기관이다.

17 다음 중 ㉠, ㉡이 의미하는 행정구제제도의 명칭이 바르게 연결된 것은?

> ㉠ 지방자치단체가 건설한 교량이 시공자의 흠으로 붕괴되어 지역주민들에게 상해를 입혔을 때, 지방자치단체가 상해를 입은 주민들의 피해를 구제해 주었다.
> ㉡ 도로확장사업으로 인하여 토지를 수용당한 주민들의 피해를 국가가 변상하여 주었다.

	㉠	㉡
①	손실보상	행정소송
②	손해배상	행정심판
③	행정소송	손실보상
④	손해배상	손실보상
⑤	행정소송	손해배상

18 다음 중 행정행위에 대한 설명으로 옳지 않은 것은?

① 내용이 명확하고 실현가능하여야 한다.
② 법률상 절차와 형식을 갖출 필요는 없다.
③ 법률의 규정에 위배되지 않아야 한다.
④ 정당한 권한을 가진 자의 행위이어야 한다.
⑤ 법률에 근거를 두어야 한다.

19 다음 중 관할행정청 甲이 乙의 경비업 허가신청에 대해 거부처분을 한 경우, 이에 불복하는 乙이 제기할 수 있는 행정심판은 무엇인가?

① 당사자심판
② 부작위위법확인심판
③ 거부처분부당확인심판
④ 의무이행심판
⑤ 특허심판

20 다음 중 취소소송의 판결의 효력에 대한 설명으로 옳지 않은 것은?(단, 다툼이 있는 경우 판례에 따른다)

① 취소판결의 기판력은 판결의 대상이 된 처분에 한하여 미치고 새로운 처분에 대해서는 미치지 아니한다.
② 거부처분의 취소판결이 확정된 경우 그 판결의 당사자인 처분청은 그 소송의 사실심 변론 종결 이후 발생한 사유를 들어 다시 이전의 신청에 대하여 거부처분을 할 수 있다.
③ 취소판결의 기속력은 그 사건의 당사자인 행정청과 그 밖의 관계행정청에게 확정판결의 취지에 따라 행동하여야 할 의무를 지우는 것으로 이는 인용판결에 한하여 인정된다.
④ 거부처분의 취소판결이 확정되었더라도 그 거부처분 후에 법령이 개정·시행되었다면 처분청은 그 개정된 법령 및 허가기준을 새로운 사유로 들어 다시 이전 신청에 대하여 거부처분을 할 수 있다.
⑤ 취소판결의 기판력은 소송의 대상이 된 처분의 위법성존부에 관한 판단 그 자체에만 미치기 때문에 기각판결의 원고는 당해 소송에서 주장하지 아니한 다른 위법사유를 들어 다시 처분의 효력을 다툴 수 있다.

21 다음 중 시장실패에 따른 정부의 대응에 대한 설명으로 옳지 않은 것은?

① 공공재에 대한 무임승차 현상 발생 시 정부는 공적공급을 통해 해결할 수 있다.

② 외부효과가 발생할 때는 규제를 통한 부정적 외부효과 제한만이 문제를 해결할 수 있다.

③ 정보 비대칭 발생 시 공적규제를 통해 사회주체 간 정보격차를 완화할 수 있다.

④ 불완전경쟁 문제를 해결하기 위해서는 공적규제를 시행하는 것이 효과적이다.

⑤ 자연독점에 따른 시장실패 발생 시 정부에 의한 공급뿐만 아니라 규제를 통해서도 해결할 수 있다.

22 다음 근무성적평정의 오류 중 강제배분법으로 방지할 수 있는 것을 〈보기〉에서 모두 고르면?

> **보기**
>
> ㄱ. 첫머리 효과   ㄴ. 집중화 경향
> ㄷ. 엄격화 경향   ㄹ. 선입견에 의한 오류

① ㄱ, ㄴ   ② ㄱ, ㄷ
③ ㄴ, ㄷ   ④ ㄴ, ㄹ
⑤ ㄷ, ㄹ

23 다음 중 정부의 결산 순서를 바르게 나열한 것은?

> ⊙ 감사원의 결산 확인   ⓒ 중앙예산기관의 결산서 작성·보고
> ⓒ 국회의 결산심의   ⓔ 국무회의 심의와 대통령의 승인
> ⑩ 해당 행정기관의 출납 정리·보고

① ⓒ-⊙-ⓔ-ⓒ-⑩   ② ⓒ-⑩-⊙-ⓒ-ⓔ
③ ⑩-⊙-ⓔ-ⓒ-ⓒ   ④ ⑩-ⓒ-⊙-ⓔ-ⓒ
⑤ ⑩-ⓒ-ⓔ-ⓒ-⊙

24 다음 중 대표관료제에 대한 설명으로 옳지 않은 것은?

① 대표관료제는 정부관료제가 그 사회의 인적 구성을 반영하도록 구성함으로써 관료제 내에 민주적 가치를 반영시키려는 의도에서 발달하였다.

② 우리나라의 양성평등채용목표제나 지역인재추천채용제는 관료제의 대표성을 제고하기 위해 도입된 제도로 볼 수 있다.

③ 대표관료제의 장점은 사회의 인구 구성적 특징을 반영하는 소극적 측면의 확보를 통해서 관료들이 출신 집단의 이익을 위해 적극적으로 행동하는 적극적인 측면을 자동적으로 확보하는 데 있다.

④ 대표관료제는 할당제를 강요하는 결과를 초래해 현대 인사행정의 기본 원칙인 실적주의를 훼손하고 행정능률을 저해할 수 있다는 비판을 받는다.

⑤ 크란츠(Kranz)는 대표관료제의 개념을 비례대표로까지 확대하여 관료제 내의 출신 집단별 구성 비율이 총인구 구성 비율과 일치해야 할 뿐만 아니라 나아가 관료제 내의 모든 직무 분야와 계급의 구성 비율까지도 총인구 비율에 상응하게 분포되어 있어야 한다고 주장한다.

25 다음 중 갈등에 대한 설명으로 옳지 않은 것은?

① 집단 간 갈등의 해결은 구조적 분화와 전문화를 통해서 찾을 필요가 있다.

② 지위부조화는 행동주체 간의 교호작용을 예측 불가능하게 하여 갈등을 야기한다.

③ 갈등을 해결하기 위해서는 목표수준을 차별화할 필요가 있다.

④ 업무의 상호의존성이 갈등상황을 발생시키는 원인이 될 수 있다.

⑤ 행태주의적 관점은 조직 내 갈등은 필연적이고 완전한 제거가 불가능하기 때문에 갈등을 인정하고 받아들여야 한다는 입장이다.

26 다음 중 행정지도에 대한 설명으로 옳은 것은?

① 행정지도를 통한 상대방의 행위에 대해 행정주체는 감독권한을 갖는다.

② 행정지도는 행정강제와 같이 강제력을 갖는 행위이다.

③ 행정환경 변화에 대해 신속한 적용이 어렵다.

④ 분쟁의 가능성이 낮다는 장점이 있다.

⑤ 행정지도는 상대방의 임의적 협력 또는 동의하에 일정 행정질서의 형성을 달성하기 위한 권력적 사실행위이다.

27 다음 중 규제에 대한 설명으로 옳지 않은 것은?

① 규제의 역설은 기업의 상품정보공개가 의무화될수록 소비자의 실질적 정보량은 줄어든다고 본다.

② 관리규제란 정부가 특정한 사회 문제 해결에 대한 목표 달성 수준을 정하고 피규제자에게 이를 달성할 것을 요구하는 것이다.

③ 포획이론은 정부가 규제의 편익자에게 포획됨으로써 일반시민이 아닌 특정집단의 사익을 옹호하는 것을 지적한다.

④ 지대추구이론은 정부규제가 지대를 만들어내고 이해관계자집단으로 하여금 그 지대를 추구하도록 한다는 점을 설명한다.

⑤ 윌슨(J. Wilson)에 따르면 규제로부터 감지되는 비용과 편익의 분포에 따라 각기 다른 정치 경제적 상황이 발생된다.

28 다음 중 조직이론에 대한 설명으로 옳지 않은 것은?

① 고전적 조직이론에서는 조직 내부의 효율성과 합리성이 중요한 논의 대상이었다.

② 신고전적 조직이론은 인간에 대한 관심을 불러 일으켰고 조직행태론 연구의 출발점이 되었다.

③ 고전적 조직이론은 수직적인 계층제와 수평적인 분업체제, 명확한 절차와 권한이 중시되었다.

④ 현대적 조직이론은 동태적이고 유기체적인 조직을 상정하며 조직발전(OD)을 중시해 왔다.

⑤ 신고전적 조직이론은 인간의 조직 내 개방적인 사회적 관계와 더불어 조직과 환경의 관계를 중점적으로 다루었다.

29 정부는 공공서비스를 효율적으로 공급하기 위한 방법의 하나로 민간위탁 방법을 사용하기도 한다. 다음 중 민간위탁 방식에 해당하지 않는 것은?

① 면허 방식   ② 바우처 방식

③ 보조금 방식   ④ 책임경영 방식

⑤ 자조활동 방식

30 다음 중 성과주의 예산제도에 대한 설명으로 옳지 않은 것은?

① 정부가 무슨 일을 하느냐에 중점을 두는 제도이다.

② 기능별 예산제도 또는 활동별 예산제도라고 부르기도 한다.

③ 관리지향성을 지니며 예산관리를 포함하는 행정관리작용의 능률화를 지향한다.

④ 예산관리기능의 집권화를 추구한다.

⑤ 정부사업에 대한 회계책임을 묻는 데 유용하다.

31 다음 중 행정통제에 대한 설명으로 옳은 것을 〈보기〉에서 모두 고르면?

> 보기
>
> ㄱ. 행정통제는 통제시기의 적시성과 통제내용의 효율성이 고려되어야 한다.
> ㄴ. 옴부즈만 제도는 공무원에 대한 국민의 책임 추궁의 창구 역할을 하며, 사법통제의 한계를 보완하는 제도이다.
> ㄷ. 외부통제는 선거에 의한 통제와 이익집단에 의한 통제를 포함한다.
> ㄹ. 입법통제는 합법성을 강조하므로 위법행정보다 부당행정이 많은 현대행정에서는 효율적인 통제가 어렵다.

① ㄱ, ㄴ

② ㄴ, ㄹ

③ ㄱ, ㄴ, ㄷ

④ ㄱ, ㄷ, ㄹ

⑤ ㄴ, ㄷ, ㄹ

32 다음 중 신공공관리론과 신공공서비스론의 특성에 대한 설명으로 옳지 않은 것은?

① 신공공관리론은 경제적 합리성에 기반하는 반면에 신공공서비스론은 전략적 합리성에 기반한다.

② 신공공관리론은 기업가 정신을 강조하는 반면에 신공공서비스론은 사회적 기여와 봉사를 강조한다.

③ 신공공관리론의 대상이 고객이라면 신공공서비스론의 대상은 시민이다.

④ 신공공서비스론이 신공공관리론보다 지역공동체 활성화에 더 적합한 이론이다.

⑤ 신공공관리론이 신공공서비스론보다 행정책임의 복잡성을 중시하며 행정재량권을 강조한다.

33 다음 중 비계량적 성격의 직무평가 방법을 〈보기〉에서 모두 고르면?

> **보기**
>
> ㄱ. 점수법   ㄴ. 서열법
> ㄷ. 요소비교법   ㄹ. 분류법

① ㄱ, ㄴ   ② ㄱ, ㄷ
③ ㄴ, ㄷ   ④ ㄴ, ㄹ
⑤ ㄷ, ㄹ

34 다음 중 지방자치의 한 계보로서 주민자치에 대한 설명으로 옳지 않은 것은?

① 지방주민의 의사와 책임하에 스스로 그 지역의 공공사무를 처리한다.
② 지방자치단체는 지방의 자치행정기관으로서 이중적 지위를 갖는다.
③ 지방의 공공사무를 결정하고 처리하는 데는 주민의 참여가 중요하다.
④ 지방사무에 관해 자치단체 고유사무와 중앙정부 위임사무를 구별하지 않는다.
⑤ 주민의 자치사무를 처리한다는 측면에서 정치적 의미가 강하다.

35 다음 중 조직구성원들의 동기이론에 대한 설명으로 옳은 것을 〈보기〉에서 모두 고르면?

> **보기**
>
> ㄱ. ERG 이론 : 앨더퍼(C. Alderfer)는 욕구를 존재욕구, 관계욕구, 성장욕구로 구분한 후 상위욕
>   구와 하위욕구 간에 '좌절 – 퇴행' 관계를 주장하였다.
> ㄴ. XY 이론 : 맥그리거(D. McGregor)의 X이론은 매슬로(A. Maslow)가 주장했던 욕구계층 중에
>   서 주로 상위욕구를, Y이론은 주로 하위욕구를 중요시하였다.
> ㄷ. 형평이론 : 애덤스(J. Adams)는 자기의 노력과 그 결과로 얻어지는 보상을 준거인물과 비교하
>   여 공정하다고 인식할 때 동기가 유발된다고 주장하였다.
> ㄹ. 기대이론 : 브룸(V. Vroom)은 보상에 대한 매력성, 결과에 따른 보상, 그리고 결과발생에 대한
>   기대감에 의해 동기유발의 강도가 좌우된다고 보았다.

① ㄱ, ㄷ   ② ㄱ, ㄹ
③ ㄴ, ㄷ   ④ ㄷ, ㄹ
⑤ ㄱ, ㄴ, ㄷ

36 다음 중 예산분류 방식의 특징에 대한 설명으로 옳은 것은?

① 기능별 분류는 시민을 위한 분류라고도 하며 행정수반의 사업계획 수립에 도움이 되지 않는다.

② 조직별 분류는 부처 예산의 전모를 파악할 수 있어 지출의 목적이나 예산의 성과 파악이 용이하다.

③ 품목별 분류는 사업의 지출 성과와 결과에 대한 측정이 어렵다.

④ 경제 성질별 분류는 국민소득, 자본형성 등에 관한 정부활동의 효과를 파악하는 데 한계가 있다.

⑤ 품목별 분류는 예산집행기관의 재량을 확대하는 데 유용하다.

37 다음 중 중앙행정기관의 장과 지방자치단체의 장이 사무를 처리할 때 의견을 달리하는 경우 이를 협의·조정하기 위하여 설치하는 기구는?

① 행정협의조정위원회　　　　　　　② 중앙분쟁조정위원회

③ 지방분쟁조정위원회　　　　　　　④ 행정협의회

⑤ 갈등조정협의회

38 다음 중 정부의 역할에 대한 입장으로 옳은 것을 〈보기〉에서 모두 고르면?

> **보기**
> ㄱ. 진보주의 정부관에 따르면 정부에 대한 불신이 강하고 정부실패를 우려한다.
> ㄴ. 공공선택론의 입장은 정부를 공공재의 생산자로 규정하고 대규모 관료제에 의한 행정의 효율성을 높이는 것이 중요하다고 본다.
> ㄷ. 보수주의 정부관은 자유방임적 자본주의를 옹호한다.
> ㄹ. 신공공서비스론 입장에 따르면 정부의 역할은 시민들로 하여금 공유된 가치를 창출하고 충족시킬 수 있도록 봉사하는 데 있다.
> ㅁ. 행정국가 시대에는 '최대의 봉사가 최선의 정부'로 받아들여졌다.

① ㄱ, ㄴ, ㄷ　　　　　　　　　　　② ㄴ, ㄷ, ㄹ

③ ㄷ, ㄹ, ㅁ　　　　　　　　　　　④ ㄱ, ㄴ, ㄹ, ㅁ

⑤ ㄱ, ㄴ, ㄷ, ㄹ, ㅁ

39 다음 〈보기〉를 통계적 결론의 타당성 확보에 있어서 발생할 수 있는 오류로 바르게 구분한 것은?

> **보기**
> ㄱ. 정책이나 프로그램의 효과가 실제로 발생하였음에도 불구하고 통계적으로 효과가 나타나지 않은 것으로 결론을 내리는 경우
> ㄴ. 정책의 대상이 되는 문제 자체에 대한 정의를 잘못 내리는 경우
> ㄷ. 정책이나 프로그램의 효과가 실제로 발생하지 않았음에도 불구하고 통계적으로 효과가 나타난 것으로 결론을 내리는 경우

	제1종 오류	제2종 오류	제3종 오류
①	ㄱ	ㄴ	ㄷ
②	ㄱ	ㄷ	ㄴ
③	ㄴ	ㄱ	ㄷ
④	ㄴ	ㄷ	ㄱ
⑤	ㄷ	ㄱ	ㄴ

40 다음 중 신제도주의에 대한 설명으로 옳지 않은 것은?

① 제도는 공식적·비공식적 제도를 모두 포괄한다.
② 합리적 선택 제도주의는 개인의 합리적 선택과 전략적 의도가 제도변화를 발생시킨다고 본다.
③ 역사적 제도주의는 경로의존성에 의한 정책선택의 제약을 인정한다.
④ 사회학적 제도주의에서 제도는 개인들 간의 선택적 균형에 기반한 제도적 동형화과정의 결과물로 본다.
⑤ 개인의 선호는 제도에 의해서 제약이 되지만 제도가 개인들 간의 상호작용의 결과에 의해서 변화할 수도 있다고 본다.

01 길이가 10m이고 지름이 50cm인 강봉이 길이 방향으로 작용하는 인장력에 의하여 10cm 변형되었다. 강봉의 푸아송 비가 0.2일 때, 강봉의 반지름 변화는?

① 0.05cm 증가

② 0.05cm 감소

③ 0.1cm 증가

④ 0.1cm 감소

⑤ 0.2cm 증가

02 다음 중 폭이 b이고 높이가 h인 직사각형의 도심에 대한 단면 2차 모멘트는?

① $\dfrac{bh}{3}(b^2 + h^2)$

② $\dfrac{\sqrt{bh}}{3}(b^3 + h^3)$

③ $\dfrac{\sqrt{bh}}{12}(b^3 + h^3)$

④ $\dfrac{bh}{12}(b^2 + h^2)$

⑤ $\dfrac{bh}{6}(b^2 + h^2)$

03 길이가 7m인 양단 연속보에서 처짐을 계산하지 않는 경우 보의 최소두께로 옳은 것은?(단, $f_{ck} =$ 28MPa, $f_y =$ 400MPa이다)

① 약 275mm

② 약 334mm

③ 약 379mm

④ 약 438mm

⑤ 약 452mm

04 금속의 탄성계수 $E = 230,000\text{MPa}$이고, 전단탄성계수 $G = 60,000\text{MPa}$일 때, 이 금속의 푸아송 비(ν)는?

① 약 0.917 ② 약 0.824

③ 약 0.766 ④ 약 0.621

⑤ 약 0.586

05 두 개의 수평한 판이 5mm 간격으로 놓여 있고, 점성계수 $0.01\text{N} \cdot \text{s/cm}^2$인 유체로 채워져 있다. 하나의 판을 고정시키고 다른 하나의 판을 2m/s로 움직일 때, 유체 내에서 발생되는 전단응력은?

① 1N/cm^2 ② 2N/cm^2

③ 3N/cm^2 ④ 4N/cm^2

⑤ 5N/cm^2

06 다음 중 평면교차로의 설계 원칙으로 옳지 않은 것은?

① 교차로의 면적은 가능한 한 최대가 되도록 설계한다.
② 자동차의 유도로를 명확하게 지시한다.
③ 교차각은 $90° \pm 15°$로 설정한다.
④ 다섯 갈래 이상의 교차로는 되도록 피한다.
⑤ 서로 다른 교통류는 분리한다.

07 한 방향 슬래브는 휨균열을 제어하기 위해 휨철근의 배치에 대한 규정으로 콘크리트 인장연단에 가장 가까이 배치되는 휨철근의 중심간격(s)을 제한하고 있다. 철근의 항복강도가 500MPa이고 피복두께가 40mm로 설계된 휨철근의 중심간격(s)은 얼마 이하여야 하는가?

① 300.00mm ② 315.00mm

③ 330.00mm ④ 345.00mm

⑤ 360.00mm

08 다음 중 보의 탄성변형에서 내력이 한 일을 그 지점의 반력으로 1차 편미분한 것은 '0'이 된다는 정리는?

① 중첩의 원리

② 맥스웰베티의 상반원리

③ 최소일의 원리

④ 카스틸리아노의 제1정리

⑤ 테브난의 정리

09 다음 중 도로의 등급이 높은 순서대로 나열한 것은?

① 고속국도 – 일반국도 – 지방도 – 특별시도 – 시도 – 군도 – 구도

② 고속국도 – 일반국도 – 지방도 – 시도 – 특별시도 – 군도 – 구도

③ 고속국도 – 일반국도 – 시도 – 특별시도 – 지방도 – 구도 – 군도

④ 고속국도 – 일반국도 – 특별시도 – 시도 – 구도 – 지방도 – 군도

⑤ 고속국도 – 일반국도 – 특별시도 – 지방도 – 시도 – 군도 – 구도

10 다음 중 Terzaghi의 1차원 압밀 이론의 가정조건으로 옳지 않은 것은?

① 흙은 균질하고 완전하게 포화되어 있다.

② 토립자와 물은 비압축성이다.

③ Darcy의 법칙이 타당하게 사용된다.

④ 압밀 진행 중인 흙의 성질은 변할 수 있다.

⑤ 압력과 간극비 사이에는 직선적인 관계가 성립된다.

11 어떤 흙의 습윤 단위중량이 $2.0t/m^3$, 함수비가 20%, 비중 $G_s = 2.7$인 경우 포화도는 얼마인가?

① 약 84.1%

② 약 87.1%

③ 약 95.6%

④ 약 98.5%

⑤ 약 100%

12 설계기준압축강도(f_{ck})가 25MPa이고, 쪼갬인장강도(f_{sp})가 2.4MPa인 경량골재콘크리트에 적용하는 경량콘크리트계수(λ)는?

① 약 0.857   ② 약 0.867

③ 약 0.878   ④ 약 0.881

⑤ 약 0.893

13 다음 중 도로의 서비스 수준 F에 해당하지 않는 경우는?

① 혼잡한 도로에서의 차로변경 등으로 인한 교통정체

② 교통사고로 인한 도로 통제

③ 합류 지점 등 도착 교통량이 통과 교통량보다 많은 경우

④ 첨두시간 교통량이 용량을 초과할 때

⑤ 시위 등으로 인한 도로 통제

14 단순지지된 2방향 슬래브에 등분포하중 w가 작용할 때, ab방향에 분배되는 하중은 얼마인가?

① $0.958w$ ② $0.941w$

③ $0.932w$ ④ $0.912w$

⑤ $0.893w$

15 콘크리트의 설계기준강도가 38MPa인 경우 콘크리트의 탄성계수(E_e)는?(단, 보통골재를 사용한다)

① $2.6452 \times 10^4 \text{MPa}$ ② $2.7104 \times 10^4 \text{MPa}$

③ $2.9546 \times 10^4 \text{MPa}$ ④ $3.0952 \times 10^4 \text{MPa}$

⑤ $3.1856 \times 10^4 \text{MPa}$

16 다음 중 철근 콘크리트 포장에 대한 설명으로 옳지 않은 것은?

① 일정량의 종방향 철근을 사용한다.
② 종방향 철근에 의해 균열이 방지되므로 균열 발생을 어느 정도 허용한다.
③ 무근 콘크리트 포장에 비해 줄눈의 수가 줄어든다.
④ 일반 도로포장과는 달리 큰 공항의 활주로 등의 작용하중이 큰 도로에 적용된다.
⑤ 포장수명이 다른 형태보다 길어 유지관리가 용이하다.

17 다음 중 표준관입시험에 대한 설명으로 옳지 않은 것은?

① 표준관입시험의 N값으로 모래지반의 상대밀도를 추정할 수 있다.
② N값으로 점토지반의 연경도에 관한 추정이 가능하다.
③ 지층의 변화를 판단할 수 있는 시료를 얻을 수 있다.
④ 모래지반에 대해서도 흐트러지지 않은 시료를 얻을 수 있다.
⑤ KSF 2307 규정에 의거한 시험방법에 따라 실시한다.

18 다음 중 3층 구조로 구조결합 사이에 치환성 양이온이 있어서 활성이 크고, 시트 사이에 물이 들어가 팽창 수축이 크고 공학적 안전성이 제일 약한 점토광물은?

① Kaolinite　　　　　　　　② Illite
③ Sand　　　　　　　　　　④ Halloysite
⑤ Montmorillonite

19 무게 1kg의 물체를 두 끈으로 늘어뜨렸을 때, 한 끈이 받는 힘의 크기를 바르게 나열한 것은?

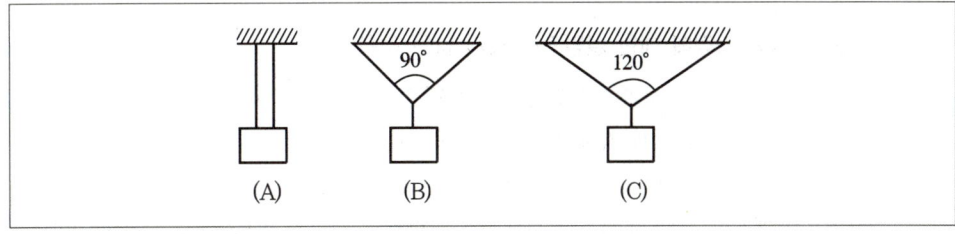

① (A) > (B) > (C)　　　　　② (A) > (C) > (B)
③ (B) > (A) > (C)　　　　　④ (C) > (A) > (B)
⑤ (C) > (B) > (A)

20 다음 중 도로의 횡단구성 시 고려해야 할 사항으로 옳지 않은 것은?

① 교통의 안정성 및 효율성

② 생활환경보전

③ 효율성을 위한 자전거도로와 보행로의 통합

④ 도로의 유지관리

⑤ 교통처리능력

21 다음 그림과 같은 단면을 가지는 기둥에 집중하중 200kN이 아래와 같은 편심으로 작용할 때, 최대 압축응력은 얼마인가?

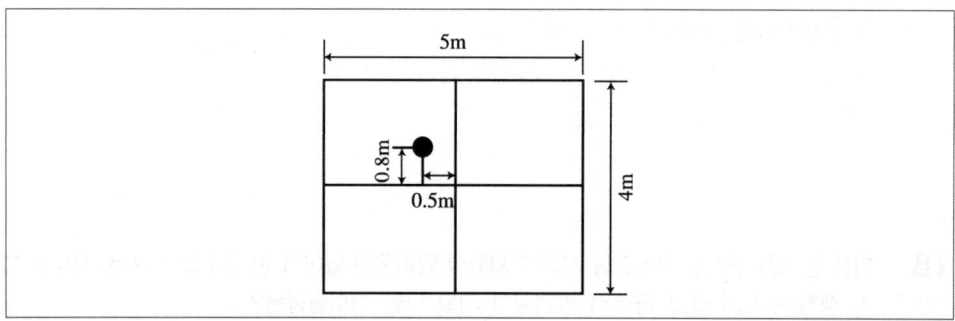

① 16kPa   ② 20kPa

③ 24kPa   ④ 28kPa

⑤ 32kPa

22 다음 중 흙의 다짐에 대한 설명으로 옳지 않은 것은?

① 다짐에너지를 증가시키면 다짐곡선은 왼쪽 위로 이동하게 된다.

② 최적함수비로 다질 때 최대건조단위중량을 얻는다.

③ 조립토는 세립토보다 최대건조단위중량이 크다.

④ 점토를 최적함수비보다 작은 건조측 다짐을 하면 흙 구조가 면모구조로, 최적함수비보다 큰 습윤 측 다짐을 하면 이산구조로 된다.

⑤ 강도증진을 목적으로 하는 도로 토공의 경우 습윤측 다짐이, 차수를 목적으로 하는 심벽재의 경우 건조측 다짐이 바람직하다.

23 다음 그림과 같은 단면적 1cm^2, 길이 1m인 철근 AB부재가 있다. 이 철근이 최대 $\delta = 1.0\text{cm}$ 늘어날 때, 철근의 허용하중 $P[\text{kN}]$는?[단, 철근의 탄성계수(E)는 $2.1 \times 10^4 \text{kN/cm}^2$로 한다]

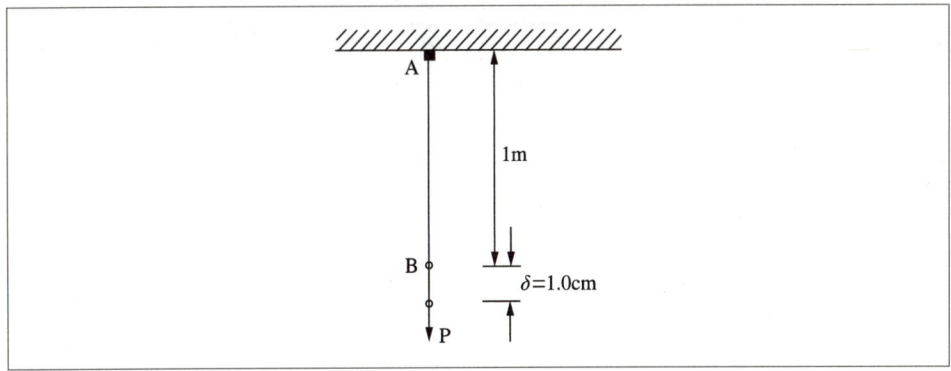

① 150kN   ② 180kN

③ 210kN   ④ 240kN

⑤ 270kN

24 다음 그림과 같은 보에서 A지점의 반력은?

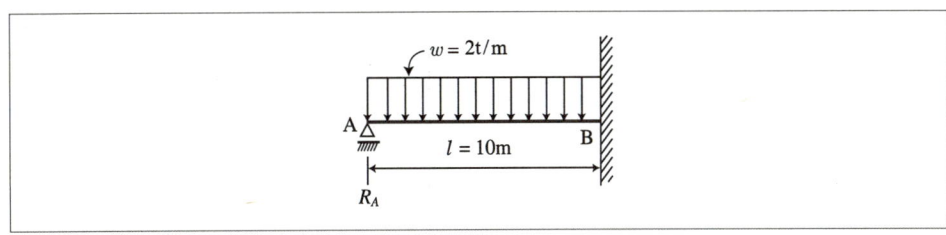

① 6.0t   ② 7.5t

③ 8.0t   ④ 9.5t

⑤ 10.0t

25 다음 그림과 같이 게르버보에 연행 하중이 이동할 때, 지점 B에서 최대 휨모멘트는?

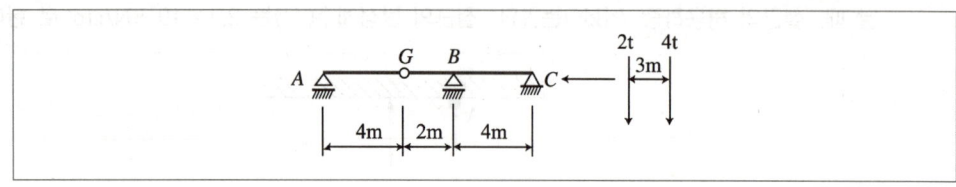

① $-8\text{t} \cdot \text{m}$

② $-9\text{t} \cdot \text{m}$

③ $-10\text{t} \cdot \text{m}$

④ $-11\text{t} \cdot \text{m}$

⑤ $-12\text{t} \cdot \text{m}$

26 다음 캔틸레버보 선단 B의 처짐각(Slope, 요각)은?(단, EI는 일정하다)

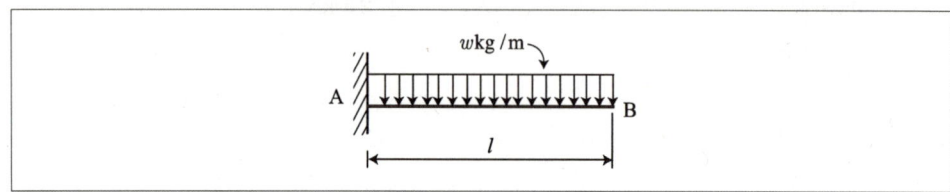

① $\dfrac{wl^3}{3EI}$

② $\dfrac{wl^3}{6EI}$

③ $\dfrac{wl^3}{8EI}$

④ $\dfrac{2wl^3}{3EI}$

⑤ $\dfrac{3wl^3}{6EI}$

27 다음 그림과 같은 지지상태가 1단 고정, 1단 자유인 기둥 상단에 20t의 하중이 작용할 때, 기둥이 좌굴하는 높이 l은?(단, 기둥의 단면적은 폭 5cm, 높이 10cm인 직사각형이고, 탄성계수 $E = 2,100,000\text{kg/cm}^2$이며, 20t의 하중은 단면 중앙에 작용한다)

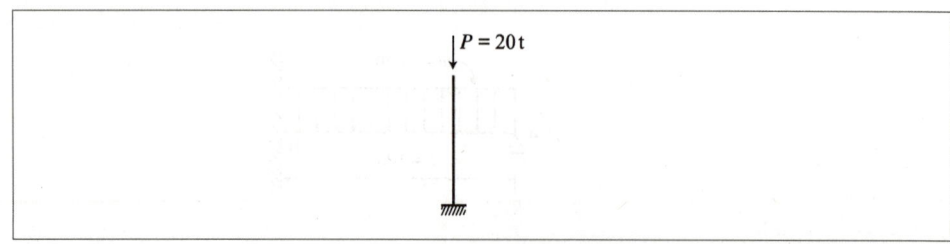

① 약 1.64m

② 약 2.56m

③ 약 3.29m

④ 약 3.50m

⑤ 약 3.78m

28 그림 (b)는 그림 (a)와 같은 단순보에 대한 전단력 선도(S.F.D; Shear Force Diagram)이다. 보 AB에는 어떠한 하중이 실려 있는가?

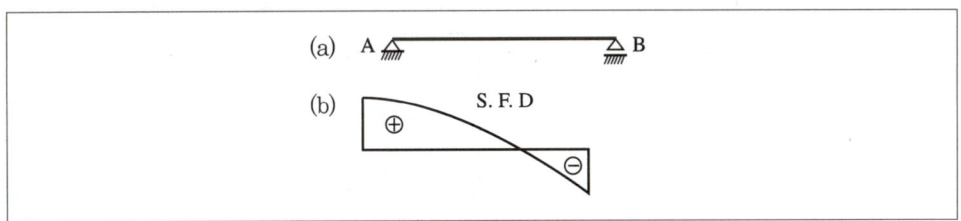

① 집중하중   ② 1차 함수분포 하중

③ 등변분포 하중   ④ 모멘트 하중

⑤ 사다리꼴 하중

29 다음 그림과 같은 일정한 단면적을 가진 보의 길이 l인 B지점에 집중하중 P가 작용하여 B점의 처짐 δ가 4δ가 되려면 보의 길이는?

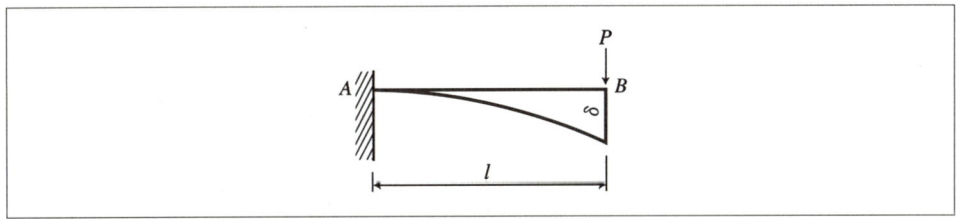

① l의 약 1.2배가 되어야 한다.   ② l의 약 1.6배가 되어야 한다.

③ l의 약 2.0배가 되어야 한다.   ④ l의 약 2.2배가 되어야 한다.

⑤ l의 약 2.4배가 되어야 한다.

30 다음 중 도로포장 시 동결로부터 보호하기 위해 자갈 등의 비동결 재료를 사용하여 동결에 의한 분리현상이 생기지 않도록 설치하는 층은?

① 동상방지층   ② 보조기층

③ 콘크리트 슬래브   ④ 노상

⑤ 입도조정기층

31 다음 그림에서 y축에 대한 단면 2차 모멘트의 값은?

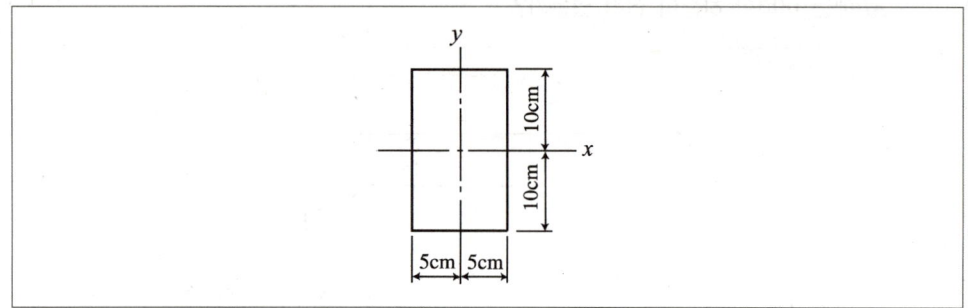

① 약 $6,666\text{cm}^4$ ② 약 $3,333\text{cm}^4$

③ 약 $1,667\text{cm}^4$ ④ 약 $1,416\text{cm}^4$

⑤ 약 $1,102\text{cm}^4$

32 다음 보에서 지점 A부터 최대 휨모멘트가 생기는 단면은?

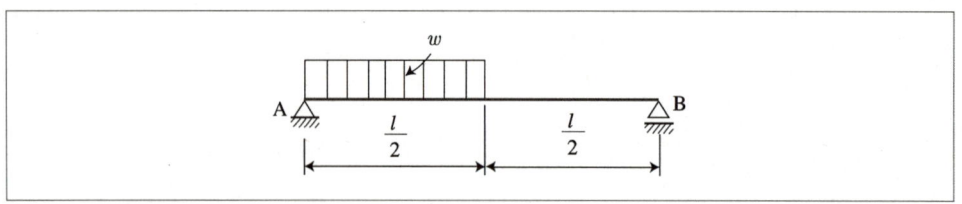

① $\dfrac{1}{3}l$ ② $\dfrac{1}{4}l$

③ $\dfrac{2}{5}l$ ④ $\dfrac{3}{7}l$

⑤ $\dfrac{3}{8}l$

33 다음 그림에서 작용하는 네 힘의 합력이 A점으로부터 오른쪽으로 4m 떨어진 곳에 하방향으로 300kg일 때, F와 P는 각각 얼마인가?

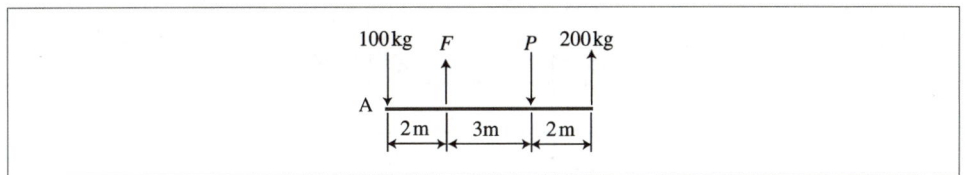

① $F=400$kg, $P=300$kg
② $F=400$kg, $P=200$kg
③ $F=300$kg, $P=400$kg
④ $F=200$kg, $P=400$kg
⑤ $F=200$kg, $P=300$kg

34 다음 구조물에서 CB 부재의 부재력은 얼마인가?

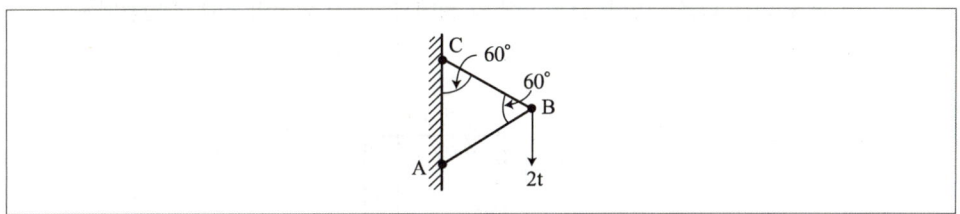

① $2\sqrt{3}$ t
② 2t
③ 1t
④ $\sqrt{3}$ t
⑤ $\dfrac{1}{2}$ t

35 다음 중 설계시간교통량에 대한 정의로 옳은 것은?

① 도로의 계획목표연도에 그 도로를 통행할 것으로 예상되는 10분 교통량이다.
② 도로의 계획목표연도에 그 도로를 통행할 것으로 예상되는 1시간 교통량이다.
③ 도로의 계획목표연도에 그 도로를 통행할 것으로 예상되는 6시간 교통량이다.
④ 도로의 계획목표연도에 그 도로를 통행할 것으로 예상되는 12시간 교통량이다.
⑤ 도로의 계획목표연도에 그 도로를 통행할 것으로 예상되는 1일 교통량이다.

36 다음 그림은 게르버(Gerber)보의 GB 구간에 등분포하중이 작용할 때의 전단력도이다. 등분포하중 w의 크기는?

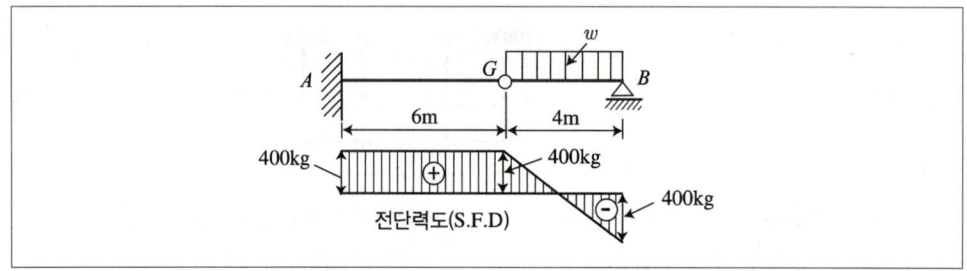

① 250kg/m
② 200kg/m
③ 150kg/m
④ 100kg/m
⑤ 50kg/m

37 $V=6t$을 받는 다음 그림과 같은 단면의 빔에서 $a-a'$ 단면의 최대 전단응력은?

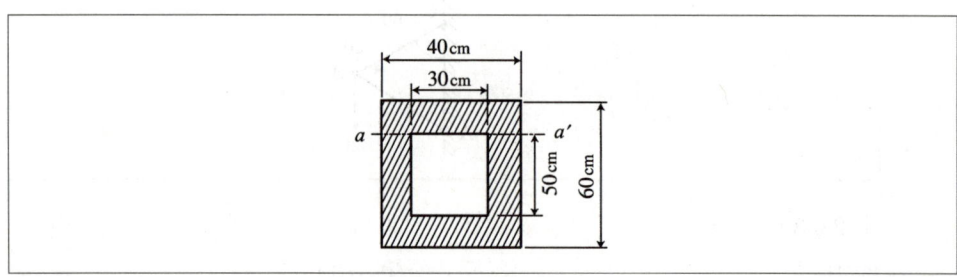

① 8.10kg/cm^2
② 6.06kg/cm^2
③ 5.10kg/cm^2
④ 4.04kg/cm^2
⑤ 2.02kg/cm^2

38 다음 중 단순보 상하부재의 처짐에 대한 설명으로 옳지 않은 것은?

① 보의 강도는 보의 처짐에 영향을 주지 않는다.
② 보의 형태에 따라 처짐에 영향을 줄 수 있다.
③ 보의 재질에 따라 열팽창 특성이 변할 수 있다.
④ 상하부재 사이의 온도 차이가 클수록 처짐량은 증가한다.
⑤ 길이가 긴 보일수록 자체적으로 처지는 정도가 더 크다.

39 다음 보 구조물의 B지점에서의 모멘트는 얼마인가?

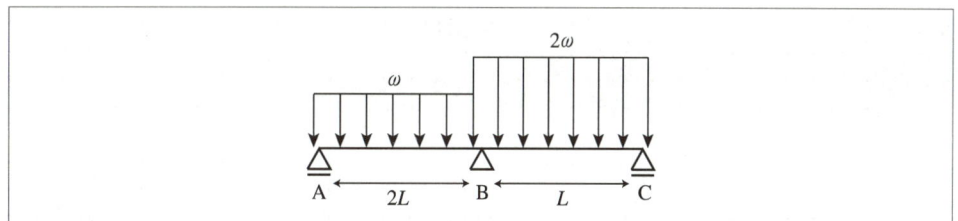

① $M_B = \dfrac{\omega L^2}{4}$ ② $M_B = \dfrac{3\omega L^2}{4}$

③ $M_B = \dfrac{5\omega L^2}{12}$ ④ $M_B = \dfrac{7\omega L^2}{12}$

⑤ $M_B = \dfrac{11\omega L^2}{12}$

40 최대 휨모멘트 $8,000\text{kg/m}$를 받는 목재보의 직사각형 단면에서 폭 $b = 25\text{cm}$일 때, 높이 h는 얼마인가?(단, 자중은 무시하고, 허용 휨응력 $\sigma_a = 120\text{kg/cm}^2$ 이다)

① 40cm   ② 42cm

③ 44cm   ④ 46cm

⑤ 48cm

MEMO

PART 3

최종점검 모의고사

제1회
최종점검 모의고사

※ 한국도로공사 최종점검 모의고사는 2025년 채용공고 및 후기를 기준으로 구성한 것으로 실제 시험과 다를 수 있습니다.

■ 취약영역 분석

번호	O/×	영역	번호	O/×	영역	번호	O/×	영역
01		의사소통능력	21		수리능력	41		문제해결능력
02			22			42		
03			23			43		
04			24			44		
05			25			45		
06			26			46		
07			27			47		정보능력
08			28			48		
09			29			49		
10			30			50		
11			31		문제해결능력	51		
12			32			52		
13			33			53		
14			34			54		
15			35			55		
16		수리능력	36			56		
17			37			57		
18			38			58		
19			39			59		
20			40			60		

평가문항	60문항	평가시간	60분
시작시간	:	종료시간	:
취약영역			

01 다음 글을 읽고 추론할 수 있는 내용을 〈보기〉에서 모두 고르면?

> 과거에는 일반 시민들이 사회 문제에 관한 정보를 얻을 수 있는 수단이 거의 없었다. 따라서 일반 시민들은 신문과 같은 전통적 언론을 통해 정보를 얻었고 전통적 언론은 주요 사회 문제에 대한 여론을 형성하는 데 강한 영향을 끼쳤다. 지금도 신문에서 물가 상승 문제를 반복해서 보도하면 일반 시민들은 이를 중요하다고 생각하고, 그와 관련된 여론도 활성화된다. 이처럼 전통적 언론이 여론을 형성하는 것을 '의제설정기능'이라고 한다. 하지만 막강한 정보원으로 인터넷이 등장한 이후 전통적 언론의 영향력은 약화되고 있다. 그리고 인터넷을 통한 상호작용매체인 소셜 네트워킹 서비스(이하 SNS)가 등장한 이후에는 그러한 경향이 더욱 강화되고 있다. 일반 시민들이 SNS를 통해 문제를 제기하고, 많은 사람들이 그 문제에 대해 중요하다고 생각하면 역으로 전통적 언론에서 뒤늦게 그 문제에 대해 보도하는 현상이 생기게 된 것이다. 이러한 현상을 일반 시민이 의제설정을 주도한다는 점에서 '역의제설정' 현상이라고 한다.

보기

ⓒ 현대의 전통적 언론은 의제설정기능을 전혀 수행하지 못하고 있다.
ⓒ SNS는 일반 시민이 의제설정을 주도하는 것을 가능하게 했다.
ⓒ 현대의 언론은 과거의 언론에 비해 의제설정기능의 역할이 강하다.
ⓒ SNS로 인해 의제설정 현상이 강해지고 있다.

① ⓒ   ② ⓒ
③ ⓒ, ⓒ   ④ ⓒ, ⓒ

02 다음 글의 빈칸에 들어갈 내용으로 가장 적절한 것은?

자율주행차란 운전자가 핸들과 가속페달, 브레이크 등을 조작하지 않아도 정밀한 지도와 위성항법 시스템(GPS) 등 차량의 각종 센서로 상황을 파악해 스스로 목적지까지 찾아가는 자동차를 말한다. 국토교통부는 자율주행차의 상용화를 위해 '부분자율주행차(레벨 3)' 안전기준을 세계 최초로 도입했다고 밝혔다. 이에 따라 7월부터는 자동으로 차로를 유지하는 기능이 탑재된 레벨 3 자율주행차의 출시와 판매가 가능해진다. 국토교통부가 마련한 안전기준에 따르면 레벨 3 부분자율주행차는 운전자 탑승이 확인된 후에만 작동할 수 있다. 자동 차로 유지기능은 운전자가 직접 운전하지 않아도 자율주행시스템이 차선을 유지하면서 주행하고 긴급 상황 등에 대응하는 기능이다. 기존 '레벨 2'는 차로 유지기능을 작동했을 때 차량이 차선을 이탈하면 경고 알람이 울리는 정도여서 운전자가 직접 운전을 해야 했지만, 레벨 3 안전기준이 도입되면 지정된 작동영역 안에서는 자율주행차의 책임 아래 _____

① 운전자가 탑승하지 않더라도 자율주행이 가능해진다.
② 운전자가 직접 조작하지 않더라도 자동으로 속도 조절이 가능해진다.
③ 운전자가 운전대에서 손을 떼고도 차로를 유지하며 자율주행이 가능해진다.
④ 운전자가 직접 조작하지 않더라도 차량 간 일정한 거리 유지가 가능해진다.

03 다음 글의 밑줄 친 부분과 뜻이 같은 한자성어는?

노작(勞作)의 결정체인 서적을 읽으면, 저자의 장구한 기간의 체험이나 연구를 독자는 극히 짧은 시일에 자기 것으로 만들 수 있게 된다. 그뿐만 아니라 서적을 통해 얻은 지식이나 암시에 의하여 <u>그 저자보다 한 걸음 더 나아가는</u> 새로운 지식을 터득하게 되는 일이 많다. 그렇기 때문에 서적은 어두운 거리에 등불이 되는 것이며 험한 나루에 훌륭한 배가 된다.

① 갑남을녀(甲男乙女)　　　　② 청출어람(靑出於藍)
③ 온고지신(溫故知新)　　　　④ 타산지석(他山之石)

04 다음 ㉠ ~ ㉢ 중 단어의 쓰임이 적절하지 않은 것은?

보건복지부는 포용적 사회보장의 기반 마련을 위해 복지 대상자를 중심에 두고 필요한 정보를 연계·통합한 '차세대 사회보장 정보시스템' ㉠ 창안(創案) 계획을 발표했다. 이에 포괄적 사회보장 지원을 원하는 국민은 누구나 '복지 멤버십'의 회원으로 등록할 수 있다. 등록 시 조사에 동의한 가구·소득·재산 정보를 토대로 사회보장급여·서비스의 지원기준에 맞춰 정보시스템이 우선 대상자를 ㉡ 판정(判定)한다. 임신·출산·입학·실직·퇴직·중대 질병·장애 발생·입원 등 경제 상황 변동에 따른 사회보장 정보를 제공한다. 보건복지부 관계자는 "안내를 받은 국민이 사회보장급여와 서비스를 편리하게 신청할 수 있도록 하여 복지 ㉢ 사각(四角)지대를 해소하고, 정책개선 체감도를 높이고자 한다."라고 말했다.

빅데이터를 활용한 시스템도 도입한다. 기존에 단전·단수 정보나 건강 보험료 체납정보 등의 빅데이터 정보를 활용했지만, 앞으로는 단순 빈곤을 넘어 고립·관계단절·정신적·인지적 문제가 있는 경우까지 발굴할 수 있는 방안을 연구하고, 이에 대한 사회적 논의를 신중히 진행할 예정이다. 이를 위해 정부는 보건복지콜센터 상담사나 민간 복지기관 ㉣ 종사(從事)자 등 다양한 인적 안전망을 통해 들어오는 위기 정보를 체계적으로 관리하여 빅데이터 분석에 활용할 계획이다. 또한 고용위기 등 기초자치단체에서 지역 특성을 고려해 자체적으로 위기가구를 분석하고, 원룸·고시원·판자촌 등 주민 등록 정보 관리가 어려운 지역은 위기 징표가 밀집된 곳의 위치정보를 제공할 계획이다.

① ㉠ 창안(創案) ② ㉡ 판정(判定)
③ ㉢ 사각(四脚) ④ ㉣ 종사(從事)

05 다음 제시된 문단에 이어질 내용을 논리적 순서대로 바르게 나열한 것은?

> 연금 제도의 금융 논리와 관련하여 결정적으로 중요한 원리는 중세에서 비롯된 신탁 원리다. 12세기 영국에서는 미성년 유족(遺族)에게 토지에 대한 권리를 합법적으로 이전할 수 없었다. 그럼에도 불구하고 영국인들은 유언을 통해 자식에게 토지 재산을 물려주고 싶어 했다.

> (가) 이런 상황에서 귀족들이 자신의 재산을 미성년 유족이 아닌, 친구나 지인 등 제3자에게 맡기기 시작하면서 신탁 제도가 형성되기 시작했다. 여기서 재산을 맡긴 성인 귀족, 재산을 물려받은 미성년 유족, 그리고 미성년 유족을 대신해 그 재산을 관리·운용하는 제3자로 구성되는 관계, 즉 위탁자, 수익자, 그리고 수탁자로 구성되는 관계가 등장했다.
>
> (나) 연금 제도가 이 신탁 원리에 기초해 있는 이상, 연금 가입자는 연기금 재산의 운용에 대해 영향력을 행사하기 어렵게 된다. 왜냐하면 신탁의 본질상 공·사 연금을 막론하고 신탁 원리에 기반을 둔 연금 제도에서는 수익자인 연금 가입자의 적극적인 권리 행사가 허용되지 않기 때문이다.
>
> (다) 이 관계에서 주목해야 할 것은 미성년 유족은 성인이 될 때까지 재산권을 온전히 인정받지는 못했다는 점이다. 즉, 신탁 원리에서 수익자는 재산에 대한 운용 권리를 모두 수탁자인 제3자에게 맡기도록 되어 있었기 때문에 수익자의 지위는 불안정했다.
>
> (라) 결국 신탁 원리는 수익자의 연금 운용 권리를 현저히 약화시키는 것을 기본으로 한다. 그 대신 연금 운용을 수탁자에게 맡기면서 '수탁자 책임'이라는, 논란이 분분하고 불분명한 책임이 부과된다. 수탁자 책임 이행의 적절성을 어떻게 판단할 수 있는가에 대해 많은 논의가 있었지만, 수탁자 책임의 내용에 대해서 실질적인 합의가 이루어지지는 못했다.

① (가) – (다) – (나) – (라) 　　② (가) – (라) – (나) – (다)
③ (나) – (가) – (다) – (라) 　　④ (나) – (라) – (가) – (다)

06 D회사는 채용 절차 중 토론 면접을 진행하고 있다. 토론 주제는 '공공 자전거 서비스 제도'이며, 다음은 토론 면접의 일부이다. 이에 대한 추론으로 적절하지 않은 것은?

> 사회자 : 최근 사람들의 교통 편의를 위해 공공 자전거 서비스를 제공하는 지방 자치 단체가 늘고 있습니다. 공공 자전거 서비스 제도는 지방 자치 단체에서 사람들에게 자전거를 무상으로 빌려주어 일상생활에서 이용하게 하는 제도입니다. 이에 대해 '공공 자전거 서비스 제도를 시행해야 한다.'라는 논제로 토론을 하고자 합니다. 먼저 찬성 측 입론해 주십시오.
>
> A씨 : 최근 회사나 학교 주변의 교통 체증이 심각한 상황입니다. 특히, 출퇴근 시간이나 등하교 시간에는 많은 자동차가 한꺼번에 쏟아져 나와 교통 혼잡이 더욱 가중되고 있습니다. 공공 자전거 서비스 제도를 도입하여 많은 사람이 자전거를 이용하게 되면 출퇴근이나 등하교 시의 교통 체증 문제를 완화할 수 있을 것입니다. 또한 공공 자전거 서비스 제도를 시행하면 자동차의 배기가스로 인한 대기 오염을 줄일 수 있고, 경제적으로도 교통비가 절감되어 가계에 도움이 될 것입니다.
>
> 사회자 : 반대 측에서 반대 질의해 주십시오.
>
> B씨 : 공공 자전거 서비스 제도를 실시하면 교통 체증 문제를 완화할 수 있다고 하셨는데, 그럴 경우 도로에 자전거와 자동차가 섞이게 되어 오히려 교통 혼잡 문제가 발생하지 않을까요?
>
> A씨 : 자전거 전용 도로를 만들면 자전거와 자동차가 뒤섞여 빚는 교통 혼잡을 막을 수 있어서 말씀하신 문제점을 해결할 수 있습니다.
>
> 사회자 : 이번에는 반대 측에서 입론해 주십시오.
>
> B씨 : 공공 자전거 서비스 제도가 도입되면 자전거를 구입하거나 유지하는 데 드는 비용, 자전거 대여소를 설치하고 운영하는 데 드는 경비 등을 모두 지방 자치 단체에서 충당해야 합니다. 그런데 이 비용들은 모두 사람들의 세금으로 마련되는 것입니다. 따라서 자전거를 이용하지 않는 사람들도 공공 자전거 서비스에 필요한 비용을 지불해야 하기 때문에 형평성의 문제가 발생할 수 있습니다. 자신의 세금 사용에 대해 문제를 제기할 수 있는 사람들의 요구를 고려하여 신중한 접근이 필요하다고 봅니다.
>
> 사회자 : 그러면 이번에는 찬성 측에서 반대 질의해 주십시오.
>
> A씨 : 공공 자전거 서비스 제도의 운용 경비를 모두 지방 자치 단체에서 충당해야 한다고 하셨는데, 통계 자료에 따르면 공공 자전거 서비스 제도를 시행하고 있는 지방 자치 단체 열 곳 중 여덟 곳이 공공 자전거 대여소를 무인으로 운영하고 있으며, 운영 경비의 70%를 정부로부터 지원받고 있다고 합니다. 이런 점에서 지방 자치 단체가 운영 경비를 모두 부담한다고 보기 어렵지 않나요? 그리고 공공 자전거 서비스는 사람들 모두가 이용할 수 있는 혜택이므로 세금 사용의 형평성 문제가 발생한다고 보기 어렵다고 생각합니다.
>
> B씨 : 물론 그렇게 볼 수도 있습니다만, 정부의 예산도 국민의 세금에서 지출되는 것입니다. 공공 자전거 무인 대여소 설치에 들어가는 비용은 얼마나 되는지, 우리 구에 정부 예산이 얼마나 지원될 수 있는지 등을 더 자세하게 살펴봐야 합니다.

① 반대 측은 형평성을 근거로 공공 자전거 서비스 제도에 대해 문제를 제기하고 있다.
② 반대 측은 찬성 측의 주장을 일부 인정하고 있다.
③ 찬성 측은 공공 자전거 서비스 제도의 효과에 대해 구체적인 근거를 제시하고 있다.
④ 반대 측은 예상되는 상황을 제시해서 찬성 측의 주장에 대해 의문을 제기하고 있다.

07 다음 글의 내용으로 적절하지 않은 것은?

1986년부터 2년에 걸쳐 조사된 백제 시대의 공산성에서는 원형의 인공 연못이 발굴되었다. 일반적으로 연못을 조성하는 방법은 지면을 깊게 파고 그 가장자리에 자연석으로 경계면을 쌓아 만드는 것이다. 발굴될 당시에는 '500년에 백제의 동성왕이 공산성 안에 못을 파 놀이터로 삼았으며'라는 『삼국사기』의 기록에 근거하여 공산성의 원형 연못도 이러한 방식으로 만들어진 것으로 추정하였다. 그러나 2004년 탄성파 굴절법으로 연못 지반의 특성을 조사하는 과정에서 공산성 원형 연못의 조성 방식이 일반적인 방식과는 차이가 있음을 알게 되었다.

탄성파 굴절법은 인공 지진파를 이용하여 지하에 매장되어 있는 석유, 가스와 같은 광물 자원을 탐사하기 위한 것이었는데, 궁궐터나 절터 등 문화재를 발굴하는 방법으로도 활용되고 있다. 탐사를 위해서는 먼저 해머 등으로 인공 지진파를 발생시켜야 한다. 인공 지진파는 지표와 지하를 이동하여 지표에 설치된 여러 수진기에 기록이 되는데, 이때 지표를 따라 수진기에 도달하는 직접파와 지하의 매질의 특성에 따라 서로 다르게 도착하는 굴절파로 나뉜다. 직접파는 진원지에서 출발하여 일정한 시간이 지나 수진기에 도착한다. 이와 달리 굴절파는 지하의 깊이와는 상관없이 구성하고 있는 매질*의 성격에 따라 이동하는 속도가 달라지는데 강도가 강한 매질을 통과한 굴절파일수록 빨라지게 된다. 따라서 직접파가 기준이 되어 굴절파들의 도착 속도를 비교하면 지하를 구성하고 있는 지반의 특성을 알 수 있게 되는 것이다. 이러한 방법으로 탐사한 결과인 표준 암반 기준에 의하면 굴절파의 속도가 $200 \sim 700m/s$인 경우는 다져지지 않은 풍화토층, $700 \sim 1,200m/s$인 경우는 인공적인 힘에 의해 다져진 인공 다짐층, $1,200 \sim 1,900m/s$인 경우는 보통암인 기반암으로 분류하고 있다.

공산성의 원형 연못 주변을 탐사한 결과, 공산성의 지반은 대략적으로 3층으로 구성되어 있음이 밝혀졌다. 첫 번째 층은 굴절파가 약 $300m/s$ 속도를 가진 2m 두께의 풍화토층, 중간층은 약 $900m/s$ 속도를 보인 4m 두께의 인공 다짐층이며, 최하부층은 $2,500m/s$의 속도와 약 $7 \sim 10m$의 범위를 보여주는 기반암임을 알 수 있었다. 따라서 오랜 세월의 흐름으로 자연히 쌓인 풍화토를 제외한다면 공산성 연못에는 인공적으로 만든 기초 지반이 형성되어 있을 가능성이 제기된 것이다. 다시 말해 공산성 원형 연못은 지면을 파서 연못을 조성한 것으로 보기보다는 일반적인 건축물을 지을 때와 같이 기반암 위에 인공적인 다짐층을 형성하고 그 위에 연못을 조성하는 쌓아 올림의 방식으로 만들어졌을 것으로 파악된다.

* 매질 : 파동을 매개하는 물질

① 인공 지진파는 직접파와 굴절파로 나뉜다.
② 역사적 자료를 통해 유적지 조성 방식을 추측할 수 있다.
③ 탄성파 굴절법으로 액체와 기체의 광물도 탐사할 수 있다.
④ 탄성파 굴절법의 굴절파는 지하로 깊이 내려갈수록 속도가 빨라진다.

08 다음 기사의 제목으로 가장 적절한 것은?

한국도로공사는 극심한 미세먼지가 연일 계속되고 국민들의 걱정이 높아지는 가운데, 고속도로 미세먼지를 줄이기 위한 다양한 대책을 시행하고 있다.

한국도로공사는 3월 7일부터 9일간을 집중 청소 주간으로 정하고, 전국 고속도로 노면과 휴게소를 대대적으로 청소한다. 이번 집중 청소는 예년보다 2주일가량 앞당겨 실시하는 것으로, 지난해까지는 제설작업이 끝나는 3월 중순부터 노면 청소를 실시했다. 고속도로 노면 및 휴게소 집중 청소에는 총 4,000여 명의 인원과 2,660여 대의 장비가 동원되며, 지난해 청소 결과로 미루어 볼 때 약 660t 이상의 퇴적물이 제거될 것으로 보인다. 또한 올해부터는 연간 노면 청소의 횟수도 2배가량 늘려 연간 10 ~ 15회(월 2회 이상) 노면 청소를 실시하고, 미세먼지가 '나쁨' 수준일 때는 비산먼지를 발생시키는 공사도 자제할 계획이다.

미세먼지 농도가 더 높은 고속도로 터널 내부는 한국도로공사가 자체 기술로 개발한 무동력 미세먼지 저감 시설을 추가로 설치할 계획이다. 미세먼지 저감 시설은 터널 천장에 대형 롤 필터를 설치하여 차량통행으로 자연스럽게 발생하는 교통풍*을 통해 이동하는 미세먼지를 거르는 방식으로 별도의 동력이 필요 없으며, 비슷한 처리용량의 전기 집진기와 비교했을 때 설치비는 1/13 수준으로 유지관리도 경제적이다. 지난해 10월 서울 외곽고속도로 수리터널에 시범 설치해 운영한 결과 연간 190kg의 미세먼지를 제거할 수 있었고, 하루 공기 정화량은 450만m³로 도로분진흡입청소차 46대를 운영하는 것과 같은 효과를 보였다. 한국도로공사는 터널 미세먼지 저감 시설을 현재 1개소 외 올해 3개소를 추가로 설치할 계획이다.

한편 고속도로 휴게소의 경우 미세먼지 발생을 최소화하고 외부 공기로부터 고객들을 보호할 방안을 추진한다. 매장 내에는 공기청정기와 공기정화 식물을 확대 비치하고, 외부의 열린 매장에는 임시차단막을 설치하여 매장을 내부화할 계획이다. 또한 휴게소 매장 주방에는 일산화탄소와 미세먼지의 발생 위험이 있는 가스레인지 대신 인덕션을 도입할 계획이다.

한국도로공사는 이 밖에도 요금수납원들에게 지난해와 올해 미세먼지 방지 마스크 8만 매를 무상지원하고 요금소 근무 시 마스크 착용을 권고하고 있으며, 건강검진 시 폐활량 검사를 의무적으로 시행하도록 하는 등 고속도로 근무자들의 근무환경 개선을 위한 노력도 기울이고 있다.

한국도로공사 사장은 "최근 계속되는 미세먼지로 국민들이 야외 활동을 하지 못하는 심각한 상황"이라며, "고객들이 안심하고 고속도로를 이용할 수 있도록 모든 노력을 기울이겠다."라고 말했다.

* 교통풍 : 차량 통행에 의해 주변 공기가 밀려나면서 발생하는 바람을 말하며, 통행이 원활한 경우 초속 4 ~ 8m 이상의 교통풍이 상시 존재함

① 미세먼지 주범을 찾아라.

② 고속도로 미세먼지를 줄여라.

③ 봄철 미세먼지, 무엇이 문제인가?

④ 고속도로 휴게소 이렇게 바뀝니다.

09 다음 중 맞춤법이 옳지 않은 것은?

① 오늘은 웬일인지 지호가 나에게 웃으며 인사해 주었다.

② 그녀의 집은 살림이 넉넉지 않다.

③ 분위기에 걸맞은 옷차림이다.

④ 영희한테 들었는데 이 집 자장면이 그렇게 맛있데.

10 다음 문단을 논리적 순서대로 바르게 나열한 것은?

> (가) 그뿐 아니라, 자신을 알아주는 이, 즉 지기자(知己者)를 위해서라면 기꺼이 자신의 전부를 버릴 수 있어야 하며, 더불어 은혜는 은혜내로, 원수는 원수대로 자신이 받은 민큼 되갚기 위해 진력하여야 한다.
>
> (나) 무공이 높다고 하여 반드시 협객으로 인정되지 않는 이유는 바로 이런 원칙에 위배되는 경우가 심심치 않게 발생하기 때문이다. 요컨대 협이란 사생취의(捨生取義)의 정신에 입각하여 살신성명(殺身成名)의 의지를 실천하는 것, 또는 그러한 실천을 기꺼이 감수할 준비가 되어 있는 상태를 뜻한다고 할 수 있다.
>
> (다) 협으로 인정받기 위해서는 무엇보다도 절개와 의리를 숭상하여야 하며, 개인의 존엄을 중시하고 간악함을 제거하기 위해 노력해야만 한다. 신의(信義)를 목숨보다도 중히 여길 것도 강조되는데, 여기서의 신의란 상대방을 향한 것인 동시에 스스로에게 해당되는 것이기도 하다.
>
> (라) 무(武)와 더불어 보다 신중하게 다루어야 할 것이 '협(俠)'의 개념이다. 무협 소설에서 문제가 되는 협이란 무덕(武德), 즉 무인으로서의 덕망이나 인격과 관계가 되는 것으로, 이는 곧 무공 사용의 전제가 되는 기준 내지는 원칙이라고 할 수 있다.

① (다) – (나) – (가) – (라)   ② (다) – (나) – (라) – (가)

③ (라) – (가) – (다) – (나)   ④ (라) – (다) – (가) – (나)

11 다음 글의 빈칸 (가) ~ (다)에 들어갈 문장을 순서대로 바르게 나열한 것은?

언젠가부터 우리 바닷속에 해파리나 불가사리와 같이 특정한 종들만이 번창하고 있다는 우려의 말이 들린다. 한마디로 다양성이 크게 줄었다는 이야기다. 척박한 환경에서는 몇몇 특별한 종들만이 득세한다는 점에서 자연 생태계와 우리 사회는 닮은 것 같다. 어떤 특정 집단이나 개인들에게 앞으로 어려워질 경제 상황은 새로운 기회가 될지도 모른다.
_____(가)_____ 왜냐하면 자원과 에너지 측면에서 보더라도 이들 몇몇 집단들만 존재하는 세계에서는 이들이 쓰다 남은 물자와 이용하지 못한 에너지는 고스란히 버려질 수밖에 없고, 따라서 효율성이 극히 낮기 때문이다.
다양성 확보는 사회 집단의 생존과도 무관하지 않다. 조류 독감이 발생할 때마다 해당 양계장은 물론 그 주변 양계장의 닭까지 모조리 폐사시켜야 하는 참혹한 현실을 본다. 단 한 마리의 닭이 조류 독감에 걸려도 그렇게 많은 닭들을 죽여야 하는 이유는 인공적인 교배로 인해 이들 모두가 똑같은 유전자를 가졌기 때문이다. _____(나)_____
이처럼 다양성의 확보는 자원의 효율적 사용과 사회 안정에 중요하지만, 많은 비용이 들기도 한다. 예를 들어 출산 휴가를 주고, 노약자를 배려하고, 장애인에게 보조 공학 기기와 접근성을 제공하는 것을 비롯해 다문화 가정, 외국인 노동자를 위한 행정 제도 개선 등은 결코 공짜가 아니다.
_____(다)_____

보기

㉠ 따라서 다양한 유전 형질을 확보하는 길만이 재앙의 확산을 막고 피해를 줄이는 길이다.
㉡ 하지만 이는 사회 전체로 볼 때 그다지 바람직한 현상이 아니다.
㉢ 그럼에도 불구하고 다양성 확보가 중요한 이유는 우리가 미처 깨닫고 있지 못하는 넓은 이해와 사랑에 대한 기회를 사회 구성원 모두에게 제공하기 때문이다.

	(가)	(나)	(다)
①	㉠	㉡	㉢
②	㉠	㉢	㉡
③	㉡	㉠	㉢
④	㉡	㉢	㉠

카셰어링이란 차를 빌려 쓰는 방법의 하나로, 기존의 방식과는 다르게 시간 또는 분 단위로 필요한 만큼만 자동차를 빌려 사용할 수 있다. 이러한 카셰어링은 비용 절감 효과와 더불어 환경적·사회적 측면에서 현재 세계적으로 주목받고 있는 사업 모델이다. 호주 멜버른시의 조사 자료에 따르면, 카셰어링 차 한 대당 도로 상의 개인 소유 차량 9대를 줄이는 효과가 있으며, 실제 카셰어링을 이용하는 사람은 해당 서비스 가입 이후 자동차 사용을 50%까지 줄였다고 한다. 또한 자동차 이용량이 줄어들면 주차 문제를 해결할 수 있으며, 카셰어링 업체에서 제공하는 친환경 차량을 통해 온실가스의 배출을 감소시키는 효과도 기대할 수 있다. 호주 카셰어링 업체 차량의 60% 정도는 경차 또는 하이브리드 차량인 것으로 조사되었다.

호주의 카셰어링 시장규모는 8,360만 호주 달러로, 지난 5년간 연평균 21.7%의 급격한 성장률을 보이고 있다. 전문가들은 호주의 카셰어링 시장이 앞으로도 가파르게 성장해 5년 후에는 현재보다 약 2.5배 증가한 2억 1,920만 호주 달러에 이를 것이며, 이용자 수도 10년 안에 150만 명까지 폭발적으로 늘어날 것이라고 예측하고 있다.

이처럼 호주에서 카셰어링 서비스가 많은 회원을 확보하며 급격한 성장세를 나타내는 데는 비용 측면의 이유가 가장 크다고 볼 수 있다. 호주에서 차량을 소유할 경우 주유비, 서비스비, 보험료, 주차비 등의 부담이 크기 때문이다. 발표 자료에 의하면 차량 2대를 소유한 가족이 구매 금액을 비롯하여 차량 유지비에 쓰는 비용만 연간 12,000호주 달러에서 18,000호주 달러에 이른다고 한다. 호주 자동차 산업에서 경제적·환경적·사회적인 변화에 따라 호주 카셰어링 시장이 폭발적인 성장세를 보이는 것에 주목할 필요가 있다. 전문가들은 카셰어링으로 인해 자동차 산업에 나타나는 변화의 정도를 '위험한 속도'로까지 비유하기도 한다. 카셰어링 차량의 주차공간을 마련하기 위해서 정부의 역할이 매우 중요한 만큼 호주는 정부 차원에서도 카셰어링 서비스를 지원하는 데 적극적으로 움직이고 있다. 호주는 카셰어링 서비스가 발달한 미국, 캐나다, 유럽 대도시에 비하면 아직 뒤처져 있지만, 성장 가능성이 높아 국내기업에서도 차별화된 서비스와 플랫폼을 개발한다면 진출을 시도해 볼 수 있다.

12 다음 중 윗글의 제목으로 가장 적절한 것은?

① 호주의 카셰어링 성장 배경과 전망
② 호주 카셰어링 서비스의 장·단점
③ 카셰어링 사업의 세계적 성장 가능성
④ 카셰어링 사업의 성공을 위한 호주 정부의 노력

13 다음 중 윗글의 내용으로 적절하지 않은 것은?

① 호주에서 카셰어링 서비스를 이용하는 사람의 경우 가입 이후 자동차 사용률이 50% 감소하였다.
② 호주의 카셰어링 업체가 소유한 차량의 약 60%는 경차 또는 하이브리드 자동차이다.
③ 호주의 한 가족이 1년간 카셰어링 서비스를 이용할 경우 최대 18,000호주 달러가 사용된다.
④ 호주의 카셰어링 시장은 지난 5년간 급격하게 성장하여 현재 8,360만 호주 달러의 규모를 이루고 있다.

14 다음 글의 내용으로 적절하지 않은 것은?

> 프로이센의 철학자인 임마누엘 칸트는 근대 계몽주의를 정점에 올려놓음은 물론 독일 관념철학의 기초를 세운 것으로 유명하다. 그는 인식론을 다룬 저서, 종교와 법, 역사에 관해서도 중요한 책을 썼는데, 특히 칸트가 만년에 출간한 『실천이성 비판』은 이후 윤리학과 도덕 철학 분야에 지대한 영향을 끼쳤다.
>
> 이 책에 따르면 악은 단순히 이 세상의 행복을 얻으려는 욕심의 지배를 받아 이를 실천의 원리로 삼는 것이며, 선은 이러한 욕심의 지배에서 벗어나 내부에서 우러나오는 단호한 도덕적 명령을 받는 것이다. 순수하게 도덕적 명령을 따른다는 것은, 오직 의무를 누구나 지켜야만 할 의무이기에 이행한다는 태도, 즉 형식적 태도를 의미한다. 칸트는 태초에 선과 악이 처음에 원리가 결정되는 것이 아니라 그 반대라는 것을 선언한 것이다.

① 임마누엘 칸트는 독일 관념철학의 기초를 세웠다.
② 임마누엘 칸트는 철학은 물론 종교와 법, 역사에 관한 책을 저술했다.
③ 임마누엘 칸트는 만년에 『실천이성 비판』을 출간했다.
④ 임마누엘 칸트는 행복을 악으로, 도덕적 명령을 선으로 규정했다.

15 다음 〈보기〉 중 밑줄 친 단어의 의미가 서로 비슷한 것을 모두 고르면?

> **보기**
> ㉠ 공원 한 편에서 그림을 그리는 화가의 얼굴이 무척 고독해 보인다.
> ㉡ 그 영화 촬영지는 후미진 곳에 있다.
> ㉢ 옆집 할아버지는 고혈히 지내고 있어 늘 마음이 쓰인다.
> ㉣ 계속되는 시험 일정 변경에 지원자들은 혼란스럽다.
> ㉤ 삼삼오오 짝을 지어 벚꽃 놀이를 즐기는 사람들을 보니 오늘따라 더 외롭다.
> ㉥ 오늘따라 영 기분이 뒤숭숭하고 일도 잘 안 풀리는 느낌이다.

① ㉠, ㉡, ㉤
② ㉠, ㉢, ㉤
③ ㉠, ㉣, ㉤
④ ㉡, ㉢, ㉥

16 한 학교의 올해 남학생과 여학생 수는 작년에 비해 남학생은 8% 증가하였고, 여학생은 10% 감소하였다. 작년의 전체 학생 수는 820명이고, 올해는 작년에 비해 10명이 감소하였다고 할 때, 작년의 여학생 수는?

① 400명　　　　　　　　　　　② 410명
③ 420명　　　　　　　　　　　④ 430명

17 농도가 5%인 소금물 800g이 있다. 물이 증발한 후 소금 30g을 더 넣었더니 농도 14%의 소금물이 되었다. 이때, 증발한 물의 양은 몇 g인가?

① 270g　　　　　　　　　　　② 290g
③ 310g　　　　　　　　　　　④ 330g

18 어른 3명과 어린아이 3명이 함께 식당에 갔다. 자리가 6개인 원탁에 앉는다고 할 때 앉을 수 있는 경우의 수는?(단, 아이들은 어른들 사이에 앉힌다)

① 8가지　　　　　　　　　　　② 12가지
③ 16가지　　　　　　　　　　　④ 20가지

19 50명의 남학생 중에서는 24명이, 30명의 여학생 중에서는 16명이 뮤지컬을 좋아한다고 한다. 전체 80명의 학생 중에서 임의로 선택한 1명이 뮤지컬을 좋아하지 않는 학생이었을 때, 그 학생이 여학생일 확률은?

① $\dfrac{3}{20}$　　　　　　　　　　　② $\dfrac{1}{4}$
③ $\dfrac{3}{10}$　　　　　　　　　　　④ $\dfrac{7}{20}$

20 가현이는 강의 A지점에서 B지점까지 일정한 속력으로 수영하여 왕복하였다. 가현이가 강물이 흐르는 방향으로 수영을 하면서 걸린 시간은 반대방향으로 거슬러 올라가며 걸린 시간의 0.2배라고 한다. 가현이가 수영한 속력은 강물의 속력의 몇 배인가?

① 0.5배 ② 1배
③ 1.5배 ④ 2배

21 다음 중 빈칸 (가), (나)에 들어갈 값을 순서대로 바르게 나열한 것은?

〈팀별 인원수 및 평균점수〉

(단위 : 명, 점)

구분	A	B	C
인원수	( )	( )	( )
평균 점수	40.0	60.0	90.0

※ 각 참가자는 A, B, C팀 중 하나의 팀에만 속하고, 개인별로 점수를 획득함

※ (팀 평균점수)=$\dfrac{\text{(해당 팀 참가자 개인별 점수의 합)}}{\text{(해당 팀 참가자 인원수)}}$

〈팀 연합 인원수 및 평균점수〉

(단위 : 명, 점)

구분	A+B	B+C	C+A
인원수	80	120	(가)
평균 점수	52.5	77.5	(나)

※ A+B는 A팀과 B팀, B+C는 B팀과 C팀, C+A는 C팀과 A팀의 인원을 합친 팀 연합임

※ (팀 연합 평균점수)=$\dfrac{\text{(해당 팀 연합 참가자 개인별 점수의 합)}}{\text{(해당 팀 연합 참가자 인원수)}}$

	(가)	(나)			(가)	(나)
①	90	72.5		②	90	75.0
③	100	72.5		④	100	75.0

※ 다음은 D국 중학교 졸업자의 그 해 진로에 대한 조사 결과이다. 이어지는 질문에 답하시오. [22~23]

<D국 중학교 졸업자의 진로 현황>

(단위 : 명)

구분	성별		중학교 종류		
	남	여	국립	공립	사립
중학교 졸업자	908,388	865,323	11,733	1,695,431	66,547
고등학교 진학자	861,517	838,650	11,538	1,622,438	66,146
진학 후 취업자	6,126	3,408	1	9,532	1
직업학교 진학자	17,594	11,646	106	29,025	109
진학 후 취업자	133	313	0	445	1
취업자(진학자 제외)	21,639	8,913	7	30,511	34
실업자	7,523	6,004	82	13,190	255
사망, 실종	155	110	0	222	3

22 다음 중 남자와 여자의 고등학교 진학률은 각각 얼마인가?

	남자	여자
①	약 94.8%	약 96.9%
②	약 94.8%	약 94.9%
③	약 95.9%	약 96.9%
④	약 95.9%	약 94.9%

23 다음 중 공립 중학교를 졸업한 남자 중 취업자는 몇 %인가?

① 50% ② 60%

③ 70% ④ 알 수 없음

24 다음은 수도권 지역의 기상실황표이다. 이에 대한 설명으로 옳지 않은 것은?

〈기상실황표〉

구분	시정 (km)	현재기온 (℃)	이슬점 온도 (℃)	불쾌지수	습도 (%)	풍향	풍속 (m/s)	기압 (hPa)
서울	6.9	23.4	14.6	70	58	동	1.8	1012.7
백령도	0.4	16.1	15.2	61	95	동남동	4.4	1012.6
인천	10	21.3	15.3	68	69	서남서	3.8	1012.9
수원	7.7	23.8	16.8	72	65	남서	1.8	1012.9
동두천	10.1	23.6	14.5	71	57	남남서	1.5	1012.6
파주	20	20.9	14.7	68	68	남남서	1.5	1013.1
강화	4.2	20.7	14.8	67	67	남동	1.7	1013.3
양평	6.6	22.7	14.5	70	60	동남동	1.4	1013
이천	8.4	23.7	13.8	70	54	동북동	1.4	1012.8

① 시정이 가장 좋은 지역은 파주이다.
② 이슬점 온도가 가장 높은 지역은 불쾌지수 또한 가장 높다.
③ 불쾌지수가 70을 초과한 지역은 2곳이다.
④ 현재기온이 가장 높은 지역은 이슬점 온도와 습도 또한 가장 높다.

25 다음은 2019년부터 2024년까지 소유자별 국토면적을 나타낸 자료이다. 이에 대한 설명으로 옳지 않은 것은?

〈소유자별 국토면적〉

(단위 : km^2)

구분	2019년	2020년	2021년	2022년	2023년	2024년
전체	99,646	99,679	99,720	99,828	99,897	100,033
민유지	56,457	55,789	54,991	54,217	53,767	53,357
국유지	23,033	23,275	23,460	23,705	23,891	24,087
도유지	2,451	2,479	2,534	2,580	2,618	2,631
군유지	4,741	4,788	4,799	4,838	4,917	4,971
법인	5,207	5,464	5,734	5,926	6,105	6,287
비법인	7,377	7,495	7,828	8,197	8,251	8,283
기타	380	389	374	365	348	417

① 국유지 면적은 매년 증가하였고, 민유지 면적은 매년 감소하였다.
② 전년 대비 2020 ~ 2024년 군유지 면적의 증가량은 2023년에 가장 많다.
③ 2019년과 2024년을 비교했을 때, 법인보다 국유지 면적의 차이가 크다.
④ 전체 국토면적은 매년 조금씩 증가하고 있다.

26 다음은 국민권익위원회에서 발표한 행정기관들의 고충민원 접수처리 현황에 대한 자료이다. 이에 대한 설명으로 옳은 것을 〈보기〉에서 모두 고르면?(단, 소수점 셋째 자리에서 반올림한다)

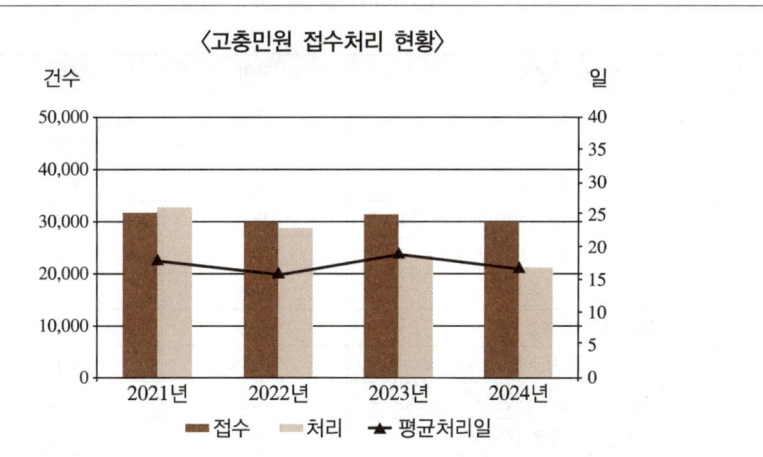

〈고충민원 접수처리 현황〉

〈고충민원 접수처리 항목별 세부현황〉

(단위 : 건, 일)

구분		2021년	2022년	2023년	2024년
접수		31,681	30,038	31,308	30,252
처리		32,737	28,744	23,573	21,080
인용	시정권고	277	257	205	212
	제도개선	0	0	0	0
	의견표명	467	474	346	252
	조정합의	2,923	2,764	2,644	2,567
	소계	3,667	3,495	3,195	3,031
단순안내		12,396	12,378	10,212	9,845
기타처리		16,674	12,871	10,166	8,204
평균처리일		18	16	19	17

보기

ㄱ. 기타처리 건수의 전년 대비 감소율은 매년 증가하였다.
ㄴ. 처리 건수 중 인용 건수 비율은 2024년이 2021년에 비해 3%p 이상 높다.
ㄷ. 처리 건수 대비 조정합의 건수의 비율은 2022년이 2023년보다 높다.
ㄹ. 평균처리일이 짧은 해일수록 조정합의 건수 대비 의견표명 건수 비율이 높다.

① ㄱ
② ㄴ
③ ㄱ, ㄷ
④ ㄴ, ㄹ

※ 다음은 D시의 직종별 구인·구직·취업 현황을 나타낸 자료이다. 이어지는 질문에 답하시오. **[27~28]**

〈D시의 구인·구직·취업 현황〉

(단위 : 명)

직업 중분류	구인	구직	취업
관리직	993	2,951	614
경영·회계·사무 관련 전문직	6,283	14,350	3,400
금융보험 관련직	637	607	131
교육 및 자연과학·사회과학 연구 관련직	177	1,425	127
법률·경찰·소방·교도 관련직	37	226	59
보건·의료 관련직	688	2,061	497
사회복지 및 종교 관련직	371	1,680	292
문화·예술·디자인·방송 관련직	1,033	3,348	741
운전 및 운송 관련직	793	2,369	634
영업원 및 판매 관련직	2,886	3,083	733
경비 및 청소 관련직	3,574	9,752	1,798
미용·숙박·여행·오락·스포츠 관련직	259	1,283	289
음식서비스 관련직	1,696	2,936	458
건설 관련직	3,659	4,825	656
기계 관련직	742	1,110	345

27 관리직의 구직 대비 구인률과 음식서비스 관련직의 구직 대비 취업률의 차이는 얼마인가?(단, 소수점 첫째 자리에서 반올림한다)

① 10%p ② 14%p
③ 18%p ④ 22%p

28 다음 중 자료에 대한 설명으로 옳지 않은 것은?

① 구직 대비 취업률이 가장 높은 직종은 기계 관련직이다.
② 취업자 수가 구인자 수를 초과한 직종도 있다.
③ 구인자 수가 구직자 수를 초과한 직종은 한 곳이다.
④ 영업원 및 판매 관련직의 구직 대비 취업률은 25% 이상이다.

※ 다음은 D공사의 직원 평균보수 현황이다. 이어지는 질문에 답하시오. [29~30]

〈직원 평균보수 현황〉

(단위 : 천 원, 명, 월)

구분	2019년 결산	2020년 결산	2021년 결산	2022년 결산	2023년 결산	2024년 결산
월 급여(A+B+C+D+E+F)	71,740	74,182	73,499	70,575	71,386	69,663
기본급(A)	53,197	53,694	53,881	53,006	53,596	53,603
고정수당(B)	859	824	760	696	776	789
실적수당(C)	6,620	7,575	7,216	5,777	5,712	6,459
급여성 복리후생비(D)	866	963	967	1,094	1,118	1,291
경영평과 성과급(E)	1,508	1,828	1,638	1,462	1,566	0
기타 성과상여금(F)	8,690	9,298	9,037	8,540	8,618	7,521
1인당 평균 보수액	70,232	72,354	71,861	69,113	69,821	69,665
(남성)	0	0	79,351	76,332	77,142	69,665
(여성)	0	0	56,802	55,671	57,250	69,665
상시 직원 수	505.66	500.13	522.06	554.40	560.92	580.00
(남성)	0	0	348.66	360.67	354.49	367.00
(여성)	0	0	173.40	193.73	206.43	213.00
평균근속연수	205.32	202.68	196.08	191.76	189.95	188.80
(남성)	0	0	220.68	221.64	224.72	230.67
(여성)	0	0	135.72	139.32	132.55	143.32

※ 경영평가 성과급의 경우 당해 연도 예산은 경영평가 결과 미확정으로 0으로 기재함
※ 현재는 2025년임

29 다음 중 자료에 대한 설명으로 옳은 것은?

① 기본급은 2019년 이후 지속적으로 증가하고 있다.
② 1인당 평균 보수액은 매년 남성 직원이 여성 직원보다 많다.
③ 1인당 평균 보수액은 2019년 이후 지속적으로 승가하고 있다.
④ 평균근속연수는 2019년 이후 지속적으로 감소하고 있으며, 남성 직원이 여성 직원보다 재직기간이 긴 편이다.

30 월 급여에서 A ~ F 각 항목이 각각 차지하는 구성비를 나타내는 차트를 작성하려고 한다. 다음 중 가장 적절한 그래프는?

① 점 그래프
② 방사형 그래프
③ 원 그래프
④ 막대 그래프

31 D사는 직원들의 복리 증진을 위해 다음과 같이 복지제도를 검토하여 도입하고자 한다. 〈조건〉이 모두 참일 때, 항상 옳은 것은?

D사는 다음 중 최대 2개의 복지제도를 도입하고자 한다.
• 동호회행사비 지원
• 출퇴근교통비 지원
• 연차 추가제공
• 주택마련자금 지원

조건
• 연차를 추가제공하지 않거나 출퇴근교통비를 지원한다면, 주택마련자금 지원을 도입한다.
• 동호회행사비 지원을 도입할 때에만 연차 추가제공을 도입한다.
• 출퇴근교통비 지원을 도입하지 않는다면, 동호회행사비 지원을 도입한다.
• 출퇴근교통비 지원을 도입하거나 연차 추가제공을 도입하지 않으면, 동호회행사비 지원을 도입하지 않는다.
• 주택마련자금 지원을 도입한다면 다른 복지제도는 도입할 수 없다.

① 출퇴근교통비 지원이 도입된다.
② 연차 추가제공은 도입되지 않는다.
③ 동호회행사비 지원은 도입되지 않는다.
④ 출퇴근교통비 지원과 연차 추가제공 중 1가지만 도입된다.

※ 상반기에 연수를 마친 A ~ E 5명은 다음 〈조건〉에 따라 세계 각국에 있는 해외사업본부로 배치될 예정이다. 이어지는 질문에 답하시오. [32~33]

> **조건**
> • A ~ E는 인도네시아, 미국 서부, 미국 남부, 칠레, 노르웨이에 있는 서로 다른 해외사업본부로 배치된다.
> • C와 D 중 한 명은 미국 서부에 배치된다.
> • B는 칠레에 배치되지 않는다.
> • E는 노르웨이로 배치된다.
> • 미국 서부에는 회계직이 배치된다.
> • C가 인도네시아에 배치되면 A는 칠레에 배치된다.
> • A가 미국 남부에 배치되면 B는 인도네시아에 배치된다.
> • A, D, E는 회계직이고, B, C는 기술직이다.

32 다음 중 D가 배치될 해외사업본부는 어디인가?

① 인도네시아　　　　　　　　② 미국 서부
③ 미국 남부　　　　　　　　　④ 칠레

33 다음 〈보기〉 중 옳은 것을 모두 고르면?

> **보기**
> ㉠ C가 인도네시아에 배치되면 B는 미국 남부에 배치된다.
> ㉡ A가 미국 남부에 배치되면 C는 인도네시아에 배치된다.
> ㉢ A는 반드시 칠레에 배치된다.
> ㉣ 노르웨이에는 회계직이 배치된다.

① ㉠, ㉡　　　　　　　　　　② ㉠, ㉣
③ ㉡, ㉢　　　　　　　　　　④ ㉢, ㉣

〈6월 근태 현황〉

(단위 : 회)

구분	A사원	B사원	C사원	D사원
지각	1			1
결근				
야근				2
근태 총 점수(점)	0	−4	−2	0

〈6월 근태 정보〉

- 근태는 지각(−1), 결근(−1), 야근(+1)으로 이루어져 있다.
- A, B, C, D사원의 근태 총 점수는 각각 0점, −4점, −2점이다.
- A, B, C사원은 지각, 결근, 야근을 각각 최소 1회, 최대 3회 하였고 각 근태 횟수는 모두 달랐다.
- A사원은 지각을 1회 하였다.
- 야근은 A사원이 가장 많이 했다.
- 지각은 B사원이 C사원보다 적게 했다.

34 다음 중 항상 옳은 것은?

① 지각을 제일 많이 한 사람은 C사원이다.
② B사원은 결근을 2회 했다.
③ C사원은 야근을 1회 했다.
④ A사원은 결근을 3회 했다.

35 다음 중 지각보다 결근을 많이 한 사람은?

① A사원, B사원
② A사원, C사원
③ B사원, C사원
④ C사원, D사원

36 철수는 장미에게 "43 41 54"의 문자를 전송하였다. 장미는 문자가 16진법으로 표현된 것을 발견하고 아래의 아스키 코드표를 이용하여 해독을 진행하려고 한다. 철수가 장미에게 보낸 문자의 의미는 무엇인가?

〈아스키 코드표〉

문자	아스키	문자	아스키	문자	아스키	문자	아스키
A	65	H	72	O	79	V	86
B	66	I	73	P	80	W	87
C	67	J	74	Q	81	X	88
D	68	K	75	R	82	Y	89
E	69	L	76	S	83	Z	90
F	70	M	77	T	84	–	–
G	71	N	78	U	85	–	–

① CAT
② SIX
③ BEE
④ CUP

37 월요일부터 금요일까지 진료를 하는 의사는 다음 〈조건〉에 따라 진료일을 정한다. 의사가 목요일에 진료를 하지 않았다면, 월요일부터 금요일 중 진료한 날은 총 며칠인가?

> **조건**
> • 월요일에 진료를 하면 수요일에는 진료를 하지 않는다.
> • 월요일에 진료를 하지 않으면 화요일이나 목요일에 진료를 한다.
> • 화요일에 진료를 하면 금요일에는 진료를 하지 않는다.
> • 수요일에 진료를 하지 않으면 목요일 또는 금요일에 진료를 한다.

① 없음
② 1일
③ 2일
④ 3일

38 다음은 가스 관련 사업에 대한 SWOT 분석 자료이다. 〈보기〉 중 옳은 것을 모두 고르면?

〈SWOT 분석 결과〉

구분	분석 결과
강점(Strength)	• 해외 가스공급기관 대비 높은 LNG 구매력 • 세계적으로 우수한 배관 인프라
약점(Weakness)	• 타 연료 대비 높은 단가
기회(Opportunity)	• 북아시아 가스관 사업 추진 논의 지속 • 수소 자원 개발 고도화 추진 중
위협(Threat)	• 천연가스에 대한 수요 감소 추세 • 원전 재가동 확대 전망에 따른 에너지 점유율 감소 가능성

보기

ㄱ. 해외 기관 대비 LNG 확보가 용이하다는 점을 근거로 북아시아 가스관 사업 추진 시 우수한 효율을 이용하는 것은 SO전략에 해당한다.

ㄴ. 지속적으로 감소할 것으로 전망되는 천연가스 수요를 북아시아 가스관 사업을 통해 확보하는 것은 ST전략에 해당한다.

ㄷ. 수소 자원 개발을 고도화하여 다른 연료 대비 상대적으로 높았던 공급단가를 낮추려는 R&D 사업 추진은 WO전략에 해당한다.

ㄹ. 높은 LNG 확보 능력을 이용해 상대적으로 높은 가스 공급단가가 더욱 상승하는 것을 방지하는 것은 WT전략에 해당한다.

① ㄱ, ㄴ   ② ㄱ, ㄷ
③ ㄴ, ㄷ   ④ ㄷ, ㄹ

39 D공사는 직원 20명에게 나눠 줄 설 선물 품목을 조사하였다. 다음은 유통업체별 품목 금액과 직원들의 품목 선호도를 나타낸 자료이다. 〈조건〉을 토대로 D공사에서 구매하는 물품과 업체를 바르게 연결한 것은?

〈업체별 품목 금액〉

구분		1세트당 가격	혜택
A업체	돼지고기	37,000원	10세트 이상 주문 시 무료 배송
	건어물	25,000원	
B업체	소고기	62,000원	20세트 주문 시 10% 할인
	참치	31,000원	
C업체	스팸	47,000원	50만 원 이상 주문 시 무료 배송
	김	15,000원	

〈직원 품목 선호도〉

순위	품목	순위	품목
1	소고기	2	참치
3	돼지고기	4	스팸
5	건어물	6	김

조건

- 1~3순위 품목에서 배송비를 제외한 총금액이 80만 원 이하인 품목을 택한다(할인 혜택 적용 가격).
- 모든 업체의 배송비는 1세트당 2,000원이다.
- 차순위 상품의 총금액이 30만 원 이상 저렴할 경우 차순위로 준비한다.
- 선택된 품목의 배송비를 제외한 총금액이 50만 원 미만일 경우 6순위 품목과 함께 준비한다.

	업체	상품
①	B	참치
②	C	스팸, 김
③	A, C	돼지고기, 김
④	B, C	참치, 김

40 다음은 A와 B의 시계조립 작업지시서이다. 〈조건〉에 따라 작업할 때, B가 시계를 만드는 데 걸리는 총시간과 유휴 시간은 각각 얼마인가?(단, 이동 시간은 고려하지 않는다)

〈작업지시서〉

• 각 공작 기계 및 소요 시간
  1. 앞면 가공용 공작 기계 : 20분
  2. 뒷면 가공용 공작 기계 : 15분
  3. 조립 : 5분

• 공작 순서
  시계는 각 1대씩 만들며 A는 앞면부터 가공하여 뒷면 가공 후 조립하고, B는 뒷면부터 가공하여 앞면 가공 후 조립하기로 하였다.

조건

• 앞면 가공용과 뒷면 가공용 공작 기계는 각 1대씩이며 모두 사용해야 하고, 두 명이 동시에 작업을 시작한다.
• 조립은 가공이 이루어진 후 즉시 실시한다.
• 완성된 시계는 작동하기 전에 조립에 걸리는 시간만큼 유휴 시간을 가진다.

	총시간	유휴 시간
①	40분	5분
②	45분	5분
③	45분	10분
④	50분	5분

41 신혜와 유민이는 친구의 집에 놀러가서 사과와 포도, 딸기가 담긴 접시를 받았다. 다음 〈조건〉을 바탕으로 할 때, 옳은 것은?

조건

• 사과, 포도, 딸기 중에는 각자 좋아하는 과일이 반드시 있다.
• 신혜는 사과와 포도를 싫어한다.
• 유민이가 좋아하는 과일은 신혜가 싫어하는 과일이다.

① 유민이는 포도를 싫어한다.
② 유민이가 딸기를 좋아하는지 알 수 없다.
③ 신혜는 딸기를 좋아한다.
④ 유민이와 신혜가 같이 좋아하는 과일이 있다.

※ A씨는 다음 규칙에 따라 자신의 금고 암호를 요일별로 바꾸어 사용하려고 한다. 이어지는 질문에 답하시오. **[42~43]**

〈규칙〉

1. 한글 자음은 알파벳 a ~ n으로 치환하여 입력한다.
   예 ㄱ, ㄴ, ㄷ → a, b, c
   – 된소리 ㄲ, ㄸ, ㅃ, ㅆ, ㅉ는 치환하지 않고 그대로 입력한다.
2. 한글 모음 ㅏ, ㅑ, ㅓ, ㅕ, ㅗ, ㅛ, ㅜ, ㅠ, ㅡ, ㅣ는 알파벳 대문자 A ~ J로 치환하여 입력한다.
   예 ㅏ, ㅑ, ㅓ → A, B, C
   – 위에 해당하지 않는 모음은 치환하지 않고 그대로 입력한다.
3. 띄어쓰기는 반영하지 않는다.
4. 숫자 1 ~ 7을 요일별로 요일 순서에 따라 암호 첫째 자리에 입력한다.
   예 월요일 → 1, 화요일 → 2, …, 일요일 → 7

---

42 A씨가 자신의 금고에 목요일의 암호인 '완벽해'를 치환하여 입력하려 할 때, 입력할 암호로 옳은 것은?

① 3hㅙbfDanㅐ ② 4hㅚbfDanㅐ
③ 4hEAbfDanㅐ ④ 4jJgAnㅐ

43 다음 중 암호와 치환하기 전의 문구가 바르게 연결된 것은?

① 7hEeFnAcA → 일요일의 암호 '조묘하다'
② 3iJfhㅔaAbcA → 수요일의 암호 '집에가다'
③ 2bAaAbEdcA → 화요일의 암호 '나가돌다'
④ 6cEbhIdeCahIe → 토요일의 암호 '돈을먹음'

44 D공사에서는 직원들에게 다양한 혜택이 있는 복지카드를 제공한다. 복지카드의 혜택 사항이 다음 과 같을 때, B사원의 일과에서 복지카드로 혜택을 받을 수 없는 것을 모두 고르면?

〈복지카드 혜택 사항〉

구분	세부 내용
교통	대중교통(지하철, 버스) 3 ~ 7% 할인
의료	병원 5% 할인(동물병원 포함, 약국 제외)
쇼핑	의류, 가구, 도서 구입 시 5% 할인
영화	영화관 최대 6천 원 할인

〈B사원의 일과〉

B사원은 오늘 친구와 백화점에서 만나 쇼핑을 하기로 약속을 했다. 집에서 ⊙ 지하철을 타고 약 20분이 걸려 백화점에 도착한 B사원은 어머니 생신 선물로 ⓒ 화장품을 산 후, 동생의 이사 선물로 줄 ⓒ 이불도 구매하였다. 쇼핑이 끝난 후 B사원은 ⓔ 버스를 타고 집에 돌아와 자신이 키우는 애완 견의 예방접종을 위해 ⑩ 병원에 가서 진료를 받았다.

① ⊙, ⓒ
② ⓒ, ⓒ
③ ⊙, ⓒ, ⓔ
④ ⓒ, ⓔ, ⑩

45 다음은 18세기 조선의 직업별 연봉 및 품목별 가격에 대한 자료이다. 이에 대한 설명으로 옳지 않은 것은?

〈18세기 조선의 직업별 연봉〉

구분		곡물(섬)		면포(필)	현재 원화가치(원)
		쌀	콩		
관료	정1품	25	3	–	5,854,400
	정5품	17	1	–	3,684,800
	종9품	7	1	–	1,684,800
궁녀	상궁	11	1	–	( )
	나인	5	1	–	1,284,800
군인	기병	7	2	9	( )
	보병	3	–	9	1,500,000

〈18세기 조선의 품목별 가격〉

품목	곡물(1섬)		면포(1필)	소고기(1근)	집(1칸)	
	쌀	콩			기와집	초가집
가격	5냥	7냥 1전 2푼	2냥 5전	7전	21냥 6전 5푼	9냥 5전 5푼

※ 1냥=10전=100푼

① 18세기 조선의 1푼의 가치는 현재 원화가치로 환산할 경우 400원과 같다.

② 기병 연봉은 종9품 연봉보다 많고 정5품 연봉보다 적다.

③ 정1품 관료의 12년치 연봉은 100칸 기와집의 가격보다 낮다.

④ 상궁 연봉은 보병 연봉의 2배 이상이다.

※ D공사의 A사원은 지점별 매출 및 매입 현황을 정리하고 있다. 이어지는 질문에 답하시오. [46~47]

	A	B	C	D	E	F
1	지점명	매출	매입			
2	주안점	2,500,000	1,700,000			
3	동암점	3,500,000	2,500,000		최대 매출액	
4	간석점	7,500,000	5,700,000		최소 매출액	
5	구로점	3,000,000	1,900,000			
6	강남점	4,700,000	3,100,000			
7	압구정점	3,000,000	1,500,000			
8	선학점	2,500,000	1,200,000			
9	선릉점	2,700,000	2,100,000			
10	교대점	5,000,000	3,900,000			
11	서초점	3,000,000	1,900,000			
12	합계					

46 다음 중 [F3] 셀을 구하는 함수식으로 옳은 것은?

① =MIN(B2:B11)　　　　　　　　② =MAX(B2:C11)

③ =MIN(C2:C11)　　　　　　　　④ =MAX(B2:B11)

47 다음 중 매출과 매입의 합계를 구할 때 사용할 함수는?

① REPT　　　　　　　　　　② CHOOSE

③ SUM　　　　　　　　　　　④ AVERAGE

48 다음 프로그램의 실행 결과로 옳은 것은?

```java
public class test {
        public static void main(String[] args) {
                int i=0;
                int sum=0;

                while(i<10) {
                        i ++;
                        if(i%2==1)
                                        continue;
                        sum+=i;
                }
                System.out.println(sum);
        }
}
```

① 10
② 20
③ 30
④ 40

49 다음 중 온라인에서의 개인정보 오남용으로 인한 피해를 예방하기 위한 행동으로 옳지 않은 것은?

① 회원가입을 하거나 개인정보를 제공할 때 개인정보 취급방침 및 약관을 꼼꼼히 살핀다.

② 회원가입 시 비밀번호를 타인이 유추하기 어렵도록 설정하고 이를 주기적으로 변경한다.

③ 온라인에 자료를 올릴 때 개인정보가 포함되지 않도록 한다.

④ 금융거래 시 금융정보 등은 암호화하여 저장하고, 되도록 PC방, 공용 컴퓨터 등 개방 환경을 이용한다.

50 다음 대화에서 S사원이 답변할 내용으로 옳지 않은 것은?

> P과장 : 자네, 마우스도 거의 만지지 않고 윈도우를 사용하다니 신기하군. 방금 윈도우 바탕화면에 있는 창들이 모두 사라졌는데 어떤 단축키를 눌렀나?
>
> S사원 : 네, 과장님. 〈윈도우〉와 〈D〉를 함께 누르면 바탕화면에 펼쳐진 모든 창이 최소화됩니다. 이렇게 주요한 단축키를 알아두면 업무에 많은 도움이 됩니다.
>
> P과장 : 그렇군. 나도 자네에게 몇 가지를 배워서 활용해 봐야겠어.
>
> S사원 : 우선 윈도우에서 자주 사용하는 단축키를 알려드리겠습니다.
> 첫 번째로 _____

① 〈윈도우〉+〈E〉를 누르면 윈도우 탐색기를 열 수 있습니다.

② 〈윈도우〉+〈Home〉을 누르면 현재 보고 있는 창을 제외한 나머지 창들이 최소화됩니다.

③ 잠시 자리를 비울 때 〈윈도우〉+〈L〉을 누르면 잠금화면으로 전환할 수 있습니다.

④ 〈Alt〉+〈W〉를 누르면 현재 사용하고 있는 창을 닫을 수 있습니다.

51 다음은 정보화 사회에서 필수적으로 해야 할 일에 대한 글이다. 이에 대한 사례로 적절하지 않은 것은?

> 첫째, 정보검색이다. 인터넷에는 수많은 사이트가 있으며, 여기서 내가 원하는 정보를 찾는 것을 정보검색, 즉 인터넷 서핑이라 할 수 있다. 현재 인터넷에는 수많은 사이트가 있으며, 그 많은 사이트에서 내가 원하는 정보를 찾기란 그렇게 만만하지 않다. 지금은 다행히도 검색 방법이 발전하여 문장 검색용 검색엔진과 자연어 검색 방법도 나와 네티즌들로부터 대환영을 받고 있다. 검색이 그만큼 쉬워졌다는 것이다. 이러한 발전에 맞추어 정보화 사회에서는 궁극적으로 타인의 힘을 빌리지 않고 내가 원하는 정보는 무엇이든지 다 찾을 수 있어야 한다. 즉, 자신이 가고 싶은 곳의 정보라든지 궁금한 사항을 스스로 해결할 정도는 되어야 한다는 것이다.
>
> 둘째, 정보관리이다. 인터넷에서 어렵게 검색하여 찾아낸 결과를 관리하지 못하여 머리 속에만 입력하고, 컴퓨터를 끄고 나면 잊어버리는 것은 정보관리를 못하는 것이다. 자기가 검색한 내용에 대하여 파일로 만들어 보관하든 프린터로 출력하여 인쇄물로 보관하든 언제든지 필요할 때 다시 볼 수 있을 정도가 되어야 한다.
>
> 셋째, 정보전파이다. 정보관리를 못한 사람은 정보전파가 어렵다. 오로지 입을 이용해서만 전파가 가능하기 때문이다. 요즘은 전자우편과 SNS를 이용해서 정보를 전달하기 때문에 정보전파가 매우 쉽다. 참으로 편리한 세상이 아닐 수 없다. 인터넷만 이용하면 편안히 서울에 앉아서 미국에도 논문을 보낼 수 있는 것이다.

① A씨는 내일 축구에서 승리하는 국가를 맞추기 위해 선발 선수들의 특징을 파악했다.

② B씨는 라면을 맛있게 조리할 수 있는 비법을 SNS에 올렸다.

③ C씨는 다음 주 제주도 여행을 위해서 다음 주 날씨를 요일별로 잘 파악해서 기억하고자 했다.

④ D씨는 가진 금액에 맞는 의자를 사기 위해 가격 비교 사이트를 이용했다.

※ 다음은 자료, 정보, 지식에 대한 내용이다. 이어지는 질문에 답하시오. **[52~53]**

〈자료, 정보, 지식에 대한 구분〉

자료 (Data)	⇨	객관적 실제의 반영이며, 그것을 전달할 수 있도록 기호화한 것	⇨	예	• 고객의 휴대폰 기종 • 고객의 휴대폰 활용 횟수
⇩					
정보 (Information)	⇨	자료를 특정한 목적과 문제해결에 도움이 되도록 가공한 것	⇨	예	• 중년층의 휴대폰 기종 • 중년층의 휴대폰 활용 횟수
⇩					
지식 (Knowledge)	⇨	정보를 집적하고 체계화하여 장래의 일반적인 사항에 대비해 보편성을 갖도록 한 것	⇨	예	• 휴대폰 디자인에 대한 중년층의 취향 • 중년층을 주요 타깃으로 신종 휴대폰 개발

52 다음 〈보기〉 중 정보(Information)에 해당하는 것을 모두 고르면?

> 보기
>
> ㉠ 라면 종류별 전체 판매량   ㉡ 1인 가구의 인기 음식
> ㉢ 남성을 위한 고데기 개발   ㉣ 다큐멘터리와 예능 시청률
> ㉤ 만보기 사용 횟수   ㉥ 5세 미만 아동들의 선호 색상

① ㉠, ㉢   ② ㉡, ㉣
③ ㉡, ㉥   ④ ㉤, ㉥

53 다음 자료(Data)를 통해 추론할 수 있는 지식(Knowledge)으로 적절하지 않은 것은?

> • 연령대별 선호 운동   • 직장인 평균 퇴근 시간
> • 실내운동과 실외운동의 성별 비율   • 운동의 목적에 대한 설문조사 자료
> • 선호하는 운동 부위의 성별 비율   • 운동의 실패 원인에 대한 설문조사 자료

① 퇴근 후 부담 없이 운동 가능한 운동기구 개발
② 20·30대 남성들을 위한 실내체육관 개설 계획
③ 요일마다 특정 운동부위 발달을 위한 운동 가이드 채널 편성
④ 다이어트에 효과적인 식이요법 자료 발행

54 사원코드 두 번째 자리의 숫자에 따라 팀이 구분된다. 1은 홍보팀, 2는 기획팀, 3은 교육팀이라고 할 때, 팀명을 구하기 위한 함수로 옳은 것은?

	A	B	C	D	E
1	직원명단				
2	이름	사원코드	직급	팀명	입사년도
3	강민희	J1023	부장		1980
4	김범민	J1526	과장		1982
5	조현진	J3566	과장		1983
6	최진석	J3523	부장		1978
7	한기욱	J3214	대리		1998
8	정소희	J1632	부장		1979
9	김은별	J2152	대리		1999
10	박미옥	J1125	대리		1997

① CHOOSE, MID

② CHOOSE, RIGHT

③ COUNTIF, MID

④ IF, MATCH

55 다음 〈보기〉 중 데이터베이스의 필요성에 대한 설명으로 옳지 않은 것을 모두 고르면?

> **보기**
>
> ㉠ 데이터베이스를 이용하면 데이터 관리상의 보안을 높일 수 있다.
> ㉡ 데이터베이스 도입만으로 특정 자료 검색을 위한 효율이 높아진다고 볼 수는 없다.
> ㉢ 데이터베이스를 이용하면 데이터 관리 효율은 높일 수 있지만, 데이터의 오류를 수정하기가 어렵다.
> ㉣ 데이터가 양적으로 방대하다고 해서 반드시 좋은 것은 아니므로 데이터베이스를 형성해 중복된 데이터를 줄여야 한다.

① ㉠, ㉡

② ㉠, ㉢

③ ㉡, ㉢

④ ㉢, ㉣

56 다음 프로그램의 실행 결과로 옳은 것은?

```c
#include <stdio.h>
int main()
{
    int sum=0;
    int x;
    for(x = 1;x<=100;x++)
        sum+=x;
    printf("1 + 2 + … + 100=%d\n", sum);
        return 0;
}
```

① 5020

② 5030

③ 5040

④ 5050

57 다음은 회사 게시판을 관리하는 A사원과 B사원의 대화이다. 빈칸에 들어갈 내용으로 적절하지 않은 것은?

> A사원 : 요즘 회사 게시판을 이용하면서 네티켓을 지키지 않는 사람들이 많은 것 같아.
> B사원 : 맞아. 게시판에 올린 글은 많은 사람들이 보고 있다는 것을 인식하면 좋을 텐데.
> A사원 : 회사 게시판 사용 네티켓을 안내하는 것은 어떨까?
> B사원 : 좋은 생각이야. 게시판 사용 네티켓으로는 _____는 내용이
>   포함되어야 해.

① 글의 내용은 길게 작성하기보다 간결하게 요점만 작성한다

② 게시판의 주제와 관련 없는 내용은 올리지 않는다

③ 글을 쓰기 전에 이미 같은 내용의 글이 없는지 확인한다

④ 글의 제목에는 함축된 단어를 가급적 사용하지 않는다

58 다음 〈보기〉 중 정보 검색 연산자의 검색조건에 대한 내용으로 옳지 않은 것을 모두 고르면?

연번	기호	연산자	검색조건
ㄱ	*, &	AND	두 단어가 모두 포함된 문서를 검색함
ㄴ	-, !	OR	두 단어가 모두 포함되거나, 두 단어 중 하나만 포함된 문서를 검색함
ㄷ	l	NOT	'-' 기호나 '!' 기호 다음에 오는 단어는 포함하지 않는 문서를 검색함
ㄹ	~, near	인접검색	앞/뒤의 단어가 가깝게 인접해 있는 문서를 검색함

① ㄱ, ㄴ

② ㄱ, ㄷ

③ ㄴ, ㄷ

④ ㄷ, ㄹ

59 다음 〈보기〉 중 응용 소프트웨어의 특성에 대한 설명으로 옳은 것을 모두 고르면?

> 보기
>
> ㄱ. 여러 형태의 문서를 작성, 편집, 저장, 인쇄할 수 있는 프로그램을 스프레드 시트(Spread Sheet) 라 한다.
> ㄴ. 유틸리티 프로그램은 대표적인 응용 소프트웨어로, 크기가 작고 기능이 단순하다는 특징을 가 지고 있다.
> ㄷ. 워드프로세서의 주요 기능으로는 입력 기능, 표시 기능, 저장 기능, 편집 기능, 인쇄 기능이 있다.
> ㄹ. 스프레드 시트의 구성단위는 셀, 열, 행, 영역 4가지이다.

① ㄱ, ㄴ

② ㄱ, ㄷ

③ ㄴ, ㄷ

④ ㄷ, ㄹ

60 다음은 D회사 인트라넷에 올라온 컴퓨터의 비프음과 관련된 문제해결방법에 대한 공지사항이다. 부팅 시 비프음 소리와 해결방법에 대한 설명으로 옳지 않은 것은?

안녕하십니까.
최근 사용하시는 컴퓨터를 켤 때 비프음 소리가 평소와 다르게 들리는 경우가 종종 있습니다.
해당 비프음 소리별 해결원인과 방법을 공지하오니 참고해 주시기 바랍니다.

〈비프음으로 진단하는 컴퓨터 상태〉

- 짧게 1번 : 정상
- 짧게 2번 : 바이오스 설정이 바르지 않은 경우, 모니터에 오류 메시지가 나타나게 되므로 참고하여 문제 해결
- 짧게 3번 : 키보드가 불량이거나 바르게 꽂혀 있지 않은 경우
- 길게 1번+짧게 1번 : 메인보드 오류
- 길게 1번+짧게 2번 : 그래픽 카드의 접촉 점검
- 길게 1번+짧게 3번 : 쿨러의 고장 등 그래픽 카드 접촉 점검
- 길게 1번+짧게 9번 : 바이오스의 초기화, A/S 점검
- 아무 경고음도 없이 모니터가 켜지지 않을 때 : 전원 공급 불량 또는 합선, 파워서플라이의 퓨즈 점검, CPU나 메모리의 불량
- 연속으로 울리는 경고음 : 시스템 오류, 메인보드 점검 또는 각 부품의 접촉 여부와 고장 확인

---

① 비프음이 짧게 2번 울릴 때는 모니터에 오류 메시지가 뜨니 원인을 참고해 해결할 수 있다.
② 비프음이 길게 1번, 짧게 1번 울렸을 때는 CPU를 교체해야 한다.
③ 키보드가 바르게 꽂혀 있지 않은 경우 비프음이 짧게 3번 울린다.
④ 연속으로 울리는 경고음은 시스템 오류일 수 있다.

제2회
최종점검 모의고사

※ 한국도로공사 최종점검 모의고사는 2025년 채용 공고 및 시험 후기를 기준으로 구성한 것으로 실제 시험과 다를 수 있습니다.

■ 취약영역 분석

번호	O/×	영역	번호	O/×	영역	번호	O/×	영역
01			21			41		
02			22			42		
03			23			43		문제해결능력
04			24			44		
05			25		수리능력	45		
06			26			46		
07			27			47		
08		의사소통능력	28			48		
09			29			49		
10			30			50		
11			31			51		
12			32			52		
13			33			53		정보능력
14			34			54		
15			35			55		
16			36		문제해결능력	56		
17			37			57		
18		수리능력	38			58		
19			39			59		
20			40			60		

평가문항	60문항	평가시간	60분
시작시간	:	종료시간	:
취약영역			

문항 수 : 60문항　　응시시간 : 60분

정답 및 해설 p.077

01 다음 글의 주제로 가장 적절한 것은?

> 오늘날 우리사회는 타의 추종을 불허할 정도로 빠르게 변화하고 있다. 가족정책도 4인 가족 중심에서 1~2인 가구 중심으로 변해야 하며, 청년실업율과 비정규직화, 독거노인의 증가를 더 이상 개인의 문제가 아닌 사회문제로 다뤄야 하는 시기이다. 여러 유형의 가구와 생애주기 변화, 다양해지는 수요에 맞춘 공동체 주택이야말로 최고의 주거복지사업이다. 공동체 주택은 공동의 목표와 가치를 가진 사람들이 커뮤니티를 이뤄 사회문제에 공동으로 대처해 나가도록 돕고, 나아가 지역사회와도 연결시키는 작업을 진행하고 있다.
> 임대료 부담으로 작품활동이나 생계에 어려움을 겪는 예술인을 위한 공동주택, 1인 창업과 취업을 위해 골몰하는 청년을 위한 주택, 지속적인 의료서비스가 필요한 환자나 고령자를 위한 의료안심주택은 모두 시민의 삶의 질을 높이고 선별적 복지가 아닌 복지사회를 이루기 위한 노력의 일환이다. 혼자가 아닌 함께 가는 길에 더 나은 삶이 있기 때문에 오늘도 수요자 맞춤형 공공주택은 수요자에 맞게 진화하고 있다.

① 주거난에 대비하는 주거복지 정책
② 4차 산업혁명과 주거복지
③ 선별적 복지 정책의 긍정적 결과
④ 다양성을 수용하는 주거복지 정책

02 다음 글의 밑줄 친 단어와 같은 의미로 쓰인 것은?

> 언어 없이 사고가 불가능하다는 이론도 그렇다. 생각은 있되, 그 생각을 표현할 적당한 말이 없는 경우도 얼마든지 있으며, 생각은 분명히 있지만 말을 잊어서 표현에 곤란을 느끼는 경우도 흔한 것이다. 음악가는 언어라는 매개를 <u>통하지</u> 않고 작곡을 하여 어떤 생각이나 사상을 표현하며, 조각가는 언어 없이 조형을 한다. 또한 우리는 흔히 새로운 물건, 새로운 생각을 이제까지 없던 새 말로 만들어 명명하기도 한다.

① 그의 주장은 앞뒤가 잘 <u>통하지</u> 않는다.
② 바람이 잘 <u>통하는</u> 곳에 빨래를 널어야 잘 마른다.
③ 그 시상식은 텔레비전을 <u>통해</u> 전국에 중계되었다.
④ 청소년들은 기성세대와 말이 <u>통하지</u> 않는다고 말한다.

03 다음 문단을 논리적 순서대로 바르게 나열한 것은?

> (가) 정해진 극본대로 연기를 하는 연극의 서사는 논리적이고 합리적이다. 그러나 연극 밖의 현실은 비합리적이고, 그 비합리성을 개인의 합리에 맞게 해석한다. 연극 밖에서도 각자의 합리성에 맞춰 연극을 하고 있는 것이다.
> (나) 사전적 의미로 불합리한 것, 이치에 맞지 않는 것을 의미하는 부조리는 실존주의 철학에서는 현실에서는 전혀 삶의 의미를 발견할 가능성이 없는 절망적인 한계상황을 나타내는 용어이다.
> (다) 이것이 비합리적인 세계에 대한 자신의 합목적적인 희망이라는 사실을 깨달았을 때, 삶은 허망해지고 인간은 부조리를 느끼게 된다.
> (라) 부조리라는 개념을 처음 도입한 대표적인 철학자인 알베르 카뮈는 연극에 비유하여 부조리에 대해 설명한다.

① (나) – (가) – (다) – (라)   ② (나) – (다) – (가) – (라)
③ (나) – (라) – (가) – (다)   ④ (라) – (가) – (나) – (다)

04 다음은 한국도로공사 안전보건관리예규 중 일부이다. 이에 대한 설명으로 적절하지 않은 것은?

〈안전보건관리예규〉

사고발생 시 처리절차(제51조)

① 공사는 사고발생 시 적극적으로 사고확대 방지와 재해자 응급구호를 위한 적절한 조치를 하여야 하고, 피해 최소화를 위해 노력하여야 한다.

② 사고발생 최초 목격자나 최초 발견자는 해당 관리감독자 등에게 보고하고, 직상급자 및 차상급 기관에 보고하여야 한다.

③ 사고발생 현장은 사고조사가 마무리될 때까지 원형대로 보존되어야 한다. 중대재해의 경우는 관계 행정기관의 조사가 마무리될 때까지 변형하거나 훼손하여서는 아니 된다.

④ 관계 법령에서 정하는 바에 따라 행정기관에 신고하여야 하는 사고에 해당하는 경우는 절차에 따라 관련 행정기관에 신고하여야 한다.

⑤ 사고조사 시 근로자대표의 요청이 있는 경우 근로자대표를 입회시켜야 한다.

⑥ 사고발생 시 긴급조치, 처리절차 등에 관하여 별도로 정할 수 있다.

⑦ 사고대책본부나 사고조사위원회를 별도로 구성·운영할 수 있다.

⑧ 사고조사가 마무리된 경우 재해자가 산재보상보험법에 따라 조속하게 보상을 받을 수 있도록 적극 지원한다.

사고원인조사 및 대책수립(제52조)

① 사고발생 원인조사는 신속하고 중립적인 자세로 사고발생 사유에 대한 근본적인 원인을 발굴하고 대책을 수립하여 동종사고 재발 방지 및 사고 예방을 할 수 있도록 하여야 한다. 이 경우 중대재해인 경우에는 산업안전보건위원회의 심의·의결을 거쳐야 한다.

② 공사는 사고발생원인과 재발방지대책을 수립하여 관련 부서에 개선대책, 추진일정 등을 포함한 개선요구서를 통보하여야 한다.

③ 개선요구서를 받은 관련 부서장은 모든 일에 우선하여 개선하는 등의 조치를 하여야 한다.

④ 공사는 개선일정과 사후점검 일정에 맞추어 개선여부를 확인하고 안전보건관리책임자에게 보고한다.

⑤ 사내 게시판, 홍보물 등을 통하여 사고사례, 동종재해예방대책, 개선내용 등을 공지한다.

재해발생현황분석 및 종합대책수립(제53조)

① 공사는 정기적으로 재해발생현황을 총괄 분석하고 이에 대한 대책을 수립하여 시행한다. 이 경우 근로자대표의 요구가 있는 경우 이에 협조한다.

② 공사는 매 이듬해 1월 중에 전년도의 재해를 총괄 분석하고 재해다발원인을 분석하고 이에 대한 대책을 수립·시행하여야 한다.

③ 분기별 또는 연간 재해분석 결과는 각 부서에 통보하여야 한다.

---

① 중대재해에 대한 재발방지대책은 산업안전보건위원회의 심의·의결을 거쳐야 한다.

② 사고를 최초로 목격한 사람은 반드시 사고발생 사실을 관리감독자와 직상급자 및 차상급 기관에 보고하여야 한다.

③ 한국도로공사는 사고조사가 마무리될 때까지 사고발생 현장을 보존하여야 하고, 사고조사가 마무리된 경우에는 재해자가 조속하게 보상을 받을 수 있도록 지원하여야 한다.

④ 한국도로공사가 재발방지대책을 수립하여 관련 부서에 개선요구서를 통보하면, 관련 부서장은 개선여부를 확인하고 이를 안전보건관리책임자에게 보고하여야 한다.

05 다음 중 밑줄 친 부분의 맞춤법이 옳지 않은 것은?

① 얼굴이 햇볕에 <u>가무잡잡하게</u> 그을렸다.

② 아버지는 그 사람을 사윗감으로 <u>마뜩찮게</u> 생각하였다.

③ 딸의 뺨이 <u>불그스름하게</u> 부어 있었다.

④ 아무도 그의 과거를 <u>괘념하지</u> 않았다.

06 다음 글의 제목으로 가장 적절한 것은?

> 우리 고유의 발효식품이자 한식 제1의 반찬인 김치는 천년이 넘는 역사를 함께해 온 우리 삶의 일부
> 이다. 채소를 오래 보관하여 먹기 위한 절임 음식으로 시작된 김치는 양념을 버무리고 숙성시키는
> 우리만의 발효과학 식품으로 변신하였고, 김장은 우리 민족의 가장 중요한 행사 중 하나가 되었다.
> 다른 나라에도 소금 등에 채소를 절인 절임 음식이 존재하지만, 절임 후 양념으로 2차 발효시키는
> 음식으로는 우리 김치가 유일하다. 김치는 발효과정을 통해 원재료보다 영양이 한층 더 풍부해지며,
> 암과 노화, 비만 등의 예방과 억제에 효과적인 기능성을 보유한 슈퍼 발효 음식이 된다.
> 김치는 지역마다, 철마다, 또 특별한 의미를 담아 다양하게 변신하여 300가지가 넘는 종류로 탄생
> 한다. 기후와 지역 등에 따라서 다채로운 맛을 담은 김치들이 있으며, 주재료로 채소뿐만 아니라
> 수산물이나 육류를 이용한 독특한 김치도 있고, 같은 김치라도 사람에 따라 특별한 김치로 재탄생된
> 다. 지역과 집안마다 저마다의 비법으로 담그기 때문에 유서 깊은 종가의 비법으로 만든 특별한 김
> 치가 전해오며, 김치를 담그고 먹는 일도 수행의 연속이라 여기는 사찰에는 오신채를 사용하지 않은
> 김치가 존재한다.
> 우리 문화의 정수이자 자존심인 김치는 현대에 들어서는 문화와 전통이 결합한 복합 산업으로 펼쳐
> 지고 있다. 김치에 들어가는 수많은 재료와 관련된 산업의 생산액은 3.3조 원이 넘으며, 주로 배추
> 김치로 형성된 김치 생산은 약 2.3조 원의 시장을 형성하고 있고, 시판 김치의 경우 대기업의 시장
> 주도력이 증가하고 있다. 소비자 요구에 맞춘 다양한 포장 김치가 등장하고, 김치냉장고는 1.1조
> 원의 시장을 형성하고 있다. 또한 정성과 기다림을 상징하는 김치는 문화산업의 소재로 활용되며,
> 김치 문화는 관광 관련 산업으로 활성화되고 있다. 김치의 영양 기능성과 김치 유산균을 활용한 여
> 러 기능성 제품이 개발되고, 부식뿐 아니라 새로운 요리의 식재료로써 김치는 39조 원의 외식산업
> 시장을 뒷받침하고 있다.

① 김치의 탄생   ② 김치산업의 활성화 방안

③ 우리 민족의 축제, 김장   ④ 우리 민족의 전통이자 자존심, 김치

07 다음 글을 읽고 '밀그램 실험'을 〈보기〉와 같이 요약하였다. 빈칸에 들어갈 단어로 가장 적절한 것은?

사람이 얼마나 권위 있는 잔인한 명령에 복종하는지를 알아보는 악명 높은 실험이 있었다. 사회심리학자인 스탠리 밀그램(Stanley Milgram)이 1961년 예일대학교 교수로 재직 중에 한 실험이다. 권위를 가진 주체가 말을 하면 아주 잔인한 명령이라도 기꺼이 복종하는 것을 알아보는, 인간의 연약함과 악함을 보여주는 그런 종류의 실험이다.

밀그램 실험에서는 피실험자에게 매우 강력한 전기충격을 가해야 한다는 명령을 내린다. 그 전기충격의 강도는 최고 450볼트로, 사람에게 치명적인 피해를 입힐 수 있다. 물론 이 실험에서 실제로 전기가 통하게 하지는 않았다. 전기충격을 받은 사람은 고통스럽게 비명을 지르며 그만하라고 소리치게 했지만, 이 역시 전문 배우가 한 연극이었다. 밀그램은 실험참가자에게 과학적 발전을 위한 실험이며, 4달러를 제공하고, 중간에 중단해서는 안 된다는 지침을 내렸다.

인간성에 대한 근원적인 의문을 탐구하기 위해 밀그램은 특수한 실험장치를 고안했다. 실험에 참가한 사람들은 실험자의 명령에 따라 옆방에 있는 사람에게 전기충격을 주는 버튼을 누르도록 했다. 30개의 버튼은 비교적 해가 되지 않는 15볼트에서 시작해 최고 450볼트까지 올라간다. 450볼트까지 높아지면 사람들은 치명적인 상처를 입는데, 실험참가자들은 그러한 위험성에 대한 주의를 받았다.

실제로는 전기충격 버튼을 눌러도 약간의 무서운 소리와 빛이 번쩍이는 효과만 날 뿐 실제로 전기가 흐르지는 않았다. 다만 옆방에서 전기충격을 받는 사람은 실험참가자들이 전기버튼을 누를 때마다 마치 진짜로 감전되는 것 같이 소리를 지르고 대가를 받는 훈련된 배우였다.

밀그램 실험에 참가한 40명 중 65%는 명령에 따라 가장 높은 450볼트의 버튼을 눌렀다. 감전된 것처럼 연기한 배우가 고통스럽게 소리를 지르면서 그만하라고 소리를 지르는데도 말이다. 일부 사람들은 실험실에서 나와서는 이같은 잔인한 실험을 계속하는 데 대해 항의했다. 밀그램은 실험 전에는 단 0.1%만이 450볼트까지 전압을 올릴 것이라 예상했으나, 실제 실험결과는 무려 65%의 참가자들이 450볼트까지 전압을 올렸다. 이들은 상대가 죽을 수 있다는 걸 알고 있었고, 비명도 들었으나 모든 책임은 연구원이 지겠다는 말에 복종했다.

> **보기**
>
> 밀그램이 시행한 전기충격 실험은 사람들이 권위를 가진 명령에 어디까지 복종하는지를 알아보기 위한 실험이다. 실험 결과 밀그램이 예상한 것과 달리 아주 일부의 사람만 _____을/를 하였다.

① 이타적 행동 　　　　　② 순응
③ 고민 　　　　　　　　　④ 불복종

08 다음 글의 내용으로 적절하지 않은 것은?

인류의 역사를 석기시대, 청동기시대 그리고 철기시대로 구분한다면 현대는 '플라스틱시대'라고 할 수 있을 만큼 플라스틱은 현대사회에서 가장 혁명적인 물질 중 하나이다. "플라스틱은 현대 생활의 뼈, 조직, 피부가 되었다."라는 미국의 과학 저널리스트 수잔 프라인켈(Susan Freinkel)의 말처럼 플라스틱은 인간의 생활에 많은 부분을 차지하고 있다. 저렴한 가격과 필요에 따라 내구성, 강도, 유연성 등을 조절할 수 있는 장점 덕분에 일회용 컵부터 옷, 신발, 가구 등 플라스틱이 아닌 것이 거의 없을 정도이다. 그러나 플라스틱에는 치명적인 단점이 있다. 플라스틱이 지닌 특성 중 하나인 영속성(永續性)이다. 즉, 인간이 그동안 생산한 플라스틱은 바로 분해되지 않고 어딘가에 계속 존재하고 있어 플라스틱은 환경오염의 원인이 된 지 오래이다.

치약, 화장품, 피부 각질제거제 등 생활용품과 화장품에 들어 있는 작은 알갱이의 성분은 '마이크로 비드(Microbead)'라는 플라스틱이다. 크기가 1mm보다 작은 플라스틱을 '마이크로비드'라고 하는데 이 알갱이는 정수처리과정에서 걸러지지 않고 생활 하수구에서 강으로, 바다로 흘러간다. 조그만 알갱이들은 바다를 떠돌면서 생태계의 먹이사슬을 통해 동식물 체내에 축적되어 면역체계 교란, 중추신경계 손상 등의 원인이 되는 잔류성 유기 오염물질(Persistent Organic Pollutants)을 흡착한다. 그리고 물고기, 새 등 여러 생물은 마이크로비드를 먹이로 착각해 섭취한다. 마이크로비드를 섭취한 해양생물은 다시 인간의 식탁에 올라온다. 즉, 우리가 버린 플라스틱을 우리가 다시 먹게 되는 셈이다. 플라스틱 포크로 음식을 먹고, 플라스틱 컵으로 물을 마시는 등 플라스틱을 음식을 먹기 위한 수단으로만 생각했지 직접 먹게 되리라고는 상상도 못 했을 것이다. 우리가 먹은 플라스틱이 우리 몸에 남아 분해되지 않고 큰 질병을 키우게 될 것이다.

① 플라스틱은 필요에 따라 유연성, 강도 등을 조절할 수 있고, 값이 싼 장점이 있다.

② 플라스틱은 바로 분해되지 않고 어딘가에 존재한다.

③ 마이크로비드는 크기가 작기 때문에 정수처리과정에서 걸러지지 않고 바다로 유입된다.

④ 마이크로비드는 잔류성 유기 오염물질을 분해하는 역할을 한다.

09 다음 중 빈칸에 들어갈 내용으로 가장 적절한 것은?

일반적으로 물체, 객체를 의미하는 프랑스어 '오브제(Objet)'는 라틴어에서 유래된 단어로, 어원적으로는 앞으로 던져진 것을 의미한다. 미술에서 대개 인간이라는 '주체'와 대조적인 '객체'로서의 대상을 지칭할 때 사용되는 오브제가 미술사 전면에 나타나게 된 것은 입체주의 이후이다.

20세기 초 입체파 회기들이 화면에 니디니는 공긴을 자연의 모빙이 아닌 독립된 공간으로 인식하기 시작하면서 회화는 재현미술로서의 단순한 성격을 벗어나기 시작한다. 즉, '미술은 그 자체가 실재이다. 또한 그것은 객관세계의 계시 혹은 창조이지 그것의 반영이 아니다.'라는 세잔의 사고에 의하여 공간의 개방화가 시작된 것이다. 이는 평면에 실제 사물이 부착되는 콜라주 양식의 탄생과 함께 일상의 평범한 재료들이 회화와 자연스레 연결되는 예술과 비예술의 결합으로 차츰 변화하게 된다.

이러한 오브제의 변화는 다다이즘과 쉬르리얼리즘에서 '일용의 기성품과 자연물 등을 원래의 그 기능이나 있어야 할 장소에서 분리하고, 그대로 독립된 작품으로서 제시하여 일상적 의미와는 다른 상징적·환상적인 의미를 부여하는 것'으로 일반화된다. 그리고 동시에, 기존 입체주의에서 단순한 보조 수단에 머물렀던 오브제를 캔버스와 대리석을 대체하는 확실한 표현 방법으로 완성시켰다. 이후 오브제는 그저 예술가가 지칭하는 것만으로도 우리의 일상생활과 환경 그 자체가 곧 예술작품이 될 수 있음을 주장한다. _____ 거기에서 더 나아가 오브제는 일상의 오브제를 다양하게 전환시켜 다양성과 대중성을 내포하고, 오브제의 진정성과 상징성을 제거하는 팝아트에서 다시 한 번 새롭게 변화하기에 이른다.

① 무너진 베를린 장벽의 조각을 시내 한복판에 장식함으로써 예술과 비예술이 결합한 것이다.

② 화려하게 채색된 소변기를 통해 일상성에 환상적인 의미를 부여한 것이다.

③ 평범한 세면대일지라도 예술가에 의해 오브제로 정해진다면 일상성을 간직한 미술과 일치되는 것이다.

④ 기존의 수프 통조림을 실크 스크린으로 동일하게 인쇄하여 손쉽게 대량생산되는 일상성을 풍자하는 것이다.

10 다음 글을 읽고 추론한 내용으로 적절하지 않은 것은?

우리말은 오랜 역사 속에서 꿋꿋이 발전해 왔다. 우리말을 적는 우리글, 한글 역시 어려운 역사 속에서 지켜 왔다. 그런데 우리 말글의 역사 가운데 가장 어려웠던 시기를 꼽자면 바로 일제 강점기라 하겠다. 일제 강점기에 일본은 국토를 병합하고 나서 우리 민족을 저들에 통합시키고 문화를 빼앗으려 했고 그 문화의 알맹이라 할 우리말을 쓰지 못하게 했다. 이러한 상황이니 우리 선조들은 우리 민족을 지키기 위해, 우리 문화를 지키기 위해 우리 말글을 지키려 그 어느 때보다도 더 큰 힘을 쏟았다. 이러한 중심에 조선어학회가 있었다.

지금의 한글학회인 조선어학회는 민족혼을 지키기 위해 우리말을 연구할 목적으로 1908년 8월 31일 주시경, 김정진 선생 등이 창립한 국어연구학회를 모체로 한다. 조선어학회 학자들은 일본의 식민 통치 아래 나라와 민족을 되찾고 문화를 되살리기 위한 길은 오로지 우리 말글을 지키는 데 있다는 것에 뜻을 함께했다. 그 일을 펼치고자 한글날을 만들고(1926년), 조선어사전편찬회를 조직해 『우리말큰사전』을 편찬하기로 하고(1928년), 이를 위해 한글맞춤법통일안을 제정하고(1933년), 표준말을 사정하고(1936년), 외래어표기법통일안도 제정했다(1940년).

그러나 침략전쟁에 광분하고 있었던 1940년대의 일본은 조선에 대한 식민 통치를 더욱 강화하면서 민족 말살 정책을 추진했다. 조선인의 이름과 성을 일본식으로 바꾸도록 하고 조선말을 쓰지 못하게 하고 학교에서 조선어 교육을 폐지했다. 이러한 암담한 상황에서 조선어학회 선열들은 핍박과 감시를 받아가며 우리 말글을 지키고 가꾸는 투쟁을 이어갔다.

조선어학회가 『우리말큰사전』 편찬에 밤낮을 가리지 않던 1942년, 함흥 영생고등여학교 학생 박영옥이 기차 안에서 친구들과 조선말로 대화하다가 경찰에 발각돼 취조를 받게 된 사건이 일어났다. 경찰은 조사 결과 학생들에게 민족혼을 일깨운 이가 조선어학회에서 사전을 편찬하고 있는 정태진 선생이라는 사실을 알았다. 그해 9월 5일에 정태진 선생을 연행했고, 조사 후 조선어학회가 민족주의 단체로서 독립운동을 목적으로 하고 있다고 보고, 10월 1일부터 조선어학회 선열들을 검거하기 시작해 사전 편찬에 직접 참여했거나 재정적으로 후원한 사람을 검거하니 1943년 4월 1일까지 모두 서른세 명에 이르렀다.

① 민족을 지키고자 하면 우리말과 글을 지켜야 한다.
② 자주독립을 향한 한글학자들의 노력을 독립운동으로 기억해야 한다.
③ 우리말을 지키고자 한 조선어학회의 투쟁은 말글 투쟁으로 한정된다.
④ 우리말은 곧 우리 겨레가 가진 정신적 및 물리적 재산의 총목록이다.

11 다음 글과 가장 관련 있는 속담은?

얼마 전 반장 민수는 실수로 칠판을 늦게 지운 주번 상우에게 벌점을 부과하였고, 이로 인해 벌점이 초과된 상우는 방과 후 학교에 남아 반성문을 쓰게 되었다. 이처럼 민수는 사소한 잘못을 저지른 학급 친구에게도 가차 없이 벌점을 부여하여 학급 친구들의 원망을 샀고, 결국에는 민수를 반장으로 추천했던 친구들 모두 민수에게 등을 돌렸다.

① 원님 덕에 나팔 분다.
② 듣기 좋은 꽃노래도 한두 번이지.
③ 집 태우고 바늘 줍는다.
④ 맑은 물에 고기 안 논다.

12 다음 ⊙ ~ ⓒ 중 맥락에 맞는 단어를 순서대로 바르게 나열한 것은?

> 음향은 종종 인물의 생각이나 심리를 극적으로 ⊙ 표시(表示) / 제시(提示) 하는 데 활용된다. 화면을 가득 채운 얼굴과 함께 인물의 목소리를 들려주면 인물의 속마음이 효과적으로 표현된다. 인물의 표정은 드러내지 않은 채 심장 소리만을 크게 들려줌으로써 인물의 불안정한 심정을 ⓛ 표출(表出) / 표명(表明)하는 예도 있다. 이처럼 음향은 영화의 장면 및 줄거리와 밀접한 관계를 유지하며 주제나 감독의 의도를 ⓒ 실현(實現) / 구현(具縣)하는 중요한 요소이다.

	⊙	ⓛ	ⓒ		⊙	ⓛ	ⓒ
①	표시	표명	실현	②	표시	표출	구현
③	제시	표출	구현	④	제시	표명	실현

13 다음 글의 내용으로 적절하지 않은 것은?

> 사람의 눈이 원래 하나였다면 세계를 입체적으로 지각할 수 있었을까? 입체 지각은 대상까지의 거리를 인식하여 세계를 3차원으로 파악하는 과정을 말한다. 입체 지각은 눈으로 들어오는 시각 정보로부터 다양한 단서를 얻어 이루어지는데, 이를 양안 단서와 단안 단서로 구분할 수 있다.
> 양안 단서는 양쪽 눈이 함께 작용하여 얻어지는 것으로, 양쪽 눈에서 보내오는 시차(視差)가 있는 유사한 상이 대표적이다. 단안 단서는 한쪽 눈으로 얻을 수 있는 것인데, 사람은 단안 단서만으로도 이전의 경험으로부터 추론에 의하여 세계를 3차원으로 인식할 수 있다. 망막에 맺히는 상은 2차원이지만 그 상들 사이의 깊이의 차이를 인식하게 해 주는 다양한 실마리들을 통해 입체 지각이 이루어진다.
> 동일한 물체가 크기가 다르게 시야에 들어오면 우리는 더 큰 시각(視角)을 가진 쪽이 더 가까이 있다고 인식한다. 이렇게 물체의 상대적 크기는 대표적인 단안 단서이다. 또 다른 단안 단서로는 '직선 원근'이 있다. 우리는 앞으로 뻗은 길이나 레일이 만들어 내는 평행선의 폭이 좁은 쪽이 넓은 쪽보다 멀리 있다고 인식한다. 또 하나의 단안 단서인 '결 기울기'는 같은 대상이 집단적으로 어떤 면에 분포할 때, 시야에 동시에 나타나는 대상들의 연속적인 크기 변화로 얻어진다. 예를 들면 들판에 만발한 꽃을 보면 앞쪽은 꽃이 크고 뒤로 가면서 서서히 꽃이 작아지는 것으로 보이는데 이러한 시각적 단서가 쉽게 원근감을 일으킨다.
> 어떤 경우에는 운동으로부터 단안 단서를 얻을 수 있다. '운동 시차'는 관찰자가 운동할 때 정지한 물체들이 얼마나 빠르게 움직이는 것처럼 보이는지가 물체들까지의 상대적 거리에 대한 실마리를 제공하는 것이다. 예를 들어 기차를 타고 가다 창밖을 보면 가까이에 있는 나무는 빨리 지나가고 멀리 있는 산은 거의 정지해 있는 것처럼 보인다.

① 사고로 한쪽 눈의 시력을 잃은 사람은 입체 지각이 불가능하다.

② 단안 단서에는 물체의 상대적 크기, 직선 원근, 결 기울기, 운동 시차 등이 있다.

③ 세계를 입체적으로 지각하기 위해서는 단서가 되는 다양한 시각 정보가 필요하다.

④ 대상까지의 거리를 인식할 수 있어야 세계를 입체적으로 지각할 수 있다.

14 다음 중 틀린 단어는 몇 개인가?(단, 같은 단어는 중복해서 세지 않으며, 띄어쓰기는 무시한다)

<결제규정>

- 결제를 받으려는 업무에 대해서는 최고결제권자(대표이사)를 포함한 이하 직책자의 결제를 받아야 한다.
- 전결이라 함은 회사의 경영활동이나 관리활동을 수행함에 있어 의사 결정이나 판단을 요하는 일에 대하여 최고결제권자로부터 권한을 의임받아, 자신의 책임하에 최종적으로 의사 결정이나 판단을 하는 행위를 말한다.
- 전결사항에 대해서도 의임받은 자를 포함한 이하 직책자의 결제를 받아야 한다.
- 표시내용 : 결제를 올리는 자는 최고결제권자로부터 전결사항을 의임받은 자가 있는 경우 결제란에 전결이라고 표시하고 최종 결제권자 란에 의임받은 자를 표시한다. 다만, 결제가 부필요한 직책자의 결제란은 상향대각선으로 표시한다.

① 1개
② 2개
③ 3개
④ 4개

15 다음 문단을 논리적 순서대로 바르게 나열한 것은?

(가) '인력이 필요해서 노동력을 불렀더니 사람이 왔더라.'라는 말이 있다. 인간을 경제적 요소로만 단순하게 생각했으나, 이에 따른 인권문제, 복지문제, 내국인과 이민자와의 갈등 등이 수반된다는 말이다. 프랑스처럼 우선 급하다고 이민자를 선별하지 않고 받으면 인종 갈등과 이민자의 빈곤화 등 많은 사회비용이 발생한다.

(나) 이제 다문화정책의 패러다임을 전환해야 한다. 한국에 들어온 다문화가족을 적극적으로 지원해야 한다. 다문화가족과 더불어 살면서 다양성과 개방성을 바탕으로 상생의 발전을 도모해야 한다. 그리고 결혼이민사만 나문화가족으로 볼 것이 아니라 외국인 근로자와 유학생, 북한이달 주민까지 큰 틀에서 함께 보는 것도 필요하다.

(다) 다문화정책의 핵심은 두 가지이다. 첫째, 새로운 사회에 적응하려는 의지가 강해서 언어 배우기, 일자리, 문화 이해에 매우 적극적인 태도를 지닌 좋은 인력을 선별해서 입국하도록 하는 것이다. 둘째, 이민자가 새로운 사회에 잘 정착할 수 있도록 사회통합에 주력해야 하는 것이다. 해외 인구 유입 초기부터 사회 비용을 절약할 수 있는 사람들을 들어오게 하는 것이 중요하기 때문이다.

(라) 또한, 이미 들어온 이민자에게는 적극적인 지원을 해야 한다. 언어와 문화, 환경이 모두 낯선 이민자에게는 이민 초기에 세심한 배려가 필요하다. 특히 중요한 것은 다문화가족이 그들이 가지고 있는 강점을 활용하여 취약 계층이 아닌 주류층으로 설 수 있도록 지원해야 한다. 뿐만 아니라 이민자에 대한 지원 시기를 놓치거나 차별과 편견으로 내국인에게 증오감을 갖게 해서는 안 된다.

① (가) – (나) – (다) – (라)
② (가) – (라) – (다) – (나)
③ (다) – (가) – (라) – (나)
④ (다) – (나) – (라) – (가)

16 D회사는 신입사원들을 대상으로 3개월 동안 의무적으로 강연을 듣게 하고 있다. 강연은 월요일과 수요일에 1회씩 열리고 금요일에는 격주로 1회씩 열린다고 할 때, 8월 1일 월요일에 처음 강연을 들은 신입사원이 13번째 강연을 듣는 날은 언제인가?(단, 첫 주 금요일 강연은 열리지 않았다)

① 8월 31일   ② 9월 2일

③ 9월 5일   ④ 9월 7일

17 철수와 영희가 5 : 3 비율의 속력으로 A지점에서 출발하여 B지점으로 향했다. 영희가 30분 먼저 출발했을 때 철수가 영희를 따라잡은 시간은 철수가 출발하고 나서 몇 분 만인가?

① 30분   ② 35분

③ 40분   ④ 45분

18 D공사의 출근 시간은 오전 9시이다. D공사는 지하철역에서 D공사 정문까지 셔틀버스를 운행한다. 정문에 셔틀버스가 출근 시간에 도착할 확률은 $\frac{1}{2}$, 출근 시간보다 늦게 도착할 확률은 $\frac{1}{8}$, 출근 시간보다 일찍 도착할 확률은 $\frac{3}{8}$ 이다. 지하철역에서 3대가 동시에 출발할 때, 2대의 버스는 출근 시간보다 일찍 도착하고, 1대의 버스는 출근 시간에 도착할 확률은?

① $\frac{1}{128}$ ② $\frac{3}{128}$

③ $\frac{9}{128}$ ④ $\frac{27}{128}$

19 농도가 10%인 소금물 200g에 농도가 15%인 소금물을 섞어서 농도가 13%인 소금물을 만들려고 한다. 이때 필요한 농도가 15%인 소금물의 양은?

① 150g

② 200g

③ 250g

④ 300g

20 다음은 대형마트 이용자를 대상으로 소비자 만족도를 조사한 결과이다. 이에 대한 설명으로 옳은 것은?(단, 소수점 셋째 자리에서 반올림한다)

〈대형마트 업체별 소비자 만족도〉

(단위 : 점/5점 만점)

구분	종합 만족도	서비스 품질					서비스 쇼핑 체험
		쇼핑 체험 편리성	상품 경쟁력	매장환경 / 시설	고객접점 직원	고객관리	
A마트	3.72	3.97	3.83	3.94	3.70	3.64	3.48
B마트	3.53	3.84	3.54	3.72	3.57	3.58	3.37
C마트	3.64	3.96	3.73	3.87	3.63	3.66	3.45
D마트	3.56	3.77	3.75	3.44	3.61	3.42	3.33

〈대형마트 인터넷 · 모바일쇼핑 소비자 만속도〉

(단위 : %, 점/5점 만점)

분야별 이용 만족도	이용률	A마트	B마트	C마트	D마트
인터넷쇼핑	65.4	3.88	3.80	3.88	3.64
모바일쇼핑	34.6	3.95	3.83	3.91	3.69

① 인터넷쇼핑과 모바일쇼핑의 소비자 만족도가 가장 큰 차이를 보이는 곳은 D마트이다.

② 종합만족도는 5점 만점에 평균 3.61점이며, 업체별로는 A마트가 가장 높고, C마트, B마트, D마트 순서로 나타났다.

③ 서비스 품질 부문에 있어 대형마트는 쇼핑 체험 편리성에 대한 만족도가 상대적으로 가장 높게 평가되었으며, 반대로 고객접점직원 서비스가 가장 낮게 평가되었다.

④ 대형마트를 이용하면서 느낀 감정이나 기분을 반영한 서비스 쇼핑 체험 부문의 만족도는 평균 3.41점으로 서비스 품질 부문들보다 낮았다.

21 다음은 지난달 봉사 장소별 봉사자 수를 연령별로 조사한 자료이다. 〈보기〉 중 이에 대한 설명으로 옳은 것을 모두 고르면?

〈봉사 장소의 연령대별 봉사자 수〉

(단위 : 명)

구분	10대	20대	30대	40대	50대	전체
보육원	148	197	405	674	576	2,000
요양원	65	42	33	298	296	734
무료급식소	121	201	138	274	381	1,115
노숙자쉼터	0	93	118	242	347	800
유기견보호소	166	117	56	12	0	351
전체	500	650	750	1,500	1,600	5,000

보기

㉠ 전체 노숙자쉼터 봉사자 중 30대는 15% 미만이다.
㉡ 전체 봉사자 중 40대의 비율은 20대의 3배이다.
㉢ 전체 무료급식소 봉사자 중 40 ~ 50대는 절반 이상이다.
㉣ 전체 보육원 봉사자 중 30대 이하가 차지하는 비율은 36% 이하이다.

① ㉠, ㉡
② ㉠, ㉣
③ ㉡, ㉢
④ ㉢, ㉣

※ 다음은 연도별 차량기지 견학 안전체험 건수 및 인원 현황이다. 이어지는 질문에 답하시오. **[22~23]**

〈차량기지 견학 안전체험 건수 및 인원 현황〉

(단위 : 건, 명)

구분	총계		2020년		2021년		2022년		2023년		2024년	
	건수	인원	건수	인원	건수	인원	건수	인원	건수	인원	건수	인원
고덕	649	5,252	24	611	36	897	33	633	21	436	17	321
도봉	358	6,304	30	644	31	761	24	432	28	566	25	336
방화	363	6,196	64	1,009	(ㄴ)	978	51	978	(ㄹ)	404	29	525
신내	287	3,662	49	692	49	512	31	388	17	180	25	385
천왕	336	6,450	68	(ㄱ)	25	603	32	642	30	566	29	529
모란	257	6,175	37	766	27	643	31	561	20	338	22	312
총계	2,250	34,039	272	4,588	241	4,394	(ㄷ)	3,634	145	2,490	147	2,408

22 다음 중 빈칸 (ㄱ)~(ㄹ)에 들어갈 수치가 바르게 연결된 것은?

① (ㄱ) : 846
② (ㄴ) : 75
③ (ㄷ) : 213
④ (ㄹ) : 29

23 다음 중 자료에 대한 설명으로 옳은 것을 〈보기〉에서 모두 고르면?

> **보기**
>
> ㄱ. 방화 차량기지 견학 안전체험 건수는 2021년부터 2024년까지 전년 대비 매년 감소하였다.
> ㄴ. 2022년 고덕 차량기지의 안전체험 건수 대비 인원수는 2022년 도봉 차량기지의 안전체험 건수 대비 인원수보다 크다.
> ㄷ. 2021년부터 2023년까지 고덕 차량기지의 안전체험 건수와 인원수의 증감 추이는 동일하다.
> ㄹ. 2024년 신내 차량기지의 안전체험 인원수는 2020년 대비 50% 이상 감소하였다.

① ㄱ, ㄴ
② ㄱ, ㄷ
③ ㄴ, ㄷ
④ ㄷ, ㄹ

24 다음은 노인 취업률 추이에 대한 그래프이다. 조사한 직전 연도 대비 노인 취업률의 변화율이 가장 큰 연도는?

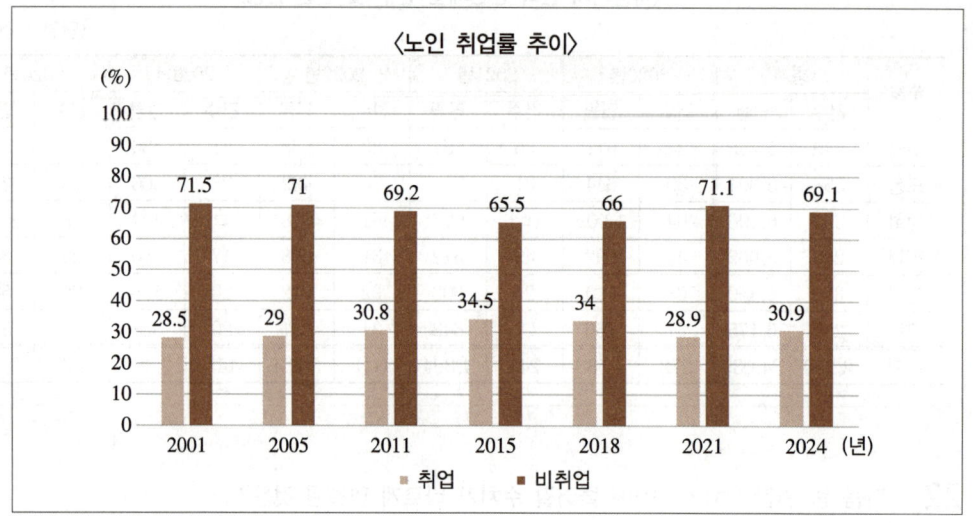

① 2005년　　　　　　　　② 2015년
③ 2018년　　　　　　　　④ 2021년

※ 다음은 현 직장 만족도에 대하여 조사한 자료이다. 이어지는 질문에 답하시오. **[25~26]**

<현 직장 만족도>

만족분야별	직장유형별	2023년	2024년
전반적 만족도	기업	6.9	6.3
	공공연구기관	6.7	6.5
	대학	7.6	7.2
임금과 수입	기업	4.9	5.1
	공공연구기관	4.5	4.8
	대학	4.9	4.8
근무시간	기업	6.5	6.1
	공공연구기관	7.1	6.2
	대학	7.3	6.2
사내분위기	기업	6.3	6.0
	공공연구기관	5.8	5.8
	대학	6.7	6.2

25 2023년 3개 기관의 전반적 만족도의 합은 2024년 3개 기관의 임금과 수입 만족도의 합의 몇 배인가?(단, 소수점 둘째 자리에서 반올림한다)

① 1.4배 ② 1.6배
③ 1.8배 ④ 2.0배

26 다음 중 자료에 대한 설명으로 옳지 않은 것은?

① 현 직장에 대한 전반적 만족도는 대학 유형에서 가장 높다.
② 2024년 근무시간 만족도에서는 공공연구기관과 대학의 만족도가 동일하다.
③ 2024년에 모든 유형의 직장에서 임금과 수입의 만족도는 전년 대비 증가했다.
④ 사내분위기 측면에서 2023년과 2024년 공공연구기관의 만족도는 동일하다.

27 다음은 시도별 자전거도로 현황에 대한 자료이다. 이에 대한 설명으로 옳은 것은?

〈시도별 자전거도로 현황〉

(단위 : km)

구분	합계	자전거전용도로	자전거보행자 겸용도로	자전거전용차로	자전거우선도로
전국	21,176	2,843	16,331	825	1,177
서울특별시	869	104	597	55	113
부산광역시	425	49	374	1	1
대구광역시	885	111	758	12	4
인천광역시	742	197	539	6	–
광주광역시	638	109	484	18	27
대전광역시	754	73	636	45	–
울산광역시	503	32	408	21	42
세종특별자치시	207	50	129	6	22
경기도	4,675	409	4,027	194	45
강원도	1,498	105	1,233	62	98
충청북도	1,259	202	824	76	157
충청남도	928	204	661	13	50
전라북도	1,371	163	1,042	112	54
전라남도	1,262	208	899	29	126
경상북도	1,992	414	1,235	99	244
경상남도	1,844	406	1,186	76	176
제주특별자치도	1,324	7	1,299	–	18

① 제주특별자치도는 전국에서 다섯 번째로 자전거도로가 길다.

② 광주광역시는 전국 대비 자전거전용도로의 비율이 자전거보행자겸용도로의 비율보다 낮다.

③ 경상남도의 모든 자전거도로는 전국에서 각각 9% 이상의 비율을 가진다.

④ 전국에서 자전거전용도로의 비율은 약 13.4%의 비율을 차지한다.

28 다음은 궁능원 관람객 수 추이에 대한 자료이다. 문화재 관광 콘텐츠의 개발방향을 찾기 위해 옳지 않은 설명을 한 사람은?

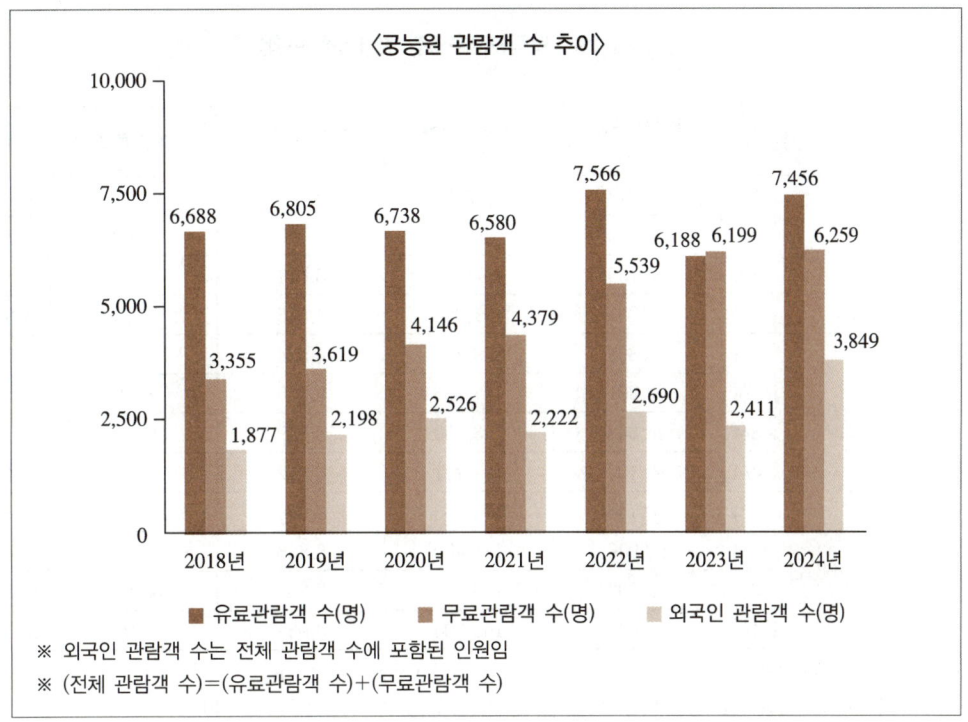

① A씨 : 2024년 외국인 관광객 수는 2018년에 비해 102% 이상 증가했네요. 외국인 관광객에 대한 콘텐츠 개발을 더욱더 확충했으면 좋겠어요.

② B씨 : A씨의 의견이 맞는 것 같아요. 2024년의 전체 관람객 수에서 외국인 관람객이 차지한 비중이 2018년에 비해 10% 이상 증가했네요. 외국인 관람객을 위한 외국어 안내문과 팸플릿을 개선했으면 좋겠네요.

③ C씨 : 유료관람객은 2023년을 제외하고 항상 많은 비중을 차지하고 있어요. 유료관람객 확대 유치를 위한 콘텐츠가 필요해요.

④ D씨 : C씨의 의견에 덧붙이자면, 유료관람객 수는 2018년 이후로 증가와 감소가 반복되고 있어요. 유료관람객 수의 지속적인 증가를 위해 지역주민에 대한 할인, 한복업체와 연계한 생활한복 무료대여 행사와 같은 여러 가지 이벤트를 개발했으면 좋겠어요.

29 다음은 D공사의 퇴직연금사업장 취급실적 현황에 대한 자료이다. 이에 대한 설명으로 옳지 않은 것은?

<표>
<퇴직연금사업장 취급실적 현황>

(단위 : 건)

구분		확정급여형 (DB)	확정기여형 (DC)	확정급여 · 기여형 (DB · DC)	IRP 특례	합계
2022년	1/4	56,013	66,541	3,157	27,199	152,910
	2/4	60,032	75,737	3,796	27,893	167,458
	3/4	63,150	89,571	3,881	29,087	185,689
	4/4	68,031	101,086	4,615	29,756	203,488
2023년	1/4	70,868	109,820	4,924	30,350	215,962
	2/4	73,301	117,808	5,300	30,585	226,994
	3/4	74,543	123,650	5,549	31,974	235,716
	4/4	80,107	131,741	6,812	35,478	254,138
2024년	1/4	80,746	136,963	6,868	35,409	259,986
	2/4	80,906	143,450	6,886	32,131	262,373
	3/4	83,003	146,952	7,280	35,220	272,455
	4/4	83,643	152,904	6,954	32,046	275,547

※ 퇴직연금사업자가 취급한 건수는 퇴직연금 도입 사업장 수와 동일함
※ 확정급여 · 기여형은 확정급여형과 확정기여형을 동시에 취급한 건수를 의미함

① 퇴직연금을 도입한 사업장 수는 매 분기 꾸준히 증가하고 있다.
② 퇴직연금제도 형태별로는 확정기여형이 확정급여형보다 많은 것으로 나타난다.
③ 2022년부터 2024년까지 분기별 확정급여형 취급실적은 동기간 IRP 특례의 2배 이상이다.
④ 2023년 중 확정기여형을 도입한 사업장 수가 전년 동기 대비 가장 많이 증가한 시기는 2/4분기 이다.

30 다음은 한반도 지역별 지진발생 횟수에 대한 자료이다. 이에 대한 설명으로 옳은 것은?

〈한반도 지역별 지진발생 횟수〉

(단위 : 회)

구분	2022년	2023년	2024년
서울·경기·인천	1	1	1
부산·울산·경남	1	6	5
대구·경북	6	179	121
광주·전남	1	1	6
전북	1	1	2
대전·충남·세종	2	6	3
충북	1	0	2
강원	1	1	1
제주	0	1	0
서해	7	6	19
남해	12	11	18
동해	8	16	20
북한	3	23	25
합계	44	252	223

※ 수도권은 서울·경기·인천 지역을 의미함

① 연도별로 전체 지진발생 횟수 중 가장 많은 비중을 차지하는 지역은 2022년부터 2024년까지 매년 동일하다.

② 전체 지진발생 횟수 중 북한의 지진발생 횟수가 차지하는 비중은 2023년에 비해 2024년에 5%p 이상 증가하였다.

③ 2022년 전체 지진발생 횟수 중 대전·충남·세종이 차지하는 비중은 2023년 전체 지진발생 횟수 중 동해가 차지하는 비중보다 크다.

④ 2023년에 지진이 발생하지 않은 지역을 제외하고 2023년 대비 2024년 지진발생 횟수의 증가율이 두 번째로 높은 지역은 서해이다.

31 다음은 D공사의 고객의 소리 운영 규정의 일부이다. 고객서비스 업무를 담당하고 있는 1년 차 사원인 A씨는 9월 18일 월요일에 어느 한 고객으로부터 질의 민원을 접수받았다. 그러나 부득이한 사유로 기간 내 처리가 불가능할 것으로 보여 본사 총괄부서장의 승인을 받고 처리기간을 연장하였다. 해당 민원은 늦어도 언제까지 처리가 완료되어야 하는가?

목적(제1조)

이 규정은 D공사에서 고객의 소리 운영에 필요한 사항에 대하여 규정함을 목적으로 한다.

정의(제2조)

"고객의 소리(Voice Of Customer)"라 함은 D공사 직무와 관련된 행정 처리에 대한 이의신청, 진정 등 민원과 D공사의 제도, 서비스 등에 대하여 불만이나 불편사항, 건의·단순 질의 등 모든 고객의 의견을 말한다.

처리기간(제7조)

① 고객의 소리는 다른 업무에 우선하여 처리하여야 하며 처리기간이 남아있음 등의 이유로 처리를 지연시켜서는 아니 된다.

② 고객의 소리 처리기간은 24시간으로 한다. 다만, 서식민원은 별도로 한다.

처리기간의 연장(제8조)

① 부득이한 사유로 기간 내에 처리하기 곤란한 경우 중간 답변을 하여야 하며, 이 경우 처리기간은 48시간으로 한다.

② 중간 답변을 하였음에도 기간 내에 처리하기 어려운 사항은 1회에 한하여 본사 총괄부서장의 승인을 받고 추가로 연장할 수 있다. 이 경우 추가되는 연장시간은 48시간으로 한다.

③ 업무의 성격이나 중요도, 본사 총괄부서의 처리시간에 임박한 재배정 등으로 제1항 내지 제2항의 기간 내에 처리할 수 없는 사항은 부서장 또는 소속장이 본사 총괄부서장에게 특별 기간연장을 요구할 수 있다.

---

① 9월 19일

② 9월 20일

③ 9월 21일

④ 9월 22일

32 K공사 직원들이 이번 달 성과급에 대해 이야기를 나누고 있다. 성과급은 반드시 늘거나 줄어들었고, 직원 중 1명만 거짓말을 하고 있을 때, 항상 참인 것은?

> A직원 : 나는 이번에 성과급이 늘어났어. 그래도 B만큼은 오르지는 않았네.
> B직원 : 맞아. 난 성과급이 좀 늘어났지. D보다 조금 더 늘었어.
> C직원 : 좋겠다. 오, E도 성과급이 늘어났네.
> D직원 : 무슨 소리야. E는 C와 같이 성과급이 줄어들었는데.
> E직원 : 그런 것보다 D가 A보다 성과급이 조금 올랐는데.

① 직원 E의 성과급 순위를 알 수 없다.
② 직원 D의 성과급이 가장 많이 올랐다.
③ 직원 A의 성과급이 오른 사람 중 가장 적다.
④ 직원 C는 성과급이 줄어들었다.

33 안전본부 사고분석 개선처에 근무하는 B대리는 혁신우수 연구대회에 출전하여 첨단장비를 활용한 차종별 보행자 사고 모형개발 자료를 발표했다. 연구 추진방향을 도출하기 위해 SWOT 분석을 한 결과가 다음과 같을 때, 분석 결과에 대응하는 전략과 그 내용이 잘못 짝지어진 것은?

<SWOT 분석 결과>

강점(Strength)	약점(Weakness)
10년 이상 지속적인 교육과 연구로 신기술 개발을 위한 인프라 구축	보행자 사고 모형개발을 위한 예산 및 실차 실험을 위한 연구소 부재
기회(Opportunity)	**위협(Threat)**
첨단 과학장비(3D스캐너, MADYMO) 도입으로 정밀 시뮬레이션 분석 가능	교통사고에 대한 국민의 관심과 분석수준 향상으로 공사의 사고분석 질적 제고 필요

① WO전략 : 실차 실험 대신 과학장비를 통한 시뮬레이션 연구로 모형개발에 힘쓴다.
② WT전략 : 신기술 개발을 위한 연구대회를 개최해 인프라를 더욱 탄탄히 구축한다.
③ SO전략 : 과학장비를 통한 정밀 시뮬레이션 분석을 토대로 국내 차량의 전면부 형상을 취득하고 보행자 사고를 분석해 신기술 개발에 도움을 준다.
④ ST전략 : 지속적 교육과 연구로 쌓아온 데이터를 바탕으로 사고분석 프로그램 신기술 개발을 통해 사고분석 질적 향상에 기여한다.

※ D공사에서는 정보보안을 위해 직원의 컴퓨터 암호를 다음과 같은 규칙으로 지정했다. 이어지는 질문에 답하시오. **[34~35]**

〈규칙〉

1. 자음과 모음의 배열은 국어사전의 배열 순서에 따른다.
   - 자음
     - 국어사전 배열 순서에 따라 알파벳 소문자(a, b, c, …)로 치환하여 사용한다.
     - 받침으로 사용되는 자음의 경우 대문자로 구분한다.
     - 겹받침일 경우, 먼저 쓰인 순서대로 알파벳을 나열한다.
   - 모음
     - 국어사전 배열 순서에 따라 숫자(1, 2, 3, …)로 치환하여 사용한다.
2. 비밀번호는 임의의 세 글자로 구성하되 마지막 음절 뒤 한 자리 숫자는 다음의 규칙에 따라 지정한다.
   - 음절에 사용된 각 모음의 합으로 구성한다.
   - 모음의 합이 두 자리 이상일 경우엔 각 자릿수를 다시 합하여 한 자리 수가 나올 때까지 더한다.
   - '−'을 사용하여 단어와 구별한다.

34 다음 중 송주임 컴퓨터의 암호 '115Cd5r14F−7'을 바르게 풀이한 것은?

① 워크숍　　　　　　　　　　② 원더풀
③ 온누리　　　　　　　　　　④ 올림픽

35 다음 중 김사원 컴퓨터의 비밀번호 '자전거'를 암호로 바르게 치환한 것은?

① m1m3ca5−9　　　　　　　② m1m5Ca5−2
③ n1n5ca3−9　　　　　　　④ m1m3Ca3−7

36 다음은 국가별 와인 상품과 와인 세트에 대한 자료이다. 세트 가격을 한도로 할 때, 구입할 수 있는 국가별 와인 상품을 바르게 연결한 것은?

〈국가별 와인 상품〉

와인	생산지	인지도	풍미	당도	가격(원)
A	이탈리아	5	4	3	50,000
B	프랑스	5	2	4	60,000
C	포르투갈	4	3	5	45,000
D	독일	4	4	4	70,000
E	벨기에	2	2	1	80,000
F	네덜란드	3	1	2	55,000
G	영국	5	5	4	65,000
H	스위스	4	3	3	40,000
I	스웨덴	3	2	1	75,000

※ 인지도, 풍미, 당도는 '5'가 가장 높고, '1'이 가장 낮음

〈와인 세트〉

1세트	2세트
프랑스 와인 1병 외 다른 국가 와인 1병	이탈리아 와인 1병 외 다른 국가 와인 1병
인지도가 높고 풍미가 좋은 와인 구성	당도가 높은 와인 구성
포장비 : 10,000원	포장비 : 20,000원
세트 가격 : 130,000원	세트 가격 : 160,000원

※ 반드시 세트로 구매해야 하며, 세트 가격에는 포장비가 포함되어 있지 않음
※ 같은 조건이면 인지도, 풍미, 당도가 더 높은 와인으로 세트를 구성함

① 1세트 : 프랑스, 독일
② 1세트 : 프랑스, 영국
③ 2세트 : 이탈리아, 스위스
④ 2세트 : 이탈리아, 포르투갈

※ 다음은 D공사 입사시험 성적 결과표와 직원 채용 규정이다. 이어지는 질문에 답하시오. [37~38]

〈입사시험 성적 결과표〉

(단위 : 점)

구분	대학 졸업유무	서류점수	필기시험 점수	면접시험 점수		영어시험 점수
				개인	그룹	
이선빈	유	84	86	35	34	78
유미란	유	78	88	32	38	80
김지은	유	72	92	31	40	77
최은빈	무	80	82	40	39	78
이유리	유	92	80	38	35	76

〈직원 채용 규정〉

• 응시자 중 규정에 따라 최종 3명을 채용한다.
• 대학 졸업자 중 (서류점수)+(필기시험 점수)+(개인 면접시험 점수)가 높은 2명을 경영지원실에 채용한다.
• 경영지원실 채용 후 나머지 응시자 3명 중 그룹 면접시험 점수와 영어시험 점수의 합이 가장 높은 1명을 기획조정실에 채용한다.

37 다음 중 직원 채용 규정에 따른 불합격자 2명이 바르게 짝지어진 것은?

① 이선빈, 김지은   ② 이선빈, 최은빈
③ 김지은, 최은빈   ④ 유미란, 이유리

38 직원 채용 규정을 다음과 같이 변경한다고 할 때, 불합격자 2명이 바르게 짝지어진 것은?

〈직원 채용 규정 변경〉

응시자 중 [서류점수(50%)]+(필기시험 점수)+[면접시험 점수(개인과 그룹 중 높은 점수)]의 환산 점수가 높은 3명을 채용한다.

① 이선빈, 유미란   ② 이선빈, 최은빈
③ 이선빈, 이유리   ④ 김지은, 최은빈

※ D공사는 다음과 같은 기준으로 사원번호를 부여한다. 이어지는 질문에 답하시오. **[39~40]**

〈사원번호 부여 기준〉

• 사원번호 순서 : [성별] – [부서] – [입사연도] – [입사월] – [입사순서]
• 성별

남성	여성
M	W

• 부서

총무부	인사부	기획부	영업부	생산부
01	02	03	04	05

• 입사연도 : 연도별 끝자리를 두 자리 숫자로 기재(예 2025년 – 25)
• 입사월 : 두 자리 숫자로 기재(예 5월 – 05)
• 입사순서 : 해당 월의 누적 입사순서를 두 자리 숫자로 기재(예 3번째 입사자 – 03)
※ D공사에 같은 날 입사자는 없음

39 다음 중 사원번호가 'W05240401'인 사원에 대한 설명으로 옳지 않은 것은?

① 생산부서 최초의 여직원이다.
② 2024년에 입사하였다.
③ 4월에 입사한 여성이다.
④ 'M03240511'인 사원보다 입사일이 빠르다.

40 다음 D공사의 2024년 하반기 신입사원 명단을 참고할 때, 기획부에 입사한 여성은 모두 몇 명인가?

M01240903	W03241005	M05240912	W05240913	W01241001	W04241009
W02240901	M04241101	W01240905	W03240909	M02241002	W03241007
M03240907	M01240904	W02240902	M04241008	M05241107	M01241103
M03240908	M05240910	M02241003	M01240906	M05241106	M02241004
M04241101	M05240911	W03241006	W05241105	W03241104	M05241108

① 2명　　　　　　　　　　　② 3명
③ 4명　　　　　　　　　　　④ 5명

41 다음은 정보공개 대상별 정보공개수수료에 대한 자료이다. 〈보기〉의 정보열람인 중 정보공개수수료를 가장 많이 지급하는 사람부터 순서대로 나열한 것은?(단, 정보열람인들이 열람한 정보는 모두 공개 대상인 정보이다)

〈정보공개 대상별 정보공개 방법 및 수수료〉

공개 대상	열람·시청	사본(종이출력물)·인화물·복제물
문서·도면·사진 등	• 열람 　– 1일 1시간 이내 : 무료 　– 1시간 초과 시 30분마다 1,000원	• 사본(종이출력물) 　– A3 이상 : 300원(1장 초과 시 100원/장) 　– B4 이하 : 250원(1장 초과 시 50원/장)
필름·테이프 등	• 녹음테이프(오디오자료)의 청취 　– 1건이 1개 이상으로 이루어진 경우 　　: 1개(60분 기준)마다 1,500원 　– 여러 건이 1개로 이루어진 경우 　　: 1건(30분 기준)마다 700원 • 영화필름의 시청 　– 1편이 1캔 이상으로 이루어진 경우 　　: 1캔(60분 기준)마다 3,500원 　– 여러 편이 1캔으로 이루어진 경우 　　: 1편(30분 기준)마다 2,000원 • 사진필름의 열람 　– 1장 : 200원 　– 1장 초과 시 50원/장	• 녹음테이프(오디오자료)의 복제 　– 1건이 1개 이상으로 이루어진 경우 　　: 1개마다 5,000원 　– 여러 건이 1개로 이루어진 경우 　　: 1건마다 3,000원 • 사진필름의 복제 　– 1컷마다 6,000원 • 사진필름의 인화 　– 1컷마다 500원
마이크로필름·슬라이드 등	• 마이크로필름의 열람 　– 1건(10컷 기준)1회 : 500원 　– 10컷 초과 시 1컷마다 100원 • 슬라이드의 시청 　– 1컷마다 200원	• 사본(종이출력물) 　– A3 이상 : 300원(1장 초과 시 200원/장) 　– B4 이하 : 250원(1장 초과 시 150원/장) • 마이크로필름의 복제 　– 1롤마다 1,000원 • 슬라이드의 복제 　– 1컷마다 3,000원

보기

• A : 공시지가에 관련된 문서와 지가비공개 대상에 대한 문서를 하루 동안 각각 3시간 30분씩 열람하고, 공시지가 관련 문서를 A3용지로 총 25장에 걸쳐 출력하였다.

• B : 한 캔에 포함된 두 편의 영화필름 중 20분짜리 독립유공자 업적 관련 한 편의 영화를 시청하고, 13컷으로 구성된 관련 슬라이드를 시청하였으며, 해당 슬라이드의 1컷부터 6컷까지를 복제하였다.

• C : 공사 사업연혁과 관련된 마이크로필름 2롤과 3건(1건이 1개)으로 이루어진 녹음테이프 자료를 복제하였고, 최근 해외협력사업과 관련된 사진필름 8장을 열람하였다.

• D : 하반기 공사 입찰계약과 관련된 문서의 사본을 B4용지로 35장을 출력하고, 작년 공사 관련 사진필름을 22장 열람하였다.

① A－B－C－D　　　　　　　② A－B－D－C

③ B－A－C－D　　　　　　　④ B－C－A－D

42 다음은 D공사에서 발표한 행동강령 위반 신고 물품 처리 현황이다. 이에 대한 설명으로 옳은 것은?

<행동강령 위반 신고 물품 처리 현황>

연번	접수일시	제공받은 물품	제공자 인적 사항		처리내용	처리일시
			소속	성명		
1	22.01.28	귤 1상자(10kg)	직무관련자	김혜진	복지단체기증	22.01.29
2	22.04.19	결혼경조금 200,000원	직무관련자	이미애	즉시 반환	22.04.23
3	22.08.11	박카스 10상자(100병)	민원인	김철수	즉시 반환	22.08.12
4	22.11.11	사례금 100,000원	민원인	이영수	즉시 반환	22.11.14
5	22.12.11	과메기 1상자	직무관련자	박대기	즉시 반환	22.12.12
6	23.09.07	음료 1상자	민원인	유인정	즉시 반환	23.09.07
7	23.09.24	음료 1상자	민원인	김지희	즉시 반환	23.09.24
8	24.02.05	육포 1상자	직무관련자	최지은	즉시 반환	24.02.11
9	24.04.29	1만 원 상품권 5매	직무관련업체	S마켓	즉시 반환	24.05.03
10	24.07.06	음료 1상자	민원인	차은재	복지단체기증	24.07.06
11	24.09.01	표고버섯 선물세트 3개, 견과류 선물세트 1개	직무관련업체	M단체	즉시 반환	24.09.01
12	24.09.07	표고버섯 선물세트 3개, 확인미상 물품 1개	직무관련업체	L단체	즉시 반환	24.09.07
13	24.09.12	과일선물세트 1개	직무관련업체	N병원	즉시 반환	24.09.12
14	24.09.12	음료 1상자	민원인	장지수	복지단체기증	24.09.12
15	24.09.22	사례금 20,000원	민원인	고유림	즉시 반환	24.09.23
16	24.10.19	홍보 포스트잇	직무관련업체	Q화학	즉시 반환	24.10.19

① 신고 물품 중 직무관련업체로부터 제공받은 경우가 가장 많았다.

② 모든 신고 물품은 접수일시로부터 3일 이내에 처리되었다.

③ 직무관련업체로부터 받은 물품은 모두 즉시 반환되었다.

④ 2022년 4월부터 2024년 9월 말까지 접수된 신고 물품 중 개인으로부터 제공받은 신고 물품이 차지하는 비중은 80% 이상이다.

43 다음은 D은행에 대한 SWOT 분석 결과이다. 빈칸 ⊙ ~ ⓒ에 들어갈 전략으로 적절하지 않은 것은?

〈SWOT 분석 결과〉

구분	분석 결과
강점(Strength)	• 안정적 경영상태 및 자금흐름 • 풍부한 오프라인 인프라
약점(Weakness)	• 담보 중심의 방어적 대출 운영으로 인한 혁신기업 발굴 및 투자 가능성 저조 • 은행업계의 저조한 디지털 전환 적응력
기회(Opportunity)	• 테크핀 기업들의 성장으로 인해 협업 기회 풍부
위협(Threat)	• 핀테크 및 테크핀 기업들의 금융업 점유율 확대

구분	강점(S)	약점(W)
기회(O)	• 안정적 자금상태를 기반으로 혁신적 기술을 갖춘 테크핀과의 협업을 통해 실적 증대	• 테크핀 기업과의 협업을 통해 혁신적 문화를 학습하여 디지털 전환을 위한 문화적 개선 추진 • _____⊙_____
위협(T)	• _____ⓛ_____	• 전당포식 대출 운영 기조를 변경하여 혁신금융 기업으로부터 점유율 방어 • _____ⓒ_____

① ⊙ : 테크핀 기업의 기업운영 방식을 벤치마킹 후 현재 운영 방식에 융합하여 디지털 전환에 필요한 혁신 동력 배양

② ⊙ : 금융혁신기업과의 협업을 통해 혁신기업의 특성을 파악하고 이를 조기에 파악할 수 있는 안목을 키워 도전적 대출 운영에 반영

③ ⓛ : 신생 금융기업에 비해 풍부한 오프라인 인프라를 바탕으로, 아직 오프라인 채널을 주로 이용하는 고령층 고객에 대한 점유율 우위 선점

④ ⓒ : 안정적인 자본을 토대로 한 온라인 채널 투자를 통해 핀테크 및 테크핀 기업의 점유율 확보로부터 방어

44 서울에서 열린 관광채용박람회의 해외채용관에는 8개의 부스가 마련되어 있다. A호텔, B호텔, C항공사, D항공사, E여행사, F여행사, G면세점, H면세점이 〈조건〉에 따라 8개의 부스에 각각 위치하고 있을 때, 다음 중 항상 참이 되는 것은?

〈부스 위치〉			
1	2	3	4
복도			
5	6	7	8

조건

- 업종이 같은 기업은 같은 라인에 위치할 수 없다.
- A호텔과 B호텔은 복도를 사이에 두고 마주 보고 있다.
- G면세점과 H면세점은 양 끝에 위치하고 있다.
- E여행사 반대편에 위치한 H면세점은 F여행사와 나란히 위치하고 있다.
- C항공사는 가장 앞 번호의 부스에 위치하고 있다.

① A호텔은 면세점 옆에 위치하고 있다.

② B호텔은 여행사 옆에 위치하고 있다.

③ C항공사는 여행사 옆에 위치하고 있다.

④ D항공사는 E여행사와 나란히 위치하고 있다.

45 D사의 직원 A ~ F 6명은 설문조사를 위해 2인 1조로 나누어 외근을 나가려고 한다. 다음 〈조건〉에 따라 조를 구성한다면, 같은 조가 될 수 있는 두 사람은 누구인가?

조건

- A는 C나 D와 함께 갈 수 없다.
- B는 반드시 D 아니면 F와 함께 가야 한다.
- C는 반드시 E 아니면 F와 함께 가야 한다.
- A가 C와 함께 갈 수 없다면, A는 반드시 F와 함께 가야 한다.

① A, E

② B, D

③ B, F

④ C, D

※ 다음은 D기업의 자체 데이터베이스에 대한 내용이다. 이어지는 질문에 답하시오. **[46~47]**

D기업은 사회 이슈에 대해 보고서를 발간하며, 모든 자료는 사내 데이터베이스에 보관하고 있다. 데이터베이스를 구축한지 오랜 시간이 흐르고, 축적한 자료도 많아 원하는 자료를 일일이 찾기엔 어려워 D기업에서는 데이터베이스 이용 시 검색 명령을 활용하라고 권장하고 있다.

〈데이터베이스 검색 명령어〉

구분	내용
*	두 단어가 모두 포함된 문서를 검색
OR	두 단어가 모두 포함되거나 두 단어 중에서 하나만 포함된 문서를 검색
|	OR 대신 사용할 수 있는 명령어
!	! 기호 뒤에 오는 단어는 포함하지 않는 문서를 검색
~	앞 / 뒤에 단어가 가깝게 인접해 있는 문서를 검색

46 D기업의 최윤오 사원은 기업의 성과관리에 대한 보고서를 작성하려고 한다. 이전에도 성과관리를 주제로 보고서를 작성한 적이 있어, 자신이 작성한 보고서는 제외하고 관련 자료를 데이터베이스에서 검색하려고 한다. 다음 중 최윤오 사원이 입력할 검색어로 옳은 것은?

① 성과관리 * 최윤오　　　　　　　　② 성과관리 OR 최윤오
③ 성과관리 ! 최윤오　　　　　　　　④ 성과관리 ~ 최윤오

47 D기업의 최윤오 사원은 기업의 성과관리에 대한 보고서를 작성하던 중 임금체계와 성과급에 대한 자료가 필요해 이를 데이터베이스에서 찾으려고 한다. 임금체계와 성과관리가 모두 언급된 자료를 검색하기 위한 검색 키워드로 '임금체계'와 '성과급'을 입력했을 때, 최윤오 사원이 활용할 수 있는 검색 명령어를 〈보기〉에서 모두 고르면?

> **보기**
> ㉠ *　　　　　　　　　　　　　　　㉡ OR
> ㉢ !　　　　　　　　　　　　　　　㉣ ~

① ㉠, ㉣　　　　　　　　　　　　　② ㉡, ㉢
③ ㉠, ㉡, ㉢　　　　　　　　　　　④ ㉠, ㉡, ㉣

48 다음 중 운영체제(OS)의 역할에 대한 설명으로 옳지 않은 것은?

① 컴퓨터와 사용자 사이에서 시스템을 효율적으로 운영할 수 있도록 인터페이스 역할을 담당한다.

② 사용자가 시스템에 있는 응용 프로그램을 편리하게 사용할 수 있다.

③ 하드웨어의 성능을 최적화할 수 있도록 한다.

④ 운영체제의 기능에는 제어기능, 기억기능, 연산기능 등이 있다.

49 다음 중 Windows에서 [표준 사용자 계정]의 사용자가 할 수 있는 작업으로 옳지 않은 것은?

① 사용자 자신의 암호를 변경할 수 있다.

② 마우스 포인터의 모양을 변경할 수 있다.

③ 관리자가 설정해 놓은 프린터를 프린터 목록에서 제거할 수 있다.

④ 사용자의 사진으로 자신만의 바탕 화면을 설정할 수 있다.

50 다음 글의 빈칸에 들어갈 용어로 가장 적절한 것은?

_____은/는 웹 서버에 대용량의 저장 기능을 갖추고 인터넷을 통하여 이용할 수 있게 하는 서비스를 뜻한다. 초기에는 대용량의 파일 작업을 하는 디자이너, 설계사, 건축가들이 빈번하게 이루어지는 공동 작업과 자료 교환을 용이하게 하기 위해 각 회사 나름대로 해당 시스템을 구축하게 되었는데, 이와 똑같은 시스템을 사용자에게 무료로 제공하는 웹 사이트들이 생겨나기 시작하면서, 일반인들도 이용하게 되었다.

① RFID

② 인터넷 디스크(Internet Harddisk)

③ 이더넷(Ethernet)

④ 유비쿼터스 센서 네트워크(USN)

51 다음 프로그램의 실행 결과로 옳은 것은?

```c
#include <stdio.h>
void func() {
  static int num1=0;
  int num2=0;
  num1++;
  num2++;
  printf("num1 : %d, num2 : %d \n", num1, num2);
}

void main()
{
  int i;
  for(i=0; i<5; i++) {
    func();
  }
}
```

① num1 : 0, num2 : 0

② num1 : 1, num2 : 1

③ num1 : 1, num2 : 5

④ num1 : 5, num2 : 1

52 다음은 4차 산업혁명에 대한 글이다. 빈칸에 들어갈 단어를 순서대로 나열한 것은?

4차 산업혁명이란 사물인터넷, 인공지능, 빅데이터, 블록체인 등 정보통신기술의 _____으로 새로운 서비스와 산업이 창출되는 차세대 혁명이다. 이 용어는 2016년 _____에서 클라우스 슈밥 회장이 처음 사용하면서 이슈화됐다. 경제 산업 전반에 정보화, 자동화를 통한 생산성 증대뿐 아니라 자율주행차, 무인점포 등 일상생활에 획기적 변화를 가져다주고 있다. 예를 들면 미래 사회에는 사물과 인간, 사물과 사물 간이 자유자재로 연결되고 정보를 공유하며, 인공지능의 발달로 우리의 실생활 곳곳에 인공지능 로봇이 자리를 잡으면서 산업분야의 경계가 허물어질 수 있다.

① 융합, IMD

② 융합, WEF

③ 집합, IMD

④ 복합, WEF

53 다음 시트에서 [B1] 셀에 〈보기〉의 (가) ~ (라) 함수를 입력하였을 때, 표시되는 결괏값이 다른 것은?

◢	A	B
1	333	
2	합격	
3	불합격	
4	12	
5	7	

보기

(가) 「=ISNUMBER(A1)」　　　　　(나) 「=ISNONTEXT(A2)」

(다) 「=ISTEXT(A3)」　　　　　　(라) 「=ISEVEN(A4)」

---

① (가)　　　　　　　　　② (나)

③ (다)　　　　　　　　　④ (라)

54 왼쪽 워크시트의 성명 데이터를 오른쪽 워크시트와 같이 성과 이름, 두 개의 열로 분리하기 위해 [텍스트 나누기] 기능을 사용하고자 한다. 다음 중 [텍스트 나누기]의 분리 방법으로 옳은 것은?

◢	A
1	김철수
2	박선영
3	최영희
4	이민지

◢	A	B
1	김	철수
2	박	선영
3	최	영희
4	이	민지

① 열 구분선을 기준으로 내용 나누기

② 구분 기호를 기준으로 내용 나누기

③ 공백을 기준으로 내용 나누기

④ 탭을 기준으로 내용 나누기

55 다음 〈보기〉 중 정보화 사회의 정보통신 기술 활용 사례와 그 내용이 바르게 연결된 것을 모두 고르면?

ㄱ. 유비쿼터스 기술(Ubiquitous Technology) : 장소에 제한받지 않고 네트워크에 접속된 컴퓨터를 자신의 컴퓨터와 동일하게 활용하는 기술이다.

ㄴ. 임베디드 컴퓨팅(Embedded Computing) : 네트워크의 이동성을 극대화하여 특정장소가 아닌 어디서든 컴퓨터를 사용할 수 있게 하는 기술이다.

ㄷ. 감지 컴퓨팅 (Sentient Computing) : 센서를 통해 사용자의 상황을 인식하여 사용자가 필요한 정보를 적시에 제공해 주는 기술이다.

ㄹ. 사일런트 컴퓨팅 (Silent Computing) : 장소, 사물, 동식물 등에 심어진 컴퓨터들이 사용자가 의식하지 않은 상태에서 사용자의 요구에 의해 일을 수행하는 기술이다.

ㅁ. 노매딕 컴퓨팅(Nomadic Computing) : 제품에서 특정 작업을 수행할 수 있도록 탑재되는 솔루션이나 시스템이다.

① ㄱ, ㄴ
② ㄱ, ㄷ
③ ㄴ, ㅁ
④ ㄱ, ㄷ, ㄹ

56 다음 중 Windows 환경에서 '창이나 바탕 화면에서 둘 이상의 항목을 선택하거나 문서에서 텍스트를 선택함' 기능을 수행하는 키 조합은?

① 〈Shift〉+〈Delete〉
② 〈Shift〉+〈F10〉
③ 〈Shift〉+화살표 키
④ 〈Ctrl〉+스페이스바

57 다음 글에서 설명하는 용어는?

직접 접근 기억장치를 사용하는 파일로, 데이터가 임의로 들어있으며 그것에 주소가 붙어 있어, 처음부터 차례차례 조사하는 것이 아니라 찾고자 하는 데이터를 직접 찾을 수 있다.

① 직접 접근 파일
② 주소 참조 파일
③ 포인터 파일
④ 직접 참조 파일

58 다음 C 프로그램의 실행 결과로 옳은 것은?

```
#include <stdio.h>
int main()
{
    int sum=95;
    sum+=3;
    printf("95+3=%d\n", sum);
     return 0;
}
```

① 98   ② 95

③ 92   ④ 0

59 다음 워크시트에서 성별이 '남'인 직원들의 근속연수 합계를 구하는 함수식으로 옳지 않은 것은?

	A	B	C	D	E	F
1	사원번호	이름	생년월일	성별	직위	근속연수
2	E5478	이재홍	1980-02-03	남	부장	8
3	A4625	박언영	1985-04-09	여	대리	4
4	B1235	황준하	1986-08-20	남	대리	3
5	F7894	박혜선	1983-12-13	여	과장	6
6	B4578	이애리	1990-05-06	여	사원	1
7	E4562	김성민	1986-03-08	남	대리	4
8	A1269	정태호	1991-06-12	남	사원	2
9	C4567	김선정	1990-11-12	여	사원	1

① =SUMIFS(F2:F9,D2:D9,남)

② =SUMIF(D2:D9,D2,F2:F9)

③ =DSUM(A1:F9,6,D1:D2)

④ =DSUM(A1:F9,F1,D1:D2)

60 D공사의 A사원은 최근 회사 내 업무용 개인 컴퓨터의 보안을 강화하기 위하여 다음과 같은 메일을 받았다. 메일 내용을 토대로 A사원이 취해야 할 행동으로 옳지 않은 것은?

발신 : 전산보안팀

수신 : 전 임직원

제목 : 업무용 개인 컴퓨터 보안대책 공유

내용 :
안녕하십니까. 전산팀 ○○○ 팀장입니다.
최근 개인정보 유출 등 전산보안 사고가 자주 발생하고 있어 각별한 주의가 필요한 상황입니다. 이에 따라 자사에서도 업무상 주요 정보가 유출되지 않도록 보안프로그램을 업그레이드하는 등 전산보안을 더욱 강화하고 있습니다. 무엇보다 업무용 개인 컴퓨터를 사용하는 분들이 특히 신경을 많이 써주셔야 철저한 보안이 실천됩니다. 번거로우시더라도 아래와 같은 사항을 따라 주시길 바랍니다.

• 인터넷 익스플로러를 종료할 때마다 검색기록이 삭제되도록 설정해 주세요.
• 외출 또는 외근으로 장시간 컴퓨터를 켜두어야 하는 경우에는 인터넷 검색기록을 직접 삭제해 주세요.
• 인터넷 검색기록 삭제 시 기본 설정되어 있는 항목 외에도 '다운로드 기록', '양식 데이터', '암호', '추적방지, ActiveX 필터링 및 Do Not Track 데이터'를 모두 체크하여 삭제해 주세요(단, 즐겨찾기 웹 사이트 데이터 보존 부분은 체크 해제할 것).
• 인터넷 익스플로러에서 방문한 웹 사이트 목록을 저장하는 기간을 5일로 변경해 주세요.
• 자사에서 제공 중인 보안프로그램은 항상 업데이트하여 최신 상태로 유지해 주세요.

위 사항을 적용하는 데 어려움이 있을 경우에는 아래 첨부파일에 이미지와 함께 친절하게 설명되어 있으니 참고하시기 바랍니다.

〈첨부〉 업무용 개인 컴퓨터 보안대책 적용 방법 설명(이미지).zip

---

① 자사의 보안프로그램을 실행하고 [설정]에서 업데이트를 실행한다.
② 검색기록 삭제 시 [인터넷 옵션]의 '일반' 카테고리에 있는 [삭제]를 클릭하여 기존에 설정되어 있는 항목을 포함한 모든 항목을 체크하여 삭제한다.
③ [인터넷 옵션]의 '일반' 카테고리 중 검색기록 부분에서 [설정]을 클릭하고, '기록' 카테고리의 [페이지 보관일수]를 5일로 설정한다.
④ 인터넷 익스플로러에서 [도구(또는 톱니바퀴 모양)]를 클릭하여 [인터넷 옵션]의 '일반' 카테고리에 있는 [종료할 때 검색기록 삭제]를 체크한다.

PART 4

채용 가이드

블라인드 채용 소개

1. 블라인드 채용이란?

채용 과정에서 편견이 개입되어 불합리한 차별을 야기할 수 있는 출신지, 가족관계, 학력, 외모 등의 편견요인은 제외하고, 직무능력만을 평가하여 인재를 채용하는 방식입니다.

2. 블라인드 채용의 필요성

- 채용의 공정성에 대한 사회적 요구
  - 누구에게나 직무능력만으로 경쟁할 수 있는 균등한 고용기회를 제공해야 하나, 아직도 채용의 공정성에 대한 불신이 존재
  - 채용상 차별금지에 대한 법적 요건이 권고적 성격에서 처벌을 동반한 의무적 성격으로 강화되는 추세
  - 시민의식과 지원자의 권리의식 성숙으로 차별에 대한 법적 대응 가능성 증가
- 우수인재 채용을 통한 기업의 경쟁력 강화 필요
  - 직무능력과 무관한 학벌, 외모 위주의 선발로 우수인재 선발기회 상실 및 기업경쟁력 약화
  - 채용 과정에서 차별 없이 직무능력중심으로 선발한 우수인재 확보 필요
- 공정한 채용을 통한 사회적 비용 감소 필요
  - 편견에 의한 차별적 채용은 우수인재 선발을 저해하고 외모·학벌 지상주의 등의 심화로 불필요한 사회적 비용 증가
  - 채용에서의 공정성을 높여 사회의 신뢰수준 제고

3. 블라인드 채용의 특징

편견요인을 요구하지 않는 대신 직무능력을 평가합니다.

※ 직무능력중심 채용이란?
기업의 역량기반 채용, NCS기반 능력중심 채용과 같이 직무수행에 필요한 능력과 역량을 평가하여 선발하는 채용방식을 통칭합니다.

4. 블라인드 채용의 평가요소

직무수행에 필요한 지식, 기술, 태도 등을 과학적인 선발기법을 통해 평가합니다.

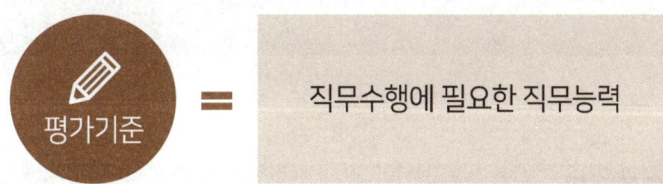

평가기준 = 직무수행에 필요한 직무능력

※ 과학적 선발기법이란?
　직무분석을 통해 도출된 평가요소를 서류, 필기, 면접 등을 통해 체계적으로 평가하는 방법으로 입사지원서, 자기소개서, 직무수행능력평가, 구조화 면접 등이 해당됩니다.

5. 블라인드 채용 주요 도입 내용

- 입사지원서에 인적사항 요구 금지
  - 인적사항에는 출신지역, 가족관계, 결혼여부, 재산, 취미 및 특기, 종교, 생년월일(연령), 성별, 신장 및 체중, 사진, 전공, 학교명, 학점, 외국어 점수, 추천인 등이 해당
  - 채용 직무를 수행하는 데 있어 반드시 필요하다고 인정될 경우는 제외
    예 특수경비직 채용 시 : 시력, 건강한 신체 요구
    　　연구직 채용 시 : 논문, 학위 요구 등
- 블라인드 면접 실시
  - 면접관에게 응시자의 출신지역, 가족관계, 학교명 등 인적사항 정보 제공 금지
  - 면접관은 응시자의 인적사항에 대한 질문 금지

6. 블라인드 채용 도입의 효과성

- 구성원의 다양성과 창의성이 높아져 기업 경쟁력 강화
  - 편견을 없애고 직무능력 중심으로 선발하므로 다양한 직원 구성 가능
  - 다양한 생각과 의견을 통하여 기업의 창의성이 높아져 기업경쟁력 강화
- 직무에 적합한 인재선발을 통한 이직률 감소 및 만족도 제고
  - 사전에 지원자들에게 구체적이고 상세한 직무요건을 제시함으로써 허수 지원이 낮아지고, 직무에 적합한 지원자 모집 가능
  - 직무에 적합한 인재가 선발되어 직무이해도가 높아져 업무효율 증대 및 만족도 제고
- 채용의 공정성과 기업이미지 제고
  - 블라인드 채용은 사회적 편견을 줄인 선발 방법으로 기업에 대한 사회적 인식 제고
  - 채용과정에서 불합리한 차별을 받지 않고 실력에 의해 공정하게 평가를 받을 것이라는 믿음을 제공하고, 지원자들은 평등한 기회와 공정한 선발과정 경험

PART 4

서류전형 가이드

채용공고문

1. 채용공고문의 변화

기존 채용공고문	변화된 채용공고문
• 취업준비생에게 불충분하고 불친절한 측면 존재 • 모집분야에 대한 명확한 직무관련 정보 및 평가기준 부재 • 해당분야에 지원하기 위한 취업준비생의 무분별한 스펙 쌓기 현상 발생	• NCS 직무분석에 기반한 채용공고를 토대로 채용전형 진행 • 지원자가 입사 후 수행하게 될 업무에 대한 자세한 정보 공지 • 직무수행내용, 직무수행 시 필요한 능력, 관련된 자격, 직업기초능력 제시 • 지원자가 해당 직무에 필요한 스펙만을 준비할 수 있도록 안내
• 모집부문 및 응시자격 • 지원서 접수 • 전형절차 • 채용조건 및 처우 • 기타사항	• 채용절차 • 채용유형별 선발분야 및 예정인원 • 전형방법 • 선발분야별 직무기술서 • 우대사항

2. 지원 유의사항 및 지원요건 확인

채용 직무에 따른 세부사항을 공고문에 명시하여 지원자에게 적격한 지원 기회를 부여함과 동시에 채용과정에서의 공정성과 신뢰성을 확보합니다.

구성	내용	확인사항
모집분야 및 규모	고용형태(인턴 계약직 등), 모집분야, 인원, 근무지역 등	채용직무가 여러 개일 경우 본인이 해당되는 직무의 채용규모 확인
응시자격	기본 자격사항, 지원조건	지원을 위한 최소자격요건을 확인하여 불필요한 지원을 예방
우대조건	법정・특별・자격증 가점	본인의 가점 여부를 검토하여 가점 획득을 위한 사항을 사실대로 기재
근무조건 및 보수	고용형태 및 고용기간, 보수, 근무지	본인이 생각하는 기대수준에 부합하는지 확인하여 불필요한 지원을 예방
시험방법	서류・필기・면접전형 등의 활용방안	전형방법 및 세부 평가기법 등을 확인하여 지원전략 준비
전형일정	접수기간, 각 전형 단계별 심사 및 합격자 발표일 등	본인의 지원 스케줄을 검토하여 차질이 없도록 준비
제출서류	입사지원서(경력・경험기술서 등), 각종 증명서 및 자격증 사본 등	지원요건 부합 여부 및 자격 증빙서류 사전에 준비
유의사항	임용취소 등의 규정	임용취소 관련 법적 또는 기관 내부 규정을 검토하여 해당여부 확인

02 　직무기술서

직무기술서란 직무수행의 내용과 필요한 능력, 관련 자격, 직업기초능력 등을 상세히 기재한 것으로 입사 후 수행하게 될 업무에 대한 정보가 수록되어 있는 자료입니다.

1. 채용분야

설명

NCS 직무분류 체계에 따라 직무에 대한 「대분류 – 중분류 – 소분류 – 세분류」 체계를 확인할 수 있습니다. 채용 직무에 대한 모든 직무기술서를 첨부하게 되며 실제 수행 업무를 기준으로 세부적인 분류정보를 제공합니다.

채용분야	분류체계			
사무행정	대분류	중분류	소분류	세분류
분류코드	02. 경영·회계·사무	03. 재무·회계	01. 재무	01. 예산
				02. 자금
			02. 회계	01. 회계감사
				02. 세무

2. 능력단위

설명

직무분류 체계의 세분류 하위능력단위 중 실질적으로 수행할 업무의 능력만 구체적으로 파악할 수 있습니다.

능력단위	(예산)	03. 연간종합예산수립　　04. 추정재무제표 작성 05. 확정예산 운영　　　　06. 예산실적 관리
	(자금)	04. 자금운용
	(회계감사)	02. 자금관리　　　　　　04. 결산관리 05. 회계정보시스템 운용　06. 재무분석 07. 회계감사
	(세무)	02. 결산관리　　　　　　05. 부가가치세 신고 07. 법인세 신고

3. 직무수행내용

설명

세분류 영역의 기본정의를 통해 직무수행내용을 확인할 수 있습니다. 입사 후 수행할 직무내용을 구체적으로 확인할 수 있으며, 이를 통해 입사서류 작성부터 면접까지 직무에 대한 명확한 이해를 바탕으로 자신의 희망직무 인지 아닌지, 해당 직무가 자신이 알고 있던 직무가 맞는지 확인할 수 있습니다.

직무수행내용	(예산) 일정 기간 예상되는 수익과 비용을 편성, 집행하며 통제하는 일
	(자금) 자금의 계획 수립, 조달, 운용을 하고 발생 가능한 위험 관리 및 성과평가
	(회계감사) 기업 및 조직 내·외부에 있는 의사결정자들이 효율적인 의사결정을 할 수 있도록 유용한 정보를 제공, 제공된 회계정보의 적정성을 파악하는 일
	(세무) 세무는 기업의 활동을 위하여 주어진 세법범위 내에서 조세부담을 최소화시키는 조세전략을 포함하고 정확한 과세소득과 과세표준 및 세액을 산출하여 과세당국에 신고·납부하는 일

4. 직무기술서 예시

태도	(예산) 정확성, 분석적 태도, 논리적 태도, 타 부서와의 협조적 태도, 설득력
	(자금) 분석적 사고력
	(회계 감사) 합리적 태도, 전략적 사고, 정확성, 적극적 협업 태도, 법률준수 태도, 분석적 태도, 신속성, 책임감, 정확한 판단력
	(세무) 규정 준수 의지, 수리적 정확성, 주의 깊은 태도
우대 자격증	공인회계사, 세무사, 컴퓨터활용능력, 변호사, 워드프로세서, 전산회계운용사, 사회조사분석사, 재경관리사, 회계관리 등
직업기초능력	의사소통능력, 문제해결능력, 자원관리능력, 대인관계능력, 정보능력, 조직이해능력

5. 직무기술서 내용별 확인사항

항목	확인사항
모집부문	해당 채용에서 선발하는 부문(분야)명 확인 예 사무행정, 전산, 전기
분류체계	지원하려는 분야의 세부직무군 확인
주요기능 및 역할	지원하려는 기업의 전사적인 기능과 역할, 산업군 확인
능력단위	지원분야의 직무수행에 관련되는 세부업무사항 확인
직무수행내용	지원분야의 직무군에 대한 상세사항 확인
전형방법	지원하려는 기업의 신입사원 선발전형 절차 확인
일반요건	교육사항을 제외한 지원 요건 확인(자격요건, 특수한 경우 연령)
교육요건	교육사항에 대한 지원요건 확인(대졸 / 초대졸 / 고졸 / 전공 요건)
필요지식	지원분야의 업무수행을 위해 요구되는 지식 관련 세부항목 확인
필요기술	지원분야의 업무수행을 위해 요구되는 기술 관련 세부항목 확인
직무수행태도	지원분야의 업무수행을 위해 요구되는 태도 관련 세부항목 확인
직업기초능력	지원분야 또는 지원기업의 조직원으로서 근무하기 위해 필요한 일반적인 능력사항 확인

1. 입사지원서의 변화

기존지원서		능력중심 채용 입사지원서
직무와 관련 없는 학점, 개인신상, 어학점수, 자격, 수상경력 등을 나열하도록 구성	VS	해당 직무수행에 꼭 필요한 정보들을 제시할 수 있도록 구성

직무기술서

직무수행내용

요구지식 / 기술

관련 자격증

사전직무경험

인적사항	성명, 연락처, 지원분야 등 작성 (평가 미반영)
교육사항	직무지식과 관련된 학교교육 및 직업교육 작성
자격사항	직무관련 국가공인 또는 민간자격 작성
경력 및 경험사항	조직에 소속되어 일정한 임금을 받거나(경력) 임금 없이(경험) 직무와 관련된 활동 내용 작성

2. 교육사항

- 지원분야 직무와 관련된 학교 교육이나 직업교육 혹은 기타교육 등 직무에 대한 지원자의 학습 여부를 평가하기 위한 항목입니다.
- 지원하고자 하는 직무의 학교 전공교육 이외에 직업교육, 기타교육 등을 기입할 수 있기 때문에 전공 제한 없이 직업교육과 기타교육을 이수하여 지원이 가능하도록 기회를 제공합니다.

(기타교육 : 학교 이외의 기관에서 개인이 이수한 교육과정 중 지원직무와 관련이 있다고 생각되는 교육내용)

구분	교육과정(과목)명	교육내용	과업(능력단위)

3. 자격사항

- 채용공고 및 직무기술서에 제시되어 있는 자격 현황을 토대로 지원자가 해당 직무를 수행하는 데 필요한 능력을 가지고 있는지를 평가하기 위한 항목입니다.
- 채용공고 및 직무기술서에 기재된 직무관련 필수 또는 우대자격 항목을 확인하여 본인이 보유하고 있는 자격사항을 기재합니다.

자격유형	자격증명	발급기관	취득일자	자격증번호

4. 경력 및 경험사항

- 직무와 관련된 경력이나 경험 여부를 표현하도록 하여 직무와 관련한 능력을 갖추었는지를 평가하기 위한 항목입니다.
- 해당 기업에서 직무를 수행함에 있어 필요한 사항만을 기록하게 되어 있기 때문에 직무와 무관한 스펙을 갖추지 않아도 됩니다.
- 경력 : 금전적 보수를 받고 일정기간 동안 일했던 경우
- 경험 : 금전적 보수를 받지 않고 수행한 활동
  ※ 기업에 따라 경력 / 경험 관련 증빙자료 요구 가능

구분	조직명	직위 / 역할	활동기간(년 / 월)	주요과업 / 활동내용

Tip

입사지원서 작성 방법
○ 경력 및 경험사항 작성
- 직무기술서에 제시된 지식, 기술, 태도와 지원자의 교육사항, 경력(경험)사항, 자격사항과 연계하여 개인의 직무역량에 대해 스스로 판단 가능
○ 인적사항 최소화
- 개인의 인적사항, 학교명, 가족관계 등을 노출하지 않도록 유의

부적절한 입사지원서 작성 사례
- 학교 이메일을 기입하여 학교명 노출
- 거주지 주소에 학교 기숙사 주소를 기입하여 학교명 노출
- 자기소개서에 부모님이 재직 중인 기업명, 직위, 직업을 기입하여 가족관계 노출
- 자기소개서에 석·박사 과정에 대한 이야기를 언급하여 학력 노출
- 동아리 활동에 대한 내용을 학교명과 더불어 언급하여 학교명 노출

1. 자기소개서의 변화

- 기존의 자기소개서는 지원자의 일대기나 관심 분야, 성격의 장·단점 등 개괄적인 사항을 묻는 질문으로 구성되어 지원자가 자신의 직무능력을 제대로 표출하지 못합니다.
- 능력중심 채용의 자기소개서는 직무기술서에 제시된 직업기초능력(또는 직무수행능력)에 대한 지원자의 과거 경험을 기술하게 함으로써 평가 타당도의 확보가 가능합니다.

1. 우리 회사와 해당 지원 직무분야에 지원한 동기에 대해 기술해 주세요.
2. 자신이 경험한 다양한 사회활동에 대해 기술해 주세요.
3. 지원 직무에 대한 전문성을 키우기 위해 받은 교육과 경험 및 경력사항에 대해 기술해 주세요.
4. 인사업무 또는 팀 과제 수행 중 발생한 갈등을 원만하게 해결해 본 경험이 있습니까? 당시 상황에 대한 설명과 갈등의 대상이 되었던 상대방을 설득한 과정 및 방법을 기술해 주세요.
5. 과거에 있었던 일 중 가장 어려웠던(힘들었었던) 상황을 고르고, 어떤 방법으로 그 상황을 해결했는지를 기술해 주세요.

자기소개서 작성 방법

① 자기소개서 문항이 묻고 있는 평가 역량 추측하기

> 예시
>
> • 팀 활동을 하면서 갈등 상황 시 상대방의 니즈나 의도를 명확히 파악하고 해결하여 목표 달성에 기여했던 경험에 대해서 작성해 주시기 바랍니다.
> • 다른 사람이 생각해내지 못했던 문제점을 찾고 이를 해결한 경험에 대해 작성해 주시기 바랍니다.

② 해당 역량을 보여줄 수 있는 소재 찾기(시간×역량 매트릭스)

> 예시
>
> 시간 →
>
> | 평가역량 | 2021년 | 2022년 | 2023년 | 2024년 |
> |---|---|---|---|---|
> | 도전정신 | 대학 발표수업 | 대학 발표수업 | ~~다이어트 (헬스)~~ | |
> | 대인관계 | 대학 발표수업 | 대학 발표수업 | | 경영 동아리 |
> | 의사소통 | 편의점 아르바이트 | ~~군대 작업~~ | 봉사 동아리 | |
> | 직무역량 | | | 경영 동아리 | *Book Study* |
> | … | | | | |

③ 자기소개서 작성 Skill 익히기
  • 두괄식으로 작성하기
  • 구체적 사례를 사용하기
  • '나'를 중심으로 작성하기
  • 직무역량 강조하기
  • 경험 사례의 차별성 강조하기

CHAPTER
03 인성검사 소개 및 모의테스트

01 인성검사 유형

인성검사는 지원자의 성격특성을 객관적으로 파악하고 그것이 각 기업에서 필요로 하는 인재상과 가치에 부합하는가를 평가하기 위한 검사입니다. 인성검사는 KPDI(한국인재개발진흥원), K-SAD(한국사회적성개발원), KIRBS(한국행동과학연구소), SHR(에스에이치알) 등의 전문기관을 통해 각 기업의 특성에 맞는 검사를 선택하여 실시합니다. 대표적인 인성검사의 유형에는 크게 다음과 같은 세 가지가 있으며, 채용 대행업체에 따라 달라집니다.

1. KPDI 검사

조직적응성과 직무적합성을 알아보기 위한 검사로 인성검사, 인성역량검사, 인적성검사, 직종별 인적성검사 등의 다양한 검사 도구를 구현합니다. KPDI는 성격을 파악하고 정신건강 상태 등을 측정하고, 직무검사는 해당 직무를 수행하기 위해 기본적으로 갖추어야 할 인지적 능력을 측정합니다. 역량검사는 특정 직무 역할을 효과적으로 수행하는 데 직접적으로 관련 있는 개인의 행동, 지식, 스킬, 가치관 등을 측정합니다.

2. KAD(Korea Aptitude Development) 검사

K-SAD(한국사회적성개발원)에서 실시하는 적성검사 프로그램입니다. 개인의 성향, 지적 능력, 기호, 관심, 흥미도를 종합적으로 분석하여 적성에 맞는 업무가 무엇인가 파악하고, 직무수행에 있어서 요구되는 기초능력과 실무능력을 분석합니다.

3. SHR 직무적성검사

직무수행에 필요한 종합적인 사고 능력을 다양한 적성검사(Paper and Pencil Test)로 평가합니다. SHR의 모든 직무능력검사는 표준화 검사입니다. 표준화 검사는 표본집단의 점수를 기초로 규준이 만들어진 검사이므로 개인의 점수를 규준에 맞추어 해석·비교하는 것이 가능합니다. S(Standardized Tests), H(Hundreds of Version), R(Reliable Norm Data)을 특징으로 하며, 직군·직급별 특성과 선발 수준에 맞추어 검사를 적용할 수 있습니다.

PART 4

인성검사는 특히 면접질문과 관련성이 높습니다. 면접관은 지원자의 인성검사 결과를 토대로 질문을 하기 때문입니다. 일관적이고 이상적인 답변을 하는 것이 가장 좋지만, 실제 시험은 매우 복잡하여 전문가라 해도 일정 성격을 유지하면서 답변을 하는 것이 힘듭니다. 또한, 인성검사에는 라이 스케일(Lie Scale) 설문이 전체 설문 속에 교묘하게 섞여 들어가 있으므로 겉치레적인 답을 하게 되면 회답태도의 허위성이 그대로 드러나게 됩니다. 예를 들어 '거짓말을 한 적이 한 번도 없다.'에 '예'로 답하고, '때로는 거짓말을 하기도 한다.'에 '예'라고 답하여 라이 스케일의 득점이 올라가게 되면 모든 회답의 신빙성이 사라지고 '자신을 돋보이게 하려는 사람'이라는 평가를 받을 수 있으므로 주의해야 합니다. 따라서 모의테스트를 통해 인성검사의 유형과 실제 시험 시 어떻게 문제를 풀어야 하는지 연습해 보고 체크한 부분 중 자신의 단점과 연결되는 부분은 면접에서 질문이 들어왔을 때 어떻게 대처해야 하는지 생각해 보는 것이 좋습니다.

03 　유의사항

1. 기업의 인재상을 파악하라!

인성검사를 통해 개인의 성격 특성을 파악하고 그것이 기업의 인재상과 가치에 부합하는지를 평가하는 시험이기 때문에 해당 기업의 인재상을 먼저 파악하고 시험에 임하는 것이 좋습니다. 모의테스트에서 인재상에 맞는 가상의 인물을 설정하고 문제에 답해 보는 것도 많은 도움이 됩니다.

2. 일관성 있는 대답을 하라!

짧은 시간 안에 다양한 질문에 답을 해야 하는데, 그 안에는 중복되는 질문이 여러 번 나옵니다. 이때 앞서 자신이 체크했던 대답을 잘 기억해뒀다가 일관성 있는 답을 하는 것이 중요합니다.

3. 모든 문항에 대답하라!

많은 문제를 짧은 시간 안에 풀려다 보니 다 못 푸는 경우도 종종 생깁니다. 하지만 대답을 누락하거나 끝까지 다 못했을 경우 좋지 않은 결과를 가져올 수도 있으니 최대한 주어진 시간 안에 모든 문항에 답할 수 있도록 해야 합니다.

※ 모의테스트는 질문 및 답변 유형 연습을 위한 것으로 실제 시험과 다를 수 있습니다.
※ 인성검사는 정답이 따로 없는 유형의 검사이므로 결과지를 제공하지 않습니다.

번호	내용	예	아니요
001	나는 솔직한 편이다.	☐	☐
002	나는 리드하는 것을 좋아한다.	☐	☐
003	법을 어겨서 말썽이 된 적이 한 번도 없다.	☐	☐
004	거짓말을 한 번도 한 적이 없다.	☐	☐
005	나는 눈치가 빠르다.	☐	☐
006	나는 일을 주도하기보다는 뒤에서 지원하는 것을 선호한다.	☐	☐
007	앞일은 알 수 없기 때문에 계획은 필요하지 않다.	☐	☐
008	거짓말도 때로는 방편이라고 생각한다.	☐	☐
009	사람이 많은 술자리를 좋아한다.	☐	☐
010	걱정이 지나치게 많다.	☐	☐
011	일을 시작하기 전 재고하는 경향이 있다.	☐	☐
012	불의를 참지 못한다.	☐	☐
013	처음 만나는 사람과도 이야기를 잘 한다.	☐	☐
014	때로는 변화가 두렵다.	☐	☐
015	나는 모든 사람에게 친절하다.	☐	☐
016	힘든 일이 있을 때 술은 위로가 되지 않는다.	☐	☐
017	결정을 빨리 내리지 못해 손해를 본 경험이 있다.	☐	☐
018	기회를 잡을 준비가 되어 있다.	☐	☐
019	때로는 내가 정말 쓸모없는 사람이라고 느낀다.	☐	☐
020	누군가 나를 챙겨주는 것이 좋다.	☐	☐
021	자주 가슴이 답답하다.	☐	☐
022	나는 내가 자랑스럽다.	☐	☐
023	경험이 중요하다고 생각한다.	☐	☐
024	전자기기를 분해하고 다시 조립하는 것을 좋아한다.	☐	☐

PART 4

025	감시받고 있다는 느낌이 든다.	☐	☐
026	난처한 상황에 놓이면 그 순간을 피하고 싶다.	☐	☐
027	세상엔 믿을 사람이 없다.	☐	☐
028	잘못을 빨리 인정하는 편이다.	☐	☐
029	지도를 보고 길을 잘 찾아간다.	☐	☐
030	귓속말을 하는 사람을 보면 날 비난하고 있는 것 같다.	☐	☐
031	막무가내라는 말을 들을 때가 있다.	☐	☐
032	장래의 일을 생각하면 불안하다.	☐	☐
033	결과보다 과정이 중요하다고 생각한다.	☐	☐
034	운동은 그다지 할 필요가 없다고 생각한다.	☐	☐
035	새로운 일을 시작할 때 좀처럼 한 발을 떼지 못한다.	☐	☐
036	기분 상하는 일이 있더라도 참는 편이다.	☐	☐
037	업무능력은 성과로 평가받아야 한다고 생각한다.	☐	☐
038	머리가 맑지 못하고 무거운 느낌이 든다.	☐	☐
039	가끔 이상한 소리가 들린다.	☐	☐
040	타인이 내게 자주 고민상담을 하는 편이다.	☐	☐

※ 모의테스트는 질문 및 답변 유형 연습을 위한 것으로 실제 시험과 다를 수 있습니다.
※ 인성검사는 정답이 따로 없는 유형의 검사이므로 결과지를 제공하지 않습니다.

※ 이 성격검사의 각 문항에는 서로 다른 행동을 나타내는 네 개의 문장이 제시되어 있습니다. 이 문장들을 비교하여, 자신의 평소 행동과 가장 가까운 문장을 'ㄱ' 열에 표기하고, 가장 먼 문장을 'ㅁ' 열에 표기하십시오.

01 나는 _____

	ㄱ	ㅁ
A. 실용적인 해결책을 찾는다.	☐	☐
B. 다른 사람을 돕는 것을 좋아한다.	☐	☐
C. 세부 사항을 잘 챙긴다.	☐	☐
D. 상대의 주장에서 허점을 잘 찾는다.	☐	☐

02 나는 _____

	ㄱ	ㅁ
A. 매사에 적극적으로 임한다.	☐	☐
B. 즉흥적인 편이다.	☐	☐
C. 관찰력이 있다.	☐	☐
D. 임기응변에 강하다.	☐	☐

03 나는 _____

	ㄱ	ㅁ
A. 무서운 영화를 잘 본다.	☐	☐
B. 조용한 곳이 좋다.	☐	☐
C. 가끔 울고 싶다.	☐	☐
D. 집중력이 좋다.	☐	☐

04 나는 _____

	ㄱ	ㅁ
A. 기계를 조립하는 것을 좋아한다.	☐	☐
B. 집단에서 리드하는 역할을 맡는다.	☐	☐
C. 호기심이 많다.	☐	☐
D. 음악을 듣는 것을 좋아한다.	☐	☐

PART 4

05 나는 _____

	ㄱ	ㅁ
A. 타인을 늘 배려한다.	☐	☐
B. 감수성이 예민하다.	☐	☐
C. 즐겨하는 운동이 있다.	☐	☐
D. 일을 시작하기 전에 계획을 세운다.	☐	☐

06 나는 _____

	ㄱ	ㅁ
A. 타인에게 설명하는 것을 좋아한다.	☐	☐
B. 여행을 좋아한다.	☐	☐
C. 정적인 것이 좋다.	☐	☐
D. 남을 돕는 것에 보람을 느낀다.	☐	☐

07 나는 _____

	ㄱ	ㅁ
A. 기계를 능숙하게 다룬다.	☐	☐
B. 밤에 잠이 잘 오지 않는다.	☐	☐
C. 한 번 간 길을 잘 기억한다.	☐	☐
D. 불의를 보면 참을 수 없다.	☐	☐

08 나는 _____

	ㄱ	ㅁ
A. 종일 말을 하지 않을 때가 있다.	☐	☐
B. 사람이 많은 곳을 좋아한다.	☐	☐
C. 술을 좋아한다.	☐	☐
D. 휴양지에서 편하게 쉬고 싶다.	☐	☐

09 나는 _____

	ㄱ	ㅁ
A. 뉴스보다는 드라마를 좋아한다.	☐	☐
B. 길을 잘 찾는다.	☐	☐
C. 주말엔 집에서 쉬는 것이 좋다.	☐	☐
D. 아침에 일어나는 것이 힘들다.	☐	☐

10 나는 _____

	ㄱ	ㅁ
A. 이성적이다.	☐	☐
B. 할 일을 종종 미룬다.	☐	☐
C. 어른을 대하는 게 힘들다.	☐	☐
D. 불을 보면 매혹을 느낀다.	☐	☐

11 나는 _____

	ㄱ	ㅁ
A. 상상력이 풍부하나.	☐	☐
B. 예의 바르다는 소리를 자주 듣는다.	☐	☐
C. 사람들 앞에 서면 긴장한다.	☐	☐
D. 친구를 자주 만난다.	☐	☐

12 나는 _____

	ㄱ	ㅁ
A. 나만의 스트레스 해소 방법이 있다.	☐	☐
B. 친구가 많다.	☐	☐
C. 책을 자주 읽는다.	☐	☐
D. 활동적이다.	☐	☐

PART 4

01 면접유형 파악

1. 면접전형의 변화

기존 면접전형에서는 일상적이고 단편적인 대화나 지원자의 첫인상 및 면접관의 주관적인 판단 등에 의해서 입사 결정 여부를 판단하는 경우가 많았습니다. 이러한 면접전형은 면접 내용의 일관성이 결여되거나 직무 관련 타당성이 부족하였고, 면접에 대한 신뢰도에 영향을 주었습니다.

기존 면접(전통적 면접)		능력중심 채용 면접(구조화 면접)
• 일상적이고 단편적인 대화 • 인상, 외모 등 외부 요소의 영향 • 주관적인 판단에 의존한 총점 부여 ⇩ • 면접 내용의 일관성 결여 • 직무관련 타당성 부족 • 주관적인 채점으로 신뢰도 저하	VS	• 일관성 　– 직무관련 역량에 초점을 둔 구체적 질문 목록 　– 지원자별 동일 질문 적용 • 구조화 　– 면접 진행 및 평가 절차를 일정한 체계에 의해 구성 • 표준화 　– 평가 타당도 제고를 위한 평가 Matrix 구성 　– 척도에 따라 항목별 채점, 개인 간 비교 • 신뢰성 　– 면접진행 매뉴얼에 따라 면접위원 교육 및 실습

2. 능력중심 채용의 면접 유형

① 경험 면접
  • 목적 : 선발하고자 하는 직무 능력이 필요한 과거 경험을 질문합니다.
  • 평가요소 : 직업기초능력과 인성 및 태도적 요소를 평가합니다.
② 상황 면접
  • 목적 : 특정 상황을 제시하고 지원자의 행동을 관찰함으로써 실제 상황의 행동을 예상합니다.
  • 평가요소 : 직업기초능력과 인성 및 태도적 요소를 평가합니다.
③ 발표 면접
  • 목적 : 특정 주제와 관련된 지원자의 발표와 질의응답을 통해 지원자 역량을 평가합니다.
  • 평가요소 : 직무수행능력과 인지적 역량(문제해결능력)을 평가합니다.
④ 토론 면접
  • 목적 : 토의과제에 대한 의견수렴 과정에서 지원자의 역량과 상호작용능력을 평가합니다.
  • 평가요소 : 직무수행능력과 팀워크를 평가합니다.

1. 경험 면접

① 경험 면접의 특징
- 주로 직업기초능력에 관련된 지원자의 과거 경험을 심층 질문하여 검증하는 면접입니다.
- 직무능력과 관련된 과거 경험을 평가하기 위해 심층 질문을 하며, 이 질문은 지원자의 답변에 대하여 '꼬리에 꼬리를 무는 형식'으로 진행됩니다.

> - 능력요소, 정의, 심사 기준
>   - 평가하고자 하는 능력요소, 정의, 심사기준을 확인하여 면접위원이 해당 능력요소 관련 질문을 제시합니다.
> - Opening Question
>   - 능력요소에 관련된 과거 경험을 유도하기 위한 시작 질문을 합니다.
> - Follow-up Question
>   - 지원자의 경험 수준을 구체적으로 검증하기 위한 질문입니다.
>   - 경험 수준 검증을 위한 상황(Situation), 임무(Task), 역할 및 노력(Action), 결과(Result) 등으로 질문을 구분합니다.

경험 면접의 형태

[면접관 1] [면접관 2] [면접관 3]

[면접관 1] [면접관 2] [면접관 3]

[지원자]

〈일대다 면접〉

[지원자 1] [지원자 2] [지원자 3]

〈다대다 면접〉

② 경험 면접의 구조

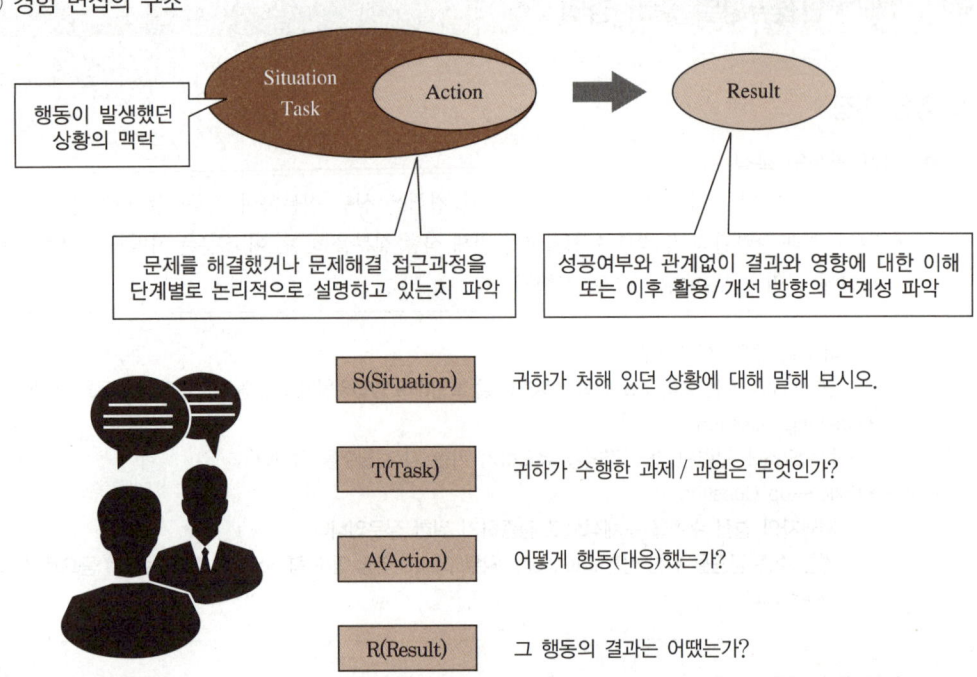

행동이 발생했던
상황의 맥락

문제를 해결했거나 문제해결 접근과정을
단계별로 논리적으로 설명하고 있는지 파악

성공여부와 관계없이 결과와 영향에 대한 이해
또는 이후 활용 / 개선 방향의 연계성 파악

S(Situation) 귀하가 처해 있던 상황에 대해 말해 보시오.

T(Task) 귀하가 수행한 과제 / 과업은 무엇인가?

A(Action) 어떻게 행동(대응)했는가?

R(Result) 그 행동의 결과는 어땠는가?

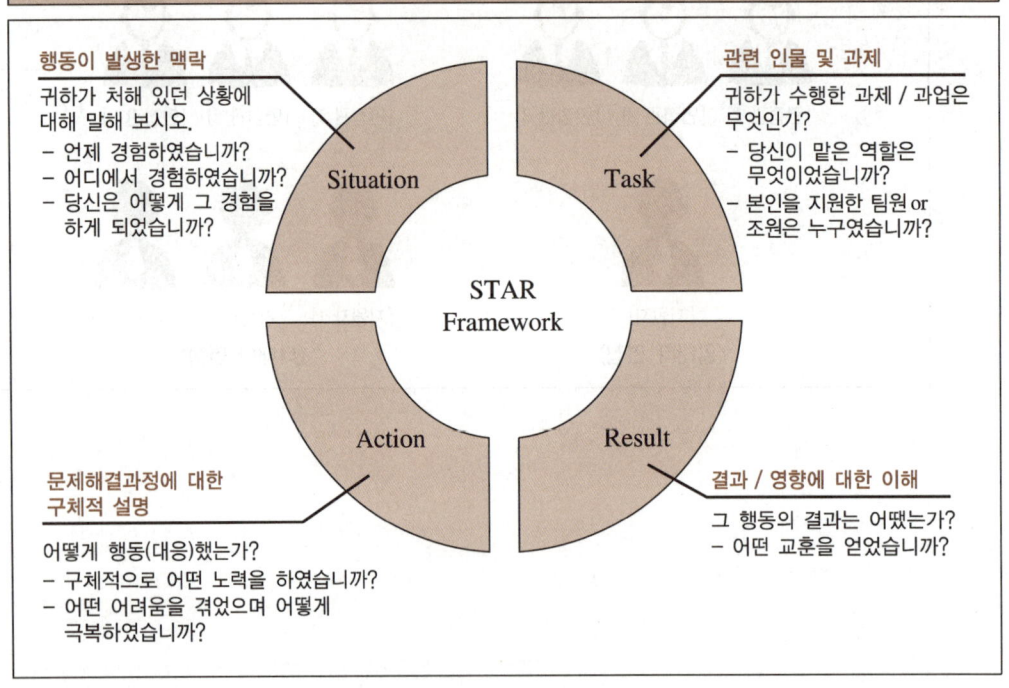

(   )에 대한 과거 경험에 대하여 말해 보시오.

행동이 발생한 맥락
귀하가 처해 있던 상황에
대해 말해 보시오.
- 언제 경험하였습니까?
- 어디에서 경험하였습니까?
- 당신은 어떻게 그 경험을
  하게 되었습니까?

관련 인물 및 과제
귀하가 수행한 과제 / 과업은
무엇인가?
- 당신이 맡은 역할은
  무엇이었습니까?
- 본인을 지원한 팀원 or
  조원은 누구였습니까?

Situation

Task

STAR
Framework

Action

Result

문제해결과정에 대한
구체적 설명
어떻게 행동(대응)했는가?
- 구체적으로 어떤 노력을 하였습니까?
- 어떤 어려움을 겪었으며 어떻게
  극복하였습니까?

결과 / 영향에 대한 이해
그 행동의 결과는 어땠는가?
- 어떤 교훈을 얻었습니까?

③ 경험 면접 질문 예시(직업윤리)

시작 질문	
1	남들이 신경 쓰지 않는 부분까지 고려하여 절차대로 업무(연구)를 수행하여 성과를 낸 경험을 구체적으로 말해 보시오.
2	조직의 원칙과 절차를 철저히 준수하며 업무(연구)를 수행한 것 중 성과를 향상시킨 경험에 대해 구체적으로 말해 보시오.
3	세부적인 절차와 규칙에 주의를 기울여 실수 없이 업무(연구)를 마무리한 경험을 구체적으로 말해 보시오.
4	조직의 규칙이나 원칙을 고려하여 성실하게 일했던 경험을 구체적으로 말해 보시오.
5	타인의 실수를 바로잡고 원칙과 절차대로 수행하여 성공적으로 업무를 마무리하였던 경험에 대해 말해 보시오.

후속 질문		
상황 (Situation)	상황	구체적으로 언제, 어디에서 경험한 일인가?
		어떤 상황이었는가?
	조직	어떤 조직에 속해 있었는가?
		그 조직의 특성은 무엇이었는가?
		몇 명으로 구성된 조직이었는가?
	기간	해당 조직에서 얼마나 일했는가?
		해당 업무는 몇 개월 동안 지속되었는가?
	조직규칙	조직의 원칙이나 규칙은 무엇이었는가?
임무 (Task)	과제	과제의 목표는 무엇이었는가?
		과제에 적용되는 조직의 원칙은 무엇이었는가?
		그 규칙을 지켜야 하는 이유는 무엇이었는가?
	역할	당신이 조직에서 맡은 역할은 무엇이었는가?
		과제에서 맡은 역할은 무엇이었는가?
	문제의식	규칙을 지키지 않을 경우 생기는 문제점 / 불편함은 무엇인가?
		해당 규칙이 왜 중요하다고 생각하였는가?
역할 및 노력 (Action)	행동	업무 과정의 어떤 장면에서 규칙을 철저히 준수하였는가?
		어떻게 규정을 적용시켜 업무를 수행하였는가?
		규정은 준수하는 데 어려움은 없었는가?
	노력	그 규칙을 지키기 위해 스스로 어떤 노력을 기울였는가?
		본인의 생각이나 태도에 어떤 변화가 있었는가?
		다른 사람들은 어떤 노력을 기울였는가?
	동료관계	동료들은 규칙을 철저히 준수하고 있었는가?
		팀원들은 해당 규칙에 대해 어떻게 반응하였는가?
		규칙에 대한 태도를 개선하기 위해 어떤 노력을 하였는가?
		팀원들의 태도는 당신에게 어떤 자극을 주었는가?
	업무추진	주어진 업무를 추진하는 데 규칙이 방해되진 않았는가?
		업무수행 과정에서 규정을 어떻게 적용하였는가?
		업무 시 규정을 준수해야 한다고 생각한 이유는 무엇인가?

결과 (Result)	평가	규칙을 어느 정도나 준수하였는가?
		그렇게 준수할 수 있었던 이유는 무엇이었는가?
		업무의 성과는 어느 정도였는가?
		성과에 만족하였는가?
		비슷한 상황이 온다면 어떻게 할 것인가?
	피드백	주변 사람들로부터 어떤 평가를 받았는가?
		그러한 평가에 만족하는가?
		다른 사람에게 본인의 행동이 영향을 주었다고 생각하는가?
	교훈	업무수행 과정에서 중요한 점은 무엇이라고 생각하는가?
		이 경험을 통해 느낀 바는 무엇인가?

2. 상황 면접

① 상황 면접의 특징

직무 관련 상황을 가정하여 제시하고 이에 대한 대응능력을 직무관련성 측면에서 평가하는 면접입니다.

> • 상황 면접 과제의 구성은 크게 2가지로 구분
>   - 상황 제시(Description) / 문제 제시(Question or Problem)
> • 현장의 실제 업무 상황을 반영하여 과제를 제시하므로 직무분석이나 직무전문가 워크숍 등을 거쳐 현장성을 높임
> • 문제는 상황에 대한 기본적인 이해능력(이론적 지식)과 함께 실질적 대응이나 변수 고려능력(실천적 능력) 등을 고르게 질문해야 함

상황 면접의 형태

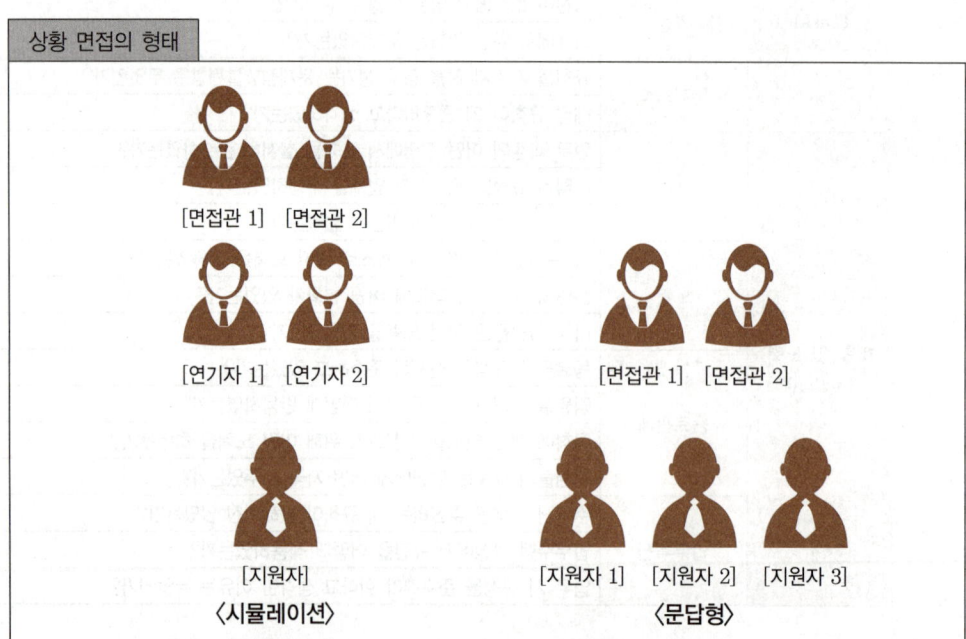

② 상황 면접 예시

상황 제시	인천공항 여객터미널 내에는 다양한 용도의 시설(사무실, 통신실, 식당, 전산실, 창고 면세점 등)이 설치되어 있습니다.	실제 업무 상황에 기반함
	금년에 소방배관의 누수가 잦아 메인 배관을 교체하는 공사를 추진하고 있으며, 당신은 이번 공사의 담당자입니다.	배경 정보
	주간에는 공항 운영이 이루어져 주로 야간에만 배관 교체 공사를 수행하던 중, 시공하는 기능공의 실수로 배관 연결 부위를 잘못 건드려 고압배관의 소화수가 누출되는 사고가 발생하였으며, 이로 인해 인근 시설물에 누수에 의한 피해가 발생하였습니다.	구체적인 문제 상황
문제 제시	일반적인 소방배관의 배관연결(이음)방식과 배관의 이탈(누수)이 발생하는 원인에 대해 설명해 보시오.	문제 상황 해결을 위한 기본 지식 문항
	담당자로서 본 사고를 현장에서 긴급히 처리하는 프로세스를 제시하고, 보수완료 후 사후적 조치가 필요한 부분 및 재발방지 방안에 대해 설명해 보시오.	문제 상황 해결을 위한 추가 대응 문항

3. 발표 면접

① 발표 면접의 특징
- 직무관련 주제에 대한 지원자의 생각을 정리하여 의견을 제시하고, 발표 및 질의응답을 통해 지원자의 직무능력을 평가하는 면접입니다.
- 발표 주제는 직무와 관련된 자료로 제공되며, 일정 시간 후 지원자가 보유한 지식 및 방안에 대한 발표 및 후속 질문을 통해 직무적합성을 평가합니다.

> - 주요 평가요소
>   - 설득적 말하기 / 발표능력 / 문제해결능력 / 직무관련 전문성
> - 이미 언론을 통해 공론화된 시사 이슈보다는 해당 직무분야에 관련된 주제가 발표면접의 과제로 선정되는 경우가 최근 들어 늘어나고 있음
> - 짧은 시간 동안 주어진 과제를 빠른 속도로 분석하여 발표문을 작성하고 제한된 시간 안에 면접관에게 효과적인 발표를 진행하는 것이 핵심

발표 면접의 형태

[면접관 1] [면접관 2]

[면접관 1] [면접관 2]

[지원자]

〈**개별 과제 발표**〉

[지원자 1] [지원자 2] [지원자 3]

〈**팀 과제 발표**〉

※ 면접관에게 시각적 효과를 사용하여 메시지를 전달하는 쌍방향 커뮤니케이션 방식
※ 심층면접을 보완하기 위한 방안으로 최근 많은 기업에서 적극 도입하는 추세

② 발표 면접 예시

1. 지시문

당신은 현재 A사에서 직원들의 성과평가를 담당하고 있는 팀원이다. 인사팀은 지난주부터 사내 조직문화관련 인터뷰를 하던 도중 성과평가제도에 관련된 개선 니즈가 제일 많다는 것을 알게 되었다. 이에 팀장님은 인터뷰 결과를 종합하려 성과평가제도 개선 아이디어를 A4용지에 정리하여 신속 보고할 것을 지시하셨다. 당신에게 남은 시간은 1시간이다. 자료를 준비하는 대로 당신은 팀원들이 모인 회의실에서 5분 간 발표할 것이며, 이후 질의응답을 진행할 것이다.

2. 배경자료

〈성과평가제도 개선에 대한 인터뷰〉

최근 A사는 회사 사세의 급성장으로 인해 작년보다 매출이 두 배 성장하였고, 직원 수 또한 두 배로 증가하였다. 회사의 성장은 임금, 복지에 대한 상승 등 긍정적인 영향을 주었으나 업무의 불균형 및 성과보상의 불평등 문제가 발생하였다. 또한 수시로 입사하는 신입직원과 경력직원, 퇴사하는 직원들까지 인원들의 잦은 변동으로 인해 평가해야 할 대상이 변경되어 현재의 성과평가제도로는 공정한 평가가 어려운 상황이다.

[생산부서 김상호]
우리 팀은 지난 1년 동안 생산량이 급증했기 때문에 수십 명의 신규인력이 급하게 채용되었습니다. 이 때문에 저희 팀장님은 신규 입사자들의 이름조차 기억 못할 때가 많이 있습니다. 성과평가를 제대로 하고 있는지 의문이 듭니다.

[마케팅 부서 김흥민]
개인의 성과평가의 취지는 충분히 이해합니다. 그러나 현재 평가는 실적기반이나 정성적인 평가가 많이 포함되어 있어 객관성과 공정성에는 의문이 드는 것이 사실입니다. 이러한 상황에서 평가제도를 재수립하지 않고, 인센티브에 계속 반영한다면, 평가제도에 대한 반감이 커질 것이 분명합니다.

[교육부서 홍경민]
현재 교육부서는 인사팀과 밀접하게 일하고 있습니다. 그럼에도 인사팀에서 실시하는 성과평가제도에 대한 이해가 부족한 것 같습니다.

[기획부서 김경호 차장]
저는 저의 평가자 중 하나가 연구부서의 팀장님인데, 일 년에 몇 번 같이 일하지 않는데 어떻게 저를 평가할 수 있을까요? 특히 연구팀은 저희가 예산을 배정하는데, 저에게는 좋지만….

4. 토론 면접

① 토론 면접의 특징

- 다수의 지원자가 조를 편성해 과제에 대한 토론(토의)을 통해 결론을 도출해가는 면접입니다.
- 의사소통능력, 팀워크, 종합인성 등의 평가에 용이합니다.

> - 주요 평가요소
>   - 설득적 말하기, 경청능력, 팀워크, 종합인성
> - 의견 대립이 명확한 주제 또는 채용분야의 직무 관련 주요 현안을 주제로 과제 구성
> - 제한된 시간 내 토론을 진행해야 하므로 적극적으로 자신 있게 토론에 임하고 본인의 의견을 개진할 수 있어야 함

토론 면접의 형태

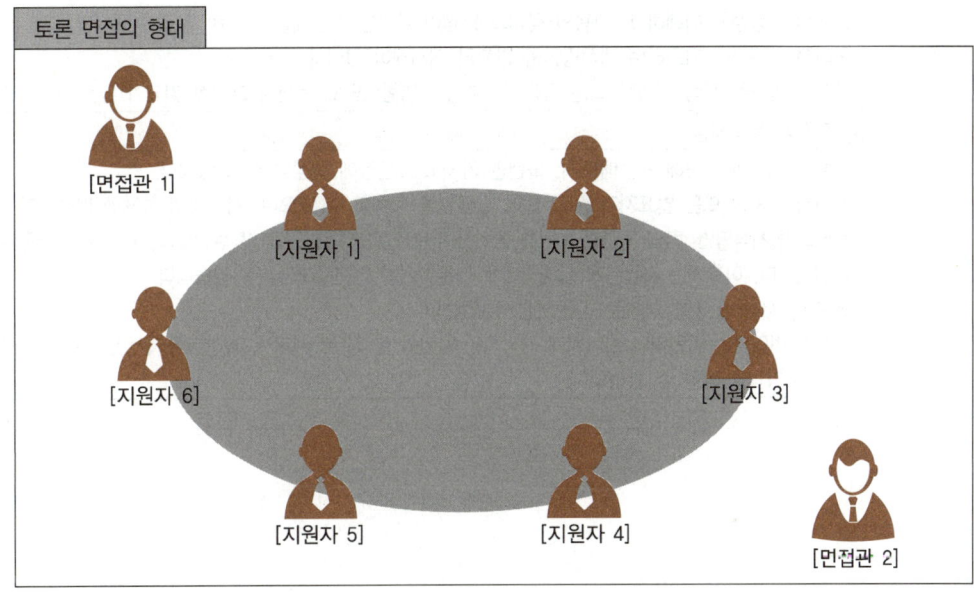

② 토론 면접 예시

<table>
<tr><td colspan="1" align="center">**고객 불만 고충처리**</td></tr>
</table>

1. 들어가며

최근 우리 상품에 대한 고객 불만의 증가로 고객고충처리 TF가 만들어졌고 당신은 여기에 지원해 배치받았다. 당신의 업무는 불만을 가진 고객을 만나서 애로사항을 듣고 처리해 주는 일이다. 주된 업무로는 고객의 니즈를 파악해 방향성을 제시해 주고 그 해결책을 마련하는 일이다. 하지만 경우에 따라서 고객의 주관적인 의견으로 인해 제대로 된 방향으로 의사결정을 하지 못할 때가 있다. 이럴 경우 설득이나 논쟁을 해서라도 의견을 관철시키는 것이 좋을지 아니면 고객의 의견대로 진행하는 것이 좋을지 결정해야 할 때가 있다. 만약 당신이라면 이러한 상황에서 어떤 결정을 내릴 것인지 여부를 자유롭게 토론해 보시오.

2. 1분 자유 발언 시 준비사항

- 당신은 의견을 자유롭게 개진할 수 있으며 이에 따른 불이익은 없습니다.
- 토론의 방향성을 이해하고, 내용의 장점과 단점이 무엇인지 문제를 명확히 말해야 합니다.
- 합리적인 근거에 기초하여 개선방안을 명확히 제시해야 합니다.
- 제시한 방안을 실행 시 예상되는 긍정적·부정적 영향요인도 동시에 고려할 필요가 있습니다.

3. 토론 시 유의사항

- 토론 주제문과 제공해드린 메모지, 볼펜만 가지고 토론장에 입장할 수 있습니다.
- 사회자의 지정 또는 발표자가 손을 들어 발언권을 획득할 수 있으며, 사회자의 통제에 따릅니다.
- 토론회가 시작되면, 팀의 의견과 논거를 정리하여 1분간의 자유발언을 할 수 있습니다. 순서는 사회자가 지정합니다. 이후에는 자유롭게 상대방에게 질문하거나 답변을 하실 수 있습니다.
- 핸드폰, 서적 등 외부 매체는 사용하실 수 없습니다.
- 논제에 벗어나는 발언이나 지나치게 공격적인 발언을 할 경우, 위에서 제시한 유의사항을 지키지 않을 경우 불이익을 받을 수 있습니다.

1. 면접 Role Play 편성

- 교육생끼리 조를 편성하여 면접관과 지원자 역할을 교대로 진행합니다.
- 지원자 입장과 면접관 입장을 모두 경험해 보면서 면접에 대한 적응력을 높일 수 있습니다.

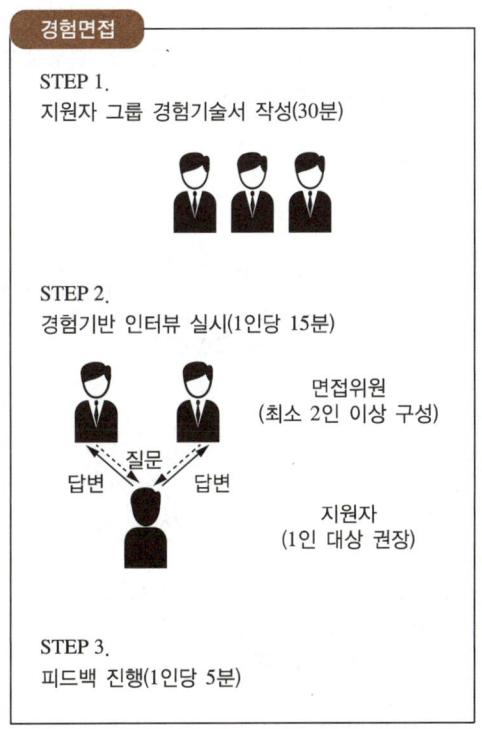

경험면접

STEP 1.
지원자 그룹 경험기술서 작성(30분)

STEP 2.
경험기반 인터뷰 실시(1인당 15분)

면접위원
(최소 2인 이상 구성)

질문
답변   답변

지원자
(1인 대상 권장)

STEP 3.
피드백 진행(1인당 5분)

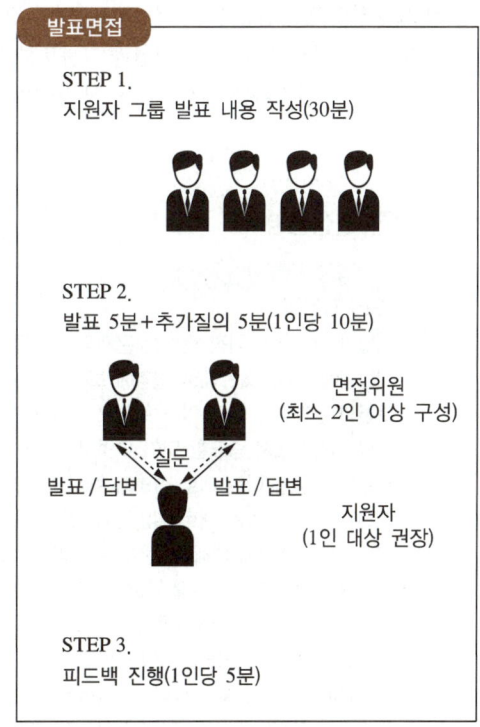

발표면접

STEP 1.
지원자 그룹 발표 내용 작성(30분)

STEP 2.
발표 5분+추가질의 5분(1인당 10분)

면접위원
(최소 2인 이상 구성)

질문
발표 / 답변   발표 / 답변

지원자
(1인 대상 권장)

STEP 3.
피드백 진행(1인당 5분)

Tip

면접 준비하기

1. 면접 유형 확인 필수
   - 기업마다 면접 유형이 상이하기 때문에 해당 기업의 면접 유형을 확인하는 것이 좋음
   - 일반적으로 실무진 면접, 임원면접 2차례에 거쳐 면접을 실시하는 기업이 많고 실무진 면접과 임원 면접에서 평가요소가 다르기 때문에 유형에 맞는 준비방법이 필요
2. 후속 질문에 대한 사전 점검
   - 블라인드 채용 면접에서는 주요 질문과 함께 후속 질문을 통해 지원자의 직무능력을 판단
     → STAR 기법을 통한 후속 질문에 미리 대비하는 것이 필요

PART 4

한국도로공사의 면접전형은 실무진 면접전형과 경영진 면접전형으로 이루어진다. 실무진 면접전형은 필기전형 합격자를 대상으로 발표(PT)면접과 그룹토론(GD)면접으로 진행한다. 경영진 면접전형은 실무진 면접전형 및 인성검사 합격자를 대상으로 인성 및 기본역량을 전반적으로 평가한다.

1. 실무진 면접전형

[발표(PT)면접]
- 비탈면 사고에서 가장 중요한 문제점이 무엇이라고 생각하는지 말해 보시오. [2024년]
- 사방댐에 대해 아는 대로 설명해 보시오. [2024년]
- 드론의 한계점에 대해 말해 보시오. [2024년]
- 옹벽 안전성에서 중요한 것이 무엇이라고 생각하는지 말해 보시오.
- 터널의 종류를 아는 대로 설명해 보시오.
- 재해의 종류를 아는 대로 설명하고, 가장 위험하다고 생각하는 재해에 대해 말해 보시오.
- 5G 주파수 대역에 대해 아는 대로 설명해 보시오.
- 명절에 고속도로 이용료를 무료로 시행하자는 의견에 대해 어떻게 생각하는지 말해 보시오.
- 인공지능이 발달하고 자동화될수록 톨게이트에서의 일자리가 사라질 수 있을지 설명해 보시오.
- 한국도로공사가 운영하는 고속도로와 민자 고속도로의 차이에 대해 설명해 보시오.
- 공기업에 근무하면서 지녀야 할 덕목은 무엇이라고 생각하는지 말해 보시오.
- 기업이 추구하는 가치와 개인의 가치가 충돌할 때 어떻게 할 것인지 말해 보시오.
- KTX와 같은 철도는 한국도로공사와 경쟁관계에 있는데, 앞으로 한국도로공사가 경쟁에서 어떨 것 같은지 말해 보시오.
- 자율무인자동차의 발전이 고속도로에 미치는 영향과 그에 따른 한국도로공사의 역할과 대응에 대해 말해 보시오.
- 졸음운전 방지 대책에 대해 말해 보시오.
- 로드킬의 원인 및 대책 방안에 대해 말해 보시오.
- 한국도로공사에서 환경에 기울이고 있는 노력에 대해 어떻게 하면 좋을지 말해 보시오.
- 회사의 방침과 자신의 생각이 다를 경우, 어떻게 그 간격을 좁혀나갈 것인지 말해 보시오.
- BCG 매트릭스와 GE 매트릭스의 차이에 대해 설명해 보시오.
- 통일이 된 이후 북한의 도로건설 방안에 대해 말해 보시오.
- 무인차가 고속도로에 미치는 영향과 이에 따른 대응 방안에 대해 말해 보시오.
- 한국도로공사에서 관리하는 시설물의 종류와 이를 어떻게 관리하면 좋을지 말해 보시오.
- 휴게소에 대한 이용객들의 불만과 수요 감소에 따른 해결 방안에 대해 말해 보시오.
- 관내 휴게소 개선 방안에 대해 말해 보시오.
- 지원한 직무와 관련하여 한국도로공사가 개선해야 할 점은 무엇이라고 생각하는지 말해 보시오.
- 상사가 부당한 지시를 한다면 어떻게 할 것인지 말해 보시오.
- 청년실업 해소 방안에 대해 말해 보시오.

- 고속도로 입체화 방안에 대해 말해 보시오.
- 공공기관의 사회적 책임 강화 방법에 대해 말해 보시오.
- 자율주행자동차 시행의 문제점과 개선 방안에 대해 말해 보시오.
- 한국도로공사의 사회적 가치 실현 방법에 대해 말해 보시오.
- 빅데이터를 활용한 고속도로의 안전성 개선 방안에 대해 말해 보시오.
- 고속도로 터널 내 화재 시 재난대처 방안에 대해 말해 보시오.
- 현재 한국도로공사에서 시행하고 있는 CSR 활동은 무엇인지 아는 대로 설명해 보시오.
- 고속도로를 이용하면서 불편했던 점에 대해 말해 보시오.
- 한국도로공사 입사를 위해 어떤 노력을 했는지 말해 보시오.
- 4차 산업혁명에서 한국도로공사의 역할은 무엇이라고 생각하는지 말해 보시오.
- 재난 시 이용하는 장비들의 문제점은 무엇이고, 이를 기술적으로 어떻게 개선할 수 있는지 말해 보시오.
- 기계직 업무가 무엇인지 아는 대로 설명해 보시오.
- 설계할 때 어려운 점과 그것을 극복했던 경험에 대해 말해 보시오.
- 과적차량을 검문하는 과정에서 사용할 수 있는 기술적인 아이디어를 말해 보시오.

[그룹토론(GD)면접]
- 노후 교량의 재건축 및 유지보수에 대해 토론하시오. [2024년]
- 사이버 위협의 대응 방안에 대해 토론하시오.
- 해외사업 활성화 방안에 대해 토론하시오.
- 유휴부지 활용 방안에 대해 토론하시오.
- 고속도로 이용률을 높일 수 있는 방안에 대해 토론하시오.
- 고속도로에서 개선해야 할 점과 그 방안에 대해 토론하시오.
- 비정규직의 정규직화 방안에 대해 토론하시오.
- 고속도로 유지관리에 IT기술을 접목하려고 할 때, 그 아이디어에 대해 토론하시오.
- 터널사고 예방 및 대응 방안에 대해 토론하시오.
- 휴게소의 낮은 이용률을 높일 수 있는 방안에 대해 토론하시오.
- 근로자 지원 프로그램 활성화 방안에 대해 토론하시오.
- 재난 대치 실효성과 타당성에 대해 토론하시오.

2. 경영진 면접전형

- 본인의 약점이 무엇인지 말해 보시오. [2025년]
- 팀원과 함께 성과를 이루었던 경험이 있다면 말해 보시오. [2025년]
- 본인이 직무와 관련하여 가지고 있는 강점을 경험을 중심으로 말해 보시오. [2025년]
- 한국도로공사의 비전에 대해 설명해 보시오. [2025년]
- 갈등을 해결한 경험에 대해 말해 보시오. [2024년]
- 적응하지 못하는 팀원을 설득하거나 함께 협력한 경험에 대해 말해 보시오. [2024년]
- 한국도로공사에 입사하기 위해 노력한 점에 대해 말해 보시오. [2024년]
- 조직생활에 가장 필요한 역량이 무엇이라고 생각하는지 말해 보시오.
- 살면서 가장 큰 도전을 했던 경험에 대해 말해 보시오.
- 가장 힘들었던 경험에 대해 말해 보시오.
- 의사소통을 했던 경험에 대해 말해 보시오.
- 한국도로공사에 지원한 동기에 대해 말해 보시오.
- 협력했던 경험에 대해 말해 보시오.
- 어떤 일을 성취했던 경험에 대해 말해 보시오.
- 선임이 적극적으로 일하지 않는다면 어떻게 대처할지 말해 보시오.
- 업무수행 시 필요한 역량이 무엇이라고 생각하는지 말해 보시오.
- 같이 일하기 싫은 유형의 사람에 대해 말해 보시오.
- 실제로 민원인을 응대해 본 경험에 대해 말해 보시오.
- 한국도로공사가 진행하는 사업에 대해 아는 대로 설명해 보시오.
- 고속도로의 장점과 단점에 대해 말해 보시오.
- 성과와 원칙 중 어느 것이 더 중요한지 말해 보시오.
- 1분 자기소개를 해 보시오.
- 원칙을 지켰던 경험에 대해 말해 보시오.
- 직무와 관련하여 어떤 일을 하고 싶은지 말해 보시오.
- 본인만의 스트레스 관리법은 무엇인지 말해 보시오.
- 상사의 횡령 등 비리행위 목격 시 어떻게 대처할 것인지 말해 보시오.
- 상대방에게 설득당한 경험에 대해 말해 보시오.
- 규율을 지킨 경험에 대해 말해 보시오.
- 시간과 예산이 부족할 때 어떻게 프로젝트를 수행할 것인지 말해 보시오.
- 조직 내에서 상사와의 갈등이 발생했을 때 어떻게 극복해 나갈 것인지 경험을 토대로 말해 보시오.
- 대학 때 했던 활동 중 기억에 남는 활동을 말해 보시오.
- 한국도로공사의 서비스 중 이용해 본 것은 무엇인지 말해 보시오.
- 자기 개발은 어떤 것을 하고 있는지 말해 보시오.

- 고객의 불만을 해결했던 경험에 대해 말해 보시오.
- 살면서 어려웠던 경험에 대해 말해 보시오.
- 어떤 일을 추진 중에 포기하고 싶었던 경험에 대해 말해 보시오.
- 도전적인 일을 해 본 경험에 대해 말해 보시오.
- 어떤 수준 높은 요구에 대응해 본 경험에 대해 말해 보시오.
- 기계직으로서 사고를 줄이고 능동적으로 현장에 대처할 수 있는 아이디어를 말해 보시오.
- 학교생활 이외에 가장 자랑하고 싶은 경험에 대해 말해 보시오.
- 조직에 처음 들어가서 적응해 본 경험에 대해 말해 보시오.
- 어디서든 1등을 해 본 경험에 대해 말해 보시오.
- 주변 사람이 본인에게 불만을 제기한 적이 있는지 말해 보시오.
- 불합리한 관습에 대한 경험을 말해 보시오.

PART 4

MEMO

답안채점 • 성적분석 서비스

모바일
OMR

도서 내 모의고사 우측 상단에 위치한 QR코드 찍기	로그인 하기	'시작하기' 클릭	'응시하기' 클릭	나의 답안을 모바일 OMR 카드에 입력	'성적분석 & 채점결과' 클릭	현재 내 실력 확인하기

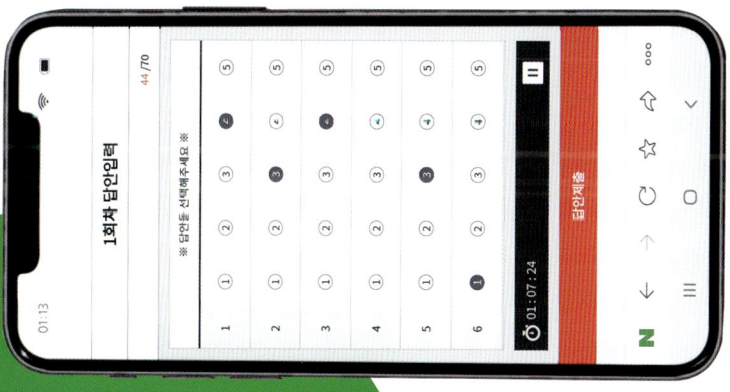

도서에 수록된 모의고사에 대한
객관적인 결과(정답률, 순위)를
종합적으로 분석하여 제공합니다.

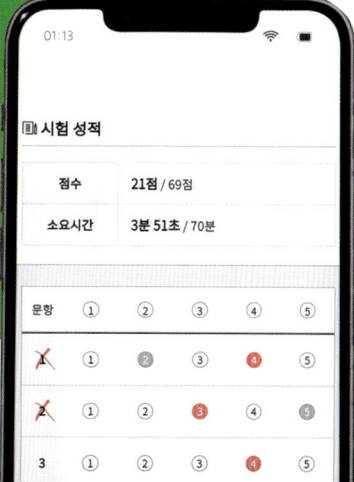

※OMR 답안채점 / 성적분석 서비스는 등록 후 30일간 사용 가능합니다.

시대에듀

공기업 취업을 위한 NCS
직업기초능력평가 시리즈

NCS부터 전공까지 완벽 학습 "통합서" 시리즈

공기업 취업의 기초부터 차근차근! 취업의 문을 여는 Master Key!

NCS 영역 및 유형별 체계적 학습 "집중학습" 시리즈

영역별 이론부터 유형별 모의고사까지! 단계별 학습을 통한 Only Way!

2026 최신판

SDC

누적 판매량
1위
기업별 NCS
시리즈

한국
도로공사

통합기본서

편저 | SDC(Sidae Data Center)

정답 및 해설

기출복원문제부터
대표기출유형 및
모의고사까지

한 권으로
마무리!

SDC

SDC는 시대에듀 데이터 센터의 약자로
약 30만 개의 NCS·적성 문제 데이터를
바탕으로 최신 출제경향을 반영하여
문제를 출제합니다.

시대에듀

Add+

주요 공기업
기출복원문제

| CHAPTER 01 | 2025년 상반기 NCS 기출복원문제 |
| CHAPTER 02 | 2025 ~ 2024년 전공 기출복원문제 |

01	02	03	04	05	06	07	08	09	10	11	12	13	14	15	16	17	18	19	20
④	③	①	①	②	②	③	③	③	①	④	⑤	①	②	④	②	③	④	①	⑤
21	22	23	24	25	26	27	28	29	30	31	32	33	34	35	36	37	38	39	40
⑤	③	③	③	①	①	③	③	③	④	③	②	②	①	①	②	②	④	①	③
41	42	43	44	45	46	47	48	49	50										
②	③	①	②	③	②	③	③	④	③										

01

정답 ④

밑줄 친 '회유'의 의미는 '어루만지고 잘 달래어 시키는 말을 듣도록 함'이다. 따라서 가장 유사한 단어는 '잘 설득하고 달래어 권함'을 의미하는 '종용'이다.

오답분석

① 강요 : 억지로 또는 강제로 요구함
② 피력 : 생각하는 것을 털어놓고 말함
③ 제청 : 어떤 안건을 제시하여 결정하여 달라고 청구함

02

정답 ③

'염치'는 '체면을 차릴 줄 알며 부끄러움을 아는 마음'을 의미하며, '불구하다'는 '얽매여 거리끼지 아니함'을 의미한다. 제시된 문장은 염치를 돌아보지 않고 부탁한다는 뜻이므로 '돌아보지 아니함'을 의미하는 '불고하다'를 사용해야 한다. 따라서 적절한 어휘는 '염치 불고하고'이다.

오답분석

① 낱낱이 : 하나하나 빠짐없이 모두
② 헛헛하다 : 채워지지 아니한 허전한 느낌이 있다.
④ 뜸을 들이다 : 일이나 말을 할 때에 쉬거나 여유를 갖기 위해 서둘지 않고 한동안 가만히 있는 경우를 비유적으로 이르는 말

03

정답 ①

제시문에서 나타나는 한강 작가의 글쓰기는 차갑고 어두운 현실을 자세하고 간곡하게 묘사하는 것으로, 이를 토대로 독자는 인간 사회, 인류 보편의 추위에 진지하고 세밀하게 공감할 수 있다. 따라서 빈칸에 들어갈 어휘로는 '매우 자세하고 간곡함'을 의미하는 '곡진한'이 가장 적절하다.

오답분석

② 강퍅하다 : 성격이 까다롭고 고집이 세다.
③ 미진하다 : 아직 다하지 못하다.
④ 인색하다 : 어떤 일을 하는 데 대하여 지나치게 박하다.

04

정답 ①

제시된 문장에서 '차다'는 '감정이나 기운 따위가 가득하게 됨'을 의미한다. 따라서 밑줄 친 어휘와 같은 의미로 사용된 것은 '기쁨에 차다.'이다.

오답분석

② 어떤 높이나 한도에 이르는 상태가 되다.
③ (비유적으로) 자기에게 베풀어지거나 차례가 오는 것을 받아들이지 않다.
④ 수갑이나 차꼬 따위를 팔목이나 발목에 끼우다.

05

정답 ②

2차 시험에 불합격한 남성의 수가 20명이고, 2차 시험 불합격자의 남녀 비율이 2 : 5이므로 2차 시험에 불합격한 여성의 수는 $20÷2×5=50$명이다. 또한 2차 시험 합격자의 남녀 비율이 2 : 3이므로 2차 시험에 합격한 남성의 수를 $2x$명이라고 하면, 2차 시험에 합격한 여성의 수는 $3x$명이다. 1차 시험 합격자 수는 2차 시험 합격자 수와 불합격자 수를 모두 더한 수이므로 다음 식이 성립한다.

$1 : 2=(2x+20) : (3x+50)$
$\rightarrow 3x+50=4x+40$
$\therefore x=10$

따라서 x의 값을 1차 시험 여성 합격자 수를 구하는 식에 대입하면 $3×10+50=80$명이다.

06

정답 ②

11명의 직원이 순서대로 3명씩 근무하므로 11과 3의 최대공약수를 구하면 순환 근무 주기를 구할 수 있다. 이때 11과 3은 공약수가 1만 존재하는 서로소 관계이므로 전체 직원 수인 11번을 모두 돌아야 다시 처음으로 돌아오게 된다. 이를 식으로 표현하면 다음과 같다.

$$(순환 근무 주기)=\frac{(전체 직원 수)}{(전체 직원 수와 근무 직원 수의 최대공약수)}=\frac{11}{1}=11$$

11일을 주기로 같이 일하는 직원이 반복되므로 100일 동안에는 이를 9번 반복하고 하루가 더 필요하다($\because 100÷11=9 \cdots 1$). 따라서 어느 날에 2번, 3번, 4번 직원이 같이 일했다면, 99일 후에 2번, 3번, 4번 직원이 근무하므로 100일 후에는 5번, 6번, 7번 직원이 근무하게 된다.

07

정답 ③

무작위로 직원 한 명을 뽑았을 때, 뽑은 사람이 휴가를 간 남직원일 확률은 (휴가를 간 남직원 수)÷(전체 직원 수)이다. D공사의 직원은 모두 70명이고, 휴가를 간 직원 27명 중 여직원이 15명이므로 휴가를 간 남직원 수는 $27-15=12$명이다.

따라서 직원 한 명을 뽑았을 때 휴가를 간 남직원일 확률은 $\frac{12}{70}=\frac{6}{35}$이다.

08

정답 ③

2024년 설날 노쇼 비율은 46%이지만, 이 중 19만 매가량이 재판매가 되지 않아 공석으로 운행되었다.

오답분석

① 첫 번째 문단에서 명절에 예매 경쟁률이 수십 배에 달하는 경우도 흔하다고 하였다.
② 세 번째 문단에서 노쇼 문제는 사회적 비용 증가로 연결되며, 이에 따른 비용이나 정책 변경은 국민의 부담으로 돌아올 것이라고 하였다.
④ 네 번째 문단에서 노쇼 문제를 해결하기 위해 코레일은 2025년부터 명절 특별수송기간에 출발 후 20분까지의 위약금을 기존 15%에서 30%로 상향 조정한다고 하였다.
⑤ 마지막 문단에서 노쇼 문제는 단순히 코레일의 노력만으로 해결될 수 없고, 근본적인 제도 개선과 국민 인식 변화가 함께 이루어져야 함을 이야기하고 있다.

09

정답 ③

K시 전철의 기본요금은 1회 1,500원이고, 오전에 20% 할인을 받으면 $1,500 \times 0.8 = 1,200$원이다. A씨의 전철 이용 횟수는 총 $22 \times 2 = 44$회이며, 할인은 출근 시간에만 적용된다. 그러므로 퇴근 시 이용하는 전철 요금은 $1,500 \times 22 = 33,000$원이다. 한 달 전철 요금을 62,000원 이하로 유지하고자 하므로 출근 시 지불 가능한 전철 요금은 $62,000 - 33,000 = 29,000$원이다. 할인을 받은 일수를 x일이라 하면, 할인을 받지 않은 일수는 $(22-x)$일이므로 다음과 같은 식이 성립한다.

$1,200x + 1,500(22-x) \leq 29,000$

→ $1,200x + 33,000 - 1,500x \leq 29,000$

→ $-300x \leq -4,000$

∴ $x \geq 13.33\cdots$

따라서 최소 14일은 할인을 받아야 한 달 전철 요금을 62,000원 이하로 유지할 수 있다.

10

정답 ①

먼저 1부터 6까지 숫자를 사용하여 만들 수 있는 4자리 수의 조합을 계산하면 $6^4 = 1,296$가지이다.

조건에 따라 중복된 숫자는 최대 2번 사용할 수 있으므로 같은 숫자가 3번 이상 사용된 경우의 수를 구하여 제외해야 한다.

- 같은 숫자가 4번 사용된 경우는 6가지이다($1111, 2222, \cdots, 6666$).
- 같은 숫자가 3번 사용된 경우는 aaab, aaba, abaa, baaa 4가지 경우가 있고, a로 가능한 수는 6가지, b로 가능한 수는 a를 제외한 5가지이므로 $4 \times 6 \times 5 = 120$가지이다.

따라서 조건을 만족하는 4자리 비밀번호는 총 $1,296 - (6+120) = 1,170$가지이다.

11

정답 ④

조사기간인 1~4월의 리뷰 수가 판매 건수이므로 월별 판매 건수와 반품 및 환불 건수를 계산하면 다음과 같다.

(단위 : 건)

구분	판매 건수	반품 건수	환불 건수
1월	1,000	$1,000 \times 0.03 = 30$	$1,000 \times 0.02 = 20$
2월	1,200	$1,200 \times 0.02 = 24$	$1,200 \times 0.03 = 36$
3월	1,500	$1,500 \times 0.04 = 60$	$1,500 \times 0.01 = 15$
4월	1,300	$1,300 \times 0.03 = 39$	$1,300 \times 0.02 = 26$
합계	5,000	153	97

따라서 반품 건수와 환불 건수를 모두 합하면 $153 + 97 = 250$건이다.

12

정답 ⑤

구로디지털단지역의 하차 인원은 출근시간대 400명, 퇴근시간대 2,150명이므로 $2,150 \div 400 = 5.375$이다. 따라서 퇴근시간대 하차 인원은 출근시간대 하차 인원의 5배 이상이다.

[오답분석]

① 역삼역의 점심시간대와 퇴근시간대는 탑승 인원보다 하차 인원이 더 많다.

② 시청역의 탑승 인원은 점심시간대에 530명, 퇴근시간대에 420명으로 점심시간대에 탑승 인원이 더 많다.

③ 역삼역의 출근시간대는 탑승 1,150명, 하차 350명으로 탑승 인원이 더 많다.

④ 시청역의 출근시간대 대비 퇴근시간대 하차 인원의 증가 폭은 $1,480 - 870 = 610$명이고, 역삼역의 출근시간대 대비 퇴근시간대 하차 인원의 증가 폭은 $1,250 - 350 = 900$명이므로 시청역의 증가 폭이 더 작다.

13

정답 ①

A주임은 복잡한 역사 구조로 인해 승객들이 길을 헤매는 문제를 해결하기 위한 아이디어를 지하철역과 비슷한 대상인 쇼핑센터의 증강현실 지도 기술에서 얻었고, 지하철역에서 이용 가능한 증강현실 길안내 서비스를 기획하였다. 따라서 주어진 사례에서 나타나는 창의적 사고 개발방법으로 가장 적절한 것은 대상과 비슷한 것을 찾아내 그것을 힌트로 새로운 아이디어를 생각해 내는 비교발상법인 NM법이다.

오답분석

② Synectics : 서로 관련이 없어 보이는 것들을 조합하여 새로운 것을 도출해 내는 비교발상법이다.
③ 체크리스트 : 미리 준비된 힌트들을 시각화하고, 주제를 힌트에 연결 지어 발상하는 강제연상법이다.
④ SCAMPER : 체크리스트의 발전된 기법으로, 대체, 결합, 응용, 수정, 전용, 제거, 반전과 같이 7가지 키워드를 주제와 연결 지어 발상하는 강제연상법이다.
⑤ 브레인스토밍 : 어떤 주제에서 자유롭게 생각나는 것을 계속해서 열거하여 창의적인 아이디어를 이끌어 내는 자유연상법이다.

14

정답 ②

ㄱ. 철도 이용객 수 증가는 외부환경요인인 법안에 의한 긍정적 효과이므로 기회에 해당한다.
ㄷ. 민간투자의 확대는 외부환경요인의 긍정적인 효과이므로 기회에 해당한다.
ㅂ. 기업 외부에서 발생한 공동 프로젝트에 참여하는 것은 기술혁신 등 긍정적인 측면이므로 기회에 해당한다.

오답분석

ㄴ. 내부환경요인인 운영 노하우는 기업 내부의 긍정적인 요소로 강점(Strength)에 해당한다.
ㄹ. 외부환경요인인 정부의 교통요금 동결 정책은 위협(Threat)에 해당한다.
ㅁ. 내부환경요인인 직원 수 부족으로 인한 저조한 고객 만족도는 약점(Weakness)에 해당한다.

15

정답 ④

ㄱ. A차장은 노인 이용자 대표와 논리적 토론을 통해 합리적 타협점을 찾고 있다. 이는 상이한 문화적 토양을 가지고 있는 구성원을 가정하여 서로의 생각을 직설적으로 주장하고 논쟁이나 협상을 통해 의견을 조정하는 하드 어프로치에 해당한다.
ㄴ. A센터장은 역할극과 브레인스토밍 기법을 통하여 직원들이 자발적으로 의견을 제시하고, 창의적인 해결방법을 도모할 수 있도록 촉진하고 있다. 이는 어떤 그룹이나 집단이 자발적으로 창의적인 문제해결을 할 수 있도록 촉진하는 퍼실리테이션에 해당한다.
ㄷ. A팀장은 B사원에게 실수에 대한 결과를 시사하여 실수를 줄일 수 있도록 넌지시 제안하였으며, 다른 팀원들에게도 B사원을 잘 도와줄 것을 요청하였다. A팀장은 중재자로서 같은 문화적 토양을 가지고 있는 팀원들이 서로를 이해할 수 있도록 돕고, 권위와 상감에 의시하여 의견을 중재하고 있으므로 소프드 어프로치에 해당한다.

16

정답 ②

'된서리'는 '늦가을에 아주 되게 내리는 서리'를 의미하며, 이런 특성으로 인해 모진 재앙이나 타격을 비유적으로 이르는 말이다. 따라서 가장 비슷한 어휘는 '어떤 일에서 크게 기를 꺾음. 또는 그로 인한 손해·손실'을 의미하는 '타격(打擊)'이다.

오답분석

① 타계(他界) : 인간계를 떠나서 다른 세계로 간다는 뜻으로, 사람의 죽음 특히 귀인(貴人)의 죽음을 이르는 말
③ 타점(打點) : 붓이나 펜 따위로 점을 찍음, 야구에서 안타 따위로 득점한 점수
④ 타락(墮落) : 올바른 길에서 벗어나 잘못된 길로 빠지는 일
⑤ 타산(打算) : 자신에게 도움이 되는지를 따져 헤아림

17

빈칸에 들어갈 단어의 대상은 앞의 애민주의이므로 '어떤 명목을 붙여 주의나 주장 또는 처지를 앞에 내세움'을 의미하는 '표방(標榜)'이 가장 적절한 단어이다.

오답분석
① 표징(表徵) : 겉으로 드러나는 특징이나 상징
② 표집(標集) : 사회 조사에서 모집단의 특성을 잘 반영할 수 있는 표본을 추출하는 방법
④ 표류(漂流) : 물 위에 떠서 정처 없이 흘러감
⑤ 표리(表裏) : 물체의 겉과 속 또는 안과 밖을 통틀어 이르는 말

18
정답 ④

제시문은 원자력 발전소에서 방사성 물질의 차단과 외부 오염물질 유입 방지를 위해 강력한 공기조화시스템이 필요함을 주장하며, 이 시스템의 핵심 장치인 헤파필터에 대해 상세히 설명하고, 원자력 발전소에서 헤파필터의 역할과 중요성에 대해 서술하고 있다. 따라서 글의 주제로 가장 적절한 것은 '원자력 발전소에서의 헤파필터의 역할'이다.

19
정답 ①

메뉴별 손익분기점을 구하면 다음과 같으며, 손익분기점을 넘기 위해서 필요한 판매량은 이보다 1단위 더 많아야 한다.
• 제육볶음 : $2,800,000 \div (10,000-2,000)=350 \rightarrow 351$인분
• 오징어볶음 : $3,300,000 \div (12,000-2,000)=330 \rightarrow 331$인분
• 돈가스 : $2,600,000 \div (9,000-1,500) \fallingdotseq 346.7 \rightarrow 347$인분
• 라면 : $1,800,000 \div (6,000-800) \fallingdotseq 346.2 \rightarrow 347$인분
• 고등어구이 : $3,100,000 \div (11,000-2,000) \fallingdotseq 344.4 \rightarrow 345$인분
따라서 손익분기점을 넘기 위해 필요한 판매량이 가장 많은 메뉴는 제육볶음이다.

20
정답 ⑤

B지점에서 C지점까지의 거리를 $x$km라고 하고 식을 세우면 다음과 같다.
$(x+110)+x=190$
$\rightarrow 2x=80$
$\therefore x=40$
즉, A지점에서 B지점까지의 거리는 150km, B지점에서 C지점까지의 거리는 40km이다.
K주임은 A지점에서 B지점까지 150km를 100km/h의 속력으로 이동하였으므로 소요된 시간은 1.5시간이고, B지점에서 C지점까지 40km를 80km/h의 속력으로 이동하였으므로 소요된 시간은 0.5시간이다.
그러므로 A지점에서 C지점까지 이동하는 데 걸린 시간은 2시간이다. 단, B지점에서 1시간 동안 업무를 수행하였으므로 C지점에 도착한 시간은 오후 3시이다.

따라서 이동할 때의 평균 속력의 경우 총 190km를 2시간 동안 이동하였으므로 평균 속력은 $\dfrac{190}{2}=95$km/h이다.

21
정답 ⑤

본회의 시간이 1시간이고, 전후 30분간 회의 준비 및 회의록 작성을 진행해야 하므로 모두 2시간이 필요하다. 제시된 조건에 따라 회의가 불가능한 시간을 표시하면 다음과 같다.

9시		10시		11시		12시		13시		14시		15시		16시		17시	
		예약				점심시간				예약		외부일정					

30분 간격으로 칸을 나누었으므로 회의를 진행하기 위해서는 총 4칸이 필요하다.
따라서 16시부터 회의 준비를 할 수 있으므로 본회의를 시작할 수 있는 가장 빠른 시각은 오후 4시 30분(=16시 30분)이다.

22

③

약술형에서 48점을 득점하여 과락이 된 D를 제외하고 나머지 4명의 필기시험 점수의 평균과 가점을 더한 값은 다음과 같다.

- A : {(85+52+61+57)÷4}+6=69.75점 → 불합격
- B : (75+71+67+81)÷4=73.5점 → 합격
- C : {(67+81+72+54)÷4}+2=70.5점 → 합격
- E : (66+82+58+78)÷4=71점 → 합격

따라서 J국가자격 필기시험에 합격한 사람은 B, C, E 3명이다.

23

정답 ③

HDD(Hard Disk Drive)는 회전하는 자기 디스크와 기계적인 헤드를 사용해 데이터를 저장하고 읽는 저장장치로 플래시 메모리를 사용해 전자적으로 데이터를 저장하는 SSD(Solid State Drive)에 비해 가격이 저렴하다.

오답분석

① HDD는 움직이는 자기 디스크나 헤드가 필요하므로 SSD에 비해 무겁고, 소형화가 어렵다.
② HDD는 자기 디스크와 헤드를 움직이는 모터 및 회전 부품으로 인해 전력 소모가 SSD에 비해 더 많다.
④ SSD는 읽고 쓰는 데 물리적인 움직임이 필요 없으나, HDD는 회전하는 자기 디스크와 헤드가 데이터 위치를 찾기 위해 움직여야 하므로 데이터 접근이 SSD에 비해 느리다.
⑤ 플래시 드라이브로 구성되어 있는 SSD는 움직이는 부품이 없으나, HDD는 움직이는 기계적 부품이 많으며, 충격으로 인해 헤드가 자기 디스크에 닿아 스크래치가 생기는 등의 심각한 손상이 발생할 수 있다. 따라서 HDD는 SSD보다 외부 충격에 대한 내구력이 낮다.

24

정답 ③

제시된 상황은 조건이 참인지 거짓인지에 따라 서로 다른 값을 반환해야 하므로 IF 함수를 활용해야 한다. IF 함수의 함수식은 「=IF(조건,"참일 때의 값","거짓일 때의 값")」이며, 조건은 참조 대상의 값이 90 이상이어야 하므로 "참조 대상>=90"이어야 한다. 따라서 옳은 함수식은 「=IF(참조 대상>=90,"합격","불합격")」이다.

오답분석

① 90점을 초과해야 합격으로 값이 나온다.
② 90점 이상이면 불합격, 90점 미만이면 합격으로 값이 나온다.
④ · ⑤ CHOOSE 함수는 지정된 인덱스 번호를 기준으로 목록에서 특정 값을 선택하여 반환하는 함수로, 제시된 상황에는 옳지 않은 함수이다.

25

정답 ①

제시문은 허리 통증을 유발하는 직업적 요인에 대해 서술하고 있다. 따라서 글의 주제로 가장 적절한 것은 '허리 통증의 직업적 요인'이다.

오답분석

② 제시문은 허리 통증이나 질환이 어떻게 발생하는지만 서술하고, 관리 방법에 대해서는 서술하고 있지 않다.
③ 허리 질환의 원인을 여러 직업적 요인을 나누어 설명하지만, 직업에 따라 질환이 달라진다고는 서술하고 있지 않다. 오히려 허리 질환의 직업적 요인들이 대부분 추간판탈출증, 척추협착증과 같이 비슷한 질환을 유발하는 것을 알 수 있다.
④ 세 번째 문단에서 허리 구부림 자세가 많은 업종이 허리 통증 관련 산재 신청이 많음에 대해 서술하고는 있지만, 글 전체를 포괄하는 주제로 적절하지 않다.

26

A교수의 발표 주제는 사람이 제공하던 서비스를 인공지능 기술로 대체하자는 것이 아닌, 인공지능 기술이 건강보험 가입자의 데이터를 기반으로 가입자에게 필요한 맞춤형 서비스를 제공해 주는지에 대한 것이다. 따라서 제시된 자료의 내용과 일치하지 않는다.

오답분석

② B교수의 발표 주제는 sLLM(소형 언어 모델)을 사용한 고객 서비스의 향상과 공단 근로자의 업무 효율성의 증대 사례이므로 이에 대한 고객과 공단 근로자의 의견이 필요하다.

③ D교수의 발표 주제는 야간 인공조명이 인간의 건강에 미치는 영향에 대한 것이므로, 야간 인공조명을 받은 사람과 이를 받지 않은 사람과의 건강상의 차이에 대한 구분되는 수치가 필요하다.

④ F팀장의 발표 주제는 병원 내에서 발생하는 폐렴의 데이터 분석을 통해 감염관리 체계 마련이 필요함을 제시하는 것이므로, 병원 내 감염병에 대한 데이터 정보가 필요하다. 따라서 병원 내 어느 병동에서 어떠한 상황에서 발생하였는지, 또 어느 연령대에서 주로 발생하는지 등에 대한 데이터가 필요하다.

27

네 번째 문단에 따르면 천식 환자는 심장박동 및 호흡수를 증가시키는 운동은 발작을 일으킬 수 있으므로 피해야 하고, 건조하지 않고 심장 박동이나 호흡수가 급격히 증가하지 않는 수영과 같은 운동이 좋다고 하였다. 따라서 등산의 경우 가파른 오르막이나, 건조한 환경 등 천식 환자에게 좋지 않은 운동 환경일 가능성이 높다.

오답분석

① 세 번째 문단에 따르면 당뇨는 인슐린이 제 기능을 하지 못해 혈당을 낮추지 못하는 질환으로, 유산소 운동을 통해 혈당을 낮출 수 있다.

② 세 번째 문단에 따르면 당뇨 환자와 심장병 환자는 유산소 운동이 좋다고 하였으며, 특히 심장병 환자의 경우 규칙적인 유산소 운동은 심혈관계를 향상시킨다고 하였다.

④ 마지막 문단에 따르면 허리 통증 환자는 유산소 운동보다는 척추를 지지하는 근육을 발달시킬 수 있는 코어 운동이 도움이 된다고 하였다.

28

제시된 문단은 국민건강보험공단이 담배 소송 변론에서 적극적으로 입장을 표명했다고 서술하고 있다. 그러므로 이어질 문단으로 공단의 주장이 포함된 (나) 문단 또는 (다) 문단이 와야 한다. 이 중 (다) 문단은 '마지막으로'로 시작하므로 글의 가장 마지막에 오는 것이 적절하다. 그러므로 첫 문단 뒤에 이어질 문단으로 가장 적절한 것은 (나) 문단이다. 다음 (가) 문단과 (라) 문단을 살펴보면, (가) 문단은 담배와 암 사이에는 인과관계가 있다는 주장, (라) 문단은 담배와 암 사이의 인과관계에 대한 뒷받침 자료로 제출한 증거의 목록에 대한 것이므로 (가) – (라) 순으로 이어져야 한다. 따라서 (나) – (가) – (라) – (다) 순으로 나열하는 것이 적절하다.

29

제시된 자료는 7대 주요 범죄 현황이므로 한 해의 전체 범죄 현황은 알 수 없다. 따라서 옳지 않은 설명이다.

오답분석

① 살인이 가장 많이 발생한 해는 1995년이며, 절도 역시 1995년에 가장 많이 발생하였다.

② K국 교도소의 잔여 형량별 복역자 수 자료를 통해 잔여 형량이 많을수록 복역자 수가 적음을 알 수 있다.

④ 잔여 형량이 1년 미만인 복역자의 수가 가장 많은 교도소는 F교도소이며, 전체 복역자 수 역시 F교도소가 가장 많다.

30

정답 ④

교도소별 잔여 형량이 1년 미만인 복역자 수 대비 3년 이상 5년 미만인 복역자 수의 비율은 다음과 같다.

- A : $\frac{400}{3,000} \times 100 = 13.3\%$
- B : $\frac{400}{4,000} \times 100 = 10\%$
- C : $\frac{500}{5,000} \times 100 = 10\%$
- D : $\frac{600}{6,000} \times 100 = 10\%$
- E : $\frac{800}{7,000} \times 100 = 11.43\%$
- F : $\frac{1,000}{8,000} \times 100 = 12.5\%$

따라서 A교도소가 가장 높으므로 옳지 않은 해석이다.

오답분석

① 1990년부터 1995년까지 전년 대비 살인 사건 발생 건수는 100건씩 일정하게 증가하고 있다. 그러나 기준이 되는 전년의 수치가 점점 커지기 때문에 전년 대비 변화율은 점점 감소한다(1990년 20% 증가, 1991년 약 16.6% 증가, …).

② K국 전체 교도소 복역자 수는 5,300+5,700+7,800+10,000+10,300+11,600=50,700명이므로 D교도소에 복역하는 비율은 $\frac{10,000}{50,700} \times 100 = 19.72\%$이다. 따라서 20% 이하이다.

③ 1993년부터 1995년까지 7대 주요 범죄 중 절도가 차지하는 비율을 구하기 위해 연도별 7대 주요 범죄 발생 건수를 계산하면 다음과 같다.
  - 1993년 : 900+3,000+10,000+10,000+20,000+3,000+1,000=47,900건
  - 1994년 : 1,000+2,000+20,000+10,000+27,000+5,000+900=65,900건
  - 1995년 : 1,100+3,500+17,000+9,000+34,000+2,000+1,100=67,700건

  절도가 차지하는 비율을 계산하면 다음과 같다.

  $\frac{20,000+27,000+34,000}{47,900+65,900+67,700} \times 100$

  $\rightarrow \frac{81,000}{181,500} \times 100 = 44.63\%$

  따라서 절도가 차지하는 비율은 45% 이하이다.

31

정답 ③

계란 가격은 2024년 7월부터 9월까지 증가하다가, 10월부터 감소한 후 12월에 다시 증가 추세를 보이고 있으므로 옳지 않다.

오답분석

① • 2024년 8월 대비 9월 쌀 가격 증가율 : $\frac{1,970-1,083}{1,083} \times 100 = 81.90\%$
  • 2024년 11월 대비 12월 무 가격 증가율 : $\frac{2,474-2,245}{2,245} \times 100 = 10.20\%$

  따라서 2024년 8월 대비 9월 쌀 가격의 증가율이 2024년 11월 대비 12월 무 가격의 증가율보다 크다.

② 국산, 미국산, 호주산 소 가격 모두 2024년 7월부터 9월까지 증가하다가 10월에 감소하였다.

④ 쌀 가격은 2024년 7월 1,992원에서 8월 1,083원으로 감소했다가, 9월 1,970원으로 증가한 후 10월부터는 감소하고 있다.

32

정답 ②

식재료별 2024년 12월 대비 2025년 1월 증감률을 계산하면 다음과 같다.

- 쌀 : $\frac{1,805-1,809}{1,809} \times 100 = -0.22\%$
- 양파 : $\frac{1,759-1,548}{1,548} \times 100 = 13.63\%$
- 무 : $\frac{2,543-2,474}{2,474} \times 100 = 2.78\%$
- 건멸치 : $\frac{25,200-25,320}{25,320} \times 100 = -0.47\%$

따라서 증감률이 가장 큰 재료는 양파이다.

33

정답 ②

신입사원 선발 조건에 따라 각 지원자에게 점수를 부여하면 다음과 같다.

(단위 : 점)

구분	학위점수	어학점수	면접점수	실무경험점수	총점
A	18	20	30	18	86
B	25	17	24	18	84
C	18	17	24	18	77
D	30	14	18	12	74

따라서 최고득점자는 A이고, 최저득점자는 D이다.

34

정답 ①

A씨의 소규모 카페는 잘못된 위치 선정, 치열한 경쟁, 운영 경험 부족 등 여러 위기를 겪게 되었지만, A씨는 위기를 기회로 삼아 성공한 컨설팅 업체라는 좋은 결과를 얻었다. 따라서 '화를 바꾸어 복이 되게 하다.'의 의미를 지닌 '전화위복(轉禍爲福)'이 가장 관련 있는 한자성어이다.

오답분석

② 사필귀정(事必歸正) : 모든 일은 반드시 바른길로 돌아감
③ 일취월장(日就月將) : 나날이 다달이 자라거나 발전함
④ 우공이산(愚公移山) : 어떤 일이든 끊임없이 노력하면 반드시 이루어짐

35

정답 ①

①의 '차원'은 '물리학적 구성 요소인 시간'을 의미한다. 반면 나머지는 '사물을 보거나 생각하는 처지. 또는 어떤 생각이나 의견 따위를 이루는 사상이나 학식의 수준'을 의미한다.

36

정답 ②

큐비트는 양자 중첩 특성을 가지고 있기 때문에 0과 1의 상태를 동시에 가진다. 반면 기존의 고전적 컴퓨터는 비트(Bit)를 통해 정보를 0과 1의 형태로 나타낸다.

오답분석

① · ③ 큐비트는 측정하기 전에는 0과 1의 값을 동시에 지니지만, 측정과 동시에 하나의 값으로 확정된다.
④ 4개의 큐비트를 활용하면 $2^4=16$번의 상태를 동시에 표현할 수 있다.

37

정답 ②

SMR은 다양한 입지 조건에서 설치가 가능하여 전력망이 없는 지역이나 해상에서도 활용할 수 있다. 또한 크기가 작고 유연한 설계 덕분에 다양한 환경에서 활용이 가능하다.

오답분석

① SMR은 방사성 물질의 저장 및 관리 측면에서 유리하지만, 폐기물이 발생하지 않는다고는 서술되어 있지 않다.
③ SMR은 공장에서 모듈화된 기기를 제작하고, 현장으로 운송해 조립하는 방식이다.
④ 한국을 포함한 여러 국가가 SMR 개발에 적극적으로 나서고 있지만, 현재 기존 원전이 SMR로 전환되었는지는 확인할 수 없다.

38

정답 ④

J공사의 비밀번호 규칙을 정리하면 다음과 같다.
- 첫 번째와 아홉 번째 숫자 : 직원 종류별 코드(1 ~ 3)
- 두 번째 ~ 일곱 번째 숫자 : 입사 연, 월, 일(YYMMDD)
- 여덟 번째 문자 : 앞의 숫자를 모두 더하고 2를 뺀 값에 해당하는 알파벳 대문자

위의 규칙에 맞지 않는 비밀번호를 고르면 다음과 같다.
- 1942131S1 : 월 부분의 숫자가 21로 존재할 수 없다.
- 1241215N2 : 첫 번째와 아홉 번째 숫자가 동일하게 부여되지 않았다.
- 2210830P2 : 여덟 번째 문자가 2+2+1+0+8+3+0−2=14번째 알파벳인 N이 부여되어야 한다.
- 4200817T4 : 4는 없는 직원 종류별 코드이다.
- 2191229Z2 : 여덟 번째 문자가 2+1+9+1+2+2+9−2=24번째 알파벳인 X가 부여되어야 한다.

따라서 J공사 비밀번호 규칙에 맞지 않는 비밀번호는 모두 5개이다.

39

정답 ①

A씨는 고향 친구의 말끔한 정장을 보고, 부자일 확률보다 부자이면서 좋은 차도 끌고 다닐 확률이 높다고 생각하고 있다. 이는 두 사건(부자, 좋은 차 소유)이 동시에 일어날 확률이 실제로는 각 사건 중 하나가 단독으로 일어날 확률보다 항상 작거나 같음에도 불구하고, 두 사건이 동시에 일어날 확률이 더 높다고 잘못 판단하는 인지적 편향이다. 따라서 A씨의 사례는 결합의 오류에 해당한다.

오답분석

② 무지의 오류 : '담배가 암을 일으킨다는 확실한 증거가 없으므로 정부의 금연 정책은 잘못된 것이다.'처럼 어떤 논리가 증명되지 않았다고 해서 그 반대의 주장이 참이라고 단정하는 오류이다.
③ 연역법의 오류 : 'TV를 많이 보면 눈이 나빠진다.', '철수는 TV를 많이 보지 않는다.', '따라서 철수는 눈이 나빠지지 않는다.'처럼 대전제와 주장이 잘못 연결되었지만, 삼단논법에 의하기 때문에 참이라고 단정하는 오류이다.
④ 과대해석의 오류 : '퇴근길에 조심하세요.'라는 말을 퇴근길에만 조심하라는 의미로 받아들이는 것처럼 문맥을 무시하고 과도하게 문구에만 집착하여 발생하는 오류이다.

40

정답 ③

고속국도를 제외하면 본사와 이어지는 길은 A공장과 B공장밖에 없으므로 S대리는 A공장을 처음 방문하고 마지막으로 B공장을 방문하거나, B공장을 처음 방문하고 A공장을 마지막으로 방문해야 한다. 그러므로 S대리는 'A → D → C → E → B' 순서로 방문하거나, 그 반대인 'B → E → C → D → A' 순서로 방문해야 한다.

두 경로의 길이는 같으므로 '본사 → A → D → C → E → B → 본사'의 이동 거리를 구하면 8+14+12+20+10+16=80km이다.

따라서 S대리가 일반국도만을 이용하여 본사에서 출발해서 모든 부속 공장을 방문하고 본사로 돌아오는 최단거리는 80km이다.

41

정답 ②

고속국도를 이용한다면 본사에서 출발하거나 본사에 도착할 때, 반드시 E공장을 거쳐야 한다. 그러므로 S대리는 'E → B → C → D → A' 또는 'A → D → C → B → E' 순서로 방문해야 한다.

두 경로의 길이는 같으므로 '본사 → E → B → C → D → A → 본사'의 이동거리를 구하면 20+10+8+12+14+8=72km이다.

따라서 S대리가 고속국도를 이용할 때의 최단거리는 고속국도를 이용하지 않을 때와 80−72=8km 차이가 난다.

42

정답 ③

문단별 J기업의 기술시스템 발전 단계를 살펴보면 다음과 같다.
- (가) : J기업의 종합관리시스템이 경쟁에서 승리하여 기술표준이 되었으므로 기술 공고화 단계에 해당한다.
- (나) : J기업의 종합관리시스템이 실무적 안정성을 인정받아 다른 분야에서도 차용하였으므로 기술 이전의 단계에 해당한다.
- (다) : J기업의 종합관리시스템이 다른 기술시스템과 경쟁하고 있으므로 기술 경쟁의 단계에 해당한다.
- (라) : J기업의 종합관리시스템이 개발되고 발전한 것이므로 발명, 개발, 혁신의 단계에 해당한다.

기술시스템 발전 단계의 순서는 발명, 개발, 혁신의 단계 → 기술 이전의 단계 → 기술 경쟁의 단계 → 기술 공고화 단계로 진행되므로 J기업 종합관리시스템을 기술시스템의 발전 단계에 따라 순서대로 나열하면 (라) – (나) – (다) – (가)이다.

43

정답 ①

상사가 A주임에게 요청한 작업과 이에 대한 엑셀 단축키는 다음과 같다.
- [F12] 셀에서 왼쪽에 있는 값을 모두 선택하기 : 〈Shift〉+〈Home〉
- 차트 만들기 : 〈Alt〉+〈F1〉
- 오늘 날짜 입력하기 : 〈Ctrl〉+〈;〉

따라서 A주임이 사용하지 않은 단축키는 셀 서식의 단축키인 〈Ctrl〉+〈1〉이다.

44

정답 ②

'맹아(萌芽)'는 '풀이나 나무에 새로 돋아 나오는 싹, 사물의 시초가 되는 것'을 뜻하는 말이다.

[오답분석]
① 호도(糊塗) : 풀을 바른다는 뜻으로, 명확하게 결말을 내지 않고 일시적으로 감추거나 흐지부지 덮어 버림을 비유적으로 이르는 말
③ 무마(撫摩) : 분쟁이나 사건 따위를 어물어물 덮어 버림
④ 은폐(隱蔽) : 덮어 감추거나 가리어 숨김

45

정답 ③

③에 쓰인 '불이 붙었다'는 비유적으로 어떤 일이나 감정 따위가 치솟기 시작함을 의미한다.

[오답분석]
①·②·④ '물체에 불이 붙어 타기 시작하다'의 의미로 사용되었다.

46

정답 ②

등변 사다리꼴의 가장자리(변)를 따라 2m 간격으로 의자를 배치하므로 둘레를 구해야 한다. K고등학교의 운동장은 20m의 정사각형 공간에 양쪽에 밑변이 15m, 높이가 20m인 직각삼각형이 붙어있는 형태이므로 피타고라스 정리에 따라 빗변의 길이 xm는 다음과 같다.

$x^2 = 15^2 + 20^2 = 625$

$\therefore x = \sqrt{625} = 25$

그러므로 K고등학교 운동장의 둘레는 $20+25+50+25=120$m이며, 2m 간격으로 의자를 배치하므로 $120 \div 2 = 60$개의 의자를 배치할 수 있다(시작점과 끝점이 같은 폐곡선의 형태이므로 1을 더하지 않음).

따라서 의자에 앉을 수 있는 학생의 수는 60명이다.

47

오답분석
① 2021년의 값이 서로 바뀌었다.
② 2024년 충주댐의 발전량 값이 잘못되었다.
④ 2023년 소양강댐의 발전량 값이 잘못되었다.

48

현대사회에서 기업은 일을 수행하는 데 소요되는 시간을 줄이기 위해 많은 노력을 기울이고 있다. 기업의 입장에서 작업 소요
시간의 단축으로 인해 볼 수 있는 효과는 다음과 같다.
• 생산성 향상 : 시간당 산출량이 증가하여 같은 시간 안에 더 많은 제품이나 서비스를 제공할 수 있으므로 노동 생산성이 향상된다.
• 가격 인상 : 일을 수행할 때 소요되는 시간을 단축함으로써 비용이 절감되고, 상대적으로 이익이 늘어남으로써 사실상 가격 인상
  효과가 있다.
• 위험 감소 : 위험에 노출되는 시간을 줄이고, 계획적 작업 운영을 통해 불확실성이 감소하므로 위험이 감소하는 효과가 있다.
• 시장 점유율 증가 : 빠르고 효율적인 생산은 납기 준수 능력 향상, 원가 절감, 품질 유지로 이어지므로 고객 만족도를 높이고,
  결과적으로 경쟁사보다 유리한 조건을 만들며 시장 점유율 확대에 기여한다.
한편, 정확한 예산 분배는 효율적인 예산관리를 통하여 기업이 얻을 수 있는 효과이다.

49

효율적이고 합리적인 인사관리 원칙
• 적재적소 배치의 원칙 : 해당 직무 수행에 가장 적합한 인재를 배치해야 한다.
• 공정 보상의 원칙 : 근로자의 인권을 존중하고 공헌도에 따라 노동의 대가를 공정하게 지급해야 한다.
• 공정 인사의 원칙 : 직무 배당, 승진, 상벌, 근무 성적의 평가, 임금 등을 공정하게 처리해야 한다.
• 종업원 안정의 원칙 : 직장에서 신분이 보장되고 계속해서 근무할 수 있다는 믿음을 갖게 하여 근로자가 안정된 회사 생활을
  할 수 있도록 해야 한다.
• 창의력 계발의 원칙 : 근로자가 창의력을 발휘할 수 있도록 새로운 제안, 건의 등의 기회를 마련하고, 적절한 보상을 하여 인센티브
  를 제공해야 한다.
• 단결의 원칙 : 직장 내에서 구성원들이 소외감을 갖지 않도록 배려하고, 서로 유대감을 가지고 협동, 단결하는 체제를 이루도록
  한다.

50

회전대응의 원칙은 입·출하의 빈도가 높은 품목은 출입구 가까운 곳에 보관하는 것으로, 활용빈도가 상대적으로 높은 물품을
가져다 쓰기 쉬운 위치에 먼저 보관하는 방식을 말한다.

오답분석
① 동일성의 원칙 : 같은 품종은 같은 장소에 보관하는 원칙이다.
② 유사성의 원칙 : 유사품은 인접한 장소에 보관하는 원칙이다.
④ 기호화의 원칙 : 바코드, QR코드 등 물품을 기호화하여 관리하는 것을 의미한다.

01 행정(경영)

01	02	03	04	05	06	07	08	09	10	11	12	13	14	15	16	17	18	19	20
⑤	④	②	⑤	⑤	⑤	③	③	③	①	③	④	④	②	④	④	②	①	②	④
21	22	23	24	25	26	27	28	29	30	31	32	33	34	35	36	37	38	39	40
③	⑤	④	③	⑤	③	⑤	②	④	②	④	①	⑤	⑤	⑤	③	⑤	③	④	④

01 정답 ⑤

[오답분석]

ㄱ. 주식회사는 주식의 소유 비율에 따라 주주들이 의사결정권한을 나누어 가지며, 주주총회가 최고 의사결정기구의 역할을 한다.

ㄷ. 주주는 주식회사에 대하여 본인이 투자한 금액만큼의 출자의무를 가지며, 그 이상의 금액에 대해서는 어떠한 책임이나 의무도 갖지 않는다.

02 정답 ④

조정은 목표를 달성하기 위해 자원의 중복, 부족 등을 보완하는 과정을 말한다.

03 정답 ②

유사한 특징을 가진 고객을 그룹으로 분류하는 것은 고객 세그먼트에 대한 설명이다. 고객 페르소나는 특정 고객 그룹을 대표하는 가상의 프로필을 생성하여 행동 패턴, 라이프스타일 등 다양한 데이터로 전략을 수립하는 고객 맞춤형 마케팅 전략이다.

04 정답 ⑤

매슬로의 욕구 5단계는 아래부터 생리적 욕구 → 안전 욕구 → 사랑과 소속 욕구(관계 욕구) → 존경 욕구 → 자아실현 욕구이다. 따라서 관계 욕구 이하의 욕구는 생리적 욕구와 안전 욕구이다.

매슬로의 욕구 5단계
- 1단계(생리적 욕구) : 음식, 물, 수면 등 생존에 필요한 최소한의 욕구
- 2단계(안전 욕구) : 신체적·경제적 안전에 대한 욕구
- 3단계(사랑과 소속 욕구) : 가족, 친구, 동료 등으로부터 갖는 소속감, 애정 욕구
- 4단계(존경 욕구) : 자신을 존중하고 타인에게 존중받고 싶어 하는 욕구
- 5단계(자아실현 욕구) : 자신의 잠재력을 끌어내어 의미 있는 삶을 살고 싶어 하는 욕구

05
정답 ⑤

자유분방하게 다양한 아이디어를 비판 없이 제시하는 자유연상법은 브레인스토밍에 해당한다. 명목집단법(NGT; Nominal Group Technique)은 참여자들이 서로 문제나 이슈 등을 분석하고 순위를 정하는 가중서열화 방법으로, 의사결정 과정 동안 토론이나 대인 커뮤니케이션을 제한하고, 서면을 통해 아이디어를 작성해서 투표를 통해 결정한다. 명목집단법은 참여자가 생각하고 있는 아이디어를 제약조건 없이 빠르게 이끌어 낼 수 있다.

06
정답 ⑤

확정기여형 퇴직연금은 회사가 부담금을 납입하고, 근로자가 직접 적립금을 운용하여 퇴직 시 적립금과 운용수익을 퇴직급여로 지급받는 제도로, 주택 구입, 의료비, 파산 등 법에서 정한 요건에 해당할 경우 중도인출이 가능하다.

07
정답 ③

무형자산은 기업의 영업활동 과정에서 사용되어 미래의 경제적 이익이 기대되는 물리적 형태가 없는 자산으로, 인적 자원, 영업권, 저작권, 라이선스, 개발비 등이 해당한다. 반면 유형자산은 기업이 영업 활동에 사용하기 위해 보유하고 있는 물리적 형태를 가진 자산으로, 토지, 건물, 기계장치, 차량, 선박, 건설 중인 자산 등이 해당한다.

08
정답 ③

협동조합은 조합의 이윤추구보다 조합원 간 협동을 통한 편익 증진을 최우선 목표로 한다.

오답분석
② 출자금을 납부하여 조합원이 될 수 있으며, 별도의 출자금 제한은 없다.
④ 조합원은 유한책임만 부담하므로 조합이 파산하는 등의 문제가 발생해도 출자금만큼만 손실을 입는다.
⑤ 협동조합기본법에 따라 최소 5명 이상의 발기인이 있어야 협동조합을 결성할 수 있다.

09
정답 ③

상여금, 점심식대 지원, 경조사 지원 등은 법정 외 복리후생에 해당한다.

오답분석
①·② 복리후생은 임금에 포함하지 않고 별도로 운영되며, 적절한 복리후생 제도는 직원과 직원가족 등의 애사심을 높이고 생활환경 향상을 통한 성과창출에 기여할 수 있다.
④ 사회보험, 퇴직금, 유급휴일 및 휴가 등 기업이 의무적으로 실시해야 하는 복리후생을 법정 복리후생이라 한다.
⑤ 퇴직자의 재취업 또는 창업을 지원하는 것도 복리후생에 해당한다.

10
정답 ①

고든법은 브레인스토밍의 단점을 개선하기 위해 고안된 것으로, 브레인스토밍이 테마를 구체적으로 제시하는 반면 고든법은 해당 테마의 키워드만을 제공하며, 참가자들이 자유롭게 발언하여 다양한 아이디어를 제시하도록 하고, 나중에 주제를 공개하여 아이디어를 구체화하여 문제 해결에 활용하는 방법이다.

오답분석
② 롤스토밍법 : 참가자가 아이디어를 떠올리기 위해 다른 사람의 역할을 맡아 아이디어를 연기하는 방법이다.
③ 직관상기법 : 참가자들이 토론 주제에 대한 의도를 각자 조용히 생각하고, 이후 논의를 진행하는 방법이다.
④ 집단토론법 : 토론 주제를 여러 개의 세부 주제로 나누고 각각의 주제를 해결하기 위해 여러 팀으로 나누는 방법이다.

11

정답 ③

전방통합과 후방통합은 기업의 수직적 통합전략으로, 기업 공급망의 상하단으로 사업을 확장하는 방식이다. 전방통합은 기업이 자사 제품을 고객에게 판매하는 유통이나 판매 단계를 직접 수행하기 위해 공급망의 하류(고객 쪽)로 확장하는 전략이다. 반면 후방통합은 기업이 자사 제품에 필요한 원자재, 부품, 또는 원재료 공급을 직접 수행하기 위해 공급망의 상류(공급자 쪽)로 확장하는 전략이다. 따라서 자동차 생산업체가 원자재인 철강공장을 구입하는 사례는 후방통합에 해당한다.

12

정답 ④

민츠버그의 조직유형 중 기계적 관료제 구조에 대한 설명이다.

[오답분석]

① 단순 구조 : 소규모 조직에서 일반적으로 나타나는 조직 유형으로, 대부분의 의사결정이 관리자의 지시와 감독으로 이루어진다.
② 사업부제 구조 : 제품, 서비스, 지역 등에 따라 부서가 독립적으로 운영되는 형태의 조직 유형으로, 각 부서가 자율적으로 운영되는 것이 특징이다.
③ 임시조직 구조 : 각 분야의 전문가들이 모여 프로젝트 팀을 구성하고, 혁신을 강조하는 창의적인 형태의 조직 유형이다.

> **민츠버그의 5가지 조직 유형**
> • 단순 구조 : 최고관리층에 의한 직접 감독이 특징으로 권한이 최고경영자에 집중된 구조이다.
> • 기계적 관료제 구조 : 기술구조층에 의한 작업 과정의 표준화가 특징으로 절차와 규칙에 따라 움직이는 안정된 조직이다.
> • 전문적 관료제 구조 : 운영핵심층에 의한 기술의 표준화가 특징으로 전문가의 자율성이 강조되는 조직이다.
> • 사업부제 구조 : 중간관리층에 의한 산출물의 표준화가 특징으로 각 부서가 독립적으로 성과책임을 가지는 조직이다.
> • 임시조직 구조 : 특별위원회에 의한 상호 조정이 특징으로 창의적이고 유연한 프로젝트 중심 조직이다. 애드호크라시라고도 부른다.

13

정답 ④

패널 면접은 한 명 또는 소수의 지원자에게 번갈아가며 질문을 던지고, 지원자의 태도·역량·사고력·문제해결능력 등을 종합적으로 평가하는 면접 형태이다.

[오답분석]

① 집단 면접 : 다수의 면접관이 다수의 지원자를 한 번에 평가하는 방식으로, 짧은 시간에 능률적으로 면접을 진행할 때 사용하는 방식이다.
② 스트레스 면접 : 면접관이 특정 정답이 없는 질문을 하여 지원자를 압박하는 면접 방식으로, 지원자는 본인이 가진 생각을 논리적으로 말하는 것이 중요하다.
③ 상황 면접 : 면접관이 특정한 상황을 주고 그에 대한 의견을 지원자가 답하는 면접 방식으로, 면접관의 의도를 잘 파악하여 합리적인 답변을 하는 것이 중요하다.

14

정답 ②

외부요인 귀인은 행동의 원인을 환경, 상황 등 외부적 요인으로 판단하는 객관적 귀인 방식이므로 귀인오류(Attribution Error)에 해당하지 않는다. 귀인오류란 사람들이 타인의 행동 원인을 판단할 때 일관되지 않거나 왜곡된 방식으로 귀인(원인 해석)하는 오류로, 실제 원인과 다르게 해석하는 심리적 경향이다.

[오답분석]

① 근본적 귀인오류 : 다른 사람의 행동 원인을 찾을 때 외부요인은 배제하고 내부요인으로만 귀인하려는 오류이다.
③ 자존적 편견 : 자신의 행동 원인을 찾을 때 좋은 쪽으로 귀인하려는 오류이다.
④ 행위자 - 관찰자 편견 : 자신의 행동과 타인의 행동 원인을 다르게 보는 오류이다.

15

클로즈드 숍은 노동조합에 가입해야만 고용될 수 있으며, 모든 직원이 조합원이므로 조합의 단결력이 가장 강하다. 우리나라의 경우 노동조합 및 노동관계조정법에서 특정 노동조합 가입을 고용 조건으로 삼는 행위를 원칙적으로 금지하고 있다.

> **오답분석**
> ① 에이전시 숍 : 근로자에게 노동조합 가입이 강제되지 않으나 조합 가입 대신 조합비는 납부하도록 하는 제도이다.
> ② 유니언 숍 : 고용된 근로자는 일정 기간 내에 노동조합에 가입하여 조합원 자격을 가져야 하고, 노동조합에 가입하지 않는 경우 해고하도록 정하는 제도이다.
> ③ 오픈 숍 : 사용자가 조합원 또는 비조합원 여부와 상관없이 아무나 채용할 수 있으며, 근로자도 노동조합 가입이나 탈퇴가 자유로운 제도이다.

16

정답 ④

ISO 26000은 기업의 사회적 책임을 위한 기존 방법이나 계획을 대체하는 역할을 하는 것이 아니라 보완하는 역할을 하며, 이를 통해 사회적 책임에 대한 공동의 이해를 증진시키는 것을 목표로 한다.

> **ISO 26000**
> 국제표준화기구(ISO)에서 2010년 발표한 기업의 사회적 책임(CSR; Corporate Social Responsibility)에 대한 국제표준이다. 책임성, 투명성, 윤리적 행동, 이해관계자의 이익 존중, 법규 준수, 국제 행동규범 존중, 인권 존중 7개의 기본 원칙을 바탕으로 기업이 사회적 책임을 이행하고 커뮤니케이션을 제고하는 방법과 관련하여 지침을 제공한다.

17

정답 ②

제품 차별화가 낮은 경우는 비슷한 기능과 형태의 제품이 다양하게 시장에 진입할 수 있어 진입장벽이 낮은 경우에 해당한다.

> **오답분석**
> ① 초기 투자가 많이 필요한 경우 그만큼 자금력이 뒷받침되어야 하므로 진입장벽이 높다.
> ③ 법적 규제가 있는 경우 해당 규제에 맞는 제품만 시장에 들어올 수 있어 진입장벽이 높다.
> ④ 기존 경쟁업체가 많은 경우 시장에 참여해도 성과를 내기 쉽지 않기 때문에 진입장벽이 높다.

18

정답 ①

포터의 가치사슬에서 인적자원관리, 연구개발, 구입·조달 등은 지원적 활동에 해당한다. 한편, 생산운영, 내부물류, 외부물류, 마케팅 등은 본원적 활동에 해당한다.

19

정답 ②

카르텔에 참여하는 구성원은 법적·경제적 위험을 공유함으로써 개별 위험을 분산시킬 수 있고, 이를 통해 이윤 극대화를 추구한다.

20

정답 ④

매트릭스 조직은 기존의 기능별 조직 구조 상태를 유지하면서 특정한 프로젝트를 수행할 때는 다른 부서의 인력과도 함께 일하는 조직설계 방식으로, 서로 다른 부서 구성원이 함께 일하면서 효율적인 자원 사용과 브레인스토밍을 통한 창의적인 대안 도출도 가능하다.

> **오답분석**
> ① 매트릭스 조직은 조직 목표와 외부 환경 간 발생하는 갈등이 내재하여 갈등과 혼란을 초래할 수 있다.
> ② 복수의 상급자를 상대해야 하므로 역할에 대한 갈등으로 구성원이 심한 스트레스에 노출될 수 있다.
> ③ 힘의 균형이 치우치게 되면 조직의 구성이 깨지기 때문에 경영자의 개입 등으로 힘의 균형을 유지하기 위한 노력이 필요하다.

21

수익이 많고 안정적이어서 현상을 유지하는 것이 필요한 사업은 현금젖소(Cash Cow)이다. 스타(Star)는 성장률과 시장 점유율이 모두 높아 추가적인 자금흐름을 통해 성장시킬 필요가 있는 사업을 의미한다.

> **BCG 매트릭스의 영역**
> - 물음표(Question) : 성장률은 높으나 점유율이 낮아 수익이 적고 현금흐름이 마이너스인 사업이다.
> - 스타(Star) : 성장률과 시장 점유율이 모두 높아 수익이 많고, 더 많은 투자를 통해 수익을 증대하는 사업이다.
> - 현금젖소(Cash Cow) : 성장률은 낮으나 점유율이 높아 안정적인 수익이 확보되는 사업으로, 투자 금액이 유지·보수 차원에서 머물게 되어 자금 투입보다 자금 산출이 많다.
> - 개(Dog) : 성장률과 시장 점유율이 모두 낮아 수익이 적거나 마이너스인 사업이다.

22

기능목록 제도는 종업원별로 기능 보유 색인을 작성하고 데이터베이스에 저장하여 인적자원의 관리 및 경력개발에 활용하는 제도이며, 근로자의 직무능력 평가에 있어 필요한 정보를 파악하기 위해 개인능력평가표를 활용한다.

오답분석
① 자기신고 제도 : 근로자에게 본인의 직무 내용, 능력 수준, 취득 자격 등에 대한 정보를 직접 자기신고서에 작성하여 신고하게 하는 제도이다.
② 직능자격 제도 : 직무 능력을 자격에 따라 등급화하고 해당 자격을 취득하는 경우 직위를 부여하는 제도이다.
③ 평가센터 제도 : 근로자의 직무 능력을 객관적으로 발굴 및 육성하기 위한 제도이다.
④ 직무순환 제도 : 담당 직무를 주기적으로 교체함으로써 직무 전반에 대한 이해도를 높이는 제도이다.

23

데이터베이스(DB) 마케팅은 고객별로 맞춤화된 서비스를 제공하기 위해 정보 기술을 이용하여 고객의 정보를 데이터베이스로 구축하여 관리하는 마케팅 전략이다. 이를 위해 고객의 성향, 이력 등 관련 정보가 필요하므로 기업과 고객 간 양방향 의사소통을 통해 1:1 관계를 구축하게 된다.

24

공정성 이론에 따르면 공정성 유형은 크게 절차적 공정성, 상호작용적 공정성, 분배적 공정성으로 나누어진다.
- 절차적 공정성 : 과정 통제, 접근성, 반응 속도, 유연성, 적정성
- 상호작용적 공정성 : 정직성, 노력, 감정 이입
- 분배적 공정성 : 형평성, 공평성

25

e-비즈니스 기업은 비용 절감 등을 통해 더 낮은 가격으로 우수한 품질의 상품 및 서비스를 제공할 수 있다는 장점이 있다.

26

국내총생산(GDP)은 (소비)+(투자)+(정부지출)+(순수출)을 통해 구하며, 정부저축 및 국민저축은 계산에 포함하지 않는다.
따라서 제시된 자료를 바탕으로 국내총생산을 구하면 1,200+400+600+(−50)=2,150조 원이다.

27

정답 ⑤

본원통화는 정부가 중앙은행에서 예금을 인출하거나 중앙은행이 정부에 대출을 할 때 공급하는 화폐를 의미한다.

28

정답 ②

명목 GDP를 실질 GDP로 나눈 값에 100을 곱하여 계산하는 것은 GDP 디플레이터이다. 소비자 물가지수(CPI; Consumer Price Index)는 국가데이터처에서 일정 기간 동안 일반 소비자들이 구매하는 재화와 서비스의 가격 변동을 측정한 지표로, 가계의 소비생활 수준을 파악하고 인플레이션율 계산의 기준으로 사용된다.

29

정답 ④

인플레이션율이 1% 상승한 경우 중앙은행은 명목이자율을 1% 이상 상승시켜야 한다. 실질이자율은 명목이자율에서 기대 인플레이션율을 뺀 값이므로, 명목이자율을 인플레이션율보다 더 많이 상승시켜야 정책 효과가 나타날 수 있다.

오답분석

① 1992년 미국 스탠퍼드대의 존 테일러 교수가 처음 제안한 원칙으로, 중앙은행이 물가 안정과 경기 안정을 위해 금리를 조정하는 기준을 수식으로 나타낸 것이다.
② 실제 인플레이션율이 목표치보다 높을 경우 중앙은행은 금리를 인상하여 물가 상승 압력을 완화하려 한다.
③ 실제 성장률이 잠재 성장률보다 낮을 경우 중앙은행은 경기 부양을 위해 기준금리를 인하하는 방향으로 통화정책을 운용한다.

30

정답 ②

IS-LM 모형은 거시경제에서 이자율과 국민소득 간의 관계를 나타내며, 재화시장(IS 곡선)과 화폐시장(LM 곡선)이 동시에 균형을 이루는 점에서 단기 균형이 결정됨을 의미한다. IS 곡선은 '투자(Investment)와 저축(Saving)'의 균형 관계를 나타내며, 화폐 공급은 LM 곡선에서 고려되는 요소이다.

오답분석

① IS-LM 모형은 이자율과 국민소득의 상호작용을 통해 거시경제를 설명하는 모델이다.
③ 두 곡선의 교차점은 재화시장과 화폐시장이 모두 균형을 이루는 상태를 의미한다.
④ LM 곡선은 화폐 수요와 공급이 균형을 나타내며, 케인스의 유동성 선호 이론을 기반으로 한다.

31

정답 ④

GDP는 소비(국민들이 사용하는 돈), 투자(기업 또는 정부가 투자하는 돈), 수출(해외로 제품을 판매하여 벌어들인 돈)의 합에서 수입(해외에서 제품을 사들여 지출한 돈)을 차감한 값이다.

32

정답 ①

종량세는 과세단위 기준을 수량에 두며, 종가세가 과세단위 기준을 금액에 둔다.

오답분석

② 종량세를 생산자에게 부과하면 생산자 부담이 증가하여 공급곡선이 왼쪽으로 이동하게 된다.
③ 종량세는 비율로 세금을 부과하는 것이 아니라 단위당 일정액의 세금을 부과하는 것이기 때문에 기울기가 변하지 않고, 부과된 세금만큼 평행이동하게 된다.
④ 수량을 기준으로 세금을 부과하기 때문에 정확하고 간편하게 세액을 계산할 수 있다.
⑤ 우리나라에서 주류의 경우 금액을 과세단위 기준으로 하여 값비싼 주류 제품일수록 더 높은 세금을 부과하고 있다.

33

독점적 경쟁시장에서 판매되는 제품은 서로 일정한 대체성을 가지므로 소비자는 여러 기업의 제품을 비교·선택할 수 있다. 이로 인해 다양한 제품이 존재하고, 진입과 퇴출이 자유롭기 때문에 개별 기업이 완전한 시장 지배력을 가지기 어렵다.

오답분석
① 독점적 경쟁시장은 다수의 기업이 존재하며 자유로운 시장 진입이 가능하다는 점에서 완전경쟁시장과 비슷하고, 각 기업이 차별화된 제품을 판매하며 일정한 가격 결정권을 가진다는 점에서는 독점시장과 유사한 구조를 가진다.
② 제품 차별화로 인해 기업은 일정한 가격 결정력을 가지며, 이로 인해 개별 기업의 수요곡선은 완전경쟁시장과 달리 수평이 아니라 우하향 형태를 띤다. 이는 소비자의 가격 민감도와 대체 효과를 반영한 결과이다.
③ 독점적 경쟁시장에서는 브랜드·품질·디자인·서비스 등 다양한 방식으로 제품을 차별화하며, 이를 통해 자기 제품에 대한 충성 수요를 창출하고 경쟁력을 확보하고자 한다.
④ 독점적 경쟁시장은 진입장벽이 낮아 신규 기업의 시장 진입이 자유로운 편이다. 이로 인해 장기적으로는 이윤이 0에 수렴하며, 기업 간 경쟁이 유지된다.

34

유위험 이자율 평가설(Risky Interest Rate Parity)은 서로 다른 통화 자산 간 투자 시 기대 수익률을 조정하여 비교할 수 있다는 이론이다. 유위험 이자율 평가설에서는 투자자가 위험중립 성향을 갖는다고 가정한다.

35

먼델 – 플레밍 모형은 IS–LM 모형을 확장한 모형으로, 국제수지를 고려하며 소국의 개방경제를 설명하는 모델이다. 먼델 – 플레밍 모형에서 화폐에 대한 수요는 소득과 이자율에만 의존하며, 투자는 이자율에 의존한다고 가정한다.

오답분석
① 현물 환율과 선물 환율은 동일하기 때문에 기존 환율이 변동 없이 지속된다고 가정한다.
② 임금률, 실업 자원, 규모에 대한 수확 등이 변하지 않아 물가수준이 일정하게 유지되고, 국내 생산량 공급이 탄력적이라고 가정한다.
③ 먼델 – 플레밍 모형은 소득에 따라 세금과 저축이 변화한다고 가정한다.
④ 먼델 – 플레밍 모형을 통해 소국의 개방경제를 설명할 수 있다.

36

보완재는 함께 사용될 때 효용이 높아지는 재화로, 한쪽의 가격이 오르면 다른 쪽의 수요도 감소하는 재화이다. 한편, 대체재는 서로 비슷한 용도로 사용되며, 한쪽 가격이 오르면 다른 쪽의 수요가 증가하는 재화이다. 따라서 빵의 수요가 증가하면 빵과 같이 소비하는 잼의 수요도 증가한다고 볼 수 있으므로 ③은 보완재 관계이고, 나머지는 대체재 관계로 볼 수 있다.

37

실업의 종류
• 경기적 실업 : 불황으로 인해 기업이 고용을 하지 않음으로써 발생하는 실업이다.
• 마찰적 실업 : 새로운 직업을 탐색하거나 이직하는 과정에서 발생하는 일시적 실업이다.
• 구조적 실업 : 한 나라의 경제구조 변화로 인해 특정 산업 또는 지역에서 발생하는 실업이다.
• 계절적 실업 : 기후 또는 계절적 요인으로 인해 발생하는 실업이다.

38

과점시장은 소수의 기업이 시장을 지배하는 구조로, 각 기업은 상대 기업의 가격과 행동에 민감하게 반응하는 특징을 가진다. 이 때문에 상호의존성이 높고, 가격을 쉽게 내리지 않는 경직성이 나타나며, 주로 비가격경쟁(광고·서비스 등)이 이루어진다. 또한 담합이나 공동행위와 같은 비경쟁적 행위가 발생할 가능성도 있고, 기존 기업의 전략적 진입 저지가 강하므로 높은 진입장벽을 갖는다. 한편, 제품의 차별화는 독점적 경쟁시장의 특징이다. 과점시장에서는 제품이 동질적인 경우가 많으며, 일부 산업에서는 약간의 차별화가 있을 수 있지만, 그것이 본질적인 특징은 아니다. 따라서 제품의 차별화가 나타나는 시장은 과점시장보다는 독점적 경쟁시장에 더 적합하다.

39

정답 ④

공급은 수요에 비해 가격 변화에 대응하는 데 더 많은 시간이 소요되며 장기일수록 시설 구축, 신규 기업 진입 등 변수가 많아지기 때문에 가격탄력성이 단기보다 더 크게 나타난다.

오답분석

① 가격탄력성은 1을 기준으로 1보다 크면 탄력적, 1보다 작으면 비탄력적이라고 한다.
② 수요곡선이 비탄력적이라는 것은 가격(Y축)이 크게 변동해도 수요(X축)의 변동폭이 작다는 의미이므로 기울기는 더 가파르게 나타난다.
③ 대체재가 존재하는 경우 가격 변화에 대해 수요는 더 민감하게 반응하게 되므로 수요의 가격탄력성이 더 커지게 된다.

40

정답 ④

국내 총수요는 가계, 기업, 정부의 지출인 소비, 투자, 정부지출, 수출을 모두 더한 값에서 해외로부터의 수입분을 차감하여 계산한다.

02   행정(법정)

01	02	03	04	05	06	07	08	09	10										
②	③	③	②	④	④	①	②	①	③										

01

정답 ②

인수인은 전(前) 채무자의 항변할 수 있는 사유로 채권자에게 대항할 수 있다(민법 제458조). 그러나 인수된 채무의 발생원인이 되는 계약의 취소권, 해제권과 같이 계약 당사자만이 갖는 권리는 인수인이 행사할 수 없다.

오답분석

① 중첩적 채무인수는 채권자와 채무인수인과의 합의가 있는 이상 채무자의 의사에 반하여서도 이루어질 수 있다(대판 1988.11.22., 87다카1836).
③ 전(前) 채무자의 채무에 대한 보증이나 제삼자가 제공한 담보는 채무인수로 인하여 소멸한다. 그러나 보증인이나 제삼자가 채무 인수에 동의한 경우에는 그러하지 아니하다(민법 제459조).
④ 이행인수는 인수인이 채무자에 대하여 그 채무를 이행할 것을 약정하는 채무자와 인수인 사이의 계약을 말하며 당사자는 채무자와 인수인이다.
⑤ 부동산의 매수인이 매매목적물에 관한 근저당권의 피담보채무를 인수하는 한편, 그 채무액을 매매대금에서 공제하기로 약정한 경우, 다른 특별한 약정이 없는 이상 이는 매도인을 면책시키는 채무인수가 아니라 이행인수로 보아야 하고, 매수인이 위 채무를 현실적으로 변제할 의무를 부담한다고 해석할 수 없으며, 특별한 사정이 없는 한 매수인은 매매대금에서 그 채무액을 공제한 나머지를 지급함으로써 잔금지급의무를 다하였다고 할 것이다(대판 2004.7.9., 2004다13083).

02

채무자의 법정대리인이 채무자를 위하여 이행하거나 채무자가 타인을 사용하여 이행하는 경우에는 법정대리인 또는 피용자의 고의나 과실은 채무자의 고의나 과실로 본다(민법 제391조). 그리고 사용자책임(민법 제756조)과 달리 면책 가능성이 인정되지 않는다.

오답분석
① 이른바 대상청구권(代償請求權)의 문제로 민법 규정에는 없지만 판례와 학설이 인정하고 있다.
② 채무자의 귀책사유로 이행불능 시 채권자는 최고를 하지 않고 전보배상(손해배상)을 청구할 수 있다.
④ 매매목적물에 관하여 이중으로 제3자와 매매계약을 체결하였다는 사실만 가지고는 매매계약이 법률상 이행불능이라고 할 수 없고, 채무의 이행이 불능이라는 것은 단순히 절대적 · 물리적으로 불능인 경우가 아니라 사회생활에 있어서의 경험법칙 또는 거래상의 관념에 비추어 볼 때 채권자가 채무자의 이행의 실현을 기대할 수 없는 경우를 말한다(대판 1996.7.26., 96다14616).

03

국세징수법상 공매통지 자체는 원칙적으로 항고소송의 대상이 되는 행정처분이 아니다(대판 2011.3.24., 2010두25527).

오답분석
① 세법상 가산세는 과세권의 행사 및 조세채권의 실현을 용이하게 하기 위하여 납세자가 정당한 이유 없이 법에 규정된 신고, 납세 등 각종 의무를 위반한 경우에 법이 정하는 바에 따라 부과하는 행정상 제재로서 납세자의 고의 · 과실은 고려되지 않는다(대판 2004.2.26., 2002두10643).
② 국세기본법 제85조의5에 해당한다.
④ 수도조례 및 하수도 사용조례에 기한 과태료의 부과 여부 및 그 당부는 최종적으로 질서위반행위규제법에 의한 절차에 의하여 판단되어야 한다고 할 것이므로, 그 과태료 부과처분은 행정청을 피고로 하는 행정소송의 대상이 되는 행정처분이라고 볼 수 없다(대판 2012.10.11., 2011두19369).
⑤ 구 건축법상의 이행강제금은 구 건축법의 위반행위에 대하여 시정명령을 받은 후 시정기간 내에 당해 시정명령을 이행하지 아니한 건축주 등에 대하여 부과되는 간접강제의 일종으로서 그 이행강제금 납부의무는 상속인 기타의 사람에게 승계될 수 없는 일신전속적인 성질의 것이므로 이미 사망한 사람에게 이행강제금을 부과하는 내용의 처분이나 결정은 당연무효이고, 이행강제금을 부과받은 사람의 이의에 의하여 비송사건절차법에 의한 재판절차가 개시된 후에 그 이의한 사람이 사망한 때에는 사건 자체가 목적을 잃고 절차가 종료한다(대결 2006.12.8., 2006마470).

04

민법 제140조에 따르면 법률행위의 취소권자는 제한능력자, 착오로 인하거나 사기 · 강박에 의하여 의사표시를 한 자, 그의 대리인 또는 승계인이다. 피특정후견인이란 특정한 사무에 대한 후원이 필요한 사람을 뜻하며, 특정한 사무 이외에는 능력을 제한할 필요가 없으므로 제한능력자가 아니다.

제한능력자의 종류
- 미성년자
- 피성년후견인
- 피한정후견인

05

선거의 관리 및 집행이 규정을 위반하였다고 주장하면서 해당 선거의 불법성을 다투는 소송은 선거무효소송으로서 민중소송에 속하는 소송이다. 민중소송이란 국가 또는 공공단체의 기관이 법률에 위반되는 행위를 한 때에 직접 자기의 법률상 이익과 관계없이 그 시정을 구하기 위하여 제기하는 소송이며, 대표적으로 국민투표무효소송, 선거무효소송, 당선무효소송이 있다.

오답분석
ㄱ. 행정청의 처분 등을 원인으로 하는 법률관계에 대한 소송이므로 당사자소송에 해당한다.
ㄴ. 공법상 신분 · 지위의 확인을 구하는 소송이므로 당사자소송에 해당한다.
ㄷ. 공법상 금전지급청구 소송이므로 당사자소송에 해당한다.

06

점증적 정책결정은 지식과 정보의 불완전성, 미래예측의 불확실성을 전제하는 의사결정 모형으로, 그 자체가 정부실패 요인으로 거론되는 것은 아니다.

오답분석

①·②·③·⑤ 정부실패 요인에 대한 설명이다.

07

정답 ①

엽관주의는 연공서열 등에 따른 관직의 경직성을 배격하고자 하므로, 관료제를 개방하여 관료제 조직의 민주화에 기여한다.

오답분석

② 성과보다는 지도자의 성향과의 부합 여부, 친밀도, 기여도 등이 중요시되므로 부정부패가 발생하기 쉽다.

③ 엽관주의는 국민 전체보다는 공직의 유지를 위해 관련된 이해관계집단의 이익을 위해 활동할 유인이 크므로 대의민주주의의 가치 실현에 적절하지 않다.

④ 관료조직이 폐쇄적이라면 장기간 근무하며 습득한 전문성을 토대로 정치세력화가 이루어질 수 있으나, 엽관주의에서는 전문성 보다 정치적 성향 및 집권 기여도에 따라 공직의 교체가 이루어지므로 전문성에 따른 정치세력화를 방지할 수 있다.

08

정답 ②

허즈버그(Herzberg)는 불만을 제거해 주는 위생요인과 만족을 주는 동기부여요인을 독립된 별개로 보고 연구했다. 즉, 위생요인이 갖추어지지 않을 경우 조직 구성원에게 극도의 불만족을 초래하지만, 그것이 잘 갖추어져 있더라도 조직 구성원의 직무수행 동기를 유발하는 요인은 아니며, 동기를 부여하고 생산성을 높여주는 요인은 만족요인(동기부여요인)이다.

오답분석

① 매슬로(Maslow)의 욕구계층 이론에서는 자아실현 욕구를 가장 고차원적인 욕구로 본다.

③ 맥그리거(McGregor)의 X·Y 이론은 성장 이론의 하나로, 근로자들의 사회적 욕구, 존경의 욕구, 자아실현 욕구를 충족시켜주기 위한 방향으로 동기를 부여한다.

④ 앨더퍼(Alderfer)의 ERG 이론 역시 성장 이론의 하나이다.

09

정답 ①

기획재정부장관의 판단하에 부동산 경기 등 경기부양을 위하여 필요한 경우는 추가경정예산의 편성 사유에 포함되지 않는다.

추가경정예산 편성 사유
- 전쟁·대규모 자연재해가 발생한 경우
- 경기가 침체되고 대량실업이 발생한 경우나 남북관계 등 대내외적으로 중대한 변화가 발생하였거나 발생할 우려가 있는 경우
- 법령에 따라 국가가 지급해야 하는 지출이 발생하거나 증가한 경우

10

정답 ③

품목별 예산은 상향적 예산 과정을 수반하나, PPBS는 하향식 예산결정 과정이다.

오답분석

①·②·④ 계획예산 제도(PPBS)는 조직 단위가 아니라 프로그램 단위로 예산을 편성하여 계획과 예산의 일치를 도모하는 제도이다. 목표 설정 및 사업 구조 작성이 어렵기 때문에 집권화된 최고위층이 하향적으로 예산을 편성한다. 예산을 편성할 때는 계량적인 기법인 체제 분석, 비용편익 분석 등을 사용한다.

01	02	03	04	05	06	07	08	09	10	11	12	13	14	15				
②	⑤	③	④	④	③	⑤	①	②	①	③	④	④	①	⑤				

01
정답 ②

길이가 L인 단순보에 등분포하중 w가 작용할 때, 중앙점에서의 최대처짐량(δ)는 $\dfrac{5wL^4}{384EI}$이다. 따라서 $k=\dfrac{5}{384}$이다.

02
정답 ⑤

평면선형의 구성요소로는 크게 직선, 원곡선, 완화곡선으로 나뉜다. 이때 배향곡선과 복합곡선은 원곡선의 종류 중 하나이다.

03
정답 ③

콘크리트구조 사용성 설계기준(KDS 14 20 30)

부재	최소 두께(mm)			
	단순 지지	1단 연속	양단 연속	캔틸레버
1방향 슬래브	$\dfrac{l}{20}$	$\dfrac{l}{24}$	$\dfrac{l}{28}$	$\dfrac{l}{10}$
보 리브가 있는 1방향 슬래브	$\dfrac{l}{16}$	$\dfrac{l}{18.5}$	$\dfrac{l}{21}$	$\dfrac{l}{8}$

04
정답 ④

Terzaghi 지지력(q_u)

$q_u = \alpha c N_c + \beta \gamma_1 B N_r + \gamma_2 D_f N_q$

• 기초형상에 따른 형상계수 α, β

단면형상	연속	정사각형	직사각형	원형
α	1	1.3	$1+0.3\dfrac{B}{L}$	1.3
β	0.5	0.4	$0.5-0.1\dfrac{B}{L}$	0.3

• 편심하중이 작용할 때 유효폭(B')

[편심거리(e)]$=\dfrac{M}{Q}$, [유효폭(B')]$=B-2e$

• γ_1 : 기초저면 하부의 흙의 단위중량
• γ_2 : 기초저면 상부의 흙의 단위중량
• D_f : 근입깊이
• N_c, N_r, N_q : 지지력계수(내부마찰각 ϕ에 따라 다르다)

05

정답 ④

$\sigma = \dfrac{P}{\dfrac{\pi d^2}{4}} = \dfrac{4P}{\pi d^2}$ 이고, $\sigma = E \varepsilon = E \dfrac{\triangle d}{L}$ 이므로 $\dfrac{4P}{\pi d^2} = E \dfrac{\triangle d}{L}$ 에서 $L = \dfrac{\pi d^2 E \triangle d}{4P}$ 이다.

따라서 강봉의 처음 길이는 $L = \dfrac{\pi \times (5 \times 10^{-2})^2 \times (170 \times 10^6) \times 75 \times 10^{-3}}{4 \times (10 \times 10^3)} \fallingdotseq 2.5\text{m}$ 이다.

06

정답 ③

카스틸리아노의 정리는 변형에너지와 하중(모멘트), 처짐량(처짐각)의 관계에 대한 법칙이다. 변형에너지가 변위만의 함수일 때, 하중은 변형에너지를 변위에 대해 편미분한 값이다. 또한 변형에너지가 하중(휨모멘트)만의 함수일 때, 처짐량(처짐각)은 변형에너지를 하중(휨모멘트)에 대해 편미분한 값이다.

07

정답 ⑤

오답분석

① 삼각측량 : 삼각형의 한 변의 길이와 두 각을 측정하여 다른 두 변의 길이를 산정하는 측량이다.
② 수준측량 : 레벨과 표적 등을 이용하여 지표 위에 있는 점의 표고를 측정하는 측량이다.
③ 측지측량 : 지구의 형상, 크기, 곡률을 고려하여 반경 11km를 초과하는 구간을 측정하는 측량으로, 1등 삼각측량이 이에 속한다.
④ 평면측량 : 지구의 형상, 크기, 곡률을 고려하지 않고 반경 11km 이내인 구간을 평면으로 가정하여 실시하는 측량이다.

08

정답 ①

표고가 1,000m, 해발이 3,000m이므로 촬영고도는 3,000-1,000=2,000m이다.

이때, 초점거리가 200mm인 사진기를 이용하므로 사진축척은 $m = \dfrac{H}{f} = \dfrac{2,000}{0.2} = 10,000$이고, 유효면적은 $A = \{(10,000 \times 0.2) \times (1-0.5)\} \times \{(10,000 \times 0.2) \times (1-0.4)\} = 1,200,000\text{m}^2$ 이다.

따라서 안전율이 0.2이고 사진 매수가 180매이므로 $180 = \dfrac{F}{1,200,000} \times (1+0.2)$에서 실제 면적은 $F = 180 \times \dfrac{1,200,000}{1.2} = 180,000,000\text{m}^2 = 180\text{km}^2$ 이다.

09

정답 ②

A, B지점의 반력을 R_A, R_B 라고 할 때 다음 식이 성립한다.
$R_A + R_B - (5 \times 6) - 20 = 0 \cdots \bigcirc$
$M_A = (5 \times 6 \times 3) + (20 \times 7) - R_B \times (7+3) = 0 \cdots \bigcirc$

$\bigcirc$에서 $R_B = \dfrac{90+140}{10} = 23\text{kN}$이므로, $R_A = 50 - 23 = 27\text{kN}$이다.

이에 대한 전단력선도는 다음과 같다.

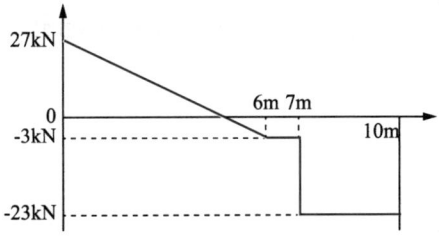

A지점이 원점이고 오른쪽으로 x만큼 떨어져 있다고 할 때, $0 \le x \le 6$ 구간에서 전단력은 $V(x) = 27 - 5x$이다.

따라서 $V(x) = 27 - 5x = 0$에서 $x = \dfrac{27}{5}$이므로 전단력이 0인 지점은 A지점으로부터 $\dfrac{27}{5} = 5.4\text{m}$ 떨어져 있다.

10

정답 ①

FCM 공법은 교량 하부에 동바리를 설치하지 않고 특수한 장비를 이용하여 좌우 평형을 맞춰가며 경간을 구성하는 방식으로, 홍수의 위험이 크거나 공사 현장이 거리, 철도를 통과하는 등 동바리 사용이 불가능한 곳에 적용할 수 있다. 단면변화 적응성이 양호하고 공정관리 또한 양호하지만, 가설 시 추가단면이 필요하고 모멘트의 불균형에 대한 대책을 세워야 한다.

[오답분석]

② FSM 공법 : 콘크리트를 타설하는 경간 전체에 콘크리트의 강도가 적당히 확보될 때까지 동바리를 가설하여 지지하는 방식으로, 교량 높이가 높지 않고 지반이 양호한 곳에 적합하지만, 동바리의 조립 및 해체로 인해 시공속도가 늦고 콘크리트 타설 중 편심하중의 우려가 있다.

③ ILM 공법 : 교량의 상부구조를 포스트텐션을 적용하여 생산 후 교축 방향으로 밀어내어 점진적으로 교량을 가설하는 방식으로, 계곡, 해상 등에서도 시공이 가능하고 외부 기후조건에 의한 영향을 덜 받으나, 균일한 구조물의 높이가 보장되어야 한다.

④ MSS 공법 : 거푸집이 부착된 특수 비계를 이용하여 경간 하나씩 시공하는 방식으로, 하천 등 연약지반에 제약을 크게 받지 않으나, 비계의 중량이 커 제작비가 비싸고 부재의 이음부 설계에 주의를 기울여야 한다.

⑤ PSM 공법 : 장대고량의 공사기간을 단축하기 위해 별도의 공장에서 몰드를 이용하여 경간을 제작한 후 공사 현장으로 운반하여 시공하는 방식으로, 경간의 균일한 품질이 보장되고, 하중구조 특성에 대한 대응이 확실하다.

11

정답 ③

모래다짐말뚝 공법(Sand Compaction Pile)의 장단점

장점	단점
• 지반이 균질화된다. • 압밀시간 및 압밀침하량이 적다. • 지반의 전단강도가 증가한다. • 지반의 액상화를 방지할 수 있다.	• 공사 비용이 비교적 고가이다. • 진동이 매우 크게 발생한다.

12

정답 ④

지중연속벽 또는 지하연속벽은 굴착작업 시 굴착면의 붕괴를 방지하고 지하수의 유입을 차단하기 위해 벤토나이트를 공급하여 지하에 구조체를 형성하는 공법이다. 지하실, 지하주차장 등의 구조물부터 지하철, 지하변전소, 댐의 차수벽까지 구조물의 일부 또는 그 자체를 이용한다. 작업 시 발생하는 소음은 적은 편이지만, 설치를 위한 대규모 부지가 필요하여 공사비가 고가이며, 선단부는 최소 암반층 1m를 굴착하여 시공하여야 안전한 효과를 기대할 수 있다.

13

정답 ④

세장비는 압축재의 좌굴길이를 회전반경으로 나눈 값으로, 값이 클수록 기둥은 잘 구부러진다. 이때, 세장비가 30 이하인 기둥을 단주, 100 이상인 기둥을 장주라고 한다.

14

정답 ①

설계기준압축강도(f_{ck})가 40MPa 이하인 콘크리트의 극한변형률은 0.0033으로 하며, 설계기준압축강도가 40MPa 이상일 때에는 10MPa 증가할 때마다 0.0001씩 감소시킨다(KDS 14 20 20).
따라서 $0.0033 - \{0.0001 \times (60 - 40) \div 10\} = 0.0031$이다.

15

정답 ⑤

포장 아스팔트의 파손 원인
- 과적 차량의 통행으로 인한 피로 파괴
- 혼합물의 다짐온도 불량
- 혼합물의 입도 불량
- 아스팔트 배합설계 불량
- 눈, 비 등의 강수 시 배수 불량
- 노상, 보조기층 다짐 불량
- 포장 두께 부족
- 포장 재료의 불량
- 포장 자체의 노후화

PART 1

직업기초능력평가

대표기출유형 01 기출응용문제

01
정답 ②

제시문에 따르면 기계가 인간을 판단하는 것은 정당하지 않으며, 인공 지능은 인간이 만든 도구일 뿐이고, 이런 도구가 인간을 판단하면 주체와 객체가 뒤바뀌는 상황이 발생한다. 따라서 ②가 글의 내용으로 가장 적절하다.

오답분석
① 미래에 인공 지능이 인간을 대체할 것인지에 대해서는 제시문에 나와있지 않다.
③ 인공 지능이 아닌 인간이 사회에서 의사소통을 통해 관계를 형성한다.
④ 인공 지능은 빅데이터를 바탕으로 결과를 도출해 내는 기계에 불과하므로, 통계적 분석을 할 뿐 타당한 판단을 할 수 없다.

02
정답 ②

국내 바이오헬스의 전체 기술력은 바이오헬스 분야에서 최고 기술을 보유하고 있는 미국 대비 78% 수준으로 약 3.8년의 기술격차를 보인다. 이는 기술격차를 줄이는 데 필요한 시간을 나타내는 것이므로 미국이 우리나라보다 3.8년 앞서 투자를 시작했다는 의미로 보기는 어렵다. 따라서 미국이 우리나라보다 3년 이상 앞서 투자했다는 내용은 적절하지 않다.

03
정답 ③

ㄱ. 응급처치 시 주의사항에 따르면 부상자에게 부상 정도에 대하여 이야기하지 않고 안심시켜야 한다.
ㄴ. 응급처치의 순서에 따르면 부상자를 먼저 안전한 장소로 이동시킨 후 응급처치를 하여야 한다.

오답분석
ㄷ. 응급처치 시 주의사항에 따르면 부상자의 신원 및 모든 부상 상태를 파악하기 위하여 노력하여야 한다.

대표기출유형 02 기출응용문제

01
정답 ③

제시문에서는 산업 사회의 여러 가지 특징에 대해 설명함으로써 산업 사회가 가지고 있는 문제점들을 강조하고 있다. 따라서 글의 주제로 가장 적절한 것은 ③이다.

02
정답 ①

제시문은 싱가포르에서 자동차를 어떻게 규제하고 관리하는지에 대해 설명하고 있다. 따라서 글의 주제로 가장 적절한 것은 ①이다.

03
정답 ②

제시문에서는 근대건축물이 방치되고 있는 상황과 함께 지속적인 관리의 필요성을 설명하고 있다. 또한, 기존 관리 체계의 한계점을 지적하며, 이를 위한 해결책으로 공공의 역할을 강조하고 있다. 따라서 글의 중심 내용으로 가장 적절한 것은 ②이다.

04
정답 ④

제시된 기사는 대기업과 중소기업 간의 상생경영의 중요성을 강조하는 글로, 기존에는 대기업이 시혜적 차원에서 중소기업에게 베푸는 느낌이 강했지만, 현재는 협력사의 경쟁력 향상이 곧 기업의 성장으로 이어질 것으로 보고 상생경영의 중요성을 높이고 있다고 하였다. 또한 대기업이 지원해 준 업체의 기술력 향상으로 더 큰 이득을 보상받는 등 상생 협력이 대기업과 중소기업 모두에게 효과적임을 알 수 있다. 따라서 '시혜적 차원에서의 대기업 지원의 중요성'은 기사의 제목으로 적절하지 않다.

대표기출유형 03 ▌ 기출응용문제

01
정답 ③

먼저 보험료와 보험금의 산정 기준을 언급하는 (나) 문단이 오는 것이 적절하며, 다음으로 자신이 속한 위험 공동체의 위험에 상응하는 보험료를 내야 공정하다는 (다) 문단이 오는 것이 적절하다. 또한 공정한 보험은 내는 보험료와 보험금에 대한 기댓값이 일치해야 한다는 (라) 문단과 이러한 보험금에 대한 기댓값을 설명하는 (가) 문단이 순서대로 이어지는 것이 적절하다.

02
정답 ②

제시문은 음악을 쉽게 복제할 수 있는 환경이 되었으며 이를 비판하는 시각이 등장했음을 소개하고, 비판적 시각에 대한 반박을 하면서 미래에 대한 기대를 나타내는 내용의 글이다. 따라서 (다) 음악을 쉽게 변모시킬 수 있게 된 환경 – (가) 음악 복제에 대한 비판적인 시선의 등장 – (라) 이를 반박하는 복제품 음악의 의의 – (나) 복제품으로 새롭게 등장한 전통에 대한 기대 순서로 나열해야 한다.

대표기출유형 04 ▌ 기출응용문제

01
정답 ②

제시문에 따르면 첩보 위성은 임무를 위해 낮은 궤도를 비행해야 한다. 따라서 높은 궤도로 비행시키면 수명은 길어질 수 있으나 임무의 수행 자체가 어려워질 수 있다.

02
정답 ①

제시문에서는 관상의 원리가 받아들일 만하다면, 얼굴이 검붉은 사람은 육체적 고생을 해야 하지만, 실제로 주위에서 얼굴이 검붉지만 육체적 고생을 하지 않고 편하게 살아가는 사람을 얼마든지 볼 수 있다고 말한다. 따라서 제시문을 통해 '관상의 원리는 받아들일 만한 것이 아니다.'라고 주장하고 있음을 추론할 수 있다.

오답분석

ㄴ・ㄷ. 관상의 원리가 받아들일 만하다고 생각하는 사람에게는 적절하지 않은 내용이다.

03

정답 ④

제시문의 마지막 문단에서 드론의 악용 가능성에 대해 언급하고 있으므로 이를 방지하기 위한 법 제정의 필요성에 대한 내용이 이어져야 한다.

대표기출유형 05　기출응용문제

01

정답 ④

- (가) : ⓒ은 빈칸 앞 문장의 '음원의 위치가 정중앙이 아니라 어느 한쪽으로 치우쳐 있으면, 소리가 두 귀 중에서 어느 한쪽에 먼저 도달한다.'는 내용을 보충 설명한다. 따라서 빈칸 (가)에는 ⓒ이 적절하다.
- (나) : 빈칸 앞의 내용에서는 '소리의 크기를 통해 음원의 위치를 알 수 있다.'고 하였는데, 빈칸 뒤에서는 '소리가 저주파로만 구성되어 있는 경우 소리의 크기 차이를 이용한 위치 추적은 효과적이지 않다.'고 하였다. 따라서 빈칸 (나)에는 저주파에서는 소리의 크기 차이가 일어나지 않는다는 내용의 ⓛ이 적절함을 알 수 있다.
- (다) : 빈칸 앞의 내용에서 '머리와 귓바퀴의 굴곡'이 '고막에 도달하기 전'의 소리를 변형시키는 필터 역할을 한다고 하였으므로 빈칸 (다)에는 이러한 굴곡으로 인해 두 고막에 도달하는 소리의 음색 차이가 생긴다는 내용의 ⓞ이 적절함을 알 수 있다.

02

정답 ②

제시문은 글을 잘 쓰기 위한 방법은 독자에게서 찾을 수 있음을 서술한 글이다. 즉, 독자가 필요로 하는 것이 무엇인지 알아야 하며, 독자가 필요로 하는 것을 알기 위해서는 구어체로 써보고, 독자는 구체적으로 한 사람을 정해놓고 쓰는 게 좋다는 내용이다. 또한, 빈칸 뒤의 문장에서 '대상이 막연하지 않기 때문에 읽는 사람이 공감할 확률이 높아진다.'라고 하였으므로 빈칸에 들어갈 내용으로 ②가 가장 적절하다.

03

정답 ②

갑돌이의 성품이 탁월하다고 볼 수 있는 것은 그의 성품이 곧고 자신감이 충만하며, 다수의 옳지 않은 행동에 대하여 비판의 목소리를 낼 것이고 그렇게 하는 데 별 어려움을 느끼지 않을 것이기 때문이다. 또한, 세 번째 문단에 따르면 탁월한 성품은 올바른 훈련을 통해 올바른 일을 바르고 즐겁게 그리고 어려워하지 않으며 처리할 수 있는 능력을 뜻한다. 그러므로 아리스토텔레스의 입장에서는 엄청난 의지를 발휘하고 자신과의 힘든 싸움을 해야 했던 병식이보다는 잘못된 일에 별 어려움없이 비판의 목소리를 내는 갑돌이의 성품을 탁월하다고 여길 것이다. 따라서 빈칸에 들어갈 내용으로 ②가 가장 적절하다.

대표기출유형 06　기출응용문제

01

정답 ④

- 소적 → 소정
- 지금 → 지급
- 수요 → 수용

따라서 잘못 쓰인 단어는 3개이다.

02

정답 ③

대부분의 수입신고는 보세구역 반입 후에 행해지므로 보세운송 절차와 보세구역 반입 절차는 반드시 함께 이루어져야 한다. 따라서 ⓒ에는 '이끌어 지도함, 길이나 장소를 안내함'을 의미하는 '인도(引導)'보다 '어떤 일과 더불어 생김'을 의미하는 '수반(隨伴)'이 더 적절하다.

오답분석

① 적하(積荷) : 화물을 배나 차에 실음. 또는 그 화물
② 반출(搬出) : 운반하여 냄
④ 적재(積載) : 물건이나 짐을 선박, 차량 따위의 운송 수단에 실음

03

정답 ④

제시문의 '사이'는 '어떤 일에 들이는 시간적인 여유나 겨를'이라는 의미로 쓰였으며, 이와 같은 의미로 사용된 것은 ④이다.

오답분석

① 일정한 관계들로 이루어진 사람들 가운데 또는 그런 조직이나 사회의 내부
② 서로 맺은 관계 또는 사귀는 정분
③ 한때로부터 다른 때까지의 동안

04

정답 ②

• 구상(求償) : 무역 거래에서 수량·품질·포장 따위에 계약 위반 사항이 있는 경우, 매주(賣主)에게 손해 배상을 청구하거나 이의를 제기하는 일
• 구제(救濟) : 자연적인 재해나 사회적인 피해를 당하여 어려운 처지에 있는 사람을 도와줌

05

정답 ②

'썩이다'는 '걱정이나 근심 따위로 마음이 몹시 괴로운 상태가 되게 만들다.'라는 뜻으로, 주어진 문장의 맥락에 따라 '물건이나 사람 또는 사람의 재능 따위가 쓰여야 할 곳에 제대로 쓰이지 못하고 내버려진 상태로 있게 하다.'라는 뜻의 '썩히다'로 써야 한다.

06

정답 ③

• 매립(埋立) : 우묵한 땅이나 하천, 바다 등을 돌이나 흙 따위로 채움
• 굴착(掘鑿) : 땅이나 암석 따위를 파고 뚫음

오답분석

① • 당착(撞着) : 말이나 행동 따위의 앞뒤가 맞지 않음
   • 모순(矛盾) : 어떤 사실의 앞뒤 또는 두 사실이 이치상 어긋나서 서로 맞지 않음
② • 용인(庸人) : 평범한 사람
   • 범인(凡人) : 평범한 사람
④ • 체류(滯留) : 객지에 가서 머물러 있음
   • 체재(滯在) : 객지에 가서 머물러 있음

07

정답 ①

제시된 문장과 ①의 '밀다'는 '일정한 방향으로 움직이도록 반대쪽에서 힘을 가하다.'의 의미로 사용되었다.

오답분석

② 머리카락이나 털 따위를 매우 짧게 깎다.
③ 뒤에서 보살피고 도와주다.
④ 나무 따위의 거친 표면을 반반하고 매끄럽게 깎다.

대표기출유형 07   기출응용문제

01

정답 ③

제시문에서 A씨는 남들이 주식으로 돈을 벌었다는 소식을 듣고 지식도 없이 주식을 따라 산 후 주식이 오르기만 기다리고 있다. 따라서 A씨의 상황과 관련 있는 한자성어로는 '그루터기를 지켜 토끼를 기다린다.'는 뜻으로, 요행만 기다리는 어리석은 사람을 일컫는 '수주대토(守株待兔)'가 가장 적절하다.

오답분석

① 사필귀정(事必歸正) : '결국 옳은 이치대로 된다는 것'을 뜻한다.
② 조삼모사(朝三暮四) : '아침에 세 개, 저녁에 네 개'라는 뜻으로, 눈앞에 보이는 것만 알고 결과가 같은 것을 모르는 어리석음을 말한다.
④ 새옹지마(塞翁之馬) : '세상만사는 변화가 많아 어느 것이 화(禍)가 되고, 어느 것이 복(福)이 될지 예측하기 어렵다는 것'을 뜻한다.

02

정답 ②

제시문은 모든 일에는 지켜야 할 질서와 차례가 있음에도 불구하고 이를 무시한 채 무엇이든지 빠르게 처리하려는 한국의 '빨리빨리' 문화에 대해 설명하고 있다. 따라서 이와 관련 있는 속담으로는 '일의 순서도 모르고 성급하게 덤빔'을 의미하는 '우물에 가 숭늉 찾는다.'가 가장 적절하다.

오답분석

① 가재는 게 편이다. : 모양이나 형편이 서로 비슷하고 인연이 있는 것끼리 서로 잘 어울리고, 사정을 보아주며, 감싸주기 쉬움을 비유적으로 이르는 말이다.
③ 하나를 듣고 열을 안다. : 한마디 말을 듣고도 여러 가지 사실을 미루어 알아낼 정도로 매우 총기가 있다는 말이다.
④ 낙숫물이 댓돌을 뚫는다. : 작은 힘이라도 꾸준히 계속하면 큰일을 이룰 수 있음을 비유적으로 이르는 말이다.

03

정답 ④

'고성낙일(孤城落日)'은 '외딴 성과 서산에 지는 해'라는 뜻으로, 세력이 다하고 남의 도움이 없는 매우 외로운 처지를 가리킬 때 쓰는 말이다.

오답분석

① 만시지탄(晚時之歎) : '시기가 늦었음을 안타까워하는 탄식'을 뜻한다.
② 망양보뢰(亡羊補牢) : '양을 잃고 우리를 고친다.'는 뜻으로, 실패한 뒤에 뉘우쳐도 소용없음을 뜻한다.
③ 서제막급(噬臍莫及) : '배꼽을 물려고 하여도 입이 닿지 않는다.'는 뜻으로, 일이 그릇된 뒤에는 후회하여도 아무 소용이 없음을 비유한 말이다.

수리능력

대표기출유형 01 기출응용문제

01

정답 ④

A사이트의 인원 비율을 a, B사이트의 인원 비율은 $(1-a)$라고 하자.
각 사이트 평균점수에 인원 비율을 곱한 값의 합은 전체 평균점수와 같다.
$4.5a+\{6.5(1-a)\}=5.1$
$\rightarrow 2a=1.4$
$\therefore a=0.7$
따라서 A사이트에서 조사에 참여한 인원은 $2,100\times0.7=1,470$명이다.

02

정답 ④

A, B, C의 청소 주기 6, 8, 9일의 최소공배수는 $2\times3\times4\times3=72$이다. 9월은 30일, 10월은 31일까지 있으므로 9월 10일에 청소를 하고 72일 이후인 11월 21일에 세 사람이 같이 청소하게 된다.

03

정답 ②

퍼낸 소금물의 양을 xg, 추가한 농도 2% 소금물의 양을 yg이라고 하면 다음과 같은 식이 성립한다.
$200-x+x+y=320$
$\therefore y=120$
소금물을 퍼내고 같은 양의 물을 부으면 농도 8%의 소금물에 있는 소금의 양은 같으므로 다음과 같은 식이 성립한다.
$\dfrac{8}{100}(200-x)+\dfrac{2}{100}\times120=\dfrac{3}{100}\times320$
$\rightarrow 1,600-8x+240=960$
$\rightarrow 8x=880$
$\therefore x=110$
따라서 퍼낸 소금물의 양은 110g이다.

04

정답 ③

수민이가 오후 6시부터 야근을 시작하여 일한 시간은 총 4시간 48분이므로, 이를 분수로 환산하면 $\dfrac{24}{5}$ 시간이다.

수민이와 현정이가 함께 일한 시간을 x시간이라 하면 다음과 같은 식이 성립한다.
$\left(\dfrac{1}{8}+\dfrac{1}{5}\right)x+\dfrac{1}{8}\left(\dfrac{24}{5}-x\right)=1$
$\rightarrow \dfrac{13-5}{40}x=\dfrac{2}{5}$
$\therefore x=2$
따라서 현정이가 퇴근한 시각은 오후 6시로부터 2시간이 지난 오후 8시이다.

05

정답 ④

B를 거치는 A와 C의 최단 경로는 A와 B 사이의 경로와 B와 C 사이의 경로를 나눠서 구할 수 있다.

- A와 B의 최단 경로의 경우의 수 : $\dfrac{5!}{3! \times 2!} = 10$가지

- B와 C의 최단 경로의 경우의 수 : $\dfrac{3!}{1! \times 2!} = 3$가지

따라서 B를 거치는 A와 C의 최단 경로의 경우의 수는 $3 \times 10 = 30$가지이다.

06

정답 ②

- 국내 여행을 선호하는 남학생 수 : $30 - 16 = 14$명
- 국내 여행을 선호하는 여학생 수 : $20 - 14 = 6$명

따라서 국내 여행을 선호하는 학생 수는 $14 + 6 = 20$명이므로 구하는 확률은 $\dfrac{14}{20} = \dfrac{7}{10}$이다.

07

정답 ③

집에서 학원까지의 거리는 $1.5\text{km} = 1,500\text{m}$이고, 걸어간 거리를 xm라고 하면 달린 거리는 $(1,500 - x)$m이다.

$\dfrac{x}{40} + \dfrac{1,500 - x}{160} = 15$

$\rightarrow 4x + 1,500 - x = 2,400$

$\rightarrow 3x = 900$

$\therefore x = 300$

따라서 A씨가 걸어간 거리는 300m이다.

08

정답 ①

같은 부서 사람이 옆자리에 함께 앉아야 하므로 먼저 부서를 한 묶음으로 생각하고 세 부서를 원탁에 배치하는 경우는 $2! = 2$가지이다. 각 부서 사람끼리 자리를 바꾸는 경우의 수는 $2! \times 2! \times 3! = 2 \times 2 \times 3 \times 2 = 24$가지이다. 따라서 7명이 앉을 수 있는 경우의 수는 $2 \times 24 = 48$가지이다.

09

정답 ①

구매할 수 있는 컴퓨터를 x대라고 하면 3대까지는 한 대당 100만 원을 지불해야 하므로 80만 원에 구매할 수 있는 컴퓨터는 $(x - 3)$대이고, 다음과 같은 식이 성립한다.

$100 \times 3 + 80 \times (x - 3) \leq 2,750$

$\rightarrow 80(x - 3) \leq 2,450$

$\rightarrow x - 3 \leq 30.625$

$\therefore x \leq 33.625$

따라서 컴퓨터는 최대 33대 구매 가능하다.

01

정답 ④

2024년 하반기 영업팀 입사자 수를 a명, 2025년 하반기 인사팀 입사자 수를 b명이라고 가정하고, 문제에 주어진 정보를 표로 정리하면 다음과 같다.

(단위 : 명)

구분	2024년 하반기 입사자 수	2025년 상반기 입사자 수
마케팅팀	50	100
영업팀	a	$a+30$
상품기획팀	100	$100×(1-0.2)=80$
인사팀	b	$50×2=100$
합계	320	$320×(1+0.25)=400$

• 2025년 상반기 입사자 수의 합 : $400=100+(a+30)+80+100 \rightarrow a=90$
• 2024년 하반기 입사자 수의 합 : $320=50+90+100+b \rightarrow b=80$

따라서 2024년 하반기 대비 2025년 상반기 인사팀 입사자 수의 증감률은 $\frac{100-80}{80}×100=25\%$이다.

02

정답 ④

• (가) : $\frac{34,273-29,094}{29,094}×100 ≒ 17.8\%$
• (나) : $66,652+34,273+2,729=103,654$백만 달러
• (다) : $\frac{103,654-91,075}{91,075}×100 ≒ 13.8\%$

03

정답 ④

D시의 전체 자동차 대수는 $400×350=140,000$대이다.
따라서 D시의 1km당 자동차 대수는 $140,000÷103 ≒ 1,360$대/km이다.

04

정답 ③

주문할 달력의 수를 x권이라 하면 각 업체의 비용은 다음과 같다.
• A업체의 비용 : $(1,650x+3,000)$원
• B업체의 비용 : $1,800x$원
A업체에서 주문하는 것이 B업체에서 주문하는 것보다 유리해야 하므로 이를 식으로 정리하면 다음과 같다.
$1,650x+3,000<1,800x$
$\therefore x>20$
따라서 A업체에서 주문하는 것이 더 유리하려면 달력을 최소 21권 이상 주문해야 한다.

05

정답 ④

영업팀별 연간 매출액을 구하면 다음과 같다.
- 영업 A팀 : $50\times0.1+100\times0.1+100\times0.3+200\times0.15=75$억 원
- 영업 B팀 : $50\times0.2+100\times0.2+100\times0.2+200\times0.4=130$억 원
- 영업 C팀 : $50\times0.3+100\times0.2+100\times0.25+200\times0.15=90$억 원
- 영업 D팀 : $50\times0.4+100\times0.5+100\times0.25+200\times0.3=155$억 원

따라서 연간 매출액이 큰 순서로 팀을 나열하면 $D-B-C-A$이고, 이때 매출 1위인 영업 D팀의 연 매출액은 155억 원이다.

대표기출유형 03   기출응용문제

01

정답 ③

현재 유지관리하는 도로의 총거리는 4,113km이고, 1990년대는 $367.5+1,322.6+194.5+175.7=2,060.3$km이다.
따라서 현재 유지관리하는 도로는 1990년대보다 $4,113-2,060.3=2,052.7$km 더 길어졌다.

오답분석

① 2000년대 4차로 도로의 거리는 $3,426-(155+450+342)=2,479$km이므로 1960년대부터 유지관리하는 4차로 도로의 거리는 현재까지 계속 증가했다.

② 현재 유지관리하는 도로 한 노선의 평균거리는 $\dfrac{4,113}{29}≒141.8$km로 120km 이상이다.

④ 차선이 만들어진 순서는 4차로(1960년대)−2차로(1970년대)−6차로(1980년대)−8차로(1990년대)−10차로(현재)이다.

02

정답 ④

2023년 B시 전체 회계 예산액에서 특별회계 예산액의 비중을 구하면 $\dfrac{325,007}{1,410,393}\times100≒23$%이므로 25% 미만이다.

오답분석

① 두 도시의 전체 회계 예산액은 매년 증가하고 있으므로 A시의 전체 회계 예산액이 증가한 시기에는 B시의 전체 회계 예산액도 증가했다고 볼 수 있다.

② 2020 ~ 2024년 B시 일반회계 예산액의 1.5배는 다음과 같다.
- 2020년 : $984,446\times1.5=1,476,669$
- 2021년 : $1,094,510\times1.5=1,641,765$
- 2022년 : $1,134,229\times1.5=1,701,343.5$
- 2023년 : $1,085,386\times1.5=1,628,079$
- 2024년 : $1,222,957\times1.5=1,834,435.5$

따라서 A시의 일반회계 예산액은 항상 B시의 일반회계 예산액보다 1.5배 이상 더 많다.

③ 2022년 B시 특별회계 예산액의 A시 특별회계 예산액 대비 비중은 $\dfrac{264,336}{486,577}\times100≒54.3$%이므로 옳은 설명이다.

03

구입 후 1년 동안 대출되지 않은 도서가 5,302권이므로 대출된 도서는 절반 이하이다.

오답분석

② 구입 후 1년 동안 1회 이상 대출된 도서는 4,698권이고, 이 중 2,912권이 단 1회 대출됐다. 따라서 $\frac{2,912}{4,698} \times 100 ≒ 62\%$ 이므로 옳은 설명이다.

③ 구입 후 1년 동안 도서의 평균 대출횟수를 계산하면 $\{(5,302 \times 0) + (2,912 \times 1) + (970 \times 2) + (419 \times 3) + (288 \times 4) + (109 \times 5)\}$ $\div 10,000 = \frac{7,806}{10,000} ≒ 0.78$회이므로 옳은 설명이다.

④ 구입 후 3년 동안 4,021권이, 5년 동안 3,041권이 대출되지 않았으므로 옳은 설명이다.

04

2023년의 50대 선물환거래 금액은 1,980억×0.306=605.88억 원이며, 2024년은 2,084억×0.297=618.948억 원이다. 따라서 2023년 대비 2024년의 50대 선물환거래 금액 증가량은 618.948−605.88=13.068억 원이므로 13억 원 이상이다.

오답분석

① 2023 ~ 2024년의 전년 대비 10대의 선물환거래 금액 비율의 증감 추이는 '증가 – 감소'이고, 20대는 '증가 – 증가'이다.

③ 2022 ~ 2024년의 40대 선물환거래 금액은 다음과 같다.
- 2022년 : 1,920억×0.347=666.24억 원
- 2023년 : 1,980억×0.295=584.1억 원
- 2024년 : 2,084억×0.281=585.604억 원

따라서 2024년의 40대 선물환거래 금액은 전년 대비 증가했으므로 40대의 선물환거래 금액은 지속적으로 감소하고 있지 않다.

④ 2024년의 10 ~ 40대 선물환거래 금액 총비율은 2.5+13+26.7+28.1=70.3%로, 2023년의 50대 비율의 2.5배인 30.6%× 2.5=76.5%보다 낮다.

05

2018년 대비 2019년에 생산가능인구는 12명 증가했다.

오답분석

① 2017년부터 2019년까지 고용률의 증감 추이와 실업률의 증감 추이는 '감소 – 감소'로 동일하다.

② 전년과 비교했을 때 2018년에 경제활동인구가 202명 감소하였으므로 가장 많이 감소했음을 알 수 있다.

④ 분모가 작고 분자가 크면 비율이 높다. 그러므로 고용률이 낮고 실업률이 높은 2021년과 2022년의 비율만 비교하면 된다.
- 2021년 : $\frac{8.1}{40.5} = 0.2$
- 2022년 : $\frac{8.0}{40.3} ≒ 0.1985$

따라서 2021년의 비율이 더 크므로 옳은 설명이다.

대표기출유형 01 기출응용문제

01
정답 ③

먼저 A사원의 진술이 거짓이라면 A사원과 D사원 두 명이 3층에서 근무하게 되고, 반대로 D사원의 진술이 거짓이라면 3층에는 아무도 근무하지 않게 되므로 조건에 어긋난다. 그러므로 A사원과 D사원은 진실을 말하고 있음을 알 수 있다. 또한 C사원의 진술이 거짓이라면 아무도 홍보부에 속하지 않으므로 C사원도 진실을 말하고 있음을 알 수 있다. 즉, 거짓말을 하고 있는 사람은 B사원이며, A~D사원의 소속 부서와 부서 위치를 정리하면 다음과 같다.

구분	소속 부서	부서 위치	구분	소속 부서	부서 위치
A사원	영업부	4층	C사원	홍보부	5층
B사원	총무부	6층	D사원	기획부	3층

따라서 기획부는 3층에 위치한다.

02
정답 ④

조건에 따르면 지하철에는 D를 포함한 두 사람이 타는데, B가 탈 수 있는 교통수단은 지하철뿐이므로 지하철에는 D와 B가 타며, 둘 중 한 명은 라 회사에 지원했다. 또한, 어떤 교통수단을 선택해도 지원한 회사에 갈 수 있는 E는 버스와 택시로 서로 겹치는 회사인 가 회사에 지원했음을 알 수 있다. 한편, A는 다 회사에 지원했고 버스나 택시를 타야 하는데, 택시를 타면 다 회사에 갈 수 없으므로 A는 버스를 탄다. 그러므로 C는 나 또는 마 회사에 지원했음을 알 수 있으며, 택시를 타면 갈 수 있는 회사 중 가 회사를 제외하면 버스로 갈 수 있는 회사와 겹치지 않으므로 C는 택시를 이용한다. 따라서 E가 라 회사에 지원했다는 ④는 옳지 않다.

03
정답 ④

첫 번째 조건의 대우와 두 번째 조건을 정리하면 '모든 학생 → 국어 수업 ○ → 수학 수업 ○'이 되어 '모든 학생은 국어 수업과 수학 수업을 듣는다.'가 성립한다. 또한 마지막 조건에서 수학 수업을 듣는 어떤 학생들이 영어 수업을 듣는다고 했으므로 '어떤 학생들은 국어, 수학, 영어 수업을 듣는다.'가 성립한다.

04
정답 ①

A와 B를 기준으로 조건을 정리하면 다음과 같다.
• A : 디자인을 잘하면 편집을 잘하고, 편집을 잘하면 영업을 잘한다. 영업을 잘하면 기획을 못한다.
• B : 편집을 잘하면 영업을 잘한다. 영업을 잘하면 기획을 못한다.
따라서 A만 옳다.

05
정답 ④

C주임은 출장으로 인해 참석하지 못하며, B사원과 D주임 중 한 명만 참석이 가능하다. 또한 주임 이상만 참석 가능하므로 A사원과 B사원은 참석하지 못한다. F팀장은 반드시 회의에 참석해야 하며, 가능한 모든 인원이 참석해야 하므로 참석하지 못할 이유가 없는 팀원은 전부 참석해야 한다. 따라서 참석할 사람은 D주임, E대리, F팀장이다.

06

정답 ④

먼저 갑의 진술을 기준으로 경우의 수를 나누어 보면 다음과 같다.

ⅰ) A의 근무지는 광주이다(○), D의 근무지는 서울이다(×).

먼저 병의 진술을 살펴보면, A의 근무지가 광주라는 것이 이미 고정되어 있으므로 앞 문장인 'C의 근무지는 광주이다.'는 거짓이 된다. 따라서 뒤 문장인 'D의 근무지는 부산이다.'가 참이 되어야 한다. 다음으로 을의 진술을 살펴보면, 앞 문장인 'B의 근무지는 광주이다.'는 거짓이며 뒤 문장인 'C의 근무지는 세종이다.'가 참이 되어야 한다. 이를 정리하면 다음과 같다.

A	B	C	D
광주	서울	세종	부산

ⅱ) A의 근무지는 광주이다(×), D의 근무지는 서울이다(○).

먼저 병의 진술을 살펴보면, 뒤 문장인 'D의 근무지는 부산이다.'는 거짓이 되며, 앞 문장인 'C의 근무지는 광주이다.'는 참이 된다. 다음으로 을의 진술을 살펴보면 앞 문장인 'B의 근무지는 광주이다.'가 거짓이 되므로, 뒤 문장인 'C의 근무지는 세종이다.'는 참이 되어야 한다. 그러나 이미 C의 근무지는 광주로 확정되어 있기 때문에 모순이 발생한다. 그러므로 ⅱ)의 경우는 성립하지 않는다.

A	B	C	D
		광주, 세종(모순)	서울

따라서 보기에서 반드시 참인 것은 ㄱ, ㄴ, ㄷ이다.

대표기출유형 02 기출응용문제

01

정답 ②

경쟁사의 시장 철수로 인한 시장으로의 진입 가능성은 D공사가 가지고 있는 내부환경의 약점이 아닌 외부환경에서 비롯되는 기회에 해당한다.

02

정답 ②

ㄱ. 회사가 가지고 있는 신속한 제품 개발 시스템의 강점을 활용하여 새로운 해외시장의 소비자 기호를 반영한 제품을 개발하는 것은 강점을 통해 기회를 포착하는 SO전략에 해당한다.

ㄷ. 공격적 마케팅을 펼치고 있는 해외 저가 제품과 달리 오히려 회사가 가지고 있는 차별화된 제조 기술을 활용하여 고급화 전략을 추구하는 것은 강점으로 위협을 회피하는 ST전략에 해당한다.

오답분석

ㄴ. 저임금을 활용한 개발도상국과의 경쟁 심화와 해외 저가 제품의 공격적 마케팅을 고려하면 국내에 화장품 생산 공장을 추가로 건설하는 것은 적절한 전략으로 볼 수 없다. 약점을 보완하여 위협을 회피하는 전략을 활용하기 위해서는 오히려 저임금의 개발도상국에 공장을 건설하여 가격 경쟁력을 확보하는 것이 더 적절하다.

ㄹ. 낮은 브랜드 인지도가 약점이기는 하나, 해외시장에서의 한국 제품에 대한 선호가 증가하고 있는 점을 고려하면 현지 기업의 브랜드로 제품을 출시하는 것은 적절한 전략으로 볼 수 없다. 약점을 보완하여 기회를 포착하는 전략을 활용하기 위해서는 오히려 한국 제품임을 강조하는 홍보 전략을 세우는 것이 더 적절하다.

01

정답 ③

- A부서는 빔 프로젝터가 있는 가, 마 회의실 중 하나를 사용해야 한다. 이때 마 회의실은 오후에 사용이 불가능하므로 가 회의실을 예약할 것이다.
- B부서는 화상회의 시스템을 갖춘 나, 라 회의실 중 하나를 사용해야 한다. 그러므로 7명 이상을 수용할 수 있고 오후 4시부터 2시간 동안 이용이 가능한 라 회의실을 예약할 것이다.
- C부서는 화이트보드가 있는 나, 다 회의실 중 하나를 사용해야 한다. 그러므로 7명을 수용할 수 있는 다 회의실을 예약할 것이다.
- D부서는 빔 프로젝터를 사용할 수 있고 오전 중 3시간 반 동안 사용이 가능한 회의실인 마 회의실을 예약할 것이다.

따라서 부서별로 예약할 회의실이 바르게 연결되지 않은 것은 ③이다.

02

정답 ②

공사 시행업체 선정방식에 따라 가중치를 반영하여 업체들의 점수를 종합하면 다음과 같다.

평가항목 \ 업체	A	B	C	D
적합성 점수	22점	24점	23점	26점
실적점수	12점	18점	14점	14점
입찰점수	10점	6점	4점	8점
평가점수	44점	48점	41점	48점

따라서 평가점수가 가장 높은 업체는 B, D이고, 이 중 실적점수가 더 높은 업체는 B이므로 최종 선정될 업체는 B업체이다.

03

정답 ①

ㄱ. 부패금액이 산정되지 않은 6번의 경우에도 고발하였으므로 옳지 않은 설명이다.
ㄴ. 2번의 경우 해임당하였음에도 고발되지 않았으므로 옳지 않은 설명이다.

[오답분석]

ㄷ. 직무관련자로부터 금품을 수수한 사건은 2번, 4번, 5번, 7번, 8번으로 총 5건 있었다.
ㄹ. 2번과 4번은 모두 '직무관련자로부터 금품 및 향응수수'로 동일한 부패행위 유형에 해당함에도 2번은 해임, 4번은 감봉 1월의 처분을 받았으므로 옳은 설명이다.

01

• 1단계 : 주민등록번호 앞 12자리 숫자에 가중치를 곱하면 다음과 같다.

숫자	2	4	0	2	0	2	8	0	3	7	0	1
가중치	2	3	4	5	6	7	8	9	2	3	4	5
결과	4	12	0	10	0	14	64	0	6	21	0	5

• 2단계 : 1단계에서 구한 값의 합을 계산한다.

$4+12+0+10+0+14+64+0+6+21+0+5=136$

• 3단계 : 2단계에서 구한 값을 11로 나누어 나머지를 구한다.

$136 \div 11 = 12 \cdots 4$

• 4단계 : 11에서 3단계의 나머지를 뺀 수를 10으로 나누어 나머지를 구한다.

$(11-4) \div 10 = 0 \cdots 7$

따라서 빈칸에 들어갈 수는 7이다.

02

알파벳 순서에 따라 숫자로 변환하면 다음과 같다.

A	B	C	D	E	F	G	H	I	J	K	L	M
1	2	3	4	5	6	7	8	9	10	11	12	13
N	O	P	Q	R	S	T	U	V	W	X	Y	Z
14	15	16	17	18	19	20	21	22	23	24	25	26

'INTELLECTUAL'의 품번을 규칙에 따라 정리하면 다음과 같다.

• 1단계 : 9(I), 14(N), 20(T), 5(E), 12(L), 12(L), 5(E), 3(C), 20(T), 21(U), 1(A), 12(L)

• 2단계 : $9+14+20+5+12+12+5+3+20+21+1+12=134$

• 3단계 : $|(14+20+12+12+3+20+12)-(9+5+5+21+1)|=|93-41|=52$

• 4단계 : $(134+52) \div 4 + 134 - 46.5 \mid 134 = 180.5$

• 5단계 : 180.5를 소수점 첫째 자리에서 버림하면 180이다.

따라서 제품의 품번은 180이다.

대표기출유형 01   기출응용문제

01

정답 ④

제시문에서는 '응용프로그램과 데이터베이스를 독립시킴으로써 데이터를 변경시키더라도 응용프로그램은 변경되지 않는다.'라고 하였다. 따라서 데이터의 논리적 의존성이 아니라 데이터의 논리적 독립성이 적절하다.

오답분석

① '다량의 데이터는 사용자의 질의에 대한 신속한 응답 처리를 가능하게 한다.'라는 내용은 실시간 접근성에 해당한다.
② '삽입, 삭제, 수정, 갱신 등을 통하여 항상 최신의 데이터를 유동적으로 유지할 수 있으며'라는 내용을 통해 데이터베이스는 그 내용을 변화시키면서 계속적인 진화를 하고 있음을 알 수 있다.
③ '여러 명의 사용자가 동시에 공유할 수 있고'라는 부분에서 동시 공유가 가능함을 알 수 있다.

02

정답 ③

정보의 공개성이 높을수록 경쟁성은 떨어지나 정보의 활용 측면에서는 경제성이 높다. 따라서 반공개 정보는 비공개 정보에 비해 정보 활용 측면에서 경제성이 더 높다.

오답분석

① 정보의 핵심적 특성은 적시성으로, 정보는 우리가 원하는 시간에 제공되어야 하며, 적시성을 잃으면 가치가 떨어진다.
②·④ 정보는 일반적으로 공개된 이후 가치가 급락하므로 가치 있는 정보는 독점성이 특징이다. 이에 따라 비공개 정보는 반공개 정보에 비해, 반공개 정보는 공개 정보에 비해 더 높은 경쟁성을 가진다.

03

정답 ③

바이오스는 컴퓨터에서 전원을 켜면 맨 처음 컴퓨터의 제어를 맡아 가장 기본적인 기능을 처리해 주는 프로그램으로, 모든 소프트웨어는 바이오스를 기반으로 움직인다.

오답분석

① ROM(Read Only Memory)에 대한 설명이다.
② RAM(Random Access Memory)에 대한 설명이다.
④ 스풀링(Spooling)에 대한 설명이다.

04

정답 ③

세탁기 신상품의 컨셉이 중년층을 대상으로 하기 때문에 성별이 아닌 연령에 따라 자료를 분류하여 중년층의 세탁기 선호 디자인에 대한 정보가 필요함을 알 수 있다.

05

정답 ①

바이러스에 감염되는 경로로는 불법 무단 복제, 다른 사람들과 공동으로 사용하는 컴퓨터, 인터넷, 전자우편의 첨부파일 등이 있다.

바이러스를 예방할 수 있는 방법
- 다운로드한 파일이나 외부에서 가져온 파일은 반드시 바이러스 검사를 수행한 후에 사용한다.
- 전자우편을 통해 감염될 수 있으므로 발신자가 불분명한 전자우편은 열어보지 않고 삭제한다.
- 중요한 자료는 정기적으로 백업한다.
- 바이러스 예방 프로그램을 램(RAM)에 상주시킨다.
- 백신 프로그램의 시스템 감시 및 인터넷 감시 기능을 이용해서 바이러스를 사전에 검색한다.
- 백신 프로그램의 업데이트를 통해 주기적으로 바이러스 검사를 수행한다.

06

정답 ①

오답분석

② AI(Artificial Intelligence) : 인간과 같이 사고하고, 생각하고, 학습하고, 판단하는 논리적인 방식을 사용하는 인간의 지능을 본 딴 컴퓨터 시스템을 말한다.
③ 딥 러닝(Deep Learning) : 컴퓨터가 여러 데이터를 이용해 마치 사람처럼 스스로 학습할 수 있도록 하기 위해 인공 신경망(ANN; Artificial Neural Network)을 기반으로 구축한 기계 학습 기술을 의미한다.
④ 블록체인(Block Chain) : 누구나 열람할 수 있는 장부에 거래 내역을 투명하게 기록하고, 여러 대의 컴퓨터에 이를 복제해 저장하는 분산형 데이터 저장기술이다.

대표기출유형 02 기출응용문제

01

정답 ④

[C2] 셀의 관리번호의 3번째 문자부터 2개를 반환해야 하므로 MID 함수를 사용해야 한다. MID 함수는 「=MID(돌려줄 문자들이 포함된 문자열,돌려줄 문자열에서 첫 번째 문자의 위치,돌려줄 문자 개수)」로 표시되므로, 「=MID(C2,3,2)」를 입력해야 한다.

02

정답 ①

「=VLOOKUP(SMALL(A2:A10,3),A2:E10,4,0)」 함수를 해석해 보면, 우선 「SMALL(A2:A10,3)」은 [A2:A10]의 범위에서 3번째로 작은 숫자이므로 그 값은 '3'이 된다. VLOOKUP 함수는 「=VLOOKUP(첫 번째 열에서 찾으려는 값,찾을 값과 결과로 추출할 값들이 포함된 데이터 범위,값이 입력된 열의 열 번호,일치 기준)」으로 구성되므로 「=VLOOKUP(3,A2:E10,4,0)」은 A열에서 값이 3인 4번째 행 그리고 4번째 열에 위치한 82가 결괏값으로 산출된다.

03

정답 ②

- [D11] 셀에 입력된 COUNTA 함수는 범위에서 비어있지 않은 셀의 개수를 구하는 함수이다. [B3:D9] 범위에서 비어있지 않은 셀의 개수는 숫자 '1' 10개와 '재제출 요망'으로 입력된 텍스트 2개로, 「=COUNTA(B3:D9)」의 결괏값은 12이다.
- [D12] 셀에 입력된 COUNT 함수는 범위에서 숫자가 포함된 셀의 개수를 구하는 함수이다. [B3:D9] 범위에서 숫자가 포함된 셀의 개수는 숫자 '1' 10개로, 「=COUNT(B3:D9)」의 결괏값은 10이다.
- [D13] 셀에 입력된 COUNTBLANK 함수는 범위에서 비어있는 셀의 개수를 구하는 함수이다. [B3:D9] 범위에서 비어있는 셀의 개수는 9개로, 「=COUNTBLANK(B3:D9)」의 결괏값은 9이다.

04

- COUNTIF : 지정한 범위 내에서 조건에 맞는 셀의 개수를 구한다.
- 함수식 : =COUNTIF(D3:D10,">=2024-07-01")

[오답분석]

① COUNT : 범위에서 숫자가 포함된 셀의 개수를 구한다.
② COUNTA : 범위가 비어있지 않은 셀의 개수를 구한다.
③ SUMIF : 주어진 조건에 의해 지정된 셀들의 합을 구한다.

05

[오답분석]

①·② AND 함수는 인수의 모든 조건이 참(TRUE)일 경우에 성별을 구분하여 표시할 수 있으므로 적절하지 않다.
④ 함수식에서 "남자"와 "여자"가 바뀌었다.

대표기출유형 03 | 기출응용문제

01

char *arr[ ]={"AAA","BBB","CCC"}의 각각 문자열에 접근 하기 위해서는 *(arr)=AAA, *(arr+1)=BBB, *(arr+2)=CCC 형태로 접근하여 문자열을 출력할 수 있다.
따라서 *(arr+1)을 출력하게 되면 BBB가 된다.

02

for 반복문은 i 값이 0부터 1씩 증가하면서 10보다 작을 때까지 수행하므로 i 값은 각 배열의 인덱스(0~9)를 가리키게 되고, num에는 i가 가리키는 배열 요소 값의 합이 저장된다. arr 배열의 크기는 10이고 초기값들은 배열의 크기 10보다 작으므로 나머지 요소들은 0으로 초기화된다. 따라서 배열 arr는 {1, 2, 3, 4, 5, 0, 0, 0, 0, 0}으로 초기화되므로 이 요소들의 합 15와 num의 초기값 10에 대한 합은 25이다.

PART 2

직무수행능력평가

01	02	03	04	05	06	07	08	09	10
①	③	④	⑤	④	③	②	④	②	⑤
11	12	13	14	15	16	17	18	19	20
①	②	②	③	③	⑤	⑤	④	④	④
21	22	23	24	25	26	27	28	29	30
⑤	④	③	④	④	⑤	②	①	③	④
31	32	33	34	35	36	37	38	39	40
③	④	②	①	①	②	①	①	⑤	④

01 정답 ①

오답분석
② 서번트 리더십 : 지속적인 변화가 필요한 상황 및 장기적인 조직성장이 필요한 상황에 적극적으로 대응하기 위해 필요한 리더십 스타일로, 구성원들과 수평적 관계를 형성하고 파트너십을 강조하는 것이 특징이다.
③ 카리스마적 리더십 : 능력이 뛰어나고 전문성을 보유하며 구성원들로부터 존경과 지지를 받는 리더가 현 상황에 불만을 가지고 변화를 위해 노력하는 과정에서 이상적인 비전을 제시하고, 구성원들과 공유 및 소통을 하는 방식의 리더십 스타일이다.
④ 거래적 리더십 : 목표달성을 위해 규정된 과업행동을 효율적으로 수행할 수 있도록 적절한 강화기제를 사용하는 리더십 스타일이다.
⑤ 코칭 리더십 : 구성원 개개인의 능력향상보다는 팀원들의 상호 교류와 네트워크, 구성원의 능력개발을 이끌어 내는 리더십 스타일이다.

02 정답 ③

ⓛ 중요사건법 : 직무수행에 중요한 영향을 끼친 사건 또는 사례를 중심으로 정보를 수집한다.
ⓒ 워크샘플링법 : 직무담당자가 작성하는 작업일지 등을 통해 해당 직무의 정보를 수집한다.

오답분석
㉠ 면접법 : 업무흐름표, 분담표 등을 참고하여 직무담당자 또는 소속집단 대상 면접을 통해 정보를 수집한다.

㉣ 설문지법 : 표준화된 설문지를 활용하여 직무담당자가 관련 항목에 체크하도록 하여 정보를 수집한다.
㉤ 관찰법 : 훈련된 직무분석 담당자가 직무담당자를 직접 관찰하여 정보를 수집한다.

03 정답 ④

내용이론은 무엇이 사람들을 동기부여시키는지, 과정이론은 사람들이 어떤 과정을 거쳐 동기부여가 되는지에 초점을 둔다. 애덤스(Adams)의 공정성 이론은 과정이론에 해당하며, 자신과 타인의 투입 대비 산출율을 비교하여 산출율이 일치하지 않는다고 생각하게 되면 불공정하게 대우받고 있다고 느끼며, 이를 해소하기 위해 동기부여가 이루어진다고 주장한다.

동기부여 이론의 구분

유형	이론
내용이론	• 욕구단계 이론 • XY 이론 • 2요인 이론 • ERG 이론 • 성취동기 이론
과정이론	• 기대이론 • 공정성 이론 • 목표설정 이론
내재적 동기이론	• 직무특성 이론 • 인지적 평가이론 • 자기결정 이론

04 정답 ⑤

마이클 포터의 산업구조분석모델은 산업에 참여하는 주체를 기존기업, 잠재적 진입자, 대체제, 공급자, 구매자로 나누고 이들 간의 경쟁 우위에 따라 기업 등의 수익률이 결정되는 것으로 본다.

오답분석
① 정부의 규제 완화 : 정부의 규제 완화는 시장 진입장벽이 낮아지게 만들며 신규 진입자의 위협으로 볼 수 있다.
② 고객 충성도 : 고객의 충성도의 정도에 따라 진입자의 위협도가 달라진다.
③ 공급 업체 규모 : 공급 업체의 규모에 따라 공급자의 교섭력에 영향을 준다.

④ 가격의 탄력성 : 소비자들은 가격에 민감할 수도 둔감할 수도 있기에 구매자의 교섭력에 영향을 준다.

05
정답 ④

[자본자산가격결정모형($CAPM$)]$=rf+[E(rm)-rf]\times\sigma m=0.05+(0.18-0.05)\times0.5=11.5\%$

06
정답 ③

• 기업 전략(Corporate Strategy) : 조직의 사명(Mission) 실현을 위한 전략으로, 기업의 기본적인 대외경쟁방법을 정의한 것이다.
  예 안정 전략, 성장 전략, 방어 전략 등
• 사업 전략(Business Strategy) : 특정 산업이나 시장부문에서 기업이 제품이나 서비스의 경쟁력을 확보하고 개선하기 위한 전략이다.
  예 원가우위 전략, 차별화 전략, 집중화 전략 등
• 기능별 전략 (Functional Strategy) : 기업의 주요 기능 영역인 생산 및 마케팅, 재무, 인사, 구매 등을 중심으로 상위 전략인 기업 전략 내지 사업 전략을 지원하고 보완하기 위해 수립되는 전략이다.
  예 R&D 전략, 마케팅 전략, 생산 전략, 재무 전략, 구매 전략 등

07
정답 ②

성장기에는 신제품을 인지시키기 위한 정보제공형 광고에서 소비자의 선호도를 높이기 위한 제품선호형 광고로 전환한다.

08
정답 ④

㉠ 피들러(Fiedler)의 리더십 상황이론에 따르면 리더십 스타일은 리더가 가진 고유한 특성으로 한 명의 리더가 과업지향적 리더십과 관계지향적 리더십을 모두 가질 수 없다. 그렇기 때문에 어떤 상황에 어떤 리더십이 어울리는가를 분석한 것이다.
㉢ 상황이 호의적인지, 비호의적인지를 판단하는 상황변수로서 리더 – 구성원 관계, 과업구조, 리더의 직위권력을 고려하였다.
㉣ 상황변수들을 고려하여 총 8가지 상황을 분류하였고, 이를 다시 호의적인 상황, 보통의 상황, 비호의적인 상황으로 구분하였다. 상황이 호의적이거나 비호의적인 경우에는 과업지향적 리더십이 적합하다. 한편 상황이 보통인 경우에는 관계지향적 리더십이 적합하다.

오답분석
㉡ LPC 설문을 통해 리더의 특성을 측정하였다. LPC 점수가 낮으면 과업지향적 리더십, 높으면 관계지향적 리더십으로 정의한다.

㉤ 리더가 처한 상황이 호의적이거나 비호의적인 경우에는 과업지향적 리더십이 적합하다.

09
정답 ②

서브리미널 광고는 자각하기 어려울 정도의 짧은 시간 동안 노출되는 자극을 통하여 잠재의식에 영향을 미치는 현상을 의미하는 서브리미널 효과를 이용한 광고이다.

오답분석
① 애드버커시 광고 : 기업과 소비자 사이에 신뢰관계를 회복하려는 광고이다.
③ 리스폰스 광고 : 광고 대상자에게 직접 반응을 얻고자 메일, 통신 판매용 광고전단을 신문·잡지에 끼워 넣는 광고이다.
④ 키치 광고 : 설명보다는 기호와 이미지를 중시하는 광고이다.
⑤ 티저 광고 : 소비자의 흥미를 유발시키기 위해 처음에는 상품명 등을 명기하지 않다가 점점 대상을 드러내어 소비자의 관심을 유도하는 광고이다.

10
정답 ⑤

상대평가와 절대평가

구분	상대평가 (선별형 인사평가)	절대평가 (육성형 인사평가)
개념	피평가자들 간에 비교를 통하여 피평가자를 평가하는 방법으로, 피평가자들의 선별에 초점을 두는 인사평가이다.	피평가자의 실제 업무수행 사실에 기초한 평가방법으로, 피평가자의 육성에 초점을 둔 평가방법이다.
평가 기법	• 서열법 : 피평가자의 능력·업적 등을 통틀어 그 가치에 따라 서열을 매기는 기법이다. • 쌍대비교법 : 두 사람씩 쌍을 지어 비교하면서 서열을 정하는 기법이다. • 강제할당법 : 사전에 범위와 수를 결정해 놓고 피평가자를 일정한 비율에 맞추어 강제로 할당하는 기법이다.	• 평정척도법 : 피평가자의 성과, 적성, 잠재능력, 삭업행농 능을 병가하기 위하여 평가요소들을 제시하고, 이에 따라 단계별 차등을 두어 평가하는 기법이다. • 체크리스트법 : 직무상 행동들을 구체적으로 제시하고 평가자가 해당 서술문을 체크하는 기법이다. • 중요사건기술법 : 피평가자의 직무와 관련된 효과적이거나 비효과적인 행동을 관찰하여 기록에 남긴 후 평가하는 기법이다.

11

정답 ①

모집단에 대한 관찰과 통계적 추론을 위해 관심 모집단의 부분 집합(표본)을 선택하는 통계학적 과정을 표본추출(Sampling) 이라고 한다. 표본추출방법은 크게 확률 표본추출과 비확률 표본추출로 나뉜다.

- 확률 표본추출법(Probability Sampling)
  확률 표본추출법은 모집단에 속한 모든 단위가 표본으로 선택받을 확률을 동일하게 가지고 있는 경우이다. 그리고 이 과정에서 무작위(랜덤)로 추출되어야만 한다. 단순무작위 표본추출법, 체계적(계통) 표본추출법, 층화 표본추출법, 군집 표본추출법이 이에 해당한다.
- 비확률 표본추출법(Non - Probability Sampling)
  비확률 표본추출법은 모집단에 속한 모든 단위가 표본으로 선택받을 확률이 정확하게 결정되지 않은 상황의 표집 기법 이다. 따라서 이 방법은 표집 편향에 영향을 받을 수 있으며, 모집단을 일반화하기 어렵다는 단점이 있다. 편의 표본추출법, 판단 표본추출법, 할당 표본추출법, 눈덩이 표본추출법이 이에 해당한다.

12

정답 ②

성과를 이루지 못하여도 미숙련 근로자들에게도 최저 생활을 보장해 주는 급여 방식은 맨체스터 플랜이다.

오답분석
① 테일러식 복률성과급 : 테일러가 고안한 것으로, 과학적으로 결정된 표준작업량을 기준으로 하여 고 - 저 두 종류의 임금률로 임금을 계산한다.
③ 메리크식 복률성과급 : 메리크가 고안한 것으로, 테일러식 복률성과급의 결함을 보완하여 고 - 중 - 저 세 종류의 임금률로 초보자도 비교적 목표를 쉽게 달성할 수 있도록 자극한다.
④ 할증성과급 : 최저한의 임금을 보장하면서 일정한 표준을 넘는 성과에 대해서 일정한 비율의 할증 임금을 지급한다.
⑤ 표준시간급 : 비반복적이고 많은 기술을 요하는 과업에 이용할 수 있다.

13

정답 ②

$$(부가가치율)=\frac{(매출액)-(매입액)}{(매출액)}\times100$$

$$25\%=\frac{r-150{,}000}{r}\times100$$

$$\therefore r=₩200{,}000$$

따라서 매출액은 ₩200,000이다.

14

정답 ③

ⓒ 명성가격은 가격이 높으면 품질이 좋다고 판단하는 경향으로 인해 설정되는 가격이다.
ⓒ 단수가격은 가격을 단수(홀수)로 적어 소비자에게 싸다는 인식을 주는 가격이다(예 9,900원).

오답분석
㉠ 구매자가 어떤 상품에 대해 지불할 용의가 있는 최고가격은 유보가격이다.
㉢ 심리적으로 적당하다고 생각하는 가격 수준은 준거가격이다. 최저수용가격이란 소비자들이 품질에 대해 의심 없이 구매할 수 있는 가장 낮은 가격을 의미한다.

15

정답 ③

당기순이익은 영업이익에서 판매 물건을 생산하기 위해 발생한 비용 외 기타비용(예 관리비, 이자비용)이나 기타수익(예 이자수익, 잡이익 등), 법인세비용을 가감한 금액을 의미한다. 주어진 자료를 이용하여 계산해 보면 다음과 같다.

영업이익	300,000
영업외 수익	+50,000
이자비용	-10,000
법인세비용	-15,000
합계	325,000

16

정답 ⑤

차변과 대변

차변	대변
자산의 증가	자산의 감소
부채의 감소	부채의 증가
자본의 감소	자본의 증가
비용의 발생	수익의 발생

17

정답 ⑤

다품종 생산이 가능한 것은 공정별 배치에 해당한다.

제품별 배치와 공정별 배치의 비교

구분	제품별 배치	공정별 배치
장점	• 높은 설비이용률 • 노동의 전문화 • 낮은 제품단위당 원가	• 다품종 생산이 가능 • 저렴한 범용설비 • 장려임금 실시 가능
단점	• 수요 변화에 적응이 어려움 • 설비 고장에 영향받음 • 장려임금 실시 불가 • 단순작업	• 낮은 설비이용률 • 높은 제품단위당 원가 • 재공품 재고 증가 • 경로와 일정계획의 문제

18
정답 ④

오답분석

가. 재무상태표에 자산과 부채를 표시할 때는 유동자산과 비유동자산, 유동부채와 비유동부채로 구분하지 않고 유동성 순서에 따라 표시하는 방법도 있다.

다. 비용의 성격에 대한 정보가 미래현금흐름을 예측하는 데 유용하기 때문에 비용별 포괄손익계산서를 사용하는 경우에는 성격별 분류에 따른 정보를 추가로 공시하여야 한다.

라. 포괄손익계산서와 재무상태표를 연결시키는 역할을 하는 것은 총포괄이익이다.

19
정답 ④

손익분기점 매출액이 주어진 경우 총고정원가를 구하는 문제에서는 손익분기점 매출액 공식을 활용하여 문제를 해결한다.

$$(\text{고정원가}) = \frac{(\text{고정비})}{(\text{공헌이익률})}$$

- (공헌이익률) : $\dfrac{200,000 - 150,000}{200,000} = 25\%$

- (고정원가) : $\dfrac{[\text{고정원가}(x)]}{25\%} = ₩120,000(\text{매출액})$

∴ $[\text{고정원가}(x)] = ₩30,000$

따라서 총고정원가는 ₩30,000이다.

20
정답 ④

공정가치모형은 최초 측정 시 원가로 기록한 후 감가상각을 하지 않고, 회계연도 말에 공정가치로 평가하여 평가손익을 당기손익에 반영하는 방법이다. 따라서 투자부동산에 대해 공정가치모형을 적용할 경우 공정가치 변동으로 발생하는 손익은 발생한 기간의 당기손익에 반영한다.

21
정답 ⑤

㉠ 밴드왜건 효과(편승 효과) : 유행에 따라 상품을 구입하는 소비현상으로, 특정 상품에 대한 어떤 사람의 수요가 다른 사람들의 수요에 의해 영향을 받는다.

㉡ 베블런 효과 : 다른 보통사람과 자신을 차별하고 싶은 욕망으로 나타나는데, 가격이 아닌 다른 사람의 소비에 직접 영향을 받는다.

오답분석

- 외부불경제 효과 : 시장실패와 관련된 효과로, 자원이 비효율적으로 배분되는 것을 의미한다. 자가용 운전자가 주변 사람들에게 배출가스 피해를 입히는 것도 하나의 예이다.

22
정답 ④

수요곡선과 공급곡선의 일반적인 형태란 우하향하는 수요곡선과 우상향하는 공급곡선을 의미한다. 이때 공급곡선이 상방으로 이동하면 생산량(Q)이 감소하고 가격(P)이 상승한다.

오답분석

① 수요곡선이 하방으로 이동하면 생산량이 감소하고 가격도 하락한다.

② 공급곡선이 하방으로 이동하면 생산량이 증가하고 가격이 하락한다.

③ 수요곡선이 상방으로 이동하면 생산량이 증가하고 가격도 상승한다.

⑤ 수요곡선과 공급곡선이 모두 하방으로 이동하면 가격은 하락한다. 이때 생산량은 두 곡선의 하방이동폭에 따라 증가할 수도, 불변일 수도, 감소할 수도 있다.

23
정답 ③

콥 – 더글라스 생산함수인 $Q = L^2 K^2$ 를 미분하여 계산하는 한계기술대체율($MRTS_{LK}$)은 $\dfrac{K}{L}$ 이다.

$MRTS_{LK} = \dfrac{K}{L}$ 에 등량곡선과 등비용선이 접하는 점에서 비용극소화가 달성되므로 $MRTS_{LK} = \dfrac{w}{r} \rightarrow \dfrac{w}{r} = \dfrac{4}{6} = \dfrac{K}{L}$ 이다.

이 식을 정리하면 $K = \dfrac{4}{6}L$이며, 예산제약식인 $TC = wL + rK = 4L + 6K$에 대입하면 다음과 같다.

$120 = 4L + 6K$

$\rightarrow 120 = 4L + 6 \times \dfrac{4}{6}L$

$\rightarrow 120 = 8L$

∴ $L = 15$

따라서 노동의 최적 투입량은 15이다.

24
정답 ④

명목임금은 150만 원 인상되었으므로 10% 증가했지만, 인플레이션율 12%를 고려한 실질임금은 $12 - 10 = 2\%$ 감소하였다.

25
정답 ④

균형국민소득식 : $Y = C + I + G + X - M$

(Y : 국내총생산, C : 소비지출, I : 투자, G : 정부지출, X : 수출, M : 수입)

$900 = 200 + 50 + 300 + X - 100$

∴ $X = 450$

따라서 D국의 수출은 450조 원이다.

26

정답 ⑤

[한계소비성향(c)]$=0.5$

$$(\text{투자승수})=\frac{1}{1-c(1-t)}$$
$$=\frac{1}{1-0.5(1-0)}=2$$

(균형국민소득의 증가분)$=1$조$\times 2=2$조 원

$$(\text{조세승수})=\frac{-c}{1-c(1-t)}$$
$$=\frac{-0.5}{1-0.5(1-0)}=-1$$

(균형국민소득의 감소분)$=0.5$조$\times -1=-0.5$조 원

따라서 균형국민소득은 2조-0.5조$=1.5$조 원 증가한다.

27

정답 ②

㉠ 케인스의 유동성 선호설에 따르면 자산은 화폐와 채권 두 가지만 존재한다고 가정하며, 화폐공급이 증가하더라도 증가된 통화량이 모두 화폐수요로 흡수되는 구간을 유동성함정이라고 한다.

㉢ 유동성함정에서의 화폐수요곡선은 수평형태를 가지고, 화폐수요의 이자율탄력성이 무한대인 상태이다.

[오답분석]

㉡ 유동성함정은 화폐수요곡선이 수평인 구간이다.

㉣ 케인스의 유동성 선호설에 따른 투기적 동기의 화폐수요는 화폐수요함수와 반비례관계에 있다. $\left[\dfrac{M^d}{P}=kY(\text{거래적 동기의 화폐수요})-hr(\text{투기적 동기의 화폐수요})\right]$

28

정답 ①

통화승수는 총통화량을 본원통화로 나눈 값으로, 총통화량을 구하는 공식은 다음과 같다.

• (총통화량)$=$(현금통화)$+$(예금통화)

• (통화승수)$=\dfrac{(\text{총통화량})}{(\text{본원통화})}$

• [총통화량(M)]$=\dfrac{1}{c+\gamma(1-c)}B$

(c : 현금통화비율, γ : 지급준비율, B : 본원통화)

여기서 $c=\dfrac{150}{600}=0.25$, $\gamma=\dfrac{90}{450}=0.2$이므로 통화승수는

$\dfrac{1}{c+\gamma(1-c)}=\dfrac{1}{0.25+0.2(1-0.25)}=2.5$이다.

29

정답 ③

고정환율제도는 정부가 환율을 일정수준으로 정하고, 지속적인 외환시장 개입을 통해 정해진 환율을 유지하는 제도이다. 이 제도하에서 확대금융정책의 경우 중앙은행의 외환매각으로 통화량이 감소한다.

30

정답 ④

[오답분석]

ㅁ. 환불 불가한 숙박비는 회수 불가능한 매몰비용이므로 선택 시 고려하지 않은 ㉢의 행위는 합리적 선택 행위의 일면이라고 할 수 있다.

31

정답 ③

케인스의 유동성 선호설은 실질화폐공급과 실질화폐수요로 이루어진 화폐시장을 설명하는 이론으로, 경제가 유동성함정에 빠지면 통화량의 증가 등이 물가에 영향을 미치지 못하고, 늘어난 통화량은 투자적 화폐수요로 흡수된다.

[오답분석]

① 총공급곡선이 우상향 형태일 때 물가수준이 하락하면 총공급곡선 자체가 이동하는 것이 아니라 총공급곡선에서 좌하방으로 이동한다.

② 확장적 재정정책을 실시하면 이자율이 상승하여 민간투자가 감소하는 구축효과가 발생하게 되는데, 변동환율제도에서는 확장적 재정정책을 실시하면 환율하락으로 인해 추가적으로 총수요가 감소하는 효과가 발생한다. 즉, 확장적 재정정책으로 이자율이 상승하면 자본유입이 이루어지므로 외환의 공급이 증가하여 환율이 하락한다. 이렇듯 평가절상이 이루어지면 순수출이 감소하므로 폐쇄경제에서보다 총수요가 더 큰 폭으로 감소한다.

④ 장기균형 상태에 있던 경제에 원유가격이 일시적으로 상승하면 단기에는 물가가 상승하고 국민소득이 감소하지만, 장기적으로는 원유가격이 하락하여 총공급곡선이 다시 오른쪽으로 이동하므로 물가와 국민소득은 변하지 않는다.

⑤ 단기 경기변동에서 소비와 투자는 모두 경기순응적이며, 소비의 변동성은 투자의 변동성보다 작다.

32

정답 ④

(나)국의 지니계수는 점차 커지므로 로렌츠 곡선이 대각선에서 점차 멀어진다고 할 수 있다. 지니계수란 소득분배의 불평등도를 나타내는 수치로, 소득이 어느 정도 균등하게 분배되어 있는가를 평가하는 데 주로 이용된다. 지니계수는 로렌츠 곡선으로부터 도출된다. 로렌츠 곡선은 가로축에 저소득층부터 인원의 분포도를 표시하고 세로축에 저소득층부터 소득액 누적 백분율을 표시하면 그려지는 소득분배그래프이다. 여기에 가상적인 소득분배균등선(45도선)을 긋는다. 지니계수는 대각선과 로렌츠 곡선 사이의 면적을 대각선과 종축, 횡축이 이루는 삼각형의 면적으로 나눈 비율이다. 따라서 지니계수는 0과 1 사이의 값을 갖고, 소득 불균형이 심할수록 1에 가깝게 된다.

33

정답 ②

누적된 비용인 총비용을 단위생산량으로 나눈 평균이 평균비용이다. 반면에 한계비용은 총비용의 변화분에 따라서 생산량이 하나씩 늘어날 때마다 바뀌는 비용을 말한다. 그래서 한계비용이 하락하는 구간에서는 평균비용도 하락하는 것이며, 반대로 한계비용이 증가하면서부터는 바로 평균비용이 증가하진 않지만, 평균비용의 최저점에서 한계비용과 만나고 이후부터는 평균비용도 증가하게 된다. 이러한 이유는 고정비용의 존재 때문이다. 따라서 평균비용곡선이 상승하면 한계비용곡선은 상방에 위치한다.

34

정답 ①

정부지출의 효과가 크기 위해서는 승수효과가 커져야 한다. 승수효과란 확대 재정정책에 따른 소득의 증가로 인해 소비지출이 늘어나게 되어 총수요가 추가적으로 증가하는 현상을 말한다. 즉, 한계소비성향이 높을수록 승수효과는 커진다. 이때 한계소비성향이 높다는 것은 한계저축성향이 낮다는 것과 동일한 의미이다.

35

정답 ③

조세정책을 시행하는 곳은 기획재정부이며, 한국은행은 통화신용정책을 시행한다.

오답분석
① 조세정책은 재정지출이나 소득재분배 등 중요한 역할을 담당한다.
② 소득세, 법인세 감면은 기업의 고용 및 투자를 촉진하는 대표적인 정부정책이다.
④ 지하경제 양성화, 역외탈세 근절 등은 조세정의뿐만 아니라 국가재정 확보에도 매우 중요한 문제이다.
⑤ 래퍼 곡선에 대한 설명이다.

36

정답 ②

수요의 가격탄력성이 1보다 크다면 가격이 1% 하락할 때, 판매량은 1%보다 크게 증가하므로 판매자의 총수입은 증가한다. 따라서 수요의 가격탄력성이 탄력적이라면 가격인하는 총수입을 증가시키는 좋은 전략이다.

오답분석
① 수요곡선이 우하향하는 직선이면 수요곡선상에서 우하방으로 이동할수록 수요의 가격탄력성이 점점 작아진다.
③ 열등재는 수요의 소득탄력성이 1보다 작은 재화가 아니라 수요의 소득탄력성이 음수(−)인 재화이다.
④ 시간이 경과할수록 대체재가 생겨날 가능성이 크기 때문에 수요의 가격탄력성이 커진다.
⑤ 두 재화 수요의 교차탄력성은 $\varepsilon_{XY} = \dfrac{\dfrac{\triangle Q_Y}{Q_Y}}{\dfrac{\triangle P_X}{P_X}} = \dfrac{10\%}{5\%}$

=2이고, 두 재화는 대체재이다.

37

정답 ①

가. 인플레이션이 예상되지 못한 경우, 부와 소득의 재분배가 일어난다. 인플레이션으로 인해 화폐 가치가 하락하면 고정된 금액을 받아야 하는 채권자는 불리해지고, 반대로 채무자는 유리해진다. 즉, 채권자에게서 채무자에게로 부가 재분배된다. 이러한 부의 재분배는 인플레이션이 완전히 예상된 경우에는 발생하지 않는다.
나. 메뉴비용이란 인플레이션 상황에서 생산자가 제품의 가격을 수정하면서 발생하는 비용을 의미한다. 메뉴비용은 예상된 인플레이션과 예상되지 못한 인플레이션 두 경우 모두에서 발생한다.

오답분석
다. 인플레이션으로 인해 현금의 가치가 하락하고, 현금 외의 실물자산의 가치가 상대적으로 상승한다. 즉, 현금 보유의 기회비용이 증가한다.
라. 인플레이션이 발생하면 국내에서 생산되는 재화의 상대가격이 상승한다. 이는 세계 시장에서의 가격경쟁력을 약화시킨다. 따라서 수출이 감소하고, 경상수지가 악화된다.

38

레온티예프 효용함수는 항상 소비비율이 일정하게 유지되는 완전보완재적인 효용함수이므로 X재의 가격이 변화해도 소비량은 일정하게 유지된다. 그러므로 대체효과는 0이고, 효용극대화점에서 효용함수가 ㄴ자형으로 꺾인 형태이기 때문에 한계대체율은 정의되지 않는다. 또한 소비비율이 일정하게 유지되는 특성으로 가격변화 시 두 재화의 소비방향은 항상 같은 방향으로 변화한다.

효용극대화 모형을 풀면 $\text{MAX } U(x,\ y)=\min[x,\ y]$이고, $10x+10y=M$에서 효용극대화 조건 $x=y$를 제약식에 대입하면 $x=\dfrac{M}{P_x+P_y},\ y=\dfrac{M}{P_x+P_y}$이다.

$P_x=P_y=10,\ M=1,800$을 대입하면 $x=y=90$이고, $P_x=8,\ P_y=10,\ M=1,800$을 대입하면 $x=y=100$이므로 소득효과는 10이다.

따라서 옳은 것은 ㄱ, ㄴ이다.

39

완전경쟁시장은 같은 상품을 취급하는 수많은 공급자·수요자가 존재하는 시장이다. 시장 참여자는 가격의 수용자일 뿐 가격 결정에 전혀 영향력을 행사하지 못한다. 기업들은 자유롭게 시장에 진입하거나 퇴출할 수 있다. 완전경쟁시장에서 기업의 이윤은 P(가격)$=AR$(평균수입)$=MC$(한계비용)인 균형점에서 극대화된다.

그래프에서 이 기업의 평균가변비용의 최소점은 80원이다. 시장가격이 90원이므로 평균가변비용을 충당할 수 있어 이 기업은 계속해서 생산을 한다. 균형점($P=AR=MC=90$원)에서 이윤을 얻을 수 있는지는 고정비용의 크기에 달려 있으므로 주어진 그래프만으로는 알 수 없다.

40

A국에서 해외 유학생과 외국인 관광객이 증가하면 달러 공급이 늘어나 A국 화폐 가치가 상승하므로 환율은 하락한다. 환율이 하락하면 수출은 감소하고, 수입은 증가하며, 경상수지가 악화된다. 반면, B국에서는 해외 투자가 증가하고 외국인 투자자들이 자금을 회수하므로 달러 수요가 늘어나 B국 화폐 가치는 하락한다. 화폐 가치가 하락하면 수출이 증가하고, 수입이 감소하며, 경상수지가 개선된다. 또한, 외국채의 부담이 증가하기 때문에 환전하지 않은 환율 변동 전 달러를 보유하고 있는 사람은 이익을 얻는다. 이때, B국의 화폐 가치가 하락하였기 때문에 A국 국민이 B국으로 여행갈 경우 경비 부담은 감소할 것이다.

01	02	03	04	05	06	07	08	09	10
③	①	③	④	③	③	③	③	②	③
11	12	13	14	15	16	17	18	19	20
③	①	④	④	⑤	④	④	②	④	⑤
21	22	23	24	25	26	27	28	29	30
②	③	④	③	①	④	②	⑤	④	⑤
31	32	33	34	35	36	37	38	39	40
③	⑤	④	②	②	③	①	③	⑤	④

01 　　정답 ③

행정기관이 그 소관 사무의 범위에서 일정한 행정목적을 실현하기 위하여 특정인에게 일정한 행위를 하거나 하지 아니하도록 지도, 권고, 조언 등을 하는 행정작용을 행정지도라고 한다(행정절차법 제2조 제3호).

02 　　정답 ①

헌법 제12조 제1항에서 규정하고 있다.

[오답분석]
② 헌법은 구속적부심사청구권을 인정하고 있다(헌법 제12조 제6항).
③ 심문은 영장주의 적용대상이 아니다(헌법 제12조 제3항).
④ 영장발부신청권자는 검사에 한한다(헌법 제12조 제3항).
⑤ 형사상 자기에게 불리한 진술을 강요당하지 않는다(헌법 제12조 제2항).

03 　　정답 ③

행정행위(처분)의 부관이란 행정행위의 일반적인 효과를 제한하기 위하여 주된 의사표시에 붙여진 종된 의사표시로, 행정처분에 대하여 부가할 수 있다. 부관의 종류에는 조건, 기한, 부담 등이 있다.

• 조건 : 행정행위의 효력의 발생 또는 소멸을 발생이 불확실한 장래의 사실에 의존하게 하는 행정청의 의사표시로, 조건성취에 의하여 당연히 효력을 발생하게 하는 정지조건과 당연히 그 효력을 상실하게 하는 해제조건이 있다.
• 기한 : 행정행위의 효력의 발생 또는 소멸을 발생이 장래에 도래할 것이 확실한 사실에 의존하게 하는 행정청의 의사표시로, 기한의 도래로 행정행위가 당연히 효력을 발생하는 시기와 당연히 효력을 상실하는 종기가 있다.
• 부담 : 행정행위의 주된 의사표시에 부가하여 그 상대방에게 작위・부작위・급부・수인의무를 명하는 행정청의 의사표시로, 특허・허가 등의 수익적 행정행위에 붙여지는 것이 보통이다.
• 철회권의 유보 : 행정행위의 주된 의사표시에 부수하여 장래 일정한 사유가 있는 경우에 그 행정행위를 철회할 수 있는 권리를 유보하는 행정청의 의사표시이다(숙박업 허가를 하면서 윤락행위를 하면 허가를 취소한다는 경우).

04 　　정답 ④

청원권은 청구권적 기본권에 해당한다. 자유권적 기본권에는 인신의 자유권(생명권, 신체의 자유), 사생활의 자유권(거주・이전의 자유, 주거의 자유, 사생활의 비밀과 자유, 통신의 자유), 정신적 자유권(양심의 자유, 종교의 자유, 언론・출판의 자유, 집회・결사의 자유, 학문의 자유, 예술의 자유), 사회・경제적 자유권(직업선택의 자유, 재산권의 보장)이 있다.

05 　　정답 ③

이 사건 공문서 조항은 공문서를 한글로 작성하여 공적 영역에서 원활한 의사소통을 확보하고 효율적・경제적으로 공적 업무를 수행하기 위한 것이다. 국민들은 공문서를 통하여 공적 생활에 관한 정보를 습득하고 자신의 권리 의무와 관련된 사항을 알게 되므로 우리 국민 대부분이 읽고 이해할 수 있는 한글로 작성할 필요가 있다. 한자어를 굳이 한자로 쓰지 않더라도 앞뒤 문맥으로 그 뜻을 이해할 수 있는 경우가 대부분이고, 뜻을 정확히 전달하기 위하여 필요한 경우에는 괄호 안에 한자를 병기할 수 있으므로 한자혼용방식에 비하여 특별히 한자어의 의미 전달력이나 가독성이 낮아진다고 보기 어렵다. 따라서 이 사건 공문서 조항은 청구인들의 행복추구권을 침해하지 아니한다(헌재결 2016.11.24., 2012헌마854).

① 이 사건 규정은 자동차 등을 이용하여 범죄행위를 하기만 하면 그 범죄행위가 얼마나 중한 것인지, 그러한 범죄행위를 행함에 있어 자동차 등이 당해 범죄 행위에 어느 정도로 기여했는지 등에 대한 아무런 고려 없이 무조건 운전면허를 취소하도록 하고 있으므로 이는 구체적 사안의 개별성과 특수성을 고려할 수 있는 여지를 일체 배제하고 그 위법의 정도나 비난의 정도가 극히 미약한 경우까지도 운전면허를 취소할 수밖에 없도록 하는 것으로 최소침해성의 원칙에 위반된다 할 것이다. 한편, 이 사건 규정에 의해 운전면허가 취소되면 2년 동안은 운전면허를 다시 발급받을 수 없게 되는바, 이는 지나치게 기본권을 제한하는 것으로서 법익균형성원칙에도 위반된다. 그러므로 이 사건 규정은 직업의 자유 내지 일반적 행동자유권을 침해하여 헌법에 위반된다(헌재결 2005.11.24., 2004헌가28).
② 수형자라 하더라도 확정되지 않은 별도의 형사재판에서만큼은 미결수용자와 같은 지위에 있으므로, 이러한 수형자로 하여금 형사재판 출석 시 아무런 예외 없이 사복착용을 금지하고 재소자용 의류를 입도록 하여 인격적인 모욕감과 수치심 속에서 재판을 받도록 하는 것은 재판부나 검사 등 소송관계자들에게 유죄의 선입견을 줄 수 있고, 이미 수형자의 지위로 인해 크게 위축된 피고인의 방어권을 필요 이상으로 제약하는 것이다. … 따라서 심판대상조항이 형사재판의 피고인으로 출석하는 수형자에 대하여 사복착용을 허용하지 아니한 것은 청구인의 공정한 재판을 받을 권리, 인격권, 행복추구권을 침해한다(헌재결 2015.12.23., 2013헌마712).
④ 헌재결 1998.5.28., 96헌가5
⑤ 금치처분을 받은 사람은 소장이 지급하는 음식물, 의류·침구, 그 밖의 생활용품을 통하여 건강을 유지하기 위한 필요최소한의 생활을 영위할 수 있고, 의사가 치료를 위하여 처방한 의약품은 여전히 사용할 수 있다. 또한, 위와 같은 불이익은 규율 준수를 통하여 수용질서를 유지한다는 공익에 비하여 크다고 할 수 없다. 따라서 위 조항은 청구인의 일반적 행동의 자유를 침해하지 아니한다(헌재결 2016.5.26., 2014헌마45).

06 정답 ③

탄핵결정은 공직으로부터 파면함에 그친다. 그러나 이에 의하여 민·형사상의 책임이 면제되지는 않는다(헌법 제65조 제4항).

① 헌법 제65조 제1항에 해당한다.
② 헌법 제65조 제2항 단서에 해당한다.
④ 헌법 제71조에 해당한다.
⑤ 헌법 제65조 제3항에 해당한다.

07 정답 ③

헌법 제111조 제1항 제4호에 해당하는 내용이다.

①·⑤ 헌법재판소 재판관의 임기는 6년으로 하며, 법률이 정하는 바에 의하여 연임할 수 있다(헌법 제112조 제1항).
② 헌법 중 제5장 법원에 관한 부분에서 '재판의 전심절차로서 행정심판을 할 수 있다(헌법 제107조 제3항).'라고 규정하고 있다.
④ 헌법재판소에서 법률의 위헌결정, 탄핵의 결정, 정당해산의 결정 또는 헌법소원에 관한 인용결정을 할 때에는 재판장 6인 이상의 찬성이 있어야 한다(헌법 제113조 제1항).

08 정답 ③

헌법의 개정은 헌법의 동일성을 유지하면서 의식적으로 헌법전의 내용을 수정·삭제·추가하는 것을 말한다.

09 정답 ②

구 상훈법(2011.8.4. 법률 제10985호로 개정되기 전의 것) 제8조는 서훈취소의 요건을 구체적으로 명시하고 있고 절차에 관하여 상세하게 규정하고 있다. 그리고 서훈취소는 서훈수여의 경우와는 달리 이미 발생된 서훈대상자 등의 권리 등에 영향을 미치는 행위로서 관련 당사자에게 미치는 불이익의 내용과 정도 등을 고려하면 사법심사의 필요성이 크다. 따라서 기본권의 보장 및 법치주의의 이념에 비추어 보면, 비록 서훈취소가 대통령이 국가원수로서 행하는 행위라고 하더라도 법원이 사법심사를 자제하여야 할 고도의 정치성을 띤 행위라고 볼 수는 없다(대판 2012두26920).

10 정답 ③

①·②·⑤ 헌법재판소의 권한에 해당한다(헌법 제111조 제1항).
④ 대법원의 권한에 해당한다(헌법 제107조 제2항).

11 정답 ③

무효란 그 행위가 성립하던 당초부터 당연히 법률효과가 발생하지 못하는 것이다. 비진의 표시(심리유보), 통정허위표시, 강행법규에 반하는 법률행위 등이 그 예이다.

12
정답 ①

사적자치의 원칙은 신분과 재산에 관한 법률관계를 개인의 의사에 따라 자유롭게 규율하는 것이다. 즉, 계약의 내용 및 형식에 있어서 국가 또는 타인의 간섭을 배제하는 원칙을 말한다.

13
정답 ④

취소권, 추인권, 해제권과 같은 형성권에 있어서는 권리만 있고 그에 대응하는 의무는 존재하지 않는다.

14
정답 ④

행정쟁송제도 중 행정소송에 대한 설명이다. 한편, 행정심판은 행정관청의 구제를 청구하는 절차를 말한다.

15
정답 ⑤

정당의 목적이나 활동이 민주적 기본질서에 위배될 때 정부는 헌법재판소에 그 해산을 제소할 수 있고, 정당은 헌법재판소의 심판에 의하여 해산된다(헌법 제8조 제4항).

[오답분석]
① 헌법 제8조 제1항
②·③ 헌법 제8조 제2항
④ 헌법 제8조 제3항

16
정답 ④

[오답분석]
① 참여기관(의결기관)이 행정관청의 의사를 구속하는 의결을 하는 합의제 기관이다(경찰위원회, 소청심사위원회 등).
② 의결기관이 이닌 집행기관에 대한 설명이다.
③ 국무조정실, 각 부의 차관보·실장·국장 등은 행정조직의 보좌기관이다.
⑤ 행정조직의 내부기관으로서 행정청의 권한 행사를 보조하는 것을 임무로 하는 행정기관은 보조기관이다.

17
정답 ④

㉠은 시공자의 흠이라는 위법한 행정행위에 대한 것이므로 손해배상에 해당하고, ㉡은 정당한 법집행에 대한 것이므로 손실보상에 해당한다.

18
정답 ②

행정행위는 법률에 근거를 두어야 하고(법률유보), 법령에 반하지 않아야 한다(법률우위). 따라서 법률상의 절차와 형식을 갖추어야 한다.

19
정답 ④

乙은 의무이행심판 청구를 통하여 관할행정청의 거부처분에 대해 불복의사를 제기할 수 있다. 의무이행심판이란 당사자의 신청에 대한 행정청의 위법 또는 부당한 거부처분이나 부작위에 대하여 일정한 처분을 하도록 하는 행정심판을 말한다(행정심판법 제5조 제3호).

20
정답 ⑤

기판력은 사실심 변론 종결 시(표준시)를 기준으로 하여 발생한다. 기판력은 표준시에 있어서의 권리관계의 존부판단에 대하여 생기므로, 전소 변론 종결 시 이전에 제출(주장)할 수 있었으나 변론 종결 시까지 제출하지 않은 공격방어방법은 후소에서 제출하지 못한다(주장했던 공격방어방법은 당연히 차단된다).

[오답분석]
① 취소판결의 기판력은 소송물로 된 행정처분의 위법성 존부에 관한 판단 그 자체에만 미치는 것이므로 전소와 후소가 그 소송물을 달리하는 경우에는 전소 확정판결의 기판력이 후소에 미치지 아니한다(대판 1996.4.26., 95누5820).
② 행정소송법 제30조 제2항의 규정에 의하면 행정청의 거부처분을 취소하는 판결이 확정된 경우에는 그 처분을 행한 행정청이 판결의 취지에 따라 이전의 신청에 대하여 재처분할 의무가 있으나, 이때 확정판결의 당사자인 처분 행정청은 그 행정소송의 사실심 변론 종결 이후 발생한 새로운 사유를 내세워 다시 이전의 신청에 대한 거부처분을 할 수 있고 그러한 처분도 위 조항에 규정된 재처분에 해당된다(대판 1997.2.4., 96두70).
③ 처분 등을 취소하는 확정판결은 그 사건에 관하여 당사자인 행정청과 그 밖의 관계행정청을 기속한다(행정소송법 제30조 제1항). 기속력은 인용판결에 인정되며 기판력은 인용판결과 기각판결 모두에 인정된다.
④ 행정처분의 적법 여부는 그 행정처분이 행하여 진 때의 법령과 사실을 기준으로 하여 판단하는 것이므로 거부처분 후에 법령이 개정·시행된 경우에는 개정된 법령 및 허가 기준을 새로운 사유로 들어 다시 이전의 신청에 대한 거부처분을 할 수 있으며 그러한 처분도 행정소송법 제30조 제2항에 규정된 재처분에 해당된다(대판 1998.1.7., 97두22).

21
정답 ②

외부효과 발생 시 부정적 외부효과를 줄이도록 유도책 혹은 외부효과 감축지원책을 도입하여 문제를 해결할 수도 있다.

22
정답 ③

ㄴ・ㄷ. 강제배분법은 점수의 분포비율을 정해놓고 평가하는 상대평가방법으로, 집중화, 엄격화, 관대화 경향을 방지하기 위해 도입되었다.

오답분석

ㄱ. 첫머리 효과(시간적 오류) : 최근의 실적이나 능력을 중심으로 평가하려는 오류이다.
ㄹ. 선입견에 의한 오류(고정관념에 기인한 오류) : 평정자의 편견이 평가에 영향을 미치는 오류이다.

23
정답 ④

정부의 결산 과정은 ⑩ 해당 행정기관의 출납 정리·보고 – ⓒ 중앙예산기관의 결산서 작성·보고 – ⑤ 감사원의 결산 확인 – ② 국무회의 심의와 대통령의 승인 – ⓒ 국회의 결산 심의 순서로 진행된다.

24
정답 ③

소극적 대표성은 관료의 출신성분이 태도를 결정하는 것이며, 적극적 대표성은 태도가 행동을 결정하는 것을 말한다. 이때 대표관료제에서는 소극적 대표성이 반드시 적극적 대표성으로 이어져 행동하지 않을 수도 있다는 한계성이 제기되는데, ③에서는 자동적으로 확보한다고 하였으므로 옳지 않다.

25
정답 ①

구조적 분화와 전문화는 집단 간 갈등을 조성한다. 분화된 조직을 통합하거나 인사교류를 통해 갈등을 해소할 수 있다.

26
정답 ④

행정지도는 상대방의 임의적 협력을 구하는 비강제적 행위로, 법적 분쟁을 사전에 회피할 수 있다는 장점이 있다.

오답분석

① 행정지도는 강제력 없이 단순 유도하는 행위로, 이와 관련해 행정주체는 감독권한을 갖지 못한다.
② 행정지도는 비권력적 행위이므로 강제력을 갖지 않는다.
③ 행정주체가 행정객체를 유도하는 행위이므로 행정환경의 변화에 대해 탄력적으로 적용이 가능하다는 것이 행정지도의 장점이다.
⑤ 행정지도는 비권력적 사실행위에 해당한다.

27
정답 ②

성과규제에 대한 설명이다. 관리규제는 수단과 성과가 아닌 과정을 규제하는 것이다.

규제의 유형

유형	내용
성과규제	정부가 사회 문제 해결을 위해서 피규제자에게 목표를 정해주고 이를 달성할 것을 요구하는 규제
수단규제	정부가 사전적으로 목표달성을 위한 기술 등의 수단을 규제
관리규제	수단이나 성과가 아닌 과정을 규제

28
정답 ⑤

신고전적 조직이론의 대표적인 이론인 인간관계론은 인간의 조직 내 사회적 관계를 중시하였으나, 이를 지나치게 중시하여 환경과의 관계를 다루지 못한 한계가 있다. 즉, 신고전적 조직이론은 고전적 조직이론과 마찬가지로 폐쇄적인 환경관을 가진다.

29
정답 ④

책임경영 방식은 정부가 시장화된 방식을 이용하여 직접 공급하는 것을 말한다.

민간위탁 방식

• 계약 : 정부의 책임하에 민간이 서비스를 생산하는 방식이다.
• 면허 : 민간조직에게 일정한 구역 내에서 공공서비스를 제공하는 권리를 인정하는 협정을 체결하는 방식으로, 시민·이용자는 서비스 제공자에게 비용을 지불하며, 정부는 서비스 수준과 질을 규제한다.
• 보조금 : 요건을 구체적으로 명시하기 곤란하거나, 기술적으로 복잡하고, 목표달성 방법이 불확실한 경우 사용한다.
• 바우처 : 금전적 가치가 있는 쿠폰 또는 카드를 제공하는 방식이다.
• 자원봉사 : 직접적인 보수를 받지 않으면서 정부를 위해 봉사하는 사람들을 활용하는 방식이다.
• 자조활동 : 공공서비스의 수혜자와 제공자가 같은 집단에 소속되어 서로 돕는 형식으로 활동하는 방식이다.

30

정부사업에 대한 회계책임을 묻는 데 유용한 예산제도는 품목별 예산제도(LIBS)이다. 성과주의 예산제도는 기능별·활동별 예산제도이므로 의회의 예산통제가 곤란하고, 회계책임을 묻기 어렵다.

31

ㄱ. 행정통제는 통제시기의 적시성과 통제내용의 효율성이 고려되어야 한다(통제의 비용과 통제의 편익 중 편익이 더 커야 한다).
ㄴ. 옴부즈만 제도는 사법통제의 한계를 보완하기 위해 도입되었다.
ㄷ. 선거에 의한 통제와 이익집단에 의한 통제 등은 외부통제에 해당한다.

오답분석

ㄹ. 합법성을 강조하는 통제는 사법통제이다. 사법통제에서 부당한 행위에 대한 통제는 제한된다.

32

신공공관리론은 폭넓은 행정재량권을 중시하고, 신공공서비스론은 재량의 필요성은 인정하나 제약과 책임이 수반된다고 본다. 또한, 신공공관리론은 시장의 책임을 중시하고, 신공공서비스론은 행정책임의 복잡성과 다면성을 강조한다.

33

직무평가란 직무의 각 분야가 기업 내에서 자지하는 상내직가치의 결정으로, 비계량적 평가 방법과 계량적 평가 방법으로 나눌 수 있다. 비계량적 평가 방법에는 서열법과 분류법이 있으며, 계량적 평가 방법에는 점수법과 요소비교법이 있다.

직무평가 방법

구분		내용
계량적	점수법	직무를 구성 요소별로 나누고, 각 요소에 점수를 매겨 평가하는 방법
	요소 비교법	직무를 몇 개의 중요 요소로 나누고, 이들 요소를 기준직위의 평가 요소와 비교하여 평가하는 방법
비계량적	서열법	직원들의 근무 성적을 평정함에 있어 평정 대상자(직원)들을 서로 비교하여 서열을 정하는 방법
	분류법	미리 작성한 등급기준표에 따라 평가하고자 하는 직위의 직무를 어떤 등급에 배치할 것인가를 결정하는 방법

34

주민자치에서의 지방자치단체는 순수한 자치단체이다. 따라서 자치행정기관과 지방행정기관이라는 지방자치단체의 이중적 지위는 단체자치의 특징이므로 옳지 않은 설명이다.

오답분석

④ 주민자치는 자치사무와 위임사무를 구별하지 않으며, 지방정부가 국가의 일선기관으로서의 지위를 갖지 않는다.

주민자치와 단체자치의 비교

구분	주민자치	단체자치
발달·채택 국가	영국, 미국	프랑스, 독일(대륙법계), 일본
자치의 의미	정치적 의미	법률적 의미의 자치
권한부여의 방식	개별적 지정주의	포괄적 수권(예시)주의
자치권의 인식	고유권설	전래권설
자치권의 범위	상대적으로 광범	상대적으로 협소
자치의 초점	지방정부와 주민의 관계	중앙과 지방자치단체의 관계
중앙통제의 방식	입법통제, 사법통제 중심 (중앙통제가 약함)	행정통제 중심 (중앙통제가 강함)
중앙과 지방의 관계	기능적 협력관계	권력적 감독관계
지방정부 형태	기관통합형 (의원내각제식)	기관대립형 (대통령제식)
자치단체의 성격 및 지위	단일적 성격 및 지위 (자치단체)	이중적 성격 및 지위 (자치단체＋국가의 하급행정기관)
자치사무와 위임사무	구분하지 않음 (고유사무만 존재, 위임사무가 존재하지 않음)	엄격히 구분 (고유사무 ＋위임사무)
지방세제 (조세제도)	독립세주의	부가세주의

35

오답분석

ㄴ. X이론은 매슬로의 욕구계층 중 하위욕구를, Y이론은 상위욕구를 중요시한다.
ㄷ. 형평이론은 자신의 노력과 그에 따른 보상이 준거인물과 비교하였을 시 불공정할 때 이를 해소하기 위해 동기가 유발된다고 보았다.

36
정답 ③

품목별 분류는 지출대상별 분류이기 때문에 사업의 성과와 결과에 대한 측정이 어렵다.

[오답분석]
① 기능별 분류는 시민을 위한 분류라고도 하며, 행정수반의 재정정책을 수립하는 데 도움을 준다.
② 조직별 분류는 부처 예산의 전모를 파악할 수 있지만 사업의 우선순위 파악이나 예산의 성과 파악이 어렵다.
④ 경제 성질별 분류는 국민소득, 자본형성 등에 관한 정부활동의 효과를 파악하는 데 유리하다.
⑤ 품목별 분류는 예산집행기관의 신축성을 저해한다.

37
정답 ①

중앙행정기관의 장과 지방자치단체의 장이 사무를 처리할 때 의견을 달리하는 경우 이를 협의·조정하기 위하여 신청에 의해 국무총리 소속으로 행정협의조정위원회를 설치한다. 단, 실질적인 구속력은 없다.

38
정답 ③

[오답분석]
ㄱ. 보수주의 정부관에 따르면 정부에 대한 불신이 강하고 정부실패를 우려한다.
ㄴ. 공공선택론은 정부를 공공재의 생산자로 규정하고 있다. 그러나 대규모 관료제에 의한 행정은 효율성을 극대화하지 못한다고 비판한다.

보수주의 · 진보주의 정부관

구분	보수주의	진보주의
추구하는 가치	• 자유 강조(국가로부터의 자유) • 형식적 평등, 기회의 평등 중시 • 교환적 정의 중시	• 자유를 열렬히 옹호(국가에 의한 자유) • 실질적 평등, 결과의 평등 중시 • 배분적 정의 중시
인간관	• 합리적이고 이기적인 경제인	• 오류 가능성의 여지 인정
정부관	• 최소한의 정부 → 정부 불신	• 적극적인 정부 → 정부 개입 인정
경제 정책	• 규제완화, 세금감면, 사회복지정책의 폐지	• 규제옹호, 소득재분배 정책, 사회보장정책
비고	• 자유방임적 자본주의	• 복지국가, 사회민주주의, 수정자본주의

39
정답 ⑤

ㄱ. 정책오류 중 제2종 오류이다. 정책효과가 있는데 없다고 판단하여 옳은 대안을 선택하지 않는 경우이다.
ㄴ. 정책오류 중 제3종 오류이다. 정책문제 자체를 잘못 인지하여 틀린 정의를 내린 경우이다.
ㄷ. 정책오류 중 제1종 오류이다. 정책효과가 없는데 있다고 판단하여 틀린 대안을 선택하는 경우이다.

정책오류의 유형

제1종 오류	제2종 오류	제3종 오류
올바른 귀무가설을 기각하는 것	잘못된 귀무가설을 인용하는 것	가설을 검증하거나 대안을 선택하는 과정에 있어서는 오류가 없었으나, 정책문제 자체를 잘못 인지하여 정책문제가 해결되지 못하는 것
잘못된 대립가설을 채택하는 것	올바른 대립가설을 기각하는 것	
잘못된 대안을 선택하는 것	올바른 대안을 선택하지 않는 것	
정책효과가 없는데 있다고 판단하는 것	정책효과가 있는데 없다고 판단하는 것	

40
정답 ④

제도를 개인들 간의 선택적 균형에 기반한 결과물로 보는 것은 합리적 선택 제도주의고, 제도를 제도적 동형화과정의 결과물로 보는 것은 사회학적 제도주의이다. 따라서 사회학적 제도주의는 사회문화적 환경에 의해 형성된 제도가 개인의 선호에 영향을 미친다는 이론이다.

01	02	03	04	05	06	07	08	09	10
②	④	②	①	④	①	②	③	⑤	④
11	12	13	14	15	16	17	18	19	20
②	①	①	②	③	④	④	⑤	⑤	③
21	22	23	24	25	26	27	28	29	30
④	⑤	③	②	②	②	①	②	②	①
31	32	33	34	35	36	37	38	39	40
③	⑤	②	②	②	②	①	①	③	①

01 　　　　정답 ②

$$(\text{푸아송 비}) = \frac{l \triangle d}{d \triangle} = \frac{10 \times \triangle d}{0.5 \times 0.1} = 0.2$$

$$\triangle d = \frac{0.2 \times 0.5 \times 0.1}{10} = 0.001\text{m} = 0.1\text{cm}$$

반지름 $\frac{\triangle d}{2} = \frac{0.1}{2} = 0.05$

따라서 강봉의 반지름은 0.05cm 감소한다.

02 　　　　정답 ④

$$I_p = I_x + I_y$$
$$= \frac{bh^3}{12} + \frac{b^3 h}{12}$$
$$= \frac{bh}{12}(b^2 + h^2)$$

03 　　　　정답 ②

처짐 계산을 하지 않는 양단연속보의 최소두께 일반식

$t_{\min} = \frac{l}{21}\left(0.43 + \frac{f_y}{700}\right)(1.65 - 0.00031 m_c \geq 1.09)$에서

보통중량콘크리트이고, $f_y = 400$MPa인 표준상태이므로

$t_{\min} = \frac{l}{21} = \frac{7,000}{21} \fallingdotseq 334$mm이다.

04 　　　　정답 ①

전단탄성계수 공식은 $G = \dfrac{E}{2(1+\nu)}$ 이고, 이를 푸아송 비로

표현하면 다음과 같다.

$$\nu = \frac{E}{2G} - 1 = \frac{230,000}{2(60,000)} - 1 \fallingdotseq 0.917\text{이다.}$$

따라서 금속의 푸아송 비(ν)는 약 0.917이다.

05 　　　　정답 ④

$\tau = \mu \cdot \dfrac{dV}{dy}$ 이므로 $0.01 \times \dfrac{200}{0.5} = 4$이다.

따라서 전단응력은 4N/cm^{2}이다.

06 　　　　정답 ①

교차로의 면적은 가능한 한 최소가 되도록 설계해야 한다.

> **평면교차로의 설계 기본 원칙**
> • 다섯 갈래 이상의 여러 갈래 교차로를 설치하지 않는다.
> • 교차각은 직각에 가깝게 90° 기준으로 ±15°로 한다.
> • 엇갈림교차, 굴절교차 등의 변형교차는 피한다.
> • 교통류의 주종관계를 명확하게 한다.
> • 서로 다른 교통류는 분리한다.
> • 자동차의 유도로를 명확히 지시한다.
> • 교차로의 면적은 가능한 최소가 되도록 한다.
> • 교차로의 기하구조와 교통관제방법이 조화를 이루도록 한다.
> • 각종 교통안전시설 설치에 유의한다.

07 　　　　정답 ②

$K_{cr} = 210$

$$= 500 \times \left(\frac{K_{cr}}{\frac{2}{3} \times 500}\right) = 500 \times \frac{210}{333.333} \fallingdotseq 315.00\text{mm}$$

따라서 휨철근의 중심간격(s)은 315.00mm 이하여야 한다.

08　정답 ③

최소일의 원리란 외력을 받고 있는 부정정 구조물의 각 부재에 의하여 발생한 내적인 일(Work)은 평형을 유지하기 위하여 필요한 최소의 일이라는 것이다. 최소일의 원리를 일반식으로 나타내면 다음과 같다.

$$\delta_i = \frac{\partial U}{\partial P_i} = \int \frac{M}{EI}\left(\frac{\partial M}{\partial P_i}\right)dx = 0$$

09　정답 ⑤

도로의 종류와 등급(도로법 제10조)

도로의 종류는 다음 각 호와 같고, 그 등급은 다음 각 호에 열거한 순서와 같다.

1. 고속국도(고속국도의 지선 포함)
2. 일반국도(일반국도의 지선 포함)
3. 특별시도(特別市道)·광역시도(廣域市道)
4. 지방도
5. 시도
6. 군도
7. 구도

10　정답 ④

압밀 진행 중인 흙의 성질(압밀계수, 투수계수, 체적변화계수)은 변하지 않는다.

11　정답 ②

1) 건조단위중량(γ_d)

$$\gamma_d = \frac{\gamma_t}{1+\frac{w}{100}} = \frac{2.0}{1+\frac{20}{100}} \fallingdotseq 1.67\text{g/cm}^3$$

2) 간극비(e)

$$e = \frac{G_s \cdot \gamma_w}{\gamma_d} - 1 = \frac{2.70 \times 1}{1.67} - 1 \fallingdotseq 0.62$$

3) 포화도(S)

$$S = \frac{w}{e} \cdot G_s = \frac{20}{0.62} \times 2.70 \fallingdotseq 87.10\%$$

따라서 포화도는 약 87.1%이다.

12　정답 ①

$$\lambda = \frac{f_{sp}}{0.56\sqrt{f_{ck}}} = \frac{2.4}{0.56\sqrt{25}} \fallingdotseq 0.85714 \leq 1.0$$

13　정답 ①

서비스 수준 F는 교통 수요가 교통 용량을 넘어서서 통행이 와해된 상태를 말하며 다음과 같은 곳에서 발생한다.

- 교통사고로 인하여 용량이 일시적으로 감소하는 곳
- 도착 교통량이 그 지점을 통과할 수 있는 교통량보다 많은 곳
- 합류부, 엇갈림 구간, 차로 축소 지점 등 기하구조상 혼잡이 자주 일어나는 곳
- 첨두시간 교통량이 용량을 초과하는 지점

14　정답 ②

물체의 중심선으로 회전시켜 모멘트의 값이 클 때의 짧은 폭은 S, 긴 폭은 L이다.

$$w_{ab} = \frac{L^4}{S^4 + L^4} \times w = \frac{L^4}{(0.5L)^4 + L^4} \times w = 0.941w$$

15　정답 ③

$f_{ck} \leq 40\text{MPa}, \ \triangle f = 4\text{MPa}$

$E_e = 8,500 \times \sqrt[3]{f_{ck}}$ 의 식을 사용하면 다음과 같다.

$E_e = 8,500 \times \sqrt[3]{(38+4)} \fallingdotseq 29,546.226\text{MPa}$

$\quad = 2.9546 \times 10^4 \text{MPa}$

16　정답 ④

공항의 활주로 등 작용하중이 큰 도로는 프리스트레스트 포장 시공이 적절하다.

17　정답 ④

표준관입시험(SPT)의 목적으로는 현장 지반의 강도를 추정(N값)하고, 흐트러진 시료를 채취하는 것이다. 표준관입시험으로는 흐트러지지 않은 시료를 얻을 수 없다.

18　정답 ⑤

점토 광물의 비교

점토 광물	공학적 안정성	활성도 (A)	팽창 수축성	점토
Kaolinite	안정	A<0.75	작음	비활성
Illite	보통	0.75≤A ≤1.25	보통	보통
Montmorillonite	불안정	A>1.25	큼	활성

19 　　정답 ⑤

$\sum F_y = 0, \ (F_A + F_y)\cos 60° = P$

$2F_B\cos 60° = 1$

$\therefore \ F_B = 1\text{t}$

$\sum F_x = 0, \ F_A\sin 60° = F_B\sin 60°$

$\therefore \ F_A = F_B$

(A)는 $\dfrac{P}{2}$만큼의 하중을 한 끈이 지탱한다.

(B)는 $0.707P$만큼의 하중을 한 끈이 지탱한다.
(C)는 P만큼의 하중을 한 끈이 지탱한다.
따라서 한 끈이 받는 힘의 크기를 순서대로 나열하면 (C)>
(B)>(A)이다.

20 　　정답 ③

도로의 횡단구성 시 고려사항
• 계획도로 기능
• 교통처리능력
• 교통의 안정성 및 효율성
• 자전거도로와 보행로의 분리
• 생활환경보전
• 도로의 유지관리
• 도시경관 확보

21 　　정답 ④

$\sigma_{\max} = \dfrac{P}{A}\left(1 + \dfrac{e_x}{e_{x_{\max}}} + \dfrac{e_y}{e_{y_{\max}}}\right)$

$\quad\ = \dfrac{200}{5\times 4}\left(1 + \dfrac{6\times 0.5}{5} + \dfrac{6\times 0.8}{4}\right)$

$\quad\ = 28\text{kPa}$

22 　　정답 ⑤

강도증진을 목적으로 하는 도로 토공의 경우 건조측 다짐이,
차수를 목적으로 하는 심벽재의 경우 습윤측 다짐이 바람직
하다.

23 　　정답 ③

$P = \dfrac{AE}{l}\delta = \dfrac{1\times 2.1\times 10^4}{100}\times 1 = 210\text{kN}$

따라서 철근의 허용하중 P는 210kN이다.

24 　　정답 ②

$R_A = \dfrac{3}{8}wl, \ R_B = \dfrac{5}{8}wl$

$R_A = \dfrac{3}{8}\times 2\times 10 = 7.5\text{t}$

따라서 A지점의 반력은 7.5t이다.

25 　　정답 ②

$M_B = -\{(4\times 2) + (2\times 0.5)\} = -9\text{t}\cdot\text{m}$

따라서 지점 B에서 최대 휨모멘트는 $-9\text{t}\cdot\text{m}$이다.

26 　　정답 ②

공액 보법 이용

실제 보의 $\theta_i = \dfrac{M}{EI}$ 도를 하중으로 실은 공액보에서의 V_i이다.

$\therefore \ \theta_B = \dfrac{1}{3}(l)\left(\dfrac{wl^2}{2EI}\right) = \dfrac{wl^3}{6EI}$

27 　　정답 ①

오일러의 좌굴 공식 $P_{cr} = \dfrac{\pi^2 EI}{(2L)^2}$ 에서 L_1과 L_2를 구하면
다음과 같다.

$L_1 = \sqrt{\dfrac{\pi^2 EI}{4P_{cr}}} = \sqrt{\dfrac{\pi^2\times 2,100,000\times\dfrac{10\times 5^3}{12}}{4\times 20,000}}$

$\quad\ \fallingdotseq 164\text{cm} = 1.64\text{m}$

$L_2 = \sqrt{\dfrac{\pi^2 EI}{4P_{cr}}} = \sqrt{\dfrac{\pi^2\times 2,100,000\times\dfrac{5\times 10^3}{12}}{4\times 20,000}}$

$\quad\ \fallingdotseq 328\text{cm} = 3.28\text{m}$

따라서 단면 2차 모멘트(I)가 작은 값을 택하므로 약 1.64m
이다.

28 　　정답 ②

S.F.D가 2차 이상의 함수이므로 하중은 1차 이상의 함수이다.

29

정답 ②

$$\triangle B = \frac{1}{2} \times x \times Px \times \frac{2}{3}x = 4\delta = 4 \times \frac{Pl^3}{3EI}$$

$$\therefore x = \sqrt[3]{4l} \fallingdotseq 1.6l$$

30

정답 ①

오답분석

② 보조기층 : 도로 포장에서 노상 위에 놓이는 층으로, 상부에서 전달되는 교통하중을 분산시켜 노상에 고르게 전달하는 층이다.

③ 콘크리트 슬래브 : 건축에서 구조물의 바닥이나 천장을 구성하는 수평에 가까운 구조 부재로, 하중을 지지하는 가장 중요한 층이다.

④ 노상 : 도로 포장 아래 두께 1m 이내의 토양층이다.

⑤ 입도조정기층 : 표층과 보조기층 사이에 있는 층으로, 가해지는 교통하중을 지지하는 역할을 한다.

31

정답 ③

$$I_y = \frac{b^3 h}{12} = \frac{10^3 \times 20}{12} \fallingdotseq 1,667\text{cm}^4$$

따라서 y축에 대한 단면 2차 모멘트의 값은 약 $1,667\text{cm}^4$이다.

32

정답 ⑤

최대 휨모멘트 지점은 전단력이 0인 곳이다.

$$M_B = 0, \ R_A \times l - w \times \frac{l}{2} \times \frac{3}{4}l = 0 \rightarrow R_A = \frac{3}{8}wl$$

$$\frac{3}{8}wl - w \times x = 0$$

$$\therefore x = \frac{3}{8}l$$

따라서 최대 휨모멘트가 생기는 단면은 $\frac{3}{8}l$이다.

33

정답 ②

$$\sum M_F = \sum M_p = 0의 \text{ 식을 이용하면 된다.}$$

따라서 $F = 400\text{kg}, \ P = 200\text{kg}$이다.

34

정답 ②

$$\sum F_y = 0에서 \ F_{CB} = F_{AB}$$

$$\sum F_y = 0에서 \ F_{CB}\sin 30° + F_{AB}\sin 30° - 2 = 0$$

$$2F_{CB}\sin 30° = 2$$

$$\therefore F_{CB} = 2\text{t}$$

따라서 부재력은 2t이다.

35

정답 ②

설계시간교통량(DHV; Design Hourly Volume)은 도로의 계획목표연도에 그 도로를 통행할 것으로 예상되는 1시간 교통량을 말한다.

36

정답 ②

전단력도에서 어느 점의 기울기는 그 점의 하중 강도이다.

$$w = \frac{400 + 400}{4} = 200\text{kg/m}$$

따라서 등분포하중(w)의 크기는 200kg/m이다.

37

정답 ①

$$\tau = \frac{VQ}{Ib}$$

$$I = \frac{bh^3}{12} = \frac{1}{12}(40 \times 60^3 - 30 \times 50^3) = 407,500\text{cm}^4$$

$$Q = 40 \times 5 \times (25 + 2.5) = 5,500\text{cm}^3$$

$$\therefore \tau = \frac{6,000 \times 5,500}{407,500 \times 10} = 8.10\text{kg/cm}^2$$

38

정답 ①

보의 강도가 증가하면 탄성계수가 증가하고, 탄성계수가 증가하면 처짐은 감소한다. 따라서 보의 강도는 처짐에 영향을 준다.

39

정답 ③

AB부재에서 $M_{B1} = \frac{\omega(2L)^2}{8} = \frac{\omega L^2}{2} = 2M(+)$이고,

BC부재에서 $M_{B2} = \frac{2\omega L^2}{4} = \frac{\omega L^2}{4} = M(-)$이다.

두 부재의 분배비는 $1 : 2$이므로

$$M_B = 2M - (2M - M) \times \frac{1}{3} = \frac{\omega L^2}{2} - \frac{\omega L^2}{12} = \frac{5\omega L^2}{12}$$이다.

40

정답 ①

$$\sigma_a = \frac{My}{I} = \frac{6M}{bh^2}$$

$$\therefore h = \sqrt{\frac{6M}{b \cdot \sigma_a}} = \sqrt{\frac{6 \times 8,000 \times 100}{25 \times 120}} = 40\text{cm}$$

PART 3

최종점검 모의고사

01	02	03	04	05	06	07	08	09	10	11	12	13	14	15	16	17	18	19	20
①	③	②	③	①	③	④	②	④	④	③	①	③	④	②	③	④	②	④	③
21	22	23	24	25	26	27	28	29	30	31	32	33	34	35	36	37	38	39	40
④	①	④	④	②	③	④	④	③	④	④	②	②	①	①	①	③	②	①	④
41	42	43	44	45	46	47	48	49	50	51	52	53	54	55	56	57	58	59	60
③	②	④	④	④	④	③	③	④	④	③	③	④	①	④	④	④	③	④	②

01   내용 추론

정답   ①

제시문은 언론의 '의제설정기능'과 반대 개념인 시민들의 '역의제설정'에 대한 글이다. 역의제설정은 일반 시민들이 SNS를 통해 문제를 제기하고, 전통적 언론에서 뒤늦게 그 문제에 대해 보도하는 현상을 말한다. 따라서 SNS를 통해 일반 시민들의 의제설정이 가능해졌음을 알 수 있다.

오답분석

㉠ 언론의 영향력이 약화되고 있지만 현대의 전통적 언론도 의제설정기능을 수행할 수는 있다.
㉢ 현대의 언론은 과거의 언론에 비해 의제설정기능의 역할이 약하다.
㉣ SNS로 인해 역의제설정 현상이 강해지고 있다.

02   빈칸 삽입

정답   ③

차로 유지기능을 작동했을 때 운전자가 직접 운전을 해야 했던 '레벨 2'와 달리 '레벨 3'은 운전자가 직접 운전하지 않아도 긴급 상황에 대응할 수 있는 자동 차로 유지기능이 탑재되어 있다. 이러한 '레벨 3' 안전기준이 도입된다면, 지정된 영역 내에서 운전자가 직접 운전하지 않고도 주행이 가능해질 것이다. 따라서 빈칸에 들어갈 내용으로 운전자가 운전대에서 손을 떼고도 자율주행이 가능해진다는 ③이 가장 적절하다.

오답분석

① 레벨 3 부분자율주행차는 운전자 탑승이 확인된 후에만 작동할 수 있다.
②·④ 제시문에서는 레벨 3 부분자율주행차의 자동 차로 유지기능에 대해 이야기하고 있으며, 자동 속도 조절이나 차량 간 거리 유지기능에 대해서는 제시문을 통해 알 수 없다.

03   한자성어

정답   ②

'청출어람(靑出於藍)'은 '푸른색은 쪽에서 나왔지만 쪽빛보다 더 푸르다.'라는 뜻으로, 제자가 스승보다 더 나음을 비유적으로 이르는 한자성어이다.

오답분석

① 갑남을녀(甲男乙女) : '갑이라는 남자와 을이라는 여자'라는 뜻으로, 신분이나 이름이 알려지지 아니한 그저 평범한 사람들을 이르는 한자성어이다.
③ 온고지신(溫故知新) : '옛것을 익히고 그것을 미루어서 새것을 안다.'라는 뜻으로, 과거 전통과 역사가 바탕이 된 후에 새로운 지식이 습득되어야 제대로 된 앎이 될 수 있음을 이르는 한자성어이다.

④ 타산지석(他山之石) : '다른 산의 돌'이라는 뜻으로, 다른 사람의 하찮은 언행이라도 자기의 지덕을 닦는 데 도움이 됨을 비유적으로 이르는 한자성어이다.

04 어휘   정답 ③

제시문의 내용에 따르면 ⓒ에는 관심이나 영향이 미치지 못하는 범위를 비유적으로 이르는 말인 '사각(死角)'이 사용되어야 한다.
• 사각(四角) : 네 개의 각으로 이루어진 모양. 또는 그런 도형

오답분석

① 창안(創案) : 어떤 방안, 물건 따위를 처음으로 생각하여 냄 또는 그런 생각이나 방안
② 판정(判定) : 판별하여 결정함
④ 종사(從事) : 어떤 일을 일삼아서 함

05 문단 나열   정답 ①

제시된 문단은 신탁 원리의 탄생 배경인 12세기 영국의 상황에 대해 이야기하고 있다. 따라서 이어지는 내용은 (가) 신탁 제도의 형성과 위탁자, 수익자, 수탁자의 관계 등장 – (다) 불안정한 지위의 수익자 – (나) 적극적인 권리 행사가 허용되지 않는 연금 제도에 기반한 신탁 원리 – (라) 연금 운용 권리를 현저히 약화시키는 신탁 원리와 그 대신 부여된 수탁자 책임의 문제점 순서로 나열해야 한다.

06 내용 추론   정답 ③

찬성 측은 공공 자전거 서비스 제도의 효과에 대해 예상하고 있지만 구체적인 근거를 제시하고 있지는 않다.

오답분석

① 반대 측은 자전거를 이용하지 않는 사람들도 공공 자전거 서비스 제도에 필요한 비용을 지불해야 하므로 형평성의 문제가 발생할 수 있다고 보았다.
② 반대 측은 찬성 측의 공공 자전거 서비스는 사람들 모두가 이용할 수 있다는 주장에 대해 '물론 그렇게 볼 수도 있습니다만'과 같이 대답하며 찬성 측의 주장을 일부 인정하고 있다.
④ 반대 측은 공공 자전거 서비스 제도로 인해 도로에 자전거와 자동차가 섞이게 되는 상황을 예상하면서 찬성 측의 주장에 대해 의문을 제기하고 있다.

07 문서 내용 이해   정답 ④

두 번째 문단에서 굴절파는 지하의 깊이와는 상관없이 매질의 성격에 따라 이동하는 속도가 달라진다고 언급하고 있다.

08 글의 제목   정답 ②

제시된 기사에서는 고속도로 노면 및 휴게소 청소, 터널 내 미세먼지 저감시설 설치 등 고속도로의 미세먼지를 줄이기 위한 한국도로공사의 다양한 대책들에 대해 설명하고 있다. 따라서 이러한 내용을 모두 포함하는 ②가 기사의 제목으로 가장 적절하다.

오답분석

①·③ 기사에서 미세먼지의 발생 원인이나 문제점에 대한 내용은 찾아볼 수 없다.
④ 휴게소의 개선방안은 한국도로공사의 다양한 대책 중 하나이므로 기사의 전체 내용을 포괄하는 제목으로 적절하지 않다.

09 맞춤법   정답 ④

'-데'는 경험한 지난 일을 돌이켜 말할 때 쓰는, 즉 회상을 나타내는 종결어미이다. '-대'는 '다(고)해'의 준말로, 화자가 문장 속의 주어를 포함한 다른 사람으로부터 들은 이야기를 청자에게 간접적으로 전달하는 의미를 갖고 있다. 따라서 ④에서는 영희에게 들은 말을 청자에게 전달하는 의미로 쓰였으므로 '맛있대'가 되어야 한다.

10 | 문단 나열 | 정답 ④

제시문은 무협 소설에서 나타나는 '협(俠)'의 정의와 특징에 대하여 설명하고 있다. 따라서 (라) 무협 소설에서 나타나는 협의 개념 – (다) 협으로 인정받기 위한 조건 중 하나인 신의 – (가) 협으로 인정받기 위한 추가적인 조건 – (나) 앞선 사례를 통해 나타나는 협의 원칙과 정의의 순서로 나열해야 한다.

11 | 빈칸 삽입 | 정답 ③

- (가) : 빈칸 앞 문장은 어려워질 경제 상황이 특정인들에게는 새로운 기회가 될 수도 있다는 내용이고, 뒤 문장은 특정인에게만 유리한 상황이 비효율적이라는 부정적인 내용이다. 따라서 ⓒ이 가장 적절하다.
- (나) : 빈칸을 제외한 문단의 내용이 집단 차원에서의 다양성 확보의 중요성을 주장하고, 그 근거로 반대 경우의 피해 사례를 제시하고 있으므로 ⓗ이 가장 적절하다.
- (다) : 빈칸을 제외한 문단의 내용이 유전자 다양성 확보 시의 단점에 대한 내용이므로, '그럼에도 불구하고 다양성 확보가 중요한 이유'로 글을 마무리 하는 ⓒ이 가장 적절하다.

12 | 글의 제목 | 정답 ①

제시문은 급격하게 성장하는 호주의 카셰어링 시장을 언급하면서 이러한 성장 원인에 대해 분석하고 있으며, 호주 카셰어링 시장의 성장 가능성과 이에 따른 전망을 이야기하고 있다. 따라서 글의 제목으로 ①이 가장 적절하다.

13 | 문서 내용 이해 | 정답 ③

세 번째 문단에 따르면 호주에서 차량 2대를 소유한 가족의 경우 차량 구매 금액을 비롯하여 차량 유지비에 쓰는 비용만 최대 연간 18,000호주 달러에 이른다고 하였다. 이처럼 차량 유지비에 대한 부담이 크기 때문에 차량 유지비가 들지 않는 카셰어링 서비스를 이용하려는 사람이 늘어나고 있다.

14 | 문서 내용 이해 | 정답 ④

임마누엘 칸트는 단순히 이 세상의 행복을 얻으려는 욕심의 지배를 받아 이를 실천의 원리로 삼는 것을 악으로 규정했을 뿐, 행복 그 자체를 악으로 판단하지는 않았다.

15 | 어휘 | 정답 ②

ⓐ 고독하다 : 세상에 홀로 떨어져 있는 듯이 매우 외롭고 쓸쓸하다.
ⓒ 고혈하다 : 가족이나 친척이 없어 외롭다.
ⓜ 외롭다 : 홀로 되거나 의지할 곳이 없어 쓸쓸하다.

[오답분석]

ⓑ 후미지다 : 아주 구석지고 으슥하다.
ⓔ 혼란스럽다 : 보기에 뒤죽박죽이 되어 어지럽고 질서가 없는 데가 있다.
ⓗ 뒤숭숭하다 : 느낌이나 마음이 어수선하고 불안하다.

16 | 응용 수리 | 정답 ③

작년의 남학생 수와 여학생 수를 각각 a, b명이라 하면 다음과 같이 정리할 수 있다.
- 작년의 전체 학생 수 : $a+b=820 \cdots$ ⓐ
- 올해의 전체 학생 수 : $1.08a+0.9b=810 \cdots$ ⓑ
ⓐ과 ⓑ을 연립하면 $a=400$, $b=420$이다.
따라서 작년의 여학생 수는 420명이다.

17 응용 수리

처음 소금의 양은 $0.05 \times 800 = 40g$이다. 여기에 30g의 소금을 더 넣었으므로 총 소금의 양은 70g이다.

이때 증발한 물의 양을 xg이라 하면 다음과 같은 식이 성립한다.

$$\frac{40+30}{800+30-x} \times 100 = 14$$

$$\rightarrow 14 \times (830-x) = 7,000$$

$$\rightarrow 830-x = 500$$

$$\therefore x = 330$$

따라서 증발한 물의 양은 330g이다.

18 응용 수리

• 어른들이 원탁에 앉는 경우의 수 : $(3-1)! = 2$가지
• 어른들 사이에 아이들이 앉는 경우의 수 : $3! = 6$가지

따라서 원탁에 앉을 수 있는 모든 경우의 수는 $2 \times 6 = 12$가지이다.

19 응용 수리

주어진 문제의 조건을 표로 정리하면 다음과 같다.

구분	뮤지컬 좋아함(명)	뮤지컬 안 좋아함(명)	합계(명)
남학생	24	26	50
여학생	16	14	30
합계	40	40	80

따라서 뮤지컬을 안 좋아하는 학생을 골랐을 때 그 학생이 여학생일 확률은 $\frac{14}{40} = \frac{7}{20}$이다.

20 응용 수리

가현이가 수영한 속력을 xm/s, A지점에서 B지점까지의 거리를 ym, 강물의 속력을 zm/s라고 하자.

가현이가 강물이 흐르는 방향으로 가는 속력은 $(x+z)$m/s, 반대방향으로 거슬러 올라가는 속력은 $(x-z)$m/s이고, 강물이 흐르는 방향으로 수영할 때 걸린 시간이 반대방향으로 거슬러 올라가며 걸린 시간의 0.2배라고 하였으므로 다음과 같은 식이 성립한다.

$$\frac{y}{x+z} = \frac{y}{x-z} \times 0.2$$

$$\rightarrow 10(x-z) = 2(x+z)$$

$$\rightarrow 2x = 3z$$

$$\therefore x = \frac{3}{2}z$$

따라서 가현이가 수영한 속력 xm/s는 강물의 속력 zm/s의 1.5배이다.

21 자료 계산

A, B, C팀의 인원수를 각각 a, b, c명이라고 하면 A, B팀의 인원수 합은 다음과 같다.

$a+b=80 \cdots \bigcirc$

A팀의 총점은 $40a$점이고, B팀의 총점은 $60b$점이므로 다음 식이 성립한다.

$40a+60b=80 \times 52.5 = 4,200 \rightarrow 2a+3b=210 \cdots \bigcirc$

$\bigcirc$과 $\bigcirc$을 연립하면 $a=30$, $b=50$이고, $b+c=120 \rightarrow c=70$이므로 (가)에 들어갈 값은 100이다.

C+A의 총점은 $(70 \times 90) + (30 \times 40) = 7,500$점이고, $c+a=100$이므로 (나)에 들어갈 값은 $\frac{7,500}{100} = 75.0$이다.

22 자료 계산 정답 ①

- 남자의 고등학교 진학률 : $\frac{861,517}{908,388} \times 100 = 94.8\%$

- 여자의 고등학교 진학률 : $\frac{838,650}{865,323} \times 100 = 96.9\%$

23 자료 계산 정답 ④

공립 중학교의 성별 졸업자 수가 알려져 있지 않으므로 계산할 수 없다.

24 자료 이해 정답 ④

현재기온이 가장 높은 지역인 수원은 이슬점 온도는 가장 높지만, 습도는 65%로 백령도, 인천, 파주, 강화 지역보다 낮으므로 옳지 않다.

[오답분석]
① 파주의 시정은 20km로 가장 좋다.
② 수원은 이슬점 온도와 불쾌지수 모두 가장 높은 지역이다.
③ 불쾌지수가 70을 초과한 지역은 수원과 동두천으로 2곳이다.

25 자료 이해 정답 ③

2019년과 2024년을 비교했을 때, 국유지 면적의 차이는 $24,087-23,033=1,054km^2$이고, 법인 면적의 차이는 $6,287-5,207=1,080km^2$이므로 법인 면적의 차이가 더 크다.

[오답분석]
① 국유지 면적은 매년 증가하고, 민유지 면적은 매년 감소하는 것을 확인할 수 있다.
② 전년 대비 2020 ~ 2024년 군유지 면적의 증가량은 다음과 같다.
- 2020년 : $4,788-4,741=47km^2$
- 2021년 : $4,799-4,788=11km^2$
- 2022년 : $4,838-4,799=39km^2$
- 2023년 : $4,917-4,838=79km^2$
- 2024년 : $4,971-4,917=54km^2$
따라서 군유지 면적의 증가량은 2023년에 가장 많다.
④ 전체 국토면적은 매년 증가하고 있는 것을 확인할 수 있다.

26 자료 이해 정답 ②

처리 건수 중 인용 건수 비율을 구하면 2021년에 $\frac{3,667}{32,737} \times 100 = 11.20\%$이고, 2024년에 $\frac{3,031}{21,080} \times 100 = 14.38\%$이므로 그 차이는 $14.38-11.20=3.18\%p$이다.

[오답분석]
ㄱ. 기타처리 건수의 전년 대비 감소율은 다음과 같다.
- 2022년 : $\frac{12,871-16,674}{16,674} \times 100 = -22.81\%$
- 2023년 : $\frac{10,166-12,871}{12,871} \times 100 = -21.02\%$
- 2024년 : $\frac{8,204-10,166}{10,166} \times 100 = -19.30\%$
따라서 기타처리 건수의 전년 대비 감소율은 매년 감소하였다.

ㄷ. 처리 건수 대비 조정합의 건수의 비율은 2022년에 $\frac{2,764}{28,744} \times 100 = 9.62\%$로, 2023년의 $\frac{2,644}{23,573} \times 100 = 11.22\%$보다 낮다.

ㄹ. 조정합의 건수 대비 의견표명 건수 비율은 2021년에 $\frac{467}{2,923} \times 100 = 15.98\%$, 2022년에 $\frac{474}{2,764} \times 100 = 17.15\%$, 2023년에

$\frac{346}{2,644} \times 100 = 13.09\%$, 2024년에 $\frac{252}{2,567} \times 100 = 9.82\%$이다. 조정합의 건수 대비 의견표명 건수 비율이 높은 순서로 나열

하면 2022년 – 2021년 – 2023년 – 2024년이다. 또한, 평균처리일이 짧은 순서로 나열하면 2022년 – 2024년 – 2021년 –

2023년이다. 따라서 평균처리일이 짧은 해일수록 조정합의 건수 대비 의견표명 건수 비율이 높다는 설명은 옳지 않다.

27 자료 계산   정답 ③

• 관리직의 구직 대비 구인률 : $\frac{993}{2,951} \times 100 = 34\%$

• 음식서비스 관련직의 구직 대비 취업률 : $\frac{458}{2,936} \times 100 = 16\%$

따라서 두 비율의 차이는 34 – 16 = 18%p이다.

28 자료 이해   정답 ④

구직 대비 취업률이 25% 이상이려면 취업 인원을 4배한 값이 구직 인원보다 커야 한다. 733×4 = 2,932 < 3,083이므로 25% 이하이
다. 따라서 ④는 옳지 않은 설명이다.

29 자료 이해   정답 ④

평균근속연수는 2019년 이후 지속적으로 감소하고 있으며, 남성 직원이 여성 직원보다 재직기간이 길다.

오답분석
① 기본급은 2022년에 전년 대비 감소하였다.
② 2024년에는 남성 직원과 여성 지원의 1인당 평균 보수액이 같다.
③ 1인당 평균 보수액의 증감 추이는 '증가 – 감소 – 감소 – 증가 – 감소'이므로 옳지 않은 설명이다.

30 자료 이해   정답 ③

원 그래프는 일반적으로 내역이나 내용의 구성비를 원을 분할하여 나타내므로 월 급여에서 항목별 구성비를 나타내기 적절하다.

오답분석
① 점 그래프 : 종축과 횡축에 2요소를 두고, 보고자 하는 것이 어떤 위치에 있는가를 알고자 할 때 쓴다.
② 방사형 그래프 : 원 그래프의 일종으로 레이더 차트, 거미줄 그래프라고도 한다. 비교하는 수량을 직경 또는 반경으로 나누어
   원의 중심에서의 거리에 따라 각 수량의 관계를 나타내는 그래프이다. 대표적으로 비교하거나 경과를 나타내는 용도로 활용된다.
④ 막대 그래프 : 비교하고자 하는 수량을 막대 길이로 표시하고 그 길이를 비교하여 각 수량 간의 대소 관계를 나타내는 것이다.
   가장 간단한 형태이며, 선 그래프와 같이 각종 그래프의 기본을 이룬다. 주로 내역·비교·경과·도수 등을 표시하는 용도로
   쓰인다.

31 명제 추론   정답 ④

제시된 조건을 순서대로 논리 기호화하여 정리하면 다음과 같다.
• 첫 번째 조건 : (~연차 ∨ 출퇴근) → 주택
• 두 번째 조건 : 동호회 → 연차
• 세 번째 조건 : ~출퇴근 → 동호회
• 네 번째 조건 : (출퇴근 ∨ ~연차) → ~동호회

먼저 두 번째 조건의 경우, 동호회행사비 지원을 도입할 때에만이라는 한정 조건이 있으므로 역(연차 → 동호회) 또한 참이다. 만약 동호회행사비를 지원하지 않는다고 가정하면, 두 번째 조건의 역의 대우(~동호회 → ~연차)와 세 번째 조건의 대우(~동호회 → 출퇴근)에 따라 첫 번째 조건이 참이 되므로, 출퇴근교통비 지원과 주택마련자금 지원을 도입하게 된다. 그러나 다섯 번째 조건에 따라 주택마련자금 지원을 도입했을 때 다른 복지제도를 도입할 수 없으므로 모순이 발생한다. 그러므로 동호회행사비 지원을 도입한다. 동호회행사비 지원을 도입한다면, 네 번째 조건의 대우[동호회 → (~출퇴근 ∧ 연차)]에 따라 출퇴근교통비 지원은 도입되지 않고, 연차 추가제공은 도입된다. 그리고 다섯 번째 조건의 대우에 따라 주택마련자금 지원은 도입되지 않는다.

따라서 D사가 도입할 복지제도는 동호회행사비 지원과 연차 추가제공 2가지이다.

32 명제 추론 정답 ②

두 번째 조건과 다섯 번째 조건 그리고 마지막 조건에 따라 회계직인 D는 미국 서부의 해외사업본부로 배치된다.

33 명제 추론 정답 ②

주어진 조건에 따르면 가능한 경우는 총 2가지로 다음과 같다.

구분	인도네시아	미국 서부	미국 남부	칠레	노르웨이
경우 1	B	D	A	C	E
경우 2	C	D	B	A	E

㉠ 경우 2에서 C가 인도네시아에 배치되면 B는 미국 남부에 배치된다.
㉣ 경우 1, 2 모두 노르웨이에는 항상 회계직인 E가 배치된다.

오답분석

㉡ 경우 1에서 A가 미국 남부에 배치되면 C는 칠레에 배치된다.
㉢ 경우 1에서 A는 미국 남부에 배치된다.

34 자료 해석 정답 ①

세 번째와 다섯 번째 정보로부터 A사원은 야근을 3회, 결근을 2회 하였고, 네 번째와 마지막 정보로부터 B사원은 지각을 2회, C사원은 지각을 3회 하였음을 알 수 있다. C사원의 경우 지각을 3회 하였으므로 결근과 야근을 각각 1회 또는 2회 하였는데, 근태 총 점수가 −2점이므로 지각에서 −3점, 결근에서 −1점, 야근에서 +2점을 얻어야 한다. 마지막으로 B사원은 결근을 3회, 야근을 1회 하여 근태 총 점수가 −4점이 된다. 이를 표로 정리하면 다음과 같다.

(단위 : 회)

구분	A	B	C	D
지각	1	2	3	1
결근	2	3	1	1
야근	3	1	2	2
근태 총 점수(점)	0	−4	−2	0

따라서 C사원이 지각을 가장 많이 하였다.

35 자료 해석 정답 ①

34번 표를 참고하면 A사원과 B사원이 지각보다 결근을 많이 하였음을 알 수 있다.

36 규칙 적용　　정답 ①

먼저 16진법으로 표현된 수를 10진법으로 변환하여야 한다.

$43 = 4 \times 16 + 3 = 67$

$41 = 4 \times 16 + 1 = 65$

$54 = 5 \times 16 + 4 = 84$

변환된 수를 아스키 코드표를 이용하여 해독하면 67=C, 65=A, 84=T임을 확인할 수 있다.

따라서 철수가 장미에게 보낸 문자의 의미는 'CAT'이다.

37 명제 추론　　정답 ③

ⅰ) 월요일에 진료를 하는 경우 첫 번째 조건에 의해 수요일에 진료를 하지 않는다. 그러면 마지막 조건에 의해 금요일에 진료를 한다. 또한, 세 번째 조건의 대우에 의해 화요일에 진료를 하지 않는다. 따라서 월요일, 금요일에 진료를 한다.

ⅱ) 월요일에 진료를 하지 않는 경우 두 번째 조건에 의해 화요일에 진료를 한다. 그러면 세 번째 조건에 의해 금요일에 진료를 하지 않는다. 또한, 마지막 조건의 대우에 의해 수요일에 진료를 한다. 따라서 화요일, 수요일에 진료를 한다.

38 SWOT 분석　　정답 ②

ㄱ. LNG 구매력이 우수하다는 강점을 이용해 북아시아 가스관 사업이라는 기회를 활용하는 것은 SO전략에 해당한다.

ㄷ. 수소 자원 개발이 고도화되고 있는 기회를 이용하여 높은 공급단가라는 약점을 보완하는 것은 WO전략에 해당한다.

오답분석

ㄴ. 북아시아 가스관 사업은 강점이 아닌 기회에 해당하므로 ST전략에 해당한다고 볼 수 없다.

ㄹ. 높은 LNG 확보 능력이라는 강점을 이용해 높은 가스 공급단가라는 약점을 보완하려는 것은 WT전략에 해당한다고 볼 수 없다.

39 자료 해석　　정답 ①

1～3순위 품목을 20세트 구매할 경우 배송비를 제외한 총금액은 다음과 같다.

• 1순위 : 소고기 → 62,000×20×0.9=1,116,000원

• 2순위 : 참치 → 31,000×20×0.9=558,000원

• 3순위 : 돼지고기 → 37,000×20=740,000원

2순위인 참치 세트의 총금액이 1순위인 소고기 세트보다 1,116,000−558,000=558,000원 저렴하므로 세 번째 조건에 따라 차순위인 참치 세트를 준비한다. 마지막 조건에 따라 배송비를 제외한 총금액이 50만 원 이상이므로 6순위 김 세트는 준비하지 않는다. 따라서 D공사에서 설 선물로 준비하는 상품은 B업체의 참치이다.

40 자료 해석　　정답 ②

B는 뒷면을 가공한 이후 A의 앞면 가공이 끝날 때까지 5분을 기다려야 한다. 따라서 뒷면 가공(15분) → 5분 기다림 → 앞면 가공(20분) → 조립(5분)이 이루어지므로 총 45분이 걸리고, 유휴 시간은 5분이다.

41 명제 추론　　정답 ③

먼저 사과, 포도, 딸기 중 좋아하는 과일이 반드시 있고, 신혜는 사과와 포도를 싫어하므로 딸기를 좋아하는 것을 알 수 있다. 이때 명제가 참이면 대우 명제도 참이므로 '유민이가 좋아하는 과일은 신혜가 싫어하는 과일이다.'가 참이면 '신혜가 좋아하는 과일은 유민이가 싫어하는 과일이다.'도 참이 된다. 따라서 신혜는 딸기를 좋아하고, 유민이는 사과와 포도를 좋아한다.

42 규칙 적용

한글 자음과 한글 모음의 치환 규칙은 다음과 같다.

• 한글 자음

ㄱ	ㄴ	ㄷ	ㄹ	ㅁ	ㅂ	ㅅ
a	b	c	d	e	f	g
ㅇ	ㅈ	ㅊ	ㅋ	ㅌ	ㅍ	ㅎ
h	i	j	k	l	m	n

• 한글 모음

ㅏ	ㅑ	ㅓ	ㅕ	ㅗ	ㅛ	ㅜ
A	B	C	D	E	F	G
ㅠ	ㅡ	ㅣ				
H	I	J				

이를 토대로 목요일의 암호인 '완벽해'를 치환하면 다음과 같다.

완 → hㅗb, 벽 → fDa, 해 → nㅐ

이때, 목요일에는 암호 첫째 자리에 숫자 4를 입력해야 하므로 A씨가 입력할 암호는 '4hㅗbfDanㅐ'이다.

43 규칙 적용

오답분석

① 7hEeFnAcA → 일요일의 암호 '오묘하다'
② 3iJfhㅔaAbcA → 수요일의 암호 '집에간다'
③ 2bAaAbEdcA → 화요일의 암호 '나가놀다'

44 자료 해석

ⓒ 화장품은 할인 혜택에 포함되지 않는다.
ⓒ 이불은 가구가 아니므로 할인 혜택에 포함되지 않는다.

45 자료 해석

상궁 연봉은 $(11 \times 5) + (1 \times 7.12) = 62.12$냥으로, 보병 연봉의 2배인 $(3 \times 5) + (9 \times 2.5) \times 2 = 37.5 \times 2 = 75$냥보다 적다.

오답분석

① 1냥의 가치는 보병 연봉을 기준으로 계산하면 $1,500,000 \div \{(3 \times 5) + (9 \times 2.5)\} = 40,000$원/냥이다. 따라서 18세기 조선의 1푼의 가치는 400원/푼이므로 옳은 내용이다.
② 기병 연봉은 종9품 연봉보다 콩 1섬, 면포 9필이 더 많고, 정5품보다는 쌀 10섬만큼 적고, 콩 1섬, 면포 9필만큼 많다. 따라서 쌀 10섬이 50냥이고, 콩 1섬과 면포 9필이 $(1 \times 7.12) + (9 \times 2.5) = 29.62$냥이므로 정5품 연봉이 더 많다.
③ 정1품 관료의 12년치 연봉은 $12 \times \{(25 \times 5) + (3 \times 7.12)\} = 1,756.32$냥이고, 100칸 기와집의 가격은 2,165냥이므로 기와집의 가격이 더 높다.

46 엑셀 함수

[F3] 셀은 최대 매출액을 구해야 하므로 매출 값의 범위(B2:B11)에서 MAX 함수를 사용한다.

• MAX : 최댓값을 구한다.
• MIN : 최솟값을 구한다.

47 엑셀 함수

SUM 함수는 인수들의 합을 구할 때 사용한다.
- [B12] : 「=SUM(B2:B11)」
- [C12] : 「=SUM(C2:C11)」

[오답분석]
① REPT : 텍스트를 지정한 횟수만큼 반복한다.
② CHOOSE : 인수 목록 중에서 하나를 고른다.
④ AVERAGE : 인수들의 평균을 구한다.

48 프로그램 언어(코딩)

if(i%2==1) continue;는 짝수의 값만 sum에 누적하라는 의미이다. 따라서 sum은 2+4+6+8+10=30이다.

49 정보 이해

금융 거래 시 신용카드 번호와 같은 금융정보 등을 저장할 경우 암호화하여 저장하고, 되도록 PC방, 공용 컴퓨터와 같은 개방 환경을 이용하지 않도록 해야 한다.

50 정보 이해

윈도우에서 현재 사용하고 있는 창을 닫을 때는 '〈Ctrl〉+〈W〉'를 눌러야 한다.

51 정보 이해

정보를 관리하지 않고 그저 머릿속에만 기억해 두는 것은 정보관리의 허술한 사례이다.

[오답분석]
①・④ 정보검색의 바람직한 사례이다.
② 정보전파의 바람직한 사례이다.

52 정보 이해

ⓛ・ⓗ 음식과 색상에 대한 자료를 가구, 연령으로 특징지음으로써 자료를 특정한 목적으로 가공한 정보(Information)로 볼 수 있다.

[오답분석]
ⓖ・ⓔ・ⓜ 특정한 목적이 없는 자료(Data)의 사례이다.
ⓒ 특정한 목적을 달성하기 위한 지식(Knowledge)의 사례이다.

53 정보 이해

제시된 자료는 '운동'을 주제로 나열되어 있는 자료임을 알 수 있다. ④는 운동이 아닌 '식이요법'을 목적으로 하는 지식의 사례이다.

54 엑셀 함수

팀명을 구하기 위한 함수식은 「=CHOOSE(MID(B3,2,1),"홍보팀","기획팀","교육팀")」이다. 따라서 CHOOSE 함수와 MID 함수를 사용해야 한다.

55   정보 이해   정답 ③

ⓒ 데이터베이스를 이용하면 다량의 데이터를 정렬해 저장하게 되므로 검색 효율이 개선된다.

ⓔ 데이터가 중복되지 않고 한 곳에만 기록되어 있으므로, 오류 발견 시 그 부분만 수정하면 되기 때문에 데이터의 무결성을 높일 수 있다.

오답분석

㉠ 대부분의 데이터베이스 관리 시스템은 사용자가 정보에 대한 보안 등급을 정할 수 있게 해 준다. 따라서 부서별로 읽기 권한, 읽기와 쓰기 권한 등을 구분해 부여하여 안정성을 높일 수 있다.

㉣ 데이터베이스를 형성하여 중복된 데이터를 제거하면 데이터 유지비를 감축할 수 있다.

56   프로그램 언어(코딩)   정답 ④

1부터 100까지의 값은 변수 x에 저장한다. 1, 2, 3, … 에서 초기값은 1이고, 최종값은 100이며, 증분값은 1씩 증가시키면 된다. 따라서 1부터 100까지를 덧셈하려면 99단계를 반복 수행해야 하므로 결과는 5050이 된다.

57   정보 이해   정답 ④

게시판 사용 네티켓

- 글의 내용은 간결하게 요점만 작성한다.
- 제목에는 글의 내용을 파악할 수 있는 함축된 단어를 사용한다.
- 글을 쓰기 전에 이미 같은 내용의 글이 없는지 확인한다.
- 글의 내용 중에 잘못된 점이 있으면 빠르게 수정하거나 삭제한다.
- 게시판의 주제와 관련 없는 내용은 올리지 않는다.

58   정보 이해   정답 ③

연번	기호	연산자	검색조건
ㄱ	*, &	AND	두 단어가 모두 포함된 문서를 검색함
ㄴ	l	OR	두 단어가 모두 포함되거나, 두 단어 중 하나만 포함된 문서를 검색함
ㄷ	-, !	NOT	'–' 기호나 '!' 기호 다음에 오는 단어는 포함하지 않는 문서를 검색함
ㄹ	~, near	인접검색	앞/뒤의 단어가 가깝게 인접해 있는 문서를 검색함

따라서 정보 검색 연산자에 대한 내용으로 옳지 않은 것은 ㄴ, ㄷ이다.

59   정보 이해   정답 ④

ㄷ. 워드프로세서의 주요 기능으로는 입력 기능, 표시 기능, 저장 기능, 편집 기능, 인쇄 기능이 있다.

ㄹ. 스프레드 시트의 구성단위는 셀, 열, 행, 영역 4가지이다. 셀은 정보를 저장하는 단위이며, 처리하고자 하는 숫자와 데이터를 셀에 기입하고 이 셀들을 수학 방정식에 연결하면 셀 내용이 바뀌면서 그와 연결된 셀 내용들이 바뀌게 된다.

오답분석

ㄱ. 여러 형태의 문서를 작성, 편집, 저장, 인쇄할 수 있는 프로그램을 워드 프로세서라고 한다. 스프레드 시트는 수치 계산, 통계, 도표와 같은 작업을 효율적으로 할 수 있는 응용 프로그램이다.

ㄴ. 사용자가 컴퓨터를 더 쉽게 사용할 수 있도록 도와주는 소프트웨어(프로그램)를 '유틸리티 프로그램'이라고 하고 줄여서 '유틸리티'라고 한다. 유틸리티 프로그램은 본격적인 응용 소프트웨어라고 하기에는 크기가 작고 기능이 단순하다는 특징을 가지고 있다.

60   정보 이해   정답 ②

비프음이 길게 1번, 짧게 1번 울릴 때는 메인보드의 오류이므로 메인보드를 교체하거나 A/S 점검을 해야 한다.

제2회 최종점검 모의고사

01	02	03	04	05	06	07	08	09	10	11	12	13	14	15	16	17	18	19	20
④	③	③	④	②	④	④	④	③	③	④	③	①	③	③	③	④	④	④	④
21	22	23	24	25	26	27	28	29	30	31	32	33	34	35	36	37	38	39	40
①	④	③	④	①	③	④	②	④	④	④	①	②	②	②	④	③	②	①	④
41	42	43	44	45	46	47	48	49	50	51	52	53	54	55	56	57	58	59	60
④	③	④	④	②	③	④	④	③	②	④	②	④	①	④	③	①	①	①	②

01 　글의 주제　　　　　　　　　　　　　　　　　　　정답 ④

제시문은 빠른 사회변화 속 다양해지는 수요에 맞춘 주거복지 정책의 예로 예술인을 위한 공동주택, 창업 및 취업자를 위한 주택, 의료안심주택을 들고 있다. 따라서 글의 주제로 가장 적절한 것은 ④이다.

02 　어휘　　　　　　　　　　　　　　　　　　　정답 ③

밑줄 친 부분은 '어떤 사람이나 물체를 매개로 하거나 중개하게 하다.'라는 의미로 사용되었다. 따라서 이와 같은 의미로 사용된 것은 ③이다.

오답분석

① 말이나 문장 따위의 논리가 이상하지 아니하고 의미의 흐름이 적절하게 이어져 나가다.
② 막힘이 없이 듣고 나다.
④ 마음 또는 의사나 말 따위가 다른 사람과 소통되다.

03 　문단 나열　　　　　　　　　　　　　　　　　　　정답 ③

제시문은 철학에서의 '부조리'에 대한 개념을 설명하는 글이다. 따라서 (나) 부조리의 개념 – (라) 부조리라는 개념을 도입하고 설명한 알베르 카뮈 – (가) 연극의 비유 – (다) 이에 대한 결론의 순서로 나열해야 한다.

04 　문서 내용 이해　　　　　　　　　　　　　　　　　　　정답 ④

제52조 제2항부터 제4항까지에 따르면 공사가 재발방지대책을 수립하여 관련 부서에 개선요구서를 통보하면 이를 받은 관련 부서장은 모든 일에 우선하여 개선하는 조치를 하여야 한다. 이러한 부서의 개선여부는 관련 부서장이 아닌 공사가 확인하여 안전보건관리책임자에게 보고하여야 한다.

오답분석

① 제52조 제1항에서 확인할 수 있다.
② 제51조 제2항에서 확인할 수 있다.
③ 제51조 제3항 및 제8항에서 확인할 수 있다.

05 맞춤법 정답 ②

'마음에 들 만하지 아니하다.'는 의미를 가진 어휘는 '마뜩잖다'이다(마뜩찮게 → 마뜩잖게).

[오답분석]
① 가무잡잡하다 : 약간 짙게 가무스름하다.
③ 불그스름하다 : 조금 붉다.
④ 괘념하다 : 마음에 두고 걱정하거나 잊지 아니하다.

06 글의 제목 정답 ④

제시문에서는 우리 민족과 함께해 온 김치의 역사를 비롯하여 김치의 특징과 다양성 등을 이야기하고 있다. 또한 복합 산업으로 발전하면서 규모가 성장하고 있는 김치 산업에 대해서도 이야기하고 있다. 따라서 글의 제목으로 가장 적절한 것은 글 전체의 내용을 아우를 수 있는 ④이다.

07 내용 추론 정답 ④

밀그램의 예상과 달리 65%의 사람들이 인체에 치명적인 450볼트까지 전압을 올렸고, 일부 참가자만이 '불복종'하였다.

08 문서 내용 이해 정답 ④

제시문의 두 번째 문단에 따르면 마이크로비드는 잔류성 유기 오염물질을 흡착한다.

09 빈칸 삽입 정답 ③

제시문은 오브제의 정의와 변화 과정에 대한 글이다. 빈칸 앞에서는 예술가의 선택에 의해 그 본연의 모습으로 예술작품이 되는 오브제에 대하여, 빈칸 뒤에서는 나아가 진정성과 상징성이 제거된 팝아트에서의 오브제 기법에 대하여 서술하고 있다. 따라서 빈칸에는 예술가의 선택에 의해 기성품 본연의 모습으로 오브제가 되는 ③의 사례가 오는 것이 가장 적절하다.

10 내용 추론 정답 ③

언어는 한 나라의 상징이다. 그 상징에는 역사와 문화가 담겨 있으므로 조선어학회의 투쟁은 단순한 말글 투쟁이 아니라 독립운동으로 기억해야 한다.

11 속담 정답 ④

'맑은 물에 고기 안 논다.'는 사람이 지나치게 결백하면 남이 따르지 않음을 비유적으로 이르는 속담으로, 지나치게 원리·원칙을 지키다 친구들의 신뢰를 잃게 된 반장 민수의 상황과 가장 관련이 있다.

[오답분석]
① 원님 덕에 나팔 분다. : 사또와 동행하여 나팔 불고 호화로운 대접을 받는다는 뜻으로, 남의 덕으로 대접을 받고 우쭐대는 모양을 비유적으로 이르는 말이다.
② 듣기 좋은 꽃노래도 한두 번이지. : 아무리 좋은 일이라도 여러 번 되풀이하여 대하게 되면 싫어짐을 이르는 말이다.
③ 집 태우고 바늘 줍는다. : 큰 것을 잃은 후 작은 것을 아끼려고 함을 비유적으로 이르는 말이다.

12   어휘   정답 ③

㉠ 제시(提示) : 어떤 의사를 글이나 말로 드러내어 보임
㉡ 표출(表出) : 겉으로 나타냄
㉢ 구현(具縣) : 어떤 내용이 구체적인 사실로 나타나게 함

[오답분석]
• 표시(表示) : 어떤 사항을 알리는 문구나 기호 따위를 외부에 나타내 보임
• 표명(表明) : 의사, 태도 따위를 분명하게 나타냄
• 실현(實現) : 꿈, 기대 따위를 실제로 이룸

13   문서 내용 이해   정답 ①

제시문에 따르면 사람은 한쪽 눈으로 얻을 수 있는 단안 단서만으로도 이전의 경험으로부터 추론에 의하여 세계를 3차원으로 인식할 수 있다. 따라서 사고로 한쪽 눈의 시력을 잃어도 남은 한쪽 눈에 맺히는 2차원의 상들은 다양한 실마리를 통해 입체지각이 가능하다.

14   맞춤법   정답 ③

• 결제 → 결재
• 의임 → 위임
• 부필요한 → 불필요한
따라서 틀린 단어는 3개이다.

15   문단 나열   정답 ③

먼저 다문화정책의 두 가지 핵심을 밝히고 있는 (다)가 가장 앞에 와야 하고, (다)의 내용을 뒷받침하기 위해 프랑스를 사례로 든 (가)를 두 번째에 배치하는 것이 자연스럽다. 그 다음으로는 이민자에 대한 지원 촉구 및 다문화정책의 개선 등에 대한 내용이 이어지는 것이 글의 흐름상 적절하므로 이민자에 대한 배려의 필요성을 주장하는 (라)가 와야 하며, 다문화정책의 패러다임 전환을 주장하는 (나)가 이어져야 한다. 따라서 (다) – (가) – (라) – (나)의 순서로 나열하는 것이 적절하다.

16   응용 수리   정답 ③

2주 동안 듣는 강연은 총 5회이다. 그러므로 금요일 강연이 없는 주의 월요일에 첫 강연을 들었다면 5주 차 월요일 강연을 듣기 전까지 10개의 강연을 듣게 된다. 그러므로 5주 차 월요일, 수요일 강연을 듣고 6주 차 월요일의 강연이 13번째 강연이 된다. 따라서 6주 차 월요일이 13번째 강연을 듣는 날이므로 8월 1일 월요일을 기준으로 35일 후가 된다. 8월은 31일까지 있으므로 1+35−31=5일, 즉 9월 5일이다.

17   응용 수리   정답 ④

철수가 출발하고 나서 영희를 따라잡은 시간을 x분이라고 하자.
철수와 영희는 5 : 3 비율의 속력으로 간다고 했으므로 철수의 속력을 $5am$/분이라고 하면 영희의 속력은 $3am$/분이다.
$5am$/분$\times x$분$=3am$/분$\times 30$분$+3am$/분$\times x$분
$\rightarrow 5ax=90a+3ax$
$\rightarrow 2ax=90a$
$\therefore x=45$
따라서 철수가 영희를 따라잡은 시간은 철수가 출발하고 나서 45분 만이다.

18 응용 수리
정답 ④

3대의 버스 중 출근 시간보다 일찍 도착할 2대의 버스를 고르는 경우의 수는 $_3C_2 = 3$가지이다.

따라서 구하고자 하는 확률은 $3 \times \dfrac{3}{8} \times \dfrac{3}{8} \times \dfrac{1}{2} = \dfrac{27}{128}$ 이다.

19 응용 수리
정답 ④

농도가 15%인 소금물의 양을 xg이라고 하면 다음과 같은 식이 성립한다.

$\dfrac{10}{100} \times 200 + \dfrac{15}{100} \times x = \dfrac{13}{100} \times (200 + x)$

→ $20 + 0.15x = 26 + 0.13x$

→ $0.02x = 6$

∴ $x = 300$

따라서 농도가 15%인 소금물은 300g이 필요하다.

20 자료 이해
정답 ④

서비스 품질 5가지 항목의 점수와 서비스 쇼핑 체험 점수를 비교해 보면, 모든 대형마트에서 서비스 쇼핑 체험 점수가 가장 낮다는 것을 확인할 수 있다. 즉, 서비스 쇼핑 체험 부문의 만족도는 서비스 품질 부문들보다 낮으며, 이때 서비스 쇼핑 체험 점수의 평균은 $\dfrac{3.48 + 3.37 + 3.45 + 3.33}{4} ≒ 3.41$점이다.

오답분석

① 인터넷쇼핑과 모바일쇼핑 만족도의 차를 구하면 A마트는 0.07점, B마트와 C마트는 0.03점, D마트는 0.05점으로, A마트가 가장 크다.

② 자료의 단위를 살펴보면 5점 만점으로 조사되었음을 알 수 있으며, 종합만족도의 평균은 $\dfrac{3.72 + 3.53 + 3.64 + 3.56}{4} ≒ 3.61$점이다. 이때 업체별로는 A마트 − C마트 − D마트 − B마트의 순서로 종합만족도가 낮아짐을 알 수 있다.

③ A마트와 D마트는 고객접점직원 서비스보다 고객관리 서비스가 더 낮게 평가되었다.

21 자료 이해
정답 ①

㉠ 전체 노숙자쉼터 봉사자는 800명으로, 이 중 30대는 118명이다. 따라서 노숙자쉼터 봉사자 중 30대가 차지하는 비율은 $\dfrac{118}{800} \times 100 = 14.75$%이다.

㉢ 무료급식소 봉사자 중 40 ~ 50대는 274 + 381 = 655명으로, 전체 1,115명의 절반 이상이다.

오답분석

㉡ 전체 봉사자 중 40대의 비율은 $\dfrac{1,500}{5,000} \times 100 = 32$%이고, 20대의 비율은 $\dfrac{650}{5,000} \times 100 = 13$%이다. 따라서 전체 봉사자 중 40대의 비율은 20대의 $\dfrac{32}{13} ≒ 2.5$배이다.

㉣ 전체 보육원 봉사자는 2,000명으로, 이 중 30대 이하 봉사자는 148 + 197 + 405 = 750명이다. 따라서 전체 보육원 봉사자 중 30대 이하가 차지하는 비율은 $\dfrac{750}{2,000} \times 100 = 37.5$%이다.

22　자료 계산　　　　　　　　　　　정답　④

(ㄷ)은 총계를 구하면 되고, 나머지는 총계에서 주어진 건수와 인원을 빼면 각 수치를 구할 수 있다.
(ㄹ)：$145-21-28-17-30-20=29$

오답분석

① (ㄱ)：$4,588-766-692-1,009-644-611=866$
② (ㄴ)：$241-27-25-49-31-36=73$
③ (ㄷ)：$33+24+51+31+32+31=202$

23　자료 이해　　　　　　　　　　　정답　③

ㄴ. 2022년 고덕 차량기지의 안전체험 건수 대비 인원수는 $\frac{633}{33}≒19.2$명이며, 도봉 차량기지의 안전체험 건수 대비 인원수인 $\frac{432}{24}=18$명보다 크다.

ㄷ. 2021년부터 2023년까지 고덕 차량기지의 안전체험 건수와 인원수의 증감 추이는 '감소 – 감소'로 동일하다.

오답분석

ㄱ. 2024년에 방화 차량기지 견학 안전체험 건수는 2023년과 동일한 29건이므로 옳지 않다.

ㄹ. 2024년 신내 차량기지의 안전체험 인원수는 2020년 대비 $\frac{692-385}{692}×100≒44\%$로, 50% 미만 감소하였다.

24　자료 계산　　　　　　　　　　　정답　④

각 연도의 총비율은 100%이므로 취업률의 변화율은 취업률 또는 비취업률의 증감률을 구하여 비교하면 된다. 선택지로 제시된 연도의 비취업률의 증감률은 다음과 같다.

- 2005년：$\frac{71-71.5}{71.5}×100≒-0.7\%$
- 2015년：$\frac{65.5-69.2}{69.2}×100≒-5.3\%$
- 2018년：$\frac{66.0-65.5}{65.5}×100≒0.8\%$
- 2021년：$\frac{71.1-66.0}{66.0}×100≒7.7\%$

따라서 조사한 직전 연도 대비 노인 취업률의 변화율이 가장 큰 연도는 2021년이다.

25　자료 계산　　　　　　　　　　　정답　①

2023년 3개 기관의 전반적 만족도의 합은 $6.9+6.7+7.6=21.2$이고, 2024년 3개 기관의 임금과 수입 만족도의 합은 $5.1+4.8+4.8=14.7$이다. 따라서 2023년 3개 기관의 전반적 만족도의 합은 2024년 3개 기관의 임금과 수입 만족도의 합의 $\frac{21.2}{14.7}≒1.4$배이다.

26　자료 이해　　　　　　　　　　　정답　③

2024년에 기업과 공공연구기관의 임금과 수입 만족도는 전년 대비 증가하였으나, 대학의 임금과 수입 만족도는 감소했으므로 옳지 않은 설명이다.

오답분석

① 2023년과 2024년 현 직장에 대한 전반적 만족도는 대학 유형에서 가장 높은 것을 확인할 수 있다.
② 2024년 근무시간 만족도에서는 공공연구기관과 대학의 만족도가 6.2로 동일한 것을 확인할 수 있다.
④ 사내분위기 측면에서 2023년과 2024년 공공연구기관의 만족도는 5.8로 동일한 것을 확인할 수 있다.

27 자료 이해   정답 ④

전국에서 자전거전용도로의 비율은 $\dfrac{2,843}{21,176}\times100\fallingdotseq13.4\%$를 차지한다.

오답분석

① 제주특별자치도는 전국에서 여섯 번째로 자전거도로가 길다.

② 광주광역시의 전국 대비 자전거전용도로의 비율은 $\dfrac{109}{2,843}\times100\fallingdotseq3.8\%$이며, 자전거보행자겸용도로의 비율은 $\dfrac{484}{16,331}\times100$ $\fallingdotseq3\%$로 자전거전용도로의 비율이 더 높다.

③ 경상남도의 자전거보행자겸용도로는 전국에서 $\dfrac{1,186}{16,331}\times100\fallingdotseq7.3\%$의 비율을 가진다.

28 자료 이해   정답 ②

• 2018년 전체 관람객 : 6,688+3,355=10,043명

• 2018년 전체 관람객 중 외국인 관람객이 차지하는 비중 : $\dfrac{1,877}{10,043}\times100\fallingdotseq18.69\%$

• 2024년 전체 관람객 : 7,456+6,259=13,715명

• 2024년 전체 관람객 중 외국인 관람객이 차지하는 비중 : $\dfrac{3,849}{13,715}\times100\fallingdotseq28.06\%$

→ 2018년과 2024년의 전체 관람객 중 외국인 관람객이 차지하는 비중의 차 : 28.06-18.69=9.37%p

따라서 2024년의 전체 관람객 수에서 외국인 관람객이 차지한 비중은 2018년에 비해 10% 미만으로 증가했다.

오답분석

① 2018년 외국인 관광객 수는 1,877명이고, 2024년 외국인 관광객 수는 3,849명이다. 따라서 2018년 대비 2024년 외국인 관광객 수의 증가율은 $\dfrac{3,849-1,877}{1,877}\times100\fallingdotseq105.06\%$이다.

③ 2023년을 제외한 나머지 연도의 경우 유료관람객 수가 무료관람객 수보다 많음을 확인할 수 있다.

④ 제시된 자료를 통해 알 수 있다.

29 자료 이해   정답 ④

2023년 분기별 확정기여형을 도입한 사업장 수의 전년 동기 대비 증가폭을 구하면 다음과 같다.

• 1/4분기 : 109,820-66,541=43,279건

• 2/4분기 : 117,808-75,737=42,071건

• 3/4분기 : 123,650-89,571=34,079건

• 4/4분기 : 131,741-101,086=30,655건

따라서 2023년 중 확정기여형을 도입한 사업장 수가 전년 동기 대비 가장 많이 증가한 시기는 1/4분기이다.

오답분석

① 자료의 '합계'를 통해 확인할 수 있다.

② 분기별 확정급여형과 확정기여형 취급실적을 비교하면 확정기여형이 항상 많은 것을 확인할 수 있다.

③ 자료를 통해 매 분기 확정급여형 취급실적은 IRP 특례의 2배 이상임을 알 수 있다.

30 자료 이해   정답 ④

2023년 대비 2024년 지진발생 횟수의 증가율이 가장 큰 지역은 6배 증가한 광주 · 전남이다. 지진발생 횟수가 전년 대비 증가한 지역만 보면 전북은 2배, 서해는 $\dfrac{19}{6}\fallingdotseq3.17$배, 남해는 $\dfrac{18}{11}\fallingdotseq1.64$배, 동해는 $\dfrac{20}{16}=1.25$배, 북한은 $\dfrac{25}{23}\fallingdotseq1.09$배 증가하였다.

따라서 전년 대비 2024년 지진발생 횟수의 증가율이 두 번째로 높은 지역은 서해이다.

① 연도별로 전체 지진발생 횟수 중 가장 많은 비중을 차지하는 지역은 해당연도에 지진발생 횟수가 가장 많은 지역이다. 지진발생 횟수가 가장 많은 지역은 2022년은 남해, 2023년과 2024년은 대구·경북으로 서로 다르다.

② 전체 지진발생 횟수 중 북한의 지진발생 횟수가 차지하는 비중은 2023년에 $\frac{23}{252} \times 100 = 9.1\%$, 2024년에 $\frac{25}{223} \times 100 = 11.2\%$ 이다. 따라서 $11.2 - 9.1 = 2.1$%p로, 5%p 미만 증가하였다.

③ 2022년 전체 지진발생 횟수 중 대전·충남·세종이 차지하는 비중은 $\frac{2}{44} \times 100 = 4.5\%$로, 2023년 전체 지진발생 횟수 중 동해가 차지하는 비중인 $\frac{16}{252} \times 100 = 6.3\%$보다 작다.

31   자료 해석   정답   ④

우선 민원이 접수되면 제7조 제2항에 따라 주어진 처리기간은 24시간이다. 그 기간 내에 처리하기 곤란할 경우에는 제8조 제1항에 의해 민원인에게 중간 답변을 한 후 48시간으로 연장할 수 있다. 또한 제8조 제2항에 따라 연장한 기간 내에서도 처리하기 어려운 사항일 경우 1회에 한하여 본사 총괄부서장의 승인에 따라 48시간을 추가 연장할 수 있다. 그러므로 해당 민원은 늦어도 $48 + 48 = 96$시간 = 4일 이내에 처리하여야 한다. 따라서 9월 18일에 접수된 민원은 늦어도 9월 22일까지는 처리가 완료되어야 한다.

32   명제 추론   정답   ①

A ~ E직원 가운데 C는 E의 성과급이 늘었다고 말했고, D는 E의 성과급이 줄었다고 말했으므로 C와 D 중 한 명은 거짓말을 하고 있다.
• C가 거짓말을 하고 있는 경우 : B, A, D 순으로 성과급이 늘었고, E와 C는 성과급이 줄어들었으나, C와 E의 성과급 순위는 알 수 없다.
• D가 거짓말을 하고 있는 경우 : B, A, D 순으로 성과급이 늘었고, C와 E도 성과급이 늘었지만, 모든 순위는 알 수 없다.
따라서 어떤 경우이든 직원 E의 성과급 순위는 알 수 없다.

33   SWOT 분석   정답   ②

WT전략은 외부환경의 위협 요인을 회피하고 약점을 보완하는 전략을 적용해야 한다. 따라서 ②는 강점(S)을 강화하는 전략이므로 적절하지 않다.

① WO전략은 외부의 기회를 활용하여 약점을 보완하는 전략이므로 적절하다.
③ SO전략은 기회를 활용하여 강점을 더욱 강화시키는 전략이므로 적절하다.
④ ST전략은 외부환경의 위협을 회피하며 강점을 적극 활용하는 전략이므로 적절하다.

34   규칙 적용   정답   ②

자음과 모음의 암호 변환 문자를 정리하면 다음 표와 같다.

ㄱ	ㄲ	ㄴ	ㄷ	ㄸ	ㄹ	ㅁ	ㅂ	ㅃ	ㅅ	ㅆ	ㅇ	ㅈ	ㅉ	ㅊ	ㅋ	ㅌ	ㅍ	ㅎ
a	b	c	d	e	f	g	h	i	j	k	l	m	n	o	p	q	r	s
A	B	C	D	E	F	G	H	I	J	K	L	M	N	O	P	Q	R	S

ㅏ	ㅐ	ㅑ	ㅒ	ㅓ	ㅔ	ㅕ	ㅖ	ㅗ	ㅘ	ㅙ	ㅚ	ㅛ	ㅜ	ㅝ	ㅞ	ㅟ	ㅠ	ㅡ	ㅢ	ㅣ
1	2	3	4	5	6	7	8	9	10	11	12	13	14	15	16	17	18	19	20

• l15C : 원
• d5 : 더
• r14F : 풀
따라서 'l15Cd5r14F-7'을 바르게 풀이하면 '원더풀'이다.

35 규칙 적용

정답 ②

34번의 문자표를 참고하여 암호를 풀면 다음과 같다.
- 자 : m1
- 전 : m5C
- 거 : a5
- 1+5+5=11 → 1+1=2

따라서 '자전거'를 암호로 바르게 치환하면 'm1m5Ca5-2'이다.

36 자료 해석

정답 ④

- 1세트 : 프랑스의 B와인이 반드시 포함된다(B와인 60,000원). 인지도와 풍미가 가장 높은 것은 영국 와인이지만 영국 와인은 65,000원이므로 포장비를 포함하면 135,000원이 되기 때문에 세트를 구성할 수 없다. 가격이 되는 한도에서 인지도와 풍미가 가장 높은 것은 이탈리아 와인이다.
- 2세트 : 이탈리아의 A와인이 반드시 포함된다(A와인 50,000원). 모든 와인이 가격 조건에 해당하고, 와인 중 당도가 가장 높은 것은 포르투갈 와인이다.

37 자료 해석

정답 ③

최은빈을 제외한 대학 졸업자의 (서류점수)+(필기시험 점수)+(개인 면접시험 점수)를 구하면 다음과 같다.
- 이선빈 : 84+86+35=205점
- 유미란 : 78+88+32=198점
- 김지은 : 72+92+31=195점
- 이유리 : 92+80+38=210점

점수의 합이 높은 이선빈과 이유리가 경영지원실에 채용된다.
경영지원실 채용 후 나머지 세 사람의 그룹 면접시험 점수와 영어시험 점수 합을 구하면 다음과 같다.
- 유미란 : 38+80=118점
- 김지은 : 40+77=117점
- 최은빈 : 39+78=117점

따라서 유미란이 기획조정실에 채용되므로 불합격자는 김지은, 최은빈이 된다.

38 자료 해석

정답 ②

변경된 직원 채용 규정에 따른 환산점수를 계산하면 다음과 같다.
- 이선빈 : (84×0.5)+86+35=163점
- 유미란 : (78×0.5)+88+38=165점
- 김지은 : (72×0.5)+92+40=168점
- 최은빈 : (80×0.5)+82+40=162점
- 이유리 : (92×0.5)+80+38=164점

따라서 가장 점수가 낮은 응시자 2명인 이선빈, 최은빈이 불합격자가 된다.

39 규칙 적용

정답 ①

입사순서는 해당 월의 누적 입사순서이므로 'W05240401'은 4월의 첫 번째 입사자임을 나타낼 뿐이므로 생산부서 최초의 여직원인지는 알 수 없다.

40 규칙 적용   정답 ④

M01240903	W03241005	M05240912	W05240913	W01241001	W04241009
M04241101	M01240904	W01240905	W03240909	M02241002	W03241007
M03240907	M01240904	W02240902	M04241008	M05241107	M01241103
M03240908	M05240910	M02241003	M01240906	M05241106	M02241004
M04241101	M05240911	W03241006	W05241105	W03241104	M05241108

여성(W) 중 기획부(03)에 입사한 사원은 모두 5명이다.

41 자료 해석   정답 ④

주어진 자료를 바탕으로 보기의 정보열람인들이 지급할 금액을 정리하면 다음과 같다. 이때 정보열람인들이 열람하거나 출력한 공개 대상의 첫 장만 가격이 다른 경우를 주의해야 한다.

구분	정보공개수수료
A	$(5 \times 1,000) \times 2 + \{300 + (25-1) \times 100\} = 12,700$원
B	$2,000 + (13 \times 200) + (6 \times 3,000) = 22,600$원
C	$(2 \times 1,000) + (3 \times 5,000) + \{200 + (8-1) \times 50\} = 17,550$원
D	$\{250 + (35-1) \times 50\} + \{200 + (22-1) \times 50\} = 3,200$원

따라서 지급할 정보공개수수료가 많은 사람부터 나열하면 'B−C−A−D' 순서이다.

42 자료 해석   정답 ③

직무관련업체로부터 받은 물품들인 9번, 11번, 12번, 13번, 16번을 보면 모두 즉시 반환되었음을 알 수 있다.

오답분석

① 신고 물품 중 직무관련업체로부터 제공받은 경우는 5건이나, 민원인으로부터 제공받은 경우가 7건으로 더 많다.
② 2번, 8번, 9번의 경우 신고 물품이 접수일시로부터 3일 이후에 처리되었다.
④ 2022년 4월부터 2024년 9월 말까지 접수된 신고 물품은 2번부터 15번까지 14건으로, 이 중 개인으로부터 제공받은 신고 물품은 직무관련업체에서 제공받은 4건을 제외하여 총 10건이다. 따라서 비중은 $\frac{10}{14} \times 100 = 71.4\%$이므로 80% 미만이다.

43 SWOT 분석   정답 ④

ⓒ에는 약점을 보완하여 위협에 대비하는 WT전략이 들어가야 한다. 따라서 ④는 안정적인 자본, 경영상태라는 강점을 이용하여 위협에 대비하는 ST전략이므로 적절하지 않다.

오답분석

① ㉠ : 테크핀 기업과의 협업 기회를 통해 경영 방식을 배워 은행업계의 저조한 디지털 전환 적응력을 개선하려는 것이므로 WO전략으로 적절하다.
② ㉠ : 풍부한 협업 기회를 통해 혁신기업의 특성을 파악해 발굴하고 적극적으로 대출을 운영함으로써 방어적인 대출 운영이라는 약점을 보완할 수 있으므로 WO전략으로 적절하다.
③ ㉡ : 오프라인 인프라가 풍부하다는 강점을 이용하여, 점유율을 높이고 있는 기업들에 대해 점유율 방어를 하고자 하는 전략이므로 ST전략으로 적절하다.

44 명제 추론   정답 ④

마지막 조건에 따라 C항공사는 가장 앞 번호인 1번 부스에 위치하며, 세 번째 조건에 따라 G면세점과 H면세점은 양쪽 끝에 위치한다. 이때 네 번째 조건에서 H면세점 반대편에는 E여행사가 위치한다고 하였으므로 5번 부스에는 H면세점이 위치할 수 없다. 따라서 5번 부스에는 G면세점이 위치한다. 또한 첫 번째 조건에 따라 같은 종류의 업체는 같은 라인에 위치할 수 없으므로 H면세점은 G면세점과 다른 라인인 4번 부스에 위치하고, 네 번째 조건에 따라 4번 부스 반대편인 8번 부스에는 E여행사가, 4번 부스 바로 옆인 3번 부스에는 F여행사가 위치한다. 이때 두 번째 조건에 따라 A호텔과 B호텔은 서로 마주 보도록 위치하므로 2번 또는 6번 부스에 위치해야 한다. 이를 토대로 부스의 위치를 정리하면 다음과 같다.

• 경우 1

C항공사	A호텔	F여행사	H면세점
복도			
G면세점	B호텔	D항공사	E여행사

• 경우 2

C항공사	B호텔	F여행사	H면세점
복도			
G면세점	A호텔	D항공사	E여행사

따라서 항상 참이 되는 것은 ④이다.

45 명제 추론   정답 ②

다음의 논리 순서를 따라 주어진 조건을 정리하면 쉽게 접근할 수 있다.
• 첫 번째, 네 번째 조건 : A는 반드시 F와 함께 외근을 나간다.
• 두 번째 조건 : F는 A와 외근을 나가므로 B는 반드시 D와 함께 외근을 나간다. 즉, C는 E와 함께 외근을 나간다.
따라서 A와 F, B와 D, C와 E가 함께 외근을 나간다.

46 정보 이해   정답 ③

최윤오 사원은 자신이 작성한 보고서는 제외하고 관련 자료를 검색하려고 하므로 '!' 기호 뒤에 오는 단어는 포함하지 않는 문서를 검색하는 명령어 '!'를 활용해야 한다.

[오답분석]
① '성과관리'와 '최윤오'가 모두 포함된 문서를 검색한다.
② '성과관리'와 '최윤오'가 모두 포함되거나 두 단어 중에서 하나만 포함된 문서를 검색한다.
④ '성과관리'와 '최윤오'가 가깝게 인접해 있는 문서를 검색한다.

47 정보 이해   정답 ④

㉠ 임금체계 * 성과급 : 임금체계와 성과급이 모두 포함된 문서를 검색한다.
㉡ 임금체계 OR 성과급 : 임금체계와 성과급이 모두 포함되거나 두 단어 중에서 하나만 포함된 문서를 검색한다.
㉣ 임금체계 ~ 성과급 : 임금체계와 성과급이 가깝게 인접해 있는 문서를 검색한다.

[오답분석]
㉢ 임금체계와 성과급이 모두 언급된 자료를 검색해야 하므로 한 단어가 포함되지 않는 문서를 검색하는 명령어 '!'는 적절하지 않다.

48 정보 이해   정답 ④

운영체제의 기능에는 프로세스 관리, 메모리 관리, 기억장치 관리, 파일 관리, 입출력 관리, 리소스 관리 등이 있다. 또한 운영체제의 목적은 처리능력 향상, 반환 시간 단축, 사용 가능도 향상, 신뢰도 향상 등이 있다.

49 　정보 이해　　　　　　　　　　　　　　　　　　　정답　③

관리자가 설정해 놓은 프린터를 목록을 제거하려면 [관리자 계정]으로 프린터 목록에 접근하여야 한다.

50 　정보 이해　　　　　　　　　　　　　　　　　　　정답　②

오답분석

① RFID : 무선인식이라고도 하며, 반도체 칩이 내장된 태그, 라벨, 카드 등의 저장된 데이터를 무선주파수를 이용하여 비접촉으로 읽어내는 인식시스템이다.
③ 이더넷(Ethernet) : 가장 대표적인 버스 구조 방식의 근거리통신망(LAN) 중 하나이다.
④ 유비쿼터스 센서 네트워크(USN; Ubiquitous Sensor Network) : 첨단 유비쿼터스 환경을 구현하기 위한 근간으로, 각종 센서에서 수집한 정보를 무선으로 수집할 수 있도록 구성한 네트워크를 가리킨다.

51 　프로그램 언어(코딩)　　　　　　　　　　　　　　　정답　④

func( )에는 static 변수 num1과 일반 변수 num2가 각각 0으로 정의되어 있다. 일반 변수 num2는 func( )가 호출될 때마다 새롭게 정의되어 0으로 초기화되며, 함수가 종료되면 num2 함수에서 사용했던 num의 값은 사라진다. 그러나 static 변수 num2는 func( )가 여러 번 호출되더라도 재정의 및 초기화되지 않고 최초 호출될 때 한 번만 정의되고 0으로 초기화된다. 또한 static 변수는 함수가 종료되더라도 사용했던 값이 사라지지 않으며 프로그램이 종료될 때까지 메모리 공간에 기억된다.
따라서 main( )의 반복문(for)에 의해 func( ) 함수가 5번 호출되어 각 값들을 증가시키고 마지막으로 호출되었을 때 static 변수 num1의 값은 5, 일반 변수 num2의 값은 1이다.

52 　정보 이해　　　　　　　　　　　　　　　　　　　정답　②

4차 산업혁명이란 사물인터넷, 인공지능, 빅데이터, 블록체인 등 정보통신기술의 '융합'으로 새로운 서비스와 산업이 창출되는 차세대 혁명이다. 또한 4차 산업혁명은 2016년 1월 'WEF(World Economic Forum, 세계경제포럼)'에서 클라우스 슈밥 회장이 사용하면서 전 세계에 영향을 미쳤다.
• 융합 : 다른 종류의 것이 녹아서 서로 구별이 없게 하나로 합하여지거나 그렇게 만듦. 또는 그런 일

오답분석

• 복합 : 두 가지 이상이 하나로 합침 또는 두 가지 이상을 하나로 합침
• 집합 : 특정 조건에 맞는 요소들의 모임
• IMD : 국제경영개발대학원

53 　엑셀 함수　　　　　　　　　　　　　　　　　　　정답　②

ISNONTEXT 함수는 값이 텍스트가 아닐 경우 논리값 'TRUE'를 반환한다. 따라서 [A2] 셀의 값은 텍스트이므로 함수의 결괏값으로 'FALSE'가 산출된다.

오답분석

① ISNUMBER 함수 : 값이 숫자일 경우 논리값 'TRUE'를 반환한다.
③ ISTEXT 함수 : 값이 텍스트일 경우 논리값 'TRUE'를 반환한다.
④ ISEVEN 함수 : 값이 짝수이면 논리값 'TRUE'를 반환한다.

54 　엑셀 함수　　　　　　　　　　　　　　　　　　　정답　①

오른쪽 워크시트를 보면 데이터는 '김'과 '철수'로 구분이 되어 있다. 왼쪽 워크시트의 데이터는 '김'과 '철수' 사이에 기호나 탭, 공백 등이 없으므로 각 필드의 너비(열 구분선)를 지정하여 나눈 것이다.

ㄴ. 임베디드 컴퓨팅(Embedded Computing) : 제품에서 특정 작업을 수행할 수 있도록 탑재되는 솔루션이나 시스템이다.

ㅁ. 노매딕 컴퓨팅(Nomadic Computing) : 네트워크의 이동성을 극대화하여 특정 장소가 아닌 어디서든 컴퓨터를 사용할 수 있게 하는 기술이다.

① 〈Shift〉+〈Delete〉 : 선택한 항목을 휴지통으로 이동하지 않은 상태에서 삭제한다.

② 〈Shift〉+〈F10〉 : 선택한 항목에 대한 바로가기 메뉴를 표시한다.

④ 〈Ctrl〉+스페이스바 : 외국어입력기를 켜거나 끈다.

직접 접근 파일은 주소 검색을 통해 직접적으로 데이터를 찾을 수 있는 파일을 말한다.

프로그램에서 대입 연산자 sum = sum+3;은 sum+=3;으로 표현하므로 같은 결과가 나타난다.

따라서 결괏값은 95+3=98이다.

SUMIFS 함수는 주어진 조건에 의해 지정된 셀들의 합을 구하는 함수로, 「=SUMIFS(합계범위, 조건범위, 조건 값)」로 구성된다. 이때 '조건 값'으로 숫자가 아닌 텍스트를 직접 입력할 경우에는 반드시 큰따옴표를 사용해야 한다. 따라서 「=SUMIFS(F2:F9, D2:D9, "남")」로 입력해야 한다.

주어진 메일 내용에서 검색기록 삭제 시 기존에 설정되어 있는 항목 외에도 여러 항목을 체크하라고 되어 있으나, 괄호 안에 '즐겨찾기 웹 사이트 데이터 보존 부분은 체크 해제할 것'이라고 명시되어 있으므로 모든 항목을 체크하는 행동은 옳지 않다.

한국도로공사 NCS 답안카드

성 명

지원 분야

문제지 형별기재란

( )형   Ⓐ Ⓑ

수험번호

	⓪	①	②	③	④	⑤	⑥	⑦	⑧	⑨
	⓪	①	②	③	④	⑤	⑥	⑦	⑧	⑨
	⓪	①	②	③	④	⑤	⑥	⑦	⑧	⑨
	⓪	①	②	③	④	⑤	⑥	⑦	⑧	⑨
	⓪	①	②	③	④	⑤	⑥	⑦	⑧	⑨
	⓪	①	②	③	④	⑤	⑥	⑦	⑧	⑨
	①	②	③	④	⑤	⑥	⑦	⑧	⑨

감독위원 확인

㉑

문번	①	②	③	④		문번	①	②	③	④		문번	①	②	③	④
1	①	②	③	④		21	①	②	③	④		41	①	②	③	④
2	①	②	③	④		22	①	②	③	④		42	①	②	③	④
3	①	②	③	④		23	①	②	③	④		43	①	②	③	④
4	①	②	③	④		24	①	②	③	④		44	①	②	③	④
5	①	②	③	④		25	①	②	③	④		45	①	②	③	④
6	①	②	③	④		26	①	②	③	④		46	①	②	③	④
7	①	②	③	④		27	①	②	③	④		47	①	②	③	④
8	①	②	③	④		28	①	②	③	④		48	①	②	③	④
9	①	②	③	④		29	①	②	③	④		49	①	②	③	④
10	①	②	③	④		30	①	②	③	④		50	①	②	③	④
11	①	②	③	④		31	①	②	③	④		51	①	②	③	④
12	①	②	③	④		32	①	②	③	④		52	①	②	③	④
13	①	②	③	④		33	①	②	③	④		53	①	②	③	④
14	①	②	③	④		34	①	②	③	④		54	①	②	③	④
15	①	②	③	④		35	①	②	③	④		55	①	②	③	④
16	①	②	③	④		36	①	②	③	④		56	①	②	③	④
17	①	②	③	④		37	①	②	③	④		57	①	②	③	④
18	①	②	③	④		38	①	②	③	④		58	①	②	③	④
19	①	②	③	④		39	①	②	③	④		59	①	②	③	④
20	①	②	③	④		40	①	②	③	④		60	①	②	③	④

※ 본 답안카드는 마킹연습용 모의 답안카드입니다.

한국도로공사 NCS 답안카드

문번	①	②	③	④	문번	①	②	③	④	문번	①	②	③	④
1	①	②	③	④	21	①	②	③	④	41	①	②	③	④
2	①	②	③	④	22	①	②	③	④	42	①	②	③	④
3	①	②	③	④	23	①	②	③	④	43	①	②	③	④
4	①	②	③	④	24	①	②	③	④	44	①	②	③	④
5	①	②	③	④	25	①	②	③	④	45	①	②	③	④
6	①	②	③	④	26	①	②	③	④	46	①	②	③	④
7	①	②	③	④	27	①	②	③	④	47	①	②	③	④
8	①	②	③	④	28	①	②	③	④	48	①	②	③	④
9	①	②	③	④	29	①	②	③	④	49	①	②	③	④
10	①	②	③	④	30	①	②	③	④	50	①	②	③	④
11	①	②	③	④	31	①	②	③	④	51	①	②	③	④
12	①	②	③	④	32	①	②	③	④	52	①	②	③	④
13	①	②	③	④	33	①	②	③	④	53	①	②	③	④
14	①	②	③	④	34	①	②	③	④	54	①	②	③	④
15	①	②	③	④	35	①	②	③	④	55	①	②	③	④
16	①	②	③	④	36	①	②	③	④	56	①	②	③	④
17	①	②	③	④	37	①	②	③	④	57	①	②	③	④
18	①	②	③	④	38	①	②	③	④	58	①	②	③	④
19	①	②	③	④	39	①	②	③	④	59	①	②	③	④
20	①	②	③	④	40	①	②	③	④	60	①	②	③	④

성 명

지원 분야

문제지 형별기재란

(A)
(B)

형 ( )

수 험 번 호

⓪	①	②	③	④	⑤	⑥	⑦	⑧	⑨
⓪	①	②	③	④	⑤	⑥	⑦	⑧	⑨
⓪	①	②	③	④	⑤	⑥	⑦	⑧	⑨
⓪	①	②	③	④	⑤	⑥	⑦	⑧	⑨
⓪	①	②	③	④	⑤	⑥	⑦	⑧	⑨
⓪	①	②	③	④	⑤	⑥	⑦	⑧	⑨
⓪	①	②	③	④	⑤	⑥	⑦	⑧	⑨

감독위원 확인

(인)

2026 최신판 시대에듀 한국도로공사 통합기본서

개정15판1쇄 발행	2025년 12월 15일 (인쇄 2025년 11월 07일)
초 판 발 행	2017년 02월 10일 (인쇄 2017년 01월 09일)
발 행 인	박영일
책 임 편 집	이해욱
편 저	SDC(Sidae Data Center)
편 집 진 행	여연주 · 김미진
표지디자인	김경모
편집디자인	최미림 · 장성복
발 행 처	(주)시대고시기획
출 판 등 록	제10-1521호
주 소	서울시 마포구 큰우물로 75 [도화동 538 성지 B/D] 9F
전 화	1600-3600
팩 스	02-701-8823
홈 페 이 지	www.sdedu.co.kr
I S B N	979-11-434-0420-6 (13320)
정 가	25,000원

한국도로공사

도로공사

통합기본서

최신 출제경향 전면 반영

기업별 맞춤 학습 "기본서" 시리즈

공기업 취업의 기초부터 심화까지! 합격의 문을 여는 **Hidden Key!**

기업별 시험 직전 마무리 "모의고사" 시리즈

실제 시험과 동일하게 마무리! 합격을 향한 **Last Spurt!**

NEXT STEP
시대에듀가 합격을 준비하는
당신에게 제안합니다.
성공의 기회
시대에듀를 잡으십시오.
시대에듀
기회란 포착되어 활용되기 전에는 기회인지조차 알 수 없는 것이다.
– 마크 트웨인 –